Kerstin & André Micklitza

TSCHECHIEN

TSCHECHISCHE REPUBLIK

REISE HANDBUCH

Tschechien

2. völlig überarbeitete und erweiterte Auflage 1996

Die Autoren sind für Hinweise und Verbesserungsvorschläge unter Angabe der Auflagen- und Seitennummer an den Verlag dankbar. Leser, deren Einsendung verwertet wird, werden in der nächsten Ausgabe genannt und erhalten als Dank ein Belegexemplar der neuen Auflage oder ein anderes Buch ihrer Wahl aus dem Programm des Conrad Stein Verlags.

Text	Kerstin und André Micklitza
Fotos	Kerstin und André Micklitza, Conrad Stein
Lektorat	Sylvi Zähle
Karten und Pläne	Franny Petersen-Storck
Druck	Norddruck Neumann KG, Kiel

Von den Autoren sind außerdem im Conrad Stein Verlag erschienen: *Slowakei*, *Polen*, *Touren in Schlesien*, *Ungarn* (Überarbeitung) und *Wandern mit Kind* (nur Kerstin Micklitza).

Das Titelfoto zeigt Burg Karlstein (Karlštejn).

Dieses ReiseHandbuch hat 374 Seiten mit 28 Abbildungen, davon 22 in Farbe, und 11 Plänen sowie einer farbigen Übersichtskarte und einem farbigen Stadtplan. Es wurde auf chlorfrei gebleichtem Papier gedruckt.

ISBN 3-89392-241-5 002980

Inhalt

Legende

Achtung, Vorsicht
Angelmöglichkeit
Apotheke
Aussichtspunkt
Auto, Mietwagen, Taxi
Bademöglichkeit
Bank
Bar
Bootsverleih
Botanischer Garten
Buchtip, Kartentip
Bus
Café
Campingplatz
Entfernung
Fahrrad
Flugzeug
Grenzübergang
Hotel, Pension
Information
Jagd
Jugendherberge, Bergbaude
Konzert
Krankenhaus
Moped
Museum
Öffnungszeiten
Polizei
Post
Postleitzahl
Restaurant, Imbiß
Rundflüge
Schiff, Fähre
siehe unter
Skiläufer
Theater
Tip
Unterhaltung
Vorwahlnummer
Wanderung
Wassersport, Wasserwandern
Wintersport
Zoo
Zug

Vorwort

Tschechische Republik - für uns Deutsche aus West und Ost verbinden sich mit diesem benachbarten Land sehr unterschiedliche Beziehungen. Dem einen blieb es ein unbekannter Nachbar, dem anderen wurde es zur geliebten zweiten Heimat. Lange Jahre war es der einzige Landstrich, den wir Ostdeutschen relativ komplikationslos bereisen konnten. Und davon machten wir natürlich ausgiebig Gebrauch.

Seit der "sanften Revolution" (1989) in unserem Nachbarland und der sich daran anschließenden Grenzöffnung nach Westen verspüren auch immer mehr Bürger aus den Altbundesländern den Wunsch, Böhmen, Mähren und Mährisch-Schlesien einen Besuch abzustatten. Wir können Sie dazu nur ermuntern, denn im Herzen Europas werden Sie eine wahre Entdeckungsreise erleben.

Neben den unzähligen Naturschönheiten sind hier auch Stadtkerne, Schlösser und Burgen zu sehen, die ihren mittelalterlichen Charakter bis in unsere Zeit bewahren konnten, da kein Geld für Modernisierungen vorhanden war.

Dazu gesellen sich die Gastfreundschaft der Menschen, die bekannte böhmische Küche und ein Preisniveau, welches gegenwärtig einen sehr günstigen Urlaub bietet.

Die Tschechische Republik - das ist viel mehr als Prag und das bekannte Pilsner Bier.

Über die Autoren

Kerstin und André Micklitza arbeiten als freie Reisejournalisten und Buchautoren. Seit Jahren schon bereisen sie gemeinsam die mittelosteuropäischen Länder und haben sie schätzen und lieben gelernt.

Im Conrad Stein Verlag erschienen von ihnen das ReiseHandbuch "Polen" (1993), "Touren in Schlesien" (1994 in 2. Auflage), das Reise-Handbuch "Slowakei" (Frühjahr 1996 in 2. Auflage) und das Outdoor-Handbuch Band 15 "Wandern mit Kind"(1994).

Als freie Mitarbeiter verschiedener Reisemagazine (Bergsteiger, Outdoor, Nordis) und Tageszeitungen (u.a. Tagesspiegel, Süddeutsche Zeitung, Freie Presse, Magdeburger Volkstimme etc.) haben sie sich zu "Ost-Spezialisten" etabliert.

Danke

Gustav Ginzel aus Klein-Iser (Jizerka), Weltenbummler und anerkannter Kenner von Land und Leuten, hat die vorliegende Auflage freundlicherweise komplett durchgesehen. Danke auch Herrn Šálek (Inhaber des Gasthauses Pyramide in Jizerka) für die Korrektur des Sprachteils sowie den Lesern Harry Krug aus Markleeberg und Gerold Friedrich aus Chemnitz für die Einsendung von Tips und Hinweisen.

Herr Dr. v. d. Brelie vom Sächsischen Staatsministerium des Innern lieferte Informationen zu den sächsisch-böhmischen Grenzübergängen.

Von Frau Helgard Eulitzer von der Reisewelt Cottbus erfuhren wir aktuelle Flug- und Bahnpreise. Herrn Herbert Reinelt, Geschäftsführer und ehrenamtlicher Vorsitzender des Mährisch-Schlesischen Sudetengebirgsvereins e.V. in Kirchheim/Teck, gilt unser Dank für die Einsendung umfangreichen Informationsmaterials.

Land und Leute

Geographie

Fläche:	78.863 km²
Einwohner:	10,4 Mio.
Große Städte:	Praha (Prag), 1,25 Mio. Ew. Brno (Brünn), 390.000 Ew. Plzeň (Pilsen), 180.000 Ew.
Staatsform:	Republik
Verwaltungsstruktur:	7 Bezirke, die wiederum in Kreise unterteilt sind
Sprache:	Tschechisch (viele Leute sprechen auch deutsch)
Währung:	Koruna (Krone, Abk. Kč) 1 Kč = 100 haléřů (Heller)
Höchster Berg:	Sněžka (Schneekoppe), 1.602 m
Flüsse:	Vltava (Moldau), 440 km Labe (Elbe), böhmischer Teil, 379 km Morava (March), 358 km
Größter See:	Stausee Lipno, 4.870 ha

Landschaft

Das Land ist beinah vollständig von **Mittelgebirgen** umgeben, die als waldbedeckte Wälle eine natürliche Grenze zu den Nachbarstaaten bilden. Im Nordwesten türmt sich das Erzgebirge (Krušné hory) auf, im Westen und Südwesten der Böhmerwald (Šumava). Die Grenze zur Slowakei im Osten stellen die Weißen Karpaten (Bílé Karpaty) dar. Im Norden/Nordosten besitzen die Sudeten eine Grenzfunktion. Hier erhebt sich der höchste Gipfel der Tschechischen Republik, die **Schneekoppe (Sněžka)** mit 1.602 m.

Auch im übrigen Staatsgebiet dominieren Gebirgslandschaften. Selbst zwischen Böhmen und Mähren schiebt sich eine Gebirgsformation, die Böhmisch-Mährische Höhe (Českomoravská vysočina), die gleichzeitig Wasserscheide zwischen der Nordsee und dem Schwarzen Meer ist.

Im Zentrum Böhmens, nördlich und östlich von Prag, erstreckt sich das **Elbebecken** mit fruchtbaren Lößböden als einzige nennenswerte Ebene, umgeben von ausgedehntem Hügelland.

Eine ähnliche Landschaft weist Mähren im Flußtal der March (Morava) auf, zwischen den Zentren Brünn (Brno) und Olmütz (Olomouc) liegen die ertragreichen Ackerböden der Hanna (Haná).

Fast alle Flüsse Böhmens entwässern über das Flußgebiet der Elbe. In Mähren fließt der Großteil der Flüsse dem Stromgebiet der Donau zu.

Der **Lipno-Stausee**, der größte See des Landes (4.870 ha), wird als "Böhmisches Meer" bezeichnet. Mit knapp 20 ha wartet der größte natürliche See des Landes, der Schwarze See (Černé jezero), im Böhmerwald auf. Um Budweis (České Budějovice) findet man große Teichgebiete, mit deren Anlage bereits im 14. Jh. begonnen wurde.

Trotz Industrialisierung in den Ballungsräumen und moderner Agrarwirtschaft haben sich überall im Land naturnahe Areale erhalten, die an die Zeit unserer Ahnen erinnern.

Bevölkerung

Heute leben in der Tschechischen Republik **10,4 Millionen Menschen**. Die höchste Siedlungsdichte erreichen die Flußtäler und Ebenen im Zentrum von Böhmen und Mähren.

Als nationale Minderheiten leben etwa 100.000 Polen an der Landesgrenze in der Region um Mährisch-Ostrau (Ostrava) und ca. 50.000 Deutsche hauptsächlich in Nord- und Westböhmen. Aus der Slowakischen Republik kamen viele Sinti und Roma ins Land, ihre Zahl wird mit 375.000 angegeben.

Vor der Vertreibung ab Mai 1945 lebten auf dem heutigen Territorium der Tschechischen Republik insgesamt 3,6 Millionen Deutsche. Einst hatten die böhmischen Könige die deutschen Siedler als Kolonisten in den Städten und Gebirgsregionen angesiedelt. Über 700 Jahre lang praktizierten beide Volksgruppen ein friedliches Zusammenleben.

Erst die Folgen des Hitlerfaschismus vergifteten dieses Klima nachhaltig. Dreieinhalb Millionen Sudetendeutsche wurden nach Kriegsende ausgesiedelt, 241.000 Deutsche fanden bei Pogromen und Racheakten den Tod. Landesweit erhielten etwa 200.000 ein Bleiberecht, vor allem dringend benötigte Facharbeiter. Die Elite, vor allem deutsche Techniker und Ingenieure, wurde in die Sowjetunion deportiert.

Im Ausland leben heute rund eine Million Tschechen. Zu Zeiten von Wirtschaftskrisen vor und nach dem Ersten Weltkrieg verließen viele ihr Land, hauptsächlich in Richtung USA. Spätere Auswanderungswellen schwappten in der Zeit nach 1948 und besonders 1968 über den großen Teich. Das Hauptfluchtmotiv war Angst vor politischer Verfolgung.

Bis zur Besetzung durch die deutscheh Truppen 1938/39 waren die 200.000 Juden drittgrößte Minderheit im Land. Sie kamen in der Mehrheit qualvoll ums Leben.

Geschichte

Nomadisierende Jäger streiften schon in der **Altsteinzeit** auf dem heutigen Gebiet Böhmens und Mährens umher. Höhlenfunde, die der Zeit 120.000 bis 10.000 v.Chr. zuzuordnen sind, fanden sich insbesondere im böhmischen Becken.

Von 500 bis 100 v.Chr. siedelten sich Gruppen des keltischen Stammes der **Bojer** in Böhmen an, welche später auch die Namensgebung der Region beeinflußten: Bohemia = Böhmen.

Um die Zeitenwende kamen germanische Stämme in die Region. Im Rahmen der Völkerwanderung zogen sich die Germanen nach und nach in Richtung Westen zurück, im 6. Jh. nahmen slawische Stämme ihren Platz ein. Die Vorfahren der heutigen Tschechen fanden sich im 9. Jh. im **Großmährischen Reich** zusammen, das damals Teile Böhmens, Mährens, der Slowakei, Österreichs und Ungarns umfaßte.

Zwei Mönche aus dem byzantinischen Reich brachten im Jahre 863 das Christentum ins Land. Das Großmährische Reich (830-908) zerfiel mit dem Einfall magyarischer Heerscharen. Die Slowakei wurde Ungarn einverleibt und verblieb unter dieser Vorherrschaft bis zum Ende des Ersten Weltkrieges (1918).

Die unbesetzten Landesteile wurden im Jahre 995 unter Regie der **Přemysliden**, einer tschechischen Dynastie, vereinigt. Nach vergeblichen Versuchen staatlicher Souveränität unter Boleslav I. (935-972) beugte man sich dem deutschen Kaiser Otto dem Großen (936-973) und erkannte die deutsche Lehnshoheit an.

Mit dem Tod von König Wenzel (Václav) III. im Jahre 1306 starb die Přemysliden-Dynastie im Mannesstamm aus. Seine Tochter Eliška heiratete 1310 den Luxemburger Johann, Sohn des Kaisers Heinrich VII., Johann erhielt von seinem Vater Böhmen als Lehen.

Der Sohn Eliškas und Johanns, **Kaiser Karl IV.** (1316-1378), ging ab 1346 durch seine segensreiche Herrschaft in die Geschichte unseres Nachbarlandes ein. Während seiner Regierungszeit erlebte Böhmen seine größte wirtschaftliche und kulturelle Blüte. Karl der IV. erwählte Prag zur Hauptstadt des Heiligen Römischen Reiches Deutscher Nation, im Ergebnis wuchs die Stadt zur größten Metropole Mitteleuropas heran.

1348 öffnete in Prag die erste mitteleuropäische Universität ihre Pforten. Schlesische Fürstentümer und die Lausitz wurden Böhmen einverleibt.

Mit der **Goldenen Bulle** (1356) wurde festgelegt, daß sieben Kurfürsten die Kaiserwahl vornehmen sollten, besonderes Stimmrecht wurde dem böhmischen König zuerkannt. Praktisch wurde das Königreich Böhmen damit an die erste Position der deutschen Kurfürstentümer gestellt.

Vom 12. bis 14. Jh. expandierte die Entwicklung des Handwerks, des Bergbaus und der Landwirtschaft. Deutsche Kolonisten, Kaufleute und Handwerker wurden ins Land gerufen und insbesondere in den kargen böhmischen Randgebieten angesiedelt. Sie konnten eine Reihe von Privilegien in Anspruch nehmen, dadurch fühlte sich die tschechische Bevölkerung im eigenen Land zunehmend ausgegrenzt.

Böhmen galt zu dieser Zeit als eines der reichsten Länder Europas.

Der Sohn Karl des IV., Wenzel (Václav) IV. (1378-1419), wurde 1400 als Kaiser abgesetzt und regierte nur noch das Königreich Böhmen, der tschechische Staat verlor an internationalem Einfluß.

Während seiner Regierungszeit bemühte sich der Geistliche **Jan Hus** um eine Reform von Kirche und Gesellschaft. Auf Druck der katholischen Kirche mußte er Prag verlassen, seine antifeudale Haltung ließ seine Gegner erzittern. Jan Hus wurde 1415 in Konstanz verbrannt. Die religiös motivierten Reformgedanken wurden dennoch über die Grenzen Böhmens hinausgetragen. Die **Hussitenbewegung** ergriff Bayern, Sachsen, Schlesien, die Slowakei, Österreich und Ostpreußen. Die von dem legendären Heerführer Jan Žižka geleiteten Hussitenkriege begannen 1419 und endeten erst 1436 mit der entscheidenden Niederlage von Lipan (Lipany).

Nach dem Tode des böhmischen Königs Georg von Podiebrad (Jiří Poděbrad, 1420-1471), übernahm die polnische Jagiellonen-Dynastie das Regierungszepter. Durch Heirat erlangten die Habsburger einen Erbanspruch auf Böhmen und Mähren.

1526 leitete Ferdinand I. mit der Thronbesteigung die 400jährige, bis zum Ende des Ersten Weltkrieges 1918 währende Herrschaft der **Habsburger** ein. Mit dem "Majestätsbrief" von 1609 wurde den böhmischen Ständen Religionsfreiheit garantiert.

Zwischen 1576 und 1611 besaß Prag ein weiteres Mal Hauptstadtfunktion. Die Verletzung der zugesicherten Religionsfreiheit führte zu Unruhen. Aufständische warfen Mitglieder der habsburgischen Stadtbehörde aus den Fenstern des Hradschin. Dieser **Zweite Prager Fenstersturz** am 23.5.1618 weitete sich alsbald zum Dreißigjährigen Krieg aus.

Mit der Schlacht am Weißen Berg nahe Prag (1620) verloren die böhmischen Stände ihren Machtkampf gegen die Habsburger Vorherrschaft. Die Gegenreformation holte zum entscheidenden Schlag aus und zwang tausende Protestanten zur Auswanderung, darunter viele Wissenschaftler und Gelehrte tschechischer Abstammung.

1627 verlor Böhmen die staatsrechtliche Autonomie, 1636 und 1742 die Hoheit über die Lausitz und den Großteil Schlesiens. Unter der Regierung von Kaiserin Maria Theresia besaß Böhmen nur noch Provinzstatus.

1848 nahm das tschechische Nationalbewußtsein einen großen Aufschwung, nicht zuletzt auch unter dem Einfluß der in den Nachbarstaaten aufflammenden Revolutionen. Die Aufstände wurden, ebenso wie der Gesamtslawische Kongreß in Prag (Hauptforderung: Gleichstellung der tschechischen und deutschen Sprache, soziale Veränderungen), im Juni 1848 blutig niedergeschlagen. Erst unter der Herrschaft des **Kaisers Franz Joseph I.** setzte eine zaghafte Liberalisierung des politischen Lebens ein. Eine im Jahre 1867 erlassene Verfassung garantierte grundlegende Bürgerrechte. In Böhmen und Mähren entstanden bedeutende Fabriken (z.B. die Škoda-Werke in Pilsen, 1869) und ein modernes Verkehrswesen.

Mit Ausbruch des **Ersten Weltkrieges** neigte sich das Sympathiebarometer der Tschechen zugunsten der Alliierten. 1916 gründeten T. G. Masaryk und E. Beneš einen tschechoslowakischen Nationalrat. Die Antikriegsdemonstrationen gegen Ende des Krieges gipfelten in einen Generalstreik in Böhmen und Mähren (14.10.1918).

Nach dem Auseinanderfallen der österreichisch-ungarischen Monarchie wurde am 28.10.1918 die **Selbständigkeit der Tschechoslowakischen Republik (ČSR)** proklamiert. Erster Präsident des neuen Staates war Thomas Masaryk, 1933 übernahm Eduard Beneš das Amt.

Nach anfänglichen Protesten gegen die Zwangseinverleibung der deutschen Siedlungsgebiete, u.a. erschoß das tschechische Militär im Jahre 1919 55 deutsche Sozialdemokraten, arrangierte sich die Mehrzahl der Deutschen mit dem neuen Staat. Sie wurden insbesondere durch die erfolgreiche wirtschaftliche Entwicklung des Landes, hauptsächlich in den deutsch besiedelten Gebieten, bestärkt. Im Unterschied zu Deutschland litt die Bevölkerung hier Anfang der zwanziger Jahre nicht unter der Inflation. Doch 1929, mit dem Beginn der Weltwirtschaftskrise, verschärfte sich die Situation zwischen Tschechen und Deutschen erneut.

Die Sudetendeutsche Partei (SdP), 1935 gegründet, erlebte einen starken Zuspruch, seitdem die ČSR-Regierung eine Einschränkung der Minderheitenrechte vollzog. Nach dem Erstarken des Nationalsozialismus in

Deutschland (1937) wurde das Hauptziel der SdP der Anschluß an das Nazi-Reich. Die ČSR-Regierung antwortete mit einem Parteiverbot.

Am 29.9.1938 wurde das **Münchener Abkommen** bestätigt, eine Vereinbarung zwischen Hitler, Mussolini, Chamberlain und Daladier. Es beinhaltete die Besetzung des Sudetenlandes und weiterer vorwiegend deutsch besiedelter Territorien sowie deren Angliederung an das Deutsche Reich. Die Wehrmacht marschierte am 1.10.1938 über die Grenze. Die "Rest-Tschechei" wurde am 15.3.1939 besetzt und als **"Reichsprotektorat Böhmen und Mähren"** deklariert. Die Slowakei erklärte am 14.3.1939 ihre Selbständigkeit, Präsident wurde Josef Tiso (1947 hingerichtet). Tiso stand im Verlauf des Zweiten Weltkrieges auf der Seite Hitlers.

Präsident Beneš floh sechs Tage nach Besetzung des Sudetenlandes ins Londoner Exil und knüpfte dort prosowjetische Beziehungen, erwirkte aber auch die Annullierung des Münchener Abkommens von der Seite Frankreichs und Englands.

1942 fiel der stellvertretende Reichsprotektor Heydrich einem Attentat der tschechischen Widerstandskämpfer zum Opfer. Als Vergeltungsmaßnahme tilgten die Nazis das zentralböhmische Dorf Lidice von der Landkarte. Alle 192 Männer wurden erschossen und 200 Frauen und 100 Kinder in ein KZ deportiert (☞ Zentralböhmen, Lidice).

Den Höhepunkt der Widerstandsbewegung erlebte das Land im **Slowakischen Nationalaufstand** (August 1944 bis Januar 1945), der von Tschechen und Alliierten unterstützt wurde. Der Aufstand wurde niedergeschlagen. Am 5.5.1945 griff die Prager Bevölkerung zu den Waffen, mit dem Einmarsch sowjetischer Truppen am 9.5.1945 in Prag war der Zweite Weltkrieg in Europa beendet.

Von Westen her rückten amerikanische Truppen an, die jedoch bei Pilsen (Plzeň) an einer dem Abkommen von Jalta gemäßen Demarkationslinie ausharrten. Mit dem Ende der deutschen Besetzung wurde der Staat Tschechoslowakei wieder Realität. Die Sowjetunion annektierte die Karpato-Ukraine im Osten der Slowakei.

Ab Mai 1945 wurden 3,6 Millionen Sudetendeutsche ausgewiesen. Eduard Beneš übernahm anfangs erneut das Amt des Staatspräsidenten. Der Ministerpräsident **Klement Gottwald** erwies sich als getreuer Gefolgsmann der Sowjetunion und betrieb eine prokommunistische Politik. Bei den ersten Nachkriegswahlen ging die Kommunistische Partei (KPČ) als stärkste Partei hervor. 1948 trat Beneš zurück, sein Amt übernahm Klement Gottwald. Der Aufbau eines sozialistischen Staates nahm seinen

Lauf (Verstaatlichung der Großbetriebe, Kollektivierung der Landwirtschaft, Einführung der Planwirtschaft). Ehemals bürgerliche Parteien wurden gleichgeschaltet.

Am 11.7.1960 wurde die Tschechoslowakische Republik (ČSR) in Tschechoslowakische Sozialistische Republik (ČSSR) umbenannt.

1966/67 mehrten sich innerhalb der KPČ kritische Stimmen zur Staatspolitik. Scharfe Kritik an den realsozialistischen Verhältnissen übte der IV. Schriftstellerkongreß. Machtkämpfe in der Partei entschied der Reformer **Alexander Dubček** am 5.1.1968 zu seinen Gunsten, er wurde zum 1. Sekretär des Zentralkomitees der KPČ gewählt.

Der als **Prager Frühling** weltweit bekannt gewordene Versuch, dem Sozialismus ein "menschliches Antlitz" zu verleihen, scheiterte mit der militärischen Besetzung der ČSSR am 21.8.1968 durch Truppen des Warschauer Paktes.

Die kurze Epoche einer politischen Liberalisierung wurde schlagartig beendet, im April 1969 trat **Gustav Husák** die Nachfolge Dubčeks an und stabilisierte in der Folgezeit das kommunistische System. Die ČSSR wurde zum Bundesstaat, die Tschechische Sozialistische Republik und die Slowakische Sozialistische Republik waren formal gleichberechtigte Staaten.

1973 nahmen die ČSSR und die Bundesrepublik Deutschland diplomatische Beziehungen auf und unterzeichneten einen Grundlagenvertrag. Zuvor hatte auch die Bundesrepublik das Münchener Abkommen von 1938 für nichtig erklärt.

1977 gründeten couragierte Bürgerrechtler (u.a. Václav Havel) die **Charta 77**. Bis 1986 schlossen sich insgesamt 1.200 Personen an. Die Hauptforderung: Respektierung der KSZE-Schlußakte von Helsinki, die auch von der ČSSR-Regierung unterschrieben worden war. Die Unterzeichner waren politischen Repressalien ausgesetzt, bspw. wurde Havel zu drei Jahren Haft verurteilt.

1987 erhielt Miloš Jakeš das Amt des Generalsekretärs der KPČ. Die Charta 77 sah sich durch die Reformpolitik Gorbatschows bestätigt und verstärkte ihre Aktivitäten. Unter dem Eindruck der Massenproteste in der DDR gingen auch die Menschen in der ČSSR auf die Straße. Die Opposition schloß sich ab dem 20.12.1989 im Bürgerforum zusammen, an der Spitze stand **Václav Havel**.

Am 10.12.1989 trat die Regierung Husák zurück, nachdem ein brutaler Polizeieinsatz während einer friedlichen Demonstration einen Generalstreik ausgelöst hatte. Václav Havel wurde am 29.12. vom Prager Parlament einstimmig zum neuen Staatspräsidenten der Tschechoslowakei gewählt. Parlamentspräsident wurde A. Dubček. Die ČSSR wurde in Tschechoslowakische Föderative Republik (ČSFR) umbenannt. Auch bei den ersten nachkommunistischen Wahlen am 5.6.1990 wurde Präsident Havel erneut in seinem Amt bestätigt.

Am 27.2.1992 unterzeichneten die ČSFR und Deutschland den Vertrag über gute Nachbarschaft und freundschaftliche Zusammenarbeit.

Die Euphorie der "sanften Revolution" hielt jedoch nur wenige Monate an und schlug schließlich in Politikverdrossenheit unter der Bevölkerung um. Die Symbolfiguren der Revolution, ausgenommen Havel, verschwanden von der politischen Bühne.

Bei den Parlamentswahlen im Juni 1992 in der Tschechischen Republik erreichte die Konservative Demokratische Bürgerpartei (ODS) die meisten Stimmen. Die ODS prophezeite schnellen Aufschwung und Wohlstand. Verlierer des Urnengangs waren die Liberalen und somit die ehemaligen Aktivisten der "sanften Revolution". Václav Klaus (ODS) wurde von Havel mit der Bildung einer neuen Föderalregierung beauftragt. Die in der Slowakei als Wahlsieger hervorgegangene linksnationale "Bewegung für eine demokratische Slowakei" (HZDS) unter Führung von Vladímir Mečiár strebte die Teilung des Landes an, u.a. weil die neue tschechische Führung zu keinen weitreichenden Kompromissen hinsichtlich einer erweiterten Autonomie der Slowakei innerhalb der Föderation bereit war.

Bei den Präsidentschaftswahlen im Prager Bundesparlament versagte die Mehrheit der slowakischen Abgeordneten Präsident Havel ihre Stimme. Als das slowakische Parlament am 17.7.1992 eine **Souveränitätserklärung** verabschiedete, legte Staatspräsident Havel demonstrativ sein Amt nieder.

Zwei Jahre und sieben Monate lang hatte sich Havel um die Einheit des Landes bemüht, bis er einsah, daß ein Auseinanderbrechen der ČSFR nicht aufzuhalten war.

Die beiden Premiers Klaus und Mečiár verkündeten am 27.8.1992: Die ČSFR wird zum 1.1.1993 aufgelöst.

In der Folgezeit schuf das Föderale Parlament die gesetzliche Grundlage für die Trennung. Aber erst im dritten Anlauf bekam die notwendige Verfassungsänderung die erforderliche Stimmenanzahl im Parlament. Ein von der Opposition angestrebtes Referendum zur Frage der Teilung konnte nicht verwirklicht werden. Seit dem 1.1.1993 existieren zwei neue Staaten in Europa: die Tschechische und die Slowakische Republik.

Am 26.1.1993 wurde Václav Havel von den Abgeordneten der nun kleineren Republik erneut zum Präsidenten gewählt. Havel betonte in seiner ersten Rede, daß die revolutionäre Zeit jetzt vorbei wäre und die Zeit alltäglicher und harter Arbeit angebrochen sei.

Vom 27. bis 29.3.1993 weilte Havel zu einem Staatsbesuch in Deutschland. Sein lebenslanges Engagement für Freiheit und Menschenrechte wurde mit der Verleihung des Theodor-Heuss-Preises gewürdigt. Die Gespräche des tschechischen Präsidenten mit dem deutschen Kanzler drehten sich um die Entschädigung tschechischer Nazi-Opfer sowie den Dialog mit den Sudetendeutschen.

Im Februar 1994 erhielt Präsident Havel die "Freiheitsmedaille von Philadelphia".

Am 3.11.94 wurde ein Asylabkommen zwischen Tschechien und Deutschland unterzeichnet. Damit verpflichtete sich das Nachbarland, über seine Grenzen illegal nach Deutschland eingereiste Ausländer wieder aufzunehmen.

Rudolf Dreithaler, ein tschechischer Bürger deutscher Herkunft, klagte 1995 gegen die vor 50 Jahren durch das Dekret 108 des tschechoslowakischen Präsidenten Beneš angeordnete entschädigungslose Enteignung der in der ČSR lebenden Deutschen. Am 8.3.1995 entschied das tschechische Verfassungsgericht in Brünn (Brno) die weitere Rechtsgültigkeit der Nachkriegsenteignung.

Am 1.6.1995 bot Bundeskanzler Kohl während einer Regierungserklärung im Bundestag die Aussöhnung von Deutschen und Tschechen an: "Wir wollen und werden die ausgestreckte Hand ergreifen". Einer der noch bestehenden Streitpunkte beider Regierungen ist insbesondere die ausstehende Entschädigung für tschechische NS-Opfer.

Wirtschaft

Wie in allen Staaten des ehemaligen Ostblocks befindet sich auch die Wirtschaft in der Tschechischen Republik in einem komplizierten **Strukturwandel**. Die im Sommer 1992 neu angetretene Führungsriege um Václav Klaus hatte sich schon im Wahlkampf für einen schnellen und konsequenten Übergang zur Marktwirtschaft nach westlichem Muster ausgesprochen. Für dieses Wahlprogramm entschied sich die Mehrheit der Tschechen.

Gern erinnert man sich der industriellen Blüte während der ersten Jahre der jungen Republik nach dem Ersten Weltkrieg. Damals gehörte die ČSR vor allem dank der 3,5 Millionen deutschen Einwohner zu den zehn stärksten Industrienationen der Welt.

In der Periode der sozialistischen Planwirtschaft nach dem Zweiten Weltkrieg wurde insbesondere die **Schwerindustrie** stark ausgebaut (Maschinenbau, Berg- und Hüttenwesen). Hervorzuheben sind weiterhin

Kapazitäten im Fahrzeugbau, in der Glas- und Keramikindustrie sowie in der Textil- und Nahrungsmittelindustrie.

An den Folgen einer verfehlten Energiepolitik leidet die junge Republik besonders. Eine Katastrophe für Bevölkerung und Umwelt stellen die ineffizienten und ohne Rauchgasreinigung arbeitenden **Braunkohlekraftwerke** um das nordböhmische Braunkohlerevier dar. Auch die Kernkraftwerke vom Tschernobyl-Typ sind ein ständiges Sicherheitsrisiko.

Dennoch, die Tschechische Republik erscheint für westliche Investoren zunehmend interessant. Den spektakulärsten "Happen" ergatterte Anfang 1991 der VW-Konzern, der das **Škoda-Automobilwerk** in Mladá Boleslav (Jungbunzlau) mit Milliardeninvestitionen zum florierenden Unternehmen entwickeln möchte.

Neben dem gut ausgebildeten Facharbeiterstamm in der Tschechischen Republik lockt natürlich der Status eines Niedriglohnlandes. So verdient ein Facharbeiter in Tschechien nur etwa ein Zehntel des Gehalts der Kollegen im Westen.

Für die Mehrheit der Bevölkerung ist der Wandlungsprozeß mit einschneidenden Veränderungen im täglichen Leben, mit Preiserhöhungen und dem Wachsen sozialer Unsicherheit verbunden. Doch trotz Schließung unrentabler Betriebe schnellt die Arbeitslosenrate im Lande nicht empor (1994: 2-3%), da genügend neue Investoren für Ersatzarbeitsplätze sorgen.

Ein wichtiger Meilenstein in der anstehenden Umstrukturierung der Wirtschaft wurde im November 1994 erreicht. Mit der beendeten Kupon-Privatisierung ging ein ehemaliges Staatsvermögen von 361 Milliarden Kronen in Privathand über (6,2 Millionen Personen).

Am 28.11.1995 wurde Tschechien als erstes Land des ehemaligen Ostblocks (von der früheren DDR abgesehen) in die Organisation für ökonomische Zusammenarbeit und Entwicklung (OECD) aufgenommen, der bisher die 25 führenden Industrienationen der Welt angehören.

Auf der EU-Regierungskonferenz 1996 will Tschechien seinen EU-Aufnahmeantrag abgeben. Doch auf dem im Dezember 1994 in Essen stattgefundenen Gipfeltreffen der Europäischen Union wurde der Optimismus gedämpft. Bei einem angenommenen jährlichen Wirtschaftswachstum von 6% würde Tschechien 14 Jahre bis zur Erreichung von 75% des durchschnittlichen EU-Bruttoinlandsproduktes (bei gleichzeitigem jährlichen Zuwachs von 2% in den EU-Staaten) benötigen. Ein möglicher Beitritt Tschechiens zur EU wird von Insidern für das Jahr 2005 als realistisch angesehen.

Kultur

Auf dem heutigen Territorium des Landes wirkten schon im Mittelalter namhafte Architekten und Künstler, so **Peter Parler**, der zur Regierungszeit von Kaiser Karl IV. den Bau der Karlsbrücke, der Burg Karlstein und der St.-Veits-Kathedrale auf der Prager Burg leitete. Bedingt durch den ständigen Wechsel der Machtverhältnisse waren auch viele ausländische Meister in Böhmen und Mähren tätig.

Auf dem Literatursektor wurde **Karel Čapek** (1890-1938) mit seinen utopischen Satiren bekannt, so u.a. dem "Krieg der Molche". Er prägte auch das tschechische Wort *Roboter*.

Jaroslav Hašek verfaßte die weltweit bekannt gewordenen Geschichten vom "Soldaten Schwejk". Zu internationalem Ruhm gelangten auch **Franz Kafka** (1883-1924) und **Jaroslav Seifert** (1901-1985), welcher 1984 den Literatur-Nobelpreis erhielt.

Zu den Gegenwartsschriftstellern gehören Václav Havel, Milan Kundera, Ivan Klima und Bohumil Hrabal. **Milan Kundera** wurde durch die Verfilmung seines Buches "Die unerträgliche Leichtigkeit des Seins" weit über Literaturkreise hinaus bekannt.

Ein bekannter Komponist ist **Bedřich Smetana** (1824-1884), dessen Hauptwerk "Mein Vaterland" mit dem zweiten Satz "Die Moldau" überall beliebt wurde. Berühmt ist auch seine Oper "Die verkaufte Braut". **Antonín Dvořák** (1841-1904) wurde mit der Oper "Rusalka" und neun Sinfonien (bspw. "Aus der neuen Welt") populär.

Ein Filmregisseur von Weltruf ist **Miloš Forman** ("Einer flog über das Kuckucksnest", "Amadeus").

In der Tschechischen Republik blieb die **Volkskultur** sehr lebendig. Zu Zeiten des Sozialismus investierte der Staat enorme Geldmittel für die Erhaltung und Pflege des traditionellen Brauchtums, nicht zuletzt zur Aufbesserung des System-Images. Die künftige Entwicklung auf diesem Gebiet bleibt abzuwarten.

Interessierten Besuchern stehen hunderte Museen, regionale Ausstellungen der Volkskunst, aber auch ethnographische Objekte zur Auswahl. Gerade in letzteren werden alte Traditionen noch besonders gepflegt. Im Jahresrhythmus werden in vielen Landesteilen Festivals der Volkskultur abgehalten, bei denen die Bewohner ihre Festtrachten vorführen. Erntedank- und Kirchweihfeste, Weinlesefest und Faschingsumzüge besitzen noch weitgehend Volksfestcharakter, entwickeln sich aber immer mehr zum Touristenspektakel.

Im Land verstreut existieren interessante, noch heute zumeist bewohnte Fachwerkbauten und Blockhäuser. In Südböhmen findet man prächtige Zeugnisse des Volksbarocks. Hochkonjunktur verzeichnen kleine Betriebe mit volkshandwerklicher Produktionspalette, insbesondere Keramik-, Glas- und Textilerzeugnisse werden von Touristen gern als geschmackvolles Souvenir mit in die Heimat genommen.

Das Land im Wandel

Der junge Staat der Tschechischen Republik ist ein bewegtes Land voller Gegensätze. Längst ist die Euphorie der "sanften Revolution" und der sich anschließenden 2½jährigen Regierungszeit Václav Havels und weiterer prominenter Bürgerrechtler, denen eine neue demokratische Republik mit hohen moralischen Werten und Ansprüchen vorschwebte, verflogen.

Das Ziel heute lautet kompromißlos: Einführung der Marktwirtschaft nach westlichem Muster mit allen Konsequenzen. Und diese lassen nicht auf sich warten. So beträgt der monatliche Mindestlohn nur Kč 2.000 (rund DM 120), der durchschnittliche Bruttomonatsverdienst eines Arbeitnehmers liegt bei Kč 6.439 (DM 380). Das schafft zwar Anreize für westliche Firmen, die ihr Kapital gern in einem Niedriglohnland mit hochqualifizierten Facharbeitern investieren: Deutschland steht hier mit 40% am Gesamtanteil als größter Kapitalgeber und Investor da. Es folgt aber auch eine schleichende Verarmung großer Teile der Bevölkerung nach, denn die Lebenshaltungskosten steigen unaufhaltsam (Teuerungsrate von 1989 bis 1994: 100%).

Aber noch hat die Ministerriege um den für kompetent gehaltenen Václav Klaus einen Vertrauensbonus im Volk. Ein rascher wirtschaftlicher Aufschwung wird prophezeit, wenn einige Jahre harter Umstrukturierung in allen Bereichen des Lebens durchgehalten werden. Anders als im benachbarten Polen gibt es in Tschechien keine neuen Streikbewegungen. Mit einer Arbeitslosenrate von 2 bis 3% steht das Land auch im internationalen Maßstab gut da.

Die graue Einheitsfassade vieler Städte und Dörfer im Land weicht zunehmend einem sehenswerten Stadtbild. Überall in den Touristenzentren sehen Sie Baugerüste, Kräne und viele architektonisch wertvolle, bereits instandgesetzte Gebäude. Private Kleinunternehmer eröffnen Geschäfte und beleben so mit Farbtupfern die Einkaufslandschaft. Auch das Markttreiben floriert.

Detailansicht vom Pulverturm (Prašná brána) in Prag ☞

Es macht Spaß, zu bummeln und zu schauen. Als kaufkräftiger westlicher Tourist kann man überall sein Schnäppchen machen. Dabei sollten Sie jedoch nicht vergessen, daß viele für uns günstige Angebote für die einheimische Bevölkerung oft einen unbezahlbaren Luxus darstellen.

Die Teilung der Tschechoslowakei hat für den Touristen keine Spuren hinterlassen. Im Vergleich zu anderen europäischen Szenarien gleicher Coleur verlief die "Scheidung" hier sehr kulturvoll. Man beteuert offenherzig: "Die Slowaken sind nicht unsere Feinde, sie sind einfach anders als wir." Nur in den neuen Grenzregionen dürfte der Normaltourist durch den Aufbau von Grenzbarrieren und Einschränkung der Freizügigkeit gewisse Auswirkungen bemerken.

Obwohl immer die Frage auftaucht, ob es richtig war, sich zu trennen, besitzt der neue Staat Tschechische Republik die besseren ökonomischen Voraussetzungen für einen Aufschwung. Die Teilung des Landes führte auf dem Sektor des Fremdenverkehrs sogar zum Wachstum des Touristenanlaufs. Etwa 100 Millionen Ausländer besuchten 1994 das Gebiet zwischen Böhmerwald und Weißen Karpaten. Dabei darf allerdings nicht übersehen werden, daß 80% der Auslandstouristen ihre Schritte nur nach Prag lenken. Der Rest des Landes bleibt zum Großteil touristisch unentdeckt.

Leider treibt die Besucherflut auch unschöne Blüten. Einheimische und Ausländer werden in den Zentren des Massentourismus oft in zwei Preiskategorien geteilt. Aufschläge von 100 bis 200% auf den eigentlichen Preis sind insbesondere auf dem Übernachtungssektor keine Seltenheit.

Trotz des überaus schwierigen gesellschaftlichen Umbruchs, der alle Bereiche des Lebens erfaßt und in gewisser Weise der Situation in Ostdeutschland ähnelt, werden Sie die Tschechen als sehr freundliche und aufgeschlossene Gastgeber kennenlernen, gerade auch dann, wenn Sie das Land auf eigene Faust erkunden und den Kontakt zu den Einheimischen suchen. Junge Leute erlernen verstärkt die deutsche Sprache und haben schon deshalb großes Interesse an persönlichen Kontakten.

Geschichtliche Ressentiments brechen zum Glück selten auf, etwas allergisch reagiert man allerdings auf Alteigentumsansprüche mancher Sudetendeutscher. Auf diesem Gebiet hat sich gerade Präsident Havel um einen friedlichen Kontext bemüht, womit er bei der eigenen Bevölkerung viel Schelte erntete. "Der Präsident hat und hatte darin recht, daß die Aussiedlung der Sudetendeutschen nach dem unannehmbaren Prinzip der Kollektivschuld und auf inhumane bis brutale Weise verwirklicht wurde, für die sich ein zivilisiertes Volk schämen muß." (Tageszeitung "Mlada fronta dnes")

Reise-Infos von A bis Z

Anreise

Für die Einreise in die Tschechische Republik benötigen Deutsche, Österreicher und Schweizer nur einen **Personalausweis** oder **Reisepaß**. Ausweis oder Paß müssen mindestens noch sechs Monate gültig sein.

Bei der **Mitnahme von Haustieren** muß ein Tollwutimpfdokument vorgelegt werden (die Impfung muß mindestens 30 Tage vor der Einreise erfolgt sein und darf nicht länger als 12 Monate zurückliegen).

Mit dem Auto

Führerschein und **Kraftfahrzeugschein** sind erforderlich, Mitnahme der **Grünen Versicherungskarte** wird empfohlen.

Seit dem 1.1.1995 müssen Ausländer für die Benutzung von Autobahnen und bestimmten Fernstraßen Gebühren bezahlen. Die erforderliche **Vignette** (*Dálnicní známky*) kann an den Grenzübergängen, aber auch in Postämtern und an ausgewählten Tankstellen im Land erworben werden. PKW und Motorräder zahlen umgerechnet etwa DM 24.

Wer ohne Plakette angetroffen wird, muß mit bis zu DM 295 Bußgeld rechnen!

Wenn Sie aus den **neuen Bundesländern** anreisen, können Sie folgende Grenzübergänge benutzen (von Ost nach West):

- Zittau (Friedensstraße)-1 km in Polen-Hrádek nad Nisou
- Zittau (Chopinstraße)-Porajów (Polen)-Hrádek n. N.
- Seifhennersdorf-Varnsdorf
- Neugersdorf-Rumburk (nur für LKW!)
- Sebnitz-Dolní Poustevna
- Schmilka-Hřensko (B 172)
- Bahratal-Petrovice
- Zinnwald-Cínovec (E 55)
- Reitzenhain-Hora Sv. Šebastiána (B 174)
- Oberwiesenthal-Boží Dar (B 95)
- Schönberg-Vojtanov (E 49)

Von **West- und Süddeutschland** in die Tschechische Republik (von Nord nach Süd):

- Selb-Aš
- Schirding-Pomezí nad Ohří (E 48)
- Waldsassen-Svatý Kříž
- Mähring-Broumov

- Bärnau-Pavlův Studenec*
- Waidhaus-Rozvadov (B 14/E 50)
- Eslarn-Železná*
- Waldmünchen-Lísková
- Furth im Wald-Folmava (B 20)
- Eschlkam-Všeruby
- Rittsteig-Sv. Kateřina
- Bayrisch Eisenstein-Železná Ruda (B 11/E 53)
- Philippsreut-Strážný (B 12)

Mit * gekennzeichnet: Nur für örtlichen PKW-Verkehr.

Von **Österreich** in die Tschechische Republik (von West nach Ost):

- Weigetschlag-Studánky
- Wullowitz-Dolní Dvořiště (E 55)
- Gmünd-České Valenice
- Neunagelberg-Halámky (E 49)
- Grametten-Nová Bystřica
- Fratres-Slavonice (täglich 9:00 bis 20:00)
- Drasendorf-Vratín (täglich 8:00 bis 20:00)
- Mittelretzbach-Hnanice (täglich 7:00 bis 2:00)
- Klein Haugsdorf-Hatě (E 59)
- Laa an der Thaya-Hevlín
- Drasenhofen-Mikulov(E 461)

Es existieren weitere Grenzübergänge, die nur tschechischen und österreichischen Staatsbürgern vorbehalten sind, z.B. Reinthal-Poštorna/Břeclav (eine deutsche Leserin wurde hier abgewiesen) und Hardegg-Čížov.

Bedingt durch die sich ständig ausweitenden Beziehungen mit unserem Nachbarland werden neue Grenzübergänge eröffnet (☞ Mit dem Fahrrad, zu Fuß oder per Moped).

Mit dem Zug

Vom frühen Morgen bis Mittag besteht ab Berlin ein IC/EC-Zweistundentakt nach Prag, die Züge benötigen knapp 5 Stunden für die 380 km-Distanz (u.a. IC "Comenius", IC "Vindobona").

Von Dortmund über Köln, Frankfurt/M. und Nürnberg fährt der IC "Karlstein", von Nürnberg zusätzlich der IC "Franz Kafka" nach Prag.

Mit den IC "Hungaria" und "Porta Bohemica" fährt man bequem auch von Hamburg in die Moldaumetropole. Die Verbindung Zürich-München-Prag bedient der EC "Albert Einstein". Von Wien in Richtung Prag verkehren der IC "Antonín Dvořák" (ca. 5 Stunden) und mehrere D-Züge.

Preisbeispiele (Hin- und Rückfahrt 2. Klasse):

Berlin-Prag:	DM 132,40
Köln-Berlin-Prag:	DM 416,40
München-Furth/i.W.-Prag:	DM 170,80

🚲 Die Mitnahme ist mit internationaler Fahrradkarte (DM 16) in folgenden Zügen möglich (Stand Ende 1995):

* D 258 Prag hlavní nádraží (Hauptbahnhof)-Marktredwitz
* D 259 Marktredwitz-Karlsbad
* IR 264/265 Prag hl.n.-München ⇔ (mit Reservierung)
* DN 352/353 Prag hl.n.-Nürnberg-München ⇔

⚒ Grenzübergänge von **Deutschland** in die Tschechische Republik im Zugverkehr:

* Zittau-Hrádek n. N. (nur Regionalverkehr)
* Zittau-Varnsdorf (nur Regionalverkehr)
* Ebersbach-Rumburk (nur Regionalverkehr)
* Bad Schandau-Děčín (Hauptstrecke Berlin-Dresden-Prag)
* Bärenstein-Vejprty (nur Regionalverkehr und Probebetrieb)
* Johanngeorgenstadt-Potůčky (nur Regionalverkehr, 🚪 Juli bis 3. November)
* Bad Brambach-Vojtanov (Berlin-Leipzig-Karlovy Vary-Prag)
* Furth im Walde-Domažlice
* Schirnding-Cheb (Hauptstrecke Nürnberg-Prag)
* Bayrisch Eisenstein-Železná Ruda (Regionalverkehr)

⚒ Grenzübergänge von **Österreich** in die Tschechische Republik im Zugverkehr:

* Summerau-Horní Dvořiště
* Gmünd/Schiel-České Velenice
* Retz-Šatov (nur für Österreicher und Tschechen, 🚪 täglich 6:00 bis 19:00)
* Hohenau-Břeclav

☺ Bei der Anreise per Zug können Sie einiges an Geld sparen, wenn Sie vom Heimatbahnhof nur bis zum ersten Bahnhof in Tschechien lösen. Von hier aus können Sie mit dem tschechischen Inlandstarif sehr günstig weiterfahren. Voraussetzung ist, daß man ein paar Kronen in der Tasche hat. Wenn Sie nicht die Zeit haben auszusteigen, melden Sie sich umgehend beim Schaffner (Kč 10 Nachlösegebühr).

Ähnlich können Sie auch die Rückreise planen, indem Sie die Fahrkarte vom Grenzort bis zum Heimatort schon daheim lösen.

Prinzipiell können Sie aber auch von Tschechien aus zum Zielbahnhof in Deutschland lösen und in Kronen bezahlen (dann sollten Sie das Ticket mindestens eine Stunde vor Abfahrt des Zuges kaufen - wegen der mitunter langwierigen Schreiberei und Rechnerei des Personals). Mit dem tschechischen Auslandstarif fahren Sie bis zum deutschen Grenzbahnhof etwas billiger.

Mit dem Bus

Internationale Busverbindungen aus Deutschland, Österreich und der Schweiz (zumeist mit Zielort Prag) stellen eine preiswerte Alternative zur Bahn dar. U.a. können Sie folgende Routen nutzen:

- Brno-Tábor-České Budějovice-München
- München-České Budějovice-Tábor-Brno
- München-Plzeň-Prag (Haltepunkte in Regensburg, Cham und Furth i.W.)

Autobus Oberbayern GmbH, 80333 München, Lenbachplatz 1, ☎ 089/558061, oder Heidemannstr. 220, ☎ 089/32304216

- Hamburg-Berlin-Prag
- Frankfurt/M.-Würzburg-Nürnberg-Plzeň-Prag (Hinfahrt: Di, Mi, Fr und So, Rückfahrt von Prag: Mo, Mi, Fr und So)
- Frankfurt/M.-Nürnberg-Eger-Marienbad-Karlsbad (Hinfahrt: Do und So, Rückfahrt von Karlsbad: Mi und Fr)
- Heilbronn Nürnberg-Prag (Hinfahrt: Di, Do und So, Rückfahrt von Prag: Fr und So)

Infos/Reservierung: Deutsche Touring GmbH, 60486 Frankfurt, Am Römerhof 17, ☎ 069/7903256, und Omnibusverkehr Franken GmbH, Verkaufsbüro Nürnberg, ☎ 0911/2440162

- Dresden-Teplice (Dresden-Abfahrten: 7:25 und 15:25, Teplice-Abfahrten: 10:30 und 18:30) über Busfahrten aus Berlin in die böhmischen Kur- und Badezentren (Františkový Lázně, Mariánské Lázně, Karlovy Vary und Jáchymov): EuroMed, Bornholmer Str. 11, 10439 Berlin, ☏ 030/4468970

Zwischen Österreich und Tschechien verkehren Busse u.a. auf folgenden Strecken (jeweils in beide Richtungen):

- Salzburg-Linz-České Budějovice
- České Budějovice-Wien
- České Budějovice-Linz

Auskünfte in České Budějovice unter ☏ 038/34996, oder direkt am Autobusbahnhof

Von der Prager Metrostation "Opatov" (Metrolinie C) fahren Busse zu einem günstigen Tarif nach Deutschland und Österreich, hier befindet sich auch der Fahrkartenschalter (Mo bis Fr 8:00 bis 20:00, So 18:00 bis 19:00).

☏ 7952611, Reservierung ☏ 4941287

- Prag-Stuttgart-Frankfurt/M. am Do
- Prag-Berlin am Mi
- Prag-München am Mo, Mi und Fr
- Prag-Hannover-Hamburg am So
- Prag-Wien am Mi

Mit dem Flugzeug

Lufthansa, Austrian Airlines, Swiss Air und die tschechische Gesellschaft ČSA fliegen Prag aus dem deutschsprachigen Raum an.

Tägliche Flugverbindungen bestehen von München, Frankfurt am Main, Berlin (vom Flughafen Schönefeld am Di, Do und Sa; vom Flughafen Tempelhof am So sowie von Mo bis Fr), Zürich und Wien nach Prag.

Mehrmals wöchentlich gelangen Sie auch von Köln, Stuttgart, Düsseldorf, Hannover und Nürnberg nach Prag.
Flüge in die tschechische Hauptstadt sind nicht billig.

Preisbeispiele (Hin- und Rückflug):
- Berlin/Schönefeld-Prag : DM 1.070 (Eurowings), DM 840 (ČSA)
- Frankfurt/M.-Prag : DM 1.112 (Lufthansa), DM 801 (ČSA)

Ein besseres Preis-Leistungs-Verhältnis bietet der Super-Flieg- und Sparpreis (7 Tage vorher zu buchen, zwischen Hin- und Rückflug muß ein Sonntag liegen).

- Berlin-Prag ⇔: DM 372 (Eurowings), DM 279 (ČSA)
- Frankfurt/M.-Prag ⇔: DM 477 (Lufthansa), DM 333 (ČSA)

Zu den genannten Preisen kommen noch die Flughafengebühren von ca. DM 20 hinzu.

Sie landen auf dem neuen Flughafen Praha-Ruzyně am Nordwestrand der Stadt. Von dort können Sie mit dem Flughafenbus direkt bis ins Stadtzentrum (ca. 20 km) fahren (Stare město-Altstadt). Tickets gibt es im Bus.

Luftverkehrsgesellschaft ČŠA
- **in Deutschland:** 60329 Frankfurt, Baseler Str. 46, ☎ 069/253559
- **in Prag:** Praha 1, Revoluční 1, ☎ 02/231 2595 oder 235 2785

Andere Fluggesellschaften in Prag:
- Lufthansa, Pařížská 27, ☎ 02/2317440
- Austrian Airlines, Pařížská 1, ☎ 02/2322795
- Swiss Air, Pařížská 11, ☎ 02/2324707

Mit dem Fahrrad, zu Fuß oder per Moped

Es existieren eine Reihe von deutsch-tschechischen Grenzübergängen, die nur Radfahrern, Fußgängern und Mopedfahrern (Mopeds bis 50 cm³) vorbehalten sind. Sie finden diese in beliebten Wanderregionen, u.a. im Zittauer Gebirge, in der Sächsisch-Böhmischen Schweiz, im Erzgebirge, im Oberpfälzer Wald und im Bayerischen Wald/Böhmerwald.

Sachsen-Böhmen:
- Hartau-Hrádek n. N. (April bis September täglich 6:00 bis 22:00, Oktober bis März täglich 8:00 bis 19:00)
- Seifhennersdorf-Rumburk (Horní Jindřichov)
- Schöna-Hřensko per Elbfähre (geplant)
- Bärenstein-Vejprty
- Johanngeorgenstadt-Potůčky
- Klingenthal-Kraslice

Auf **grenzüberschreitenden Wanderwegen** können Fußgänger, Radfahrer und Rollstuhlfahrer die Grenze zur Tschechischen Republik ebenfalls passieren. Sie werden vom Bundesgrenzschutz und vom Zoll nicht mehr direkt kontrolliert. Dafür wurde der Streifendienst in der Grenzzone verstärkt.

♦ der Grenzübergänge: April bis September täglich 6:00 bis 22:00, Oktober bis März 6:00 bis 18:00.

Sachsen-Böhmen (1995 eröffnet), von Ost nach West:

- Lückendorf-Petrovice
- Jonsdorf-Krompach
- Ebersbach-Jiříkov
- Sohland-Šluknov
- Neurehefeld-Moldava
- Deutschgeorgenthal-Český Jiřetin
- Olbernhau/Grünthal-Brandov
- Oberwiesenthal-Loučna
- Klingenthal/Aschberg-Bublava
- Wernitzgrün-Luby
- Bad Brambach-Plesná
- Bad Elster-Doubrava
- Ebmath-Hranice

Bayern-Böhmen (von Nord nach Süd):

- Neualbenreuth-Mýtina ( ), April bis September 6:00 bis 22:00, Oktober bis März 8:00 bis 18:00
- Waldheim-Přední Zahájí (und Rollstuhlfahrer), Juli bis September 6:00 bis 22:00, Oktober bis 15. März 8:00 bis 18:00
- Friedrichshäng-Pleš (und Rollstuhlfahrer), April bis September 6:00 bis 22:00, Oktober bis März 8:00 bis 18:00
- Stadlern-Rybník (und Rollstuhlfahrer), April bis September 6:00 bis 22:00, Oktober bis März 8:00 bis 18:00
- Dreiwappen-Tří znaky ( ), April bis September 6:00 bis 22:00, Oktober bis März 8:00 bis 18:00
- Großer Osser-Ostrý ( ), Mai bis September 6:00 bis 22:00, Oktober 8:00 bis 18:00
- Bayrisch Eisenstein-Železná Ruda (und Rollstuhlfahrer), April bis September 6:00 bis 22:00, Oktober bis März 8:00 bis 18:00
- Finsterau-Bučina ( ), April bis September 6:00 bis 20:00, Oktober bis März 8:00 bis 17:00
- Haidmühle-Stožec ( ), April bis September 7:00 bis 21:00, Oktober bis März 7:00 bis 19:00

* Dreisesselberg-Třístoličník (🚶🚶), 🚪 April bis September 6:00 bis 22:00, Oktober 8:00 bis 18:00

Ausrüstung

Die Mittelgebirge in Böhmen und Mähren verlangen keine speziellen Ausrüstungen. **Festes Schuhwerk** ist bei allen Touren anzuraten, bei geplanten Baudenübernachtungen manchmal auch ein **Schlafsack**. Der Inhalt des Rucksackes richtet sich selbstverständlich nach dem gewählten Tourenabschnitt. In gut erschlossenen Gebirgen wie z.B. im Riesengebirge (Krkonoše) müssen Sie nicht soviel mitschleppen, dort gibt es sehr viele Hütten. Andere Gebirgsregionen lassen sich dagegen nur erkunden, wenn Sie **Zelt** und **Verpflegung** bei sich haben.

Mittlerweile führen tschechische Sportläden einige preiswerte Ausrüstungsartikel, auch Markenprodukte.

Diplomatische Vertretungen

In Deutschland: Botschaft der Tschechischen Republik, Ferdinandstr. 27, 53127 Bonn, ☏ 0228/91970
In Österreich: Penzinger Str. 11-13, 1130 Wien, ☏ 0222/8943741
In der Schweiz: Muristr. 53, 3006 Bern, ☏ 031/443645

In der Tschechischen Republik:
Deutsche Botschaft, 12 560 Prag 1, Vlašská 19, ☏ 02/24510323
Österreichische Botschaft, Prag 5, Victora Huga 10, ☏ 02/24511677
Schweizer Botschaft, Prag 6, Pevnostní 7, ☏ 02/320406

Einkaufen

In unserem Nachbarland gibt es **kein Ladenschlußgesetz**. Je nach Lage und Größe des Geschäftes variieren die Schließzeiten.

Lebensmittelläden haben Mo bis Fr zumeist von 7:00 bis 18:00, Sa 7:00 bis 12:00 und manchmal auch So von 13:00 bis 18:00 geöffnet. Ansonsten gilt 9:00 bis 18:00 an Werktagen als üblich. In Dörfern und Kleinstädten werden die Geschäfte oft über Mittag geschlossen.

Kaufhäuser in großen Städten haben Do meist bis 20:00 geöffnet, Sa bis 16:00.

Potraviny sind Lebensmittelgeschäfte ohne Selbstbedienung, *Samoobsluha* sind Läden mit Selbstbedienung. Bei *Maso uzeniny* gibt es Fleisch- und Räucherwaren, *cukrárna* verkauft Gebäck und Süßigkeiten, *lahůdky* ist das Delikatessengeschäft. Obst- und Gemüseläden erkennen Sie an der Aufschrift *ovoce/zelenina*, neuerdings auch *kolonial*.

Essen und Trinken

Die böhmische Küche ist über die Landesgrenzen hinweg bekannt. Bei der Zubereitung dominieren Fleisch und Teigwaren, weniger Gemüse. Sehr schmackhaft sind **Knödel**, die in vielerlei Varianten auf den Tisch kommen. Die echte böhmische Küche ist sehr kalorienreich und sättigt durch den hohen Anteil von Mehlspeisen ungemein. Typische böhmische Gerichte sind Rinder-, Schweine-, Gänse- oder Entenbraten mit Semmelknödel und Kraut.

Eine Spezialität sind mit Pflaumen, Kirschen oder Blaubeeren gefüllte süße Knödel und Palatschinken (gefüllte Pfannkuchen). Sehr zu empfehlen sind auch die verschiedensten Suppen (*polévky*), die in Tschechien üblicherweise als Vorgericht gegessen werden.

Beliebtestes Getränk der Tschechen ist ohne Zweifel das **Bier** (*pivo*). Bekannte Sorten: Pilsner Urquell, Budweiser (Budvar) und Staropramen. Aber auch die vielen namenlosen Brauereien, deren Bier zumeist nur in bestimmten Regionen ausgeschenkt und verkauft wird, stellen ein vorzügliches Bier her.

Bei uns völlig unbekannte mährische **Weißweine** sollten Sie unbedingt probieren, z.B. Hodonínské slunce (auf dem Etikett eine große Sonne) hat uns persönlich sehr gut gemundet.

Der Magenbitter "Karlsbader Becher" (Becherovka), der Pflaumenschnaps "Sliwowitz" (slivovice) und der Gesundheitskräuterlikör "Altvater Urquell" (Pravý Praděd) sind bekannte Spirituosenerzeugnisse.

Restaurants

Restaurants (*restaurace*) gibt es in drei Preisklassen (III = sehr einfach). In Klasse II und III können Sie sehr preiswert essen, dafür müssen Sie allerdings oft Abstriche am gewohnten Ambiente in Kauf nehmen. Aber wo sonst in Europa bekommen Sie ein dreigängiges Menü inklusive Bier noch unter DM 10?

In Touristenzentren nimmt die Zahl privat bewirtschafteter Gaststätten sprunghaft zu, hier speisen Sie teurer, dafür ähnelt das Umfeld deutschen Verhältnissen.

☹ In manchen Restaurants müssen Touristen ein Vielfaches der Normalpreise bezahlen. Erkennbar sind diese Häuser an einem Schild mit dem Vermerk *Domácí polovič* (Einheimische zahlen die Hälfte).

Die Dorfkneipen (*hostinec*) sind meist stark verräuchert, aber hier finden sich die Einheimischen zusammen, und man kann die tschechische Volksseele beobachten. Weiterhin gibt es die Bierstube (*pivnice*), die Weinstube (*vinárna*) und das Café (*kavárna*). In letzterem serviert man den Kaffee meist türkisch, d.h. heißer Wasseraufguß direkt auf das Kaffeepulver.

In den großen Metropolen des Landes kam es in den letzten Jahren zu einem wahren "Fast-food-Boom".

Als Selbstverpfleger kommt man heute gut zurecht, selbst im kleinsten Ort gibt es oft eine Lebensmittelverkaufsstelle.

Speisekarte

Die Speisekarte (*jídelní lístek*) wird in vielen Touristengebieten schon zweisprachig angeboten, wenn nicht, sind Kellner oder Kellnerin zumeist auch bereit, Ihnen die Gerichte zu übersetzen.

Aber vielleicht bereitet es Ihnen auch Spaß - und Ihr tschechisches Gegenüber wird es mit Wohlwollen honorieren - die tschechischen Bezeichnungen auszuprobieren (Ausspracheregeln ☞ Sprache).

Kalte Vorspeisen	*Studené předkrmy*
Rollmops	*zavináč*
belegtes Brötchen	*obložený chlebíček*
Käseteller	*obložená sýrová mísa*
Räucherlachs mit Mayonnaise	*uzený losos s majonézou*
Quark	*tvaroh*
Prager Schinken	*pražská šunka*
Schinkenwurst	*šunkový salám*
Butter	*máslo*
Marmelade	*džem*
Hörnchen/Brötchen	*rohlík*
Semmel	*žemle houska*
Warme Vorspeisen	*teplé předkrmy*
Würstchen mit Senf	*párek s hořčicí*
Bratwurst	*klobása*

Schinkenomelett	*šunková omeleta*
Bauernfrühstück	*selská omeleta*
Spiegeleier	*sázená vejce*
Rühreier	*míchaná vejce*
Toast	*topinka*

Suppen	*polévky*
Gulaschsuppe	*gulášová polévka*
Kartoffelsuppe	*bramborová polévka*
Fischsuppe	*rybí polévka*
Erbsensuppe	*hrachová polévka*
Linsensuppe	*čočková polévka*
Rindssuppe	*hovězí polévka*
Hühnerbrühe mit Nudeln	*slepičí polévka s nudlemi*
Tomatensuppe	*rajská polévka*
Pilzsuppe	*houbová polévka*

Hauptgerichte	*hlavní jídla*
Schweinebraten	*vepřová pečeně*
Schweineschnitzel paniert	*smažený vepřový řízek*
Rinderbraten	*hovězí pečeně*
Rinderroulade	*hovězí závitek*
Kalbsschnitzel	*telecí řízek*
Znaimer Braten	*znojemská pečeně*
Bratklops	*karbanátek*
Rehbraten	*srnčí pečeně*
Wildschweinbraten	*kančí pečeně*
Fasanenbraten	*pečený bažant*
Gänsebraten	*pečená husa*
Entenbraten	*pečená kachna*
Brathähnchen	*kuře pečené*
Forelle	*pstruh*
Fischfilet	*rybí filé*
gefüllte Paprikaschoten	*plněné paprikové lusky*

Beilagen	*přílohy*
Kartoffeln	*brambory*
Salzkartoffeln	*vařené brambory*
Röstkartoffeln	*opékané brambory*
Kartoffelknödel	*bramborové knedlíky*
Pommes frites	*bramborové hranolky*

Kartoffelpüree	*bramborová kaše*
Kartoffelsalat	*bramborový salát*
Semmelknödel	*houskové knedlíky*
Nudeln	*nudle*
Reis	*rýže*
gedünstetes Gemüse	*dušená zelenina*
Erbsen	*hrách*
Bohnen	*fazole*
Sauerkraut	*kyselé zelí*
Getränke	*nápoje*
Mineralwasser	*minerální voda*
Milch	*mléko*
Kaffee	*káva*
Tee mit Zitrone	*čaj s citronem*
Obstsaft	*ovocná šťáva*
Bier	*pivo*
Weißwein	*bílé víno*
Rotwein	*červené víno*
Süßspeisen	*moučník*
Eis	*zmrzlina*
Palatschinken	*palačinka*
Torte	*dort*
Sahnebecher	*šlehačkový pohár*
Apfelstrudel	*jablkový závin*

Feste und Feiertage

Neujahr	1. Januar
Ostermontag	
Tag der Arbeit	1. Mai
Tag der Befreiung (1945)	8. Mai
Tag der Slawenapostel (Einführung des Christentums 863)	5. Juli
Gedenktag an Jan Hus (Verbrennung in Konstanz 1415)	6. Juli
Tag der Republik (Staatsgründung 1918)	28. Oktober
Weihnachten	24., 25. und 26. Dezember

Festivals und Kulturelles

Wer während seines Aufenthaltes in der Tschechischen Republik interessante Kulturveranstaltungen miterleben möchte, sollte sich in einem Čedok-Büro (☞ Information) nach den genauen Terminen erkundigen.

Die Tschechische Zentrale für Tourismus gibt in jedem Jahr den "Kalender des Fremdenverkehrs-Tschechische Republik" heraus. Er enthält sämtliche Angaben zu den wichtigen Festivitäten im Land in deutscher Sprache.

ℹ Tschechische Zentrale für Tourismus, Staroměstské nám. 6, CZ-11015 Praha 1, ☎ 02/248128529

♦ Eine Liste der Festivals können Sie auch über folgende Adresse erhalten: Folklorní sdružení České republiky, Senovážné nám. 24, CZ-11647 Praha 1

Einige bedeutende Festivals

Februar: Fastnachtumzüge in vielen Orten Böhmens und Mährens, die schönsten Umzüge gibt es in Südböhmen (Strakonice und Milevsko) sowie auf der Böhmisch-Mährischen Höhe (um Hlinsko) zu bestaunen.

Mai: Musikfestival "Prager Frühling"; traditioneller Königsritt in Vlčnov und Hluk bei Ungarisch Brod (Uherský Brod).

Juni: Internationales Folklorefestival in Straßnitz (Strážnice) am Fuße der Weißen Karpaten (Bílé Karpaty), 80 km östlich von Brünn (Brno).

Juli: Folklorefestival in Rosenau (Rožnov pod Radostěm), ca. 40 km südlich von Mährisch-Ostrau (Ostrava); Marionettenfestival in Chrudim, 10 km südöstlich von Pardubitz (Pardubice); Historische Ritterspiele in Znaim (Znojmo).

August: Chodenfestival in Taus (Domažlice), nördlich des bayrisch-böhmischen Grenzüberganges Furth i.W.; Chopin-Musikfestival in Marienbad (Mariánské Lázně); Sommerfest am Barockschloß Valtice in Südmähren (Musikfestspiele in zeitgenössischen Kostümen).

September: Internationales Dudelsackpfeiferfestival in Strakonitz (Strakonice), 56 km nordwestlich von Budweis (České Budějovice); jedes zweite oder dritte Jahr Hopfenerntefeier in Saaz (Žatec), Nordböhmen.

Oktober: Pferderennen "Große Steeplechase von Pardubitz (Pardubice)" und Turniere; Internationale Musiktage in Brünn (Brno); Internationales Jazzfestival in Prag.

Fotografieren

Mit Ausnahme militärischer Objekte dürfen Sie im Prinzip überall fotografieren. *Fotografování zakázáno* heißt Fotografieren verboten.

Gegenwärtig bauen die Firmen Agfa, Kodak und Fuji Schnellabors in vielen Städten des Landes auf, so daß Sie auch hier hochwertiges Filmmaterial erwerben können. Das ansonsten gehandelte Schwarz-Weiß-Filmmaterial ist gut, Farbfilme osteuropäischer Herkunft sind dagegen nicht zu empfehlen.

Geld

Zwangs- und Mindestumtauschsätze gehören der Vergangenheit an. Die tschechische Krone ist seit Oktober 1995 eine **konvertierbare Währung** (1995: DM 1 = ca. Kč 17). Der Vergleich vor dem Geldumtausch lohnt, einige Geldinstitute oder Hotelrezeptionen verlangen sehr hohe Gebühren. Normal sind nach unseren Erfahrungen höchstens 1 bis 2%.

Pro **EC-Scheck** können in Banken 6.500 Kronen (Abk. Kč) eingelöst werden. Abseits von Touristenzentren kann man mit Reiseschecks und Kreditkarten nicht viel anfangen, hier sollte man immer ausreichend Bargeld parat haben.

Kreditkarten (American Express, Diners Club, Carte Blanche, Eurocard, Master Card, Access, Visa und JCB) eignen sich für die Begleichung von Rechnungen bei Čedok-Dienstleistungen, insbesondere in den großen, renommierten Hotels, aber auch zum Bezahlen in exquisiten Geschäften und Restaurants.

Mit **Postsparbüchern** können Sie in Tschechien bis jetzt nichts anfangen, Verhandlungen der Postbank mit den tschechischen Partnern sind jedoch im Gange. Erkundigen Sie sich deshalb vor Reiseantritt nach dem aktuellen Stand.

Auf dem tschechischen Geldmarkt existieren **Scheine** zu folgenden Werten: Kč 20, 50, 100, 200, 500, 1.000, 2.000 und 5.000. Die Banknoten sind, wie auch DM-Scheine, mit einem Metallstreifen durchwirkt.

Münzen mit numismatisch ansprechenden Motiven und Formen (bspw. 13eckig) existieren zu Kč 1, 2, 5, 10, 20 und 50.

Grenzübergänge

Slowakische Republik

Nach dem Zerfall der Tschechoslowakei begannen beide Staaten mit dem Aufbau von Grenzübergängen.

⚒ Für das Überqueren der folgenden offiziellen Grenzübergänge (von Süd nach Nord) genügt der Reisepaß.

* Autobahn bei Lanžhot
* Lanžhot-Kúty
* Břeclav-Kúty
* Hodonín-Holíč
* Sudoměřice-Skalica
* Velká nad Veličkou-Vrbovce
* Velká nad Veličkou-Myjava
* Strání-Moravské Lieskové
* Starý Hrozenkov-Drietoma
* Brumov Bylnice-Horní Srnie
* Střelná-Lysá pod Makytou
* Velké Karlovice-Makov
* Horní Bečva-Makov
* Mosty u Jablunkova-Svrčinovec
* Březová-Nová Bošaca
* Bílá-Klokočov
* Šance-Podzávoz
* Nedašova Lhota-Červený Kameň

Polen

⚒ Auch hier genügen der Reisepaß und die Grüne Karte, um folgende Grenzübergänge (von West nach Ost) zu überqueren:

* Hrádek nad Nisou-Porajów
* Habartice-Zawidów
* Harrachov-Jakuszyce (E 65)
* Horní Malá Upa-Przełęcz Okraj (Kowary)
* Královec-Lubawka
* Starostin-Golińsk (nur für Tschechen, Polen und Slowaken!)
* Otovice-Tłumaczow
* Náchod-Kudowa Słone
* Lichkov-Boboszów
* Mikulovice-Głuchołazy
* Krnov-Pietrowice

- ✱ Bohumín-Chałupki
- ✱ Závada-Gołkowice (nur für Tschechen, Polen und Slowaken!)
- ✱ Dolní Marklovice-Marklowice Górne
- ✱ Chotěbuz-Cieszyn
- ✱ Český Těšín-Cieszyn

Weitere Grenzübergänge ☞ Anreise

Heilbäder und -quellen

Eine Vielzahl auch international bekannter Kur- und Heilbäder bieten ihre Dienste an. Dabei verweist man stolz auf eine lange Tradition, in Teplitz (Teplice v Čechách) seit über 1.200 Jahren. Der Großteil der zahlreichen Heilquellen wurde jedoch erst während des 11. bis 15. Jh. populär.

Heute erstrahlen viele der alten historischen Kuranlagen in neuem Glanz und entwickeln sich wieder zu mondänen Heilbädern. Sie sind deshalb auch als rein touristische Ziele sehr sehenswert.

ℹ Infos zu allen Kurorten und Vermittlung von Kuraufenthalten:

- ♦ Kur- und Reisedienst Balena, Národní 28, CZ-11001 Praha, ☎ 02/2422764450, FAX 02/24214211
- ♦ Balena AG, Široká 6, CZ-11001 Praha 1, ☎ 02/2324445, FAX 02/2324501
- ♦ Čedok (☞ Information)

Františkovy Lázně (Franzensbad)

Gut zwei Dutzend Heilquellen und medizinisch wirksame Mineralmoore bilden den Grundstock für die Berühmtheit des Bades im Nordwesten Böhmens.

Indikationen: Herz- und Kreislauferkrankungen, Frauenleiden sowie Störungen des Bewegungsapparates.

ℹ Kurverwaltung, Jiráskova 17, CZ-35101 Františkovy Lázně, ☎ 0166/942350

Jáchymov (St. Joachimsthal)

ist ein historisches Bergbaustädtchen am Fuße des Erzgebirges (Krušné hory), das seinen Ruhm den warmen radioaktiven Quellen verdankt.

Indikationen: Erkrankungen des Bewegungsapparates und des Nervensystems.

ℹ Kurverwaltung Léčebné Lázně, CZ-36251 Jáchymov, ☎ 0164/911208

Janské Lázně (Johannisbad)

liegt am Südostrand des Riesengebirges (Krkonoše) und besitzt mehrere warme Mineralquellen, die Heilerfolge bei Nervenleiden und Kinderlähmung erzielen.

Lázeňský dům, CZ-54225 Janské Lázně, ☏ 0439/942396

Jeseník (Freiwaldau)

In Nordmähren am Fuße des Altvatergebirges (Hrubý Jeseník) werden Nervenleiden erfolgreich behandelt.

Prießnitzovy léčebné lázně, CZ-79003 Jeseník, ☏ 0645/2851

Karlovy Vary (Karlsbad)

in Nordwestböhmen gilt hinsichtlich seiner Größe und Bekanntheit als die Nr. 1 im Kurwesen der Tschechischen Republik. Seit 600 Jahren werden die warmen Mineralquellen (heute zwölf) für Trinkkuren und Heilbäder genutzt. Indikationen: Störungen des Verdauungstraktes, chronische Leber- und Gallenleiden, Diabetes, Erkrankungen des Bewegungsapparates.

Touristisch interessant ist neben vielen historischen Kuranlagen auch der Sprudel (Vřídlo), eine heiße Mineralquelle (73 °C) aus ca. 2.000 m Tiefe. Die Quellenfontäne erreicht eine Höhe von 15 m.

Städtisches Infobüro in der Sprudelkolonnade (Městská informační kancelář), CZ-36090 Karlovy Vary, ☏ 017/3224097 und 3229312

Luhačovice (Luhatschowitz)

liegt an den Hängen der Weißen Karpaten (Bílé karpaty) in Mähren. Indikationen: Stoffwechselstörungen und Erkrankungen der Atemwege.

Lázně Luhačovice a.s., Lázeňské nám. 436, CZ-76326 Luhačovice, ☏ 067/932261

Mariánské Lázně (Marienbad)

gelangte im 19. Jh. zu Weltberühmtheit. Der Ort besitzt 40 Quellen. Indikationen: Erkrankungen der Atemwege, Haut- und Nervenkrankheiten sowie Erkrankungen der Verdauungsorgane und Harnwege.

Prächtige Jugendstilbauten und klassizistische Architektur mit gepflegten Parkanlagen, aber auch das Flair eines Weltkurbades locken jährlich etwa 1,5 Millionen Besucher nach Marienbad (Mariánské Lázně).

Heilbad Marienbad AG, Masarykova 22, CZ-35329 Mariánské Lázně, ☏ 0165/622170, FAX 0165/622982

Das Grandhotel Pupp in Karlsbad (Karlovy Vary) ☞

GRAND

Poděbrady (Podiebrad)

liegt in Mittelböhmen, 50 km nordöstlich von Prag in der Elbniederung. Erst 1905 entdeckte man einen alkalisch-erdigen Säuerling (eine kohlensaure Mineralquelle). Indikationen: Herz- und Gefäßleiden sowie Kinderkrankheiten.

ℹ Lázně Poděbrady a.s., Hakenova 464, CZ-29033 Poděbrady, ☎ 0324/2461

Teplice (Teplitz-Schönau)

im Vorland des Erzgebirges (Krušné hory) gilt als ältester Kurort in unserem Nachbarland. Mit radioaktiven Thermalwässern behandelt man insbesondere Krankheiten des Bewegungsapparates und Kreislaufleiden.

ℹ Kurdirektion, Vrchlického 23, CZ-41538 Teplice, ☎ 0417/323206

Třeboň (Wittingau)

befindet sich in der Ebene Südböhmens in einer Teichlandschaft. Mit Moorbädern behandelt man Erkrankungen des Bewegungsapparates.

ℹ Ústav léčby hybných poruch, Sanatorium Aurora, CZ-37913 Třeboň, ☎ 0333/2961

Information

Das staatliche Reisebüro Čedok unterhält in allen großen tschechischen Städten mindestens eine Zweigstelle. Trotz der in den letzten Jahren aufgekommenen Konkurrenz durch einen wahren Gründerboom von Reisebüros besitzt Čedok immer noch eine Monopolstellung.

ℹ Die Čedok-Zentralverwaltung sitzt in CZ-1135 Praha 1, Na příkopě 18, ☎ 02/24197111, FAX 02/24225339.

Auch im Ausland hat Čedok Büros, die teilweise Aufgaben eines Fremdenverkehrsamtes übernehmen.

In Deutschland:

- Čedok-Reisen GmbH, Kaiserstr. 54, 60329 Frankfurt/M., ☎ 069/27401711, FAX 069/235890
- Čedok-Reisen GmbH, Wallstr. 1, 86150 Augsburg, ☎ 0821/313381, FAX 0821/313382
- Čedok-Reisen GmbH, Leipziger Str. 60, 10117 Berlin, ☎ 030/2044663, FAX 030/2044623

In Österreich:

❋ Čedok, Parkring 12, A-1010 Wien, ☏ 0222/5124372 oder 5121374, FAX 0222/512437285

In der Schweiz:

❋ Čedok, Pelikanstr. 38, CH-8001 Zürich, ☏ 01/2213131, FAX 01/2213141

ℹ Die **Tschechische Zentrale für Tourismus** hat ihren Hauptsitz in Prag, Staroměstské nám. 6, CZ-11015 Praha 1, ☏ 02/24812852, ein spezielles Büro für touristische Informationen befindet sich in der Národní 37, CZ-11000 Praha 1, ☏ 02/24211458

In Deutschland:
Vertretung für Deutschland, Leipziger Str. 60, 10117 Berlin, ☏ 030/2004770

In Österreich:
Tschechisches Zentrum, Herrengasse 17, A-1010 Wien, ☏ 01/5352361, FAX 01/8942874

Einige weitere Reisebüros in Deutschland, die speziell Reisen in Tschechien organisieren:

❋ ČS-Reisen Petersen, Glockengießerwall 1, 20095 Hamburg, ☏ 040/326511
❋ ČS-Plusreisen, Husemannstr. 16, 10435 Berlin, ☏ 030/4424173
❋ Intercontact Berlin, Rudower Chaussee 16-25, 12489 Berlin, ☏ 030/67012472
❋ Ingtours Reisen GmbH, 10117 Berlin, Leipziger Str. 119, ☏ 030/2384808, FAX 030/2384838
❋ Hermes Reisebüro, Taubenstr. 2, 03046 Cottbus, ☏ 0355/24261, FAX 0355/700124

Im Reiseteil finden Sie weitere Adressen von Reisebüros, die sich auf bestimmte Regionen spezialisiert haben.

Klima

Böhmen und Mähren gehören zum Gebiet des **gemäßigten Übergangsklimas** zwischen ozeanischem und kontinentalem Klima. Im wesentlichen entspricht es dem der mitteleuropäischen Nachbarländer. Dennoch gibt es einige gebietstypische Besonderheiten. So bewirken die Gebirgswälle eine deutliche Niederschlagsabnahme in den Vorlandregionen und im Landesinneren. In den Kammlagen von Böhmerwald, Erzgebirge und Sudeten verzeichnet man eine durchschnittliche Niederschlagsmenge von ca. 1.300 mm pro Jahr, dagegen in Prag nur knapp 500 mm.

In den Bergen schneit es etwa an 100 Tagen im Jahr, so daß bspw. im Riesengebirge (Krkonoše) von Ende November bis Ende März zumeist sehr gute Wintersportmöglichkeiten bestehen. Der kälteste Ort Tschechiens ist die Schneekoppe (Sněžka), wo man mit 0,1 °C Jahresdurchschnittstemperatur ein Klima wie in Nordisland vorfindet. Schneefälle sind hier das ganze Jahr über im Bereich des Möglichen.

Statistisch gesehen ist der Juli wärmster Monat (bspw. Prag 24,4 °C, Riesengebirge 14 °C). Die kälteste Periode herrscht im Januar (Prag 1,1 °C, Riesengebirge -6 °C). Mitte Mai bis Ende Juni wird es oft warm, und es regnet kaum, ebenso im Altweibersommer von Anfang September bis Anfang Oktober. Im Juli und August führen schnelle Wetterumschläge oft zu Gewittern und hohen Niederschlagsmengen. Bei der Jahressonnenscheindauer beobachtet man von West nach Ost einen Anstieg.

Medien

In vielen Teilen des Landes befinden Sie sich noch im Sendebereich deutscher oder österreichischer UKW-Sender, auf KW-Frequenz empfangen Sie im gesamten Land deutschsprachige Sender. Mehrmals täglich strahlt der Prager Rundfunk u.a. auf KW 6055 kHz halbstündige deutsche Programme aus. Viele Hotels verfügen über TV-Satellitenempfangsanlagen, so daß hier deutschsprachige Fernsehprogramme zu sehen sind. Das 3. TV-Programm des Tschechischen Fernsehens (ČT3) strahlt täglich um 19:00 die "Heute"-Sendung des ZDF aus.

Westliche Tageszeitungen, Nachrichtenjournale, aber auch Boulevardzeitschriften sind an den vielen Zeitungsverkaufsstellen zu bekommen, auf alle Fälle aber in großen Hotels. Das **"Prager Wochenblatt"** ist eine deutschsprachige Zeitung, die ihre Themen speziell auf im Land verbliebene Deutsche, Heimatvertriebene, aber auch alle Freunde der Tschechischen Republik ausgerichtet hat. Mit einem zusätzlichen ausführlichen Veranstaltungskalender ist die Zeitung für Kč 15 zu haben. Einen ähnlichen Leserkreis sprechen auch die Wochenzeitungen "Prager Volkszeitung" (Kč 2,50) und "Prager Zeitung" (Kč 9,50) an.

Viermal jährlich erscheint das "**Bohemia Prag Journal**", ein Magazin für Besucher der Tschechischen Republik mit vielen aktuellen Infos über Land und Leute in deutscher Sprache (Preis: Kč 50, in Deutschland in vielen Zeitschriftenläden für DM 5,50 zu haben).

Seit 1994 wird vierteljährlich die Revue für Gesellschaft und Kultur "Die Länder der Böhmischen Krone" herausgegeben (DM 15,50).

Orbis, Marketing, Vinohradská 46, CZ-12041 Praha 2, ☏ 02/24247554

Medizinische Versorgung

Erste Hilfe bei Unfällen oder plötzlichen Krankheitsfällen wird kostenlos gewährt. Bisher besteht zwischen der Bundesrepublik Deutschland und der Tschechischen Republik kein Versicherungsabkommen, so daß die gesetzlichen Krankenkassen keinerlei Kosten für ambulante oder stationäre Behandlungen übernehmen.

Wir empfehlen vor Antritt der Reise den Abschluß einer **privaten Auslandskrankenversicherung**. Einen günstigen Jahresbeitrag bietet z.B. die DKV mit DM 14 an. Jede Urlaubsreise mit einer Dauer von max. sechs Wochen wird damit abgesichert.

Medizinischer Notfalldienst ☏ 155
Zwei wichtige Wörter: *lékař* (Arzt) und *nemocnice* (Krankenhaus)

Apotheke (*lékárna*)

Ein Grundangebot westlicher Arzneimittel ist in großen Apotheken zwar vorhanden, sollten Sie aber bestimmte Medikamente regelmäßig einnehmen müssen, ist es ratsam, diese in ausreichender Menge von zu Hause mitzubringen.

Apotheke in Prag 1 (24-Std.-Dienst): Na příkopě 7, ☏ 24210229

Museen und Ausstellungen

In unserem Nachbarland finden Sie eine große Anzahl von Regional- und Stadtmuseen, Galerien und wechselnden Ausstellungen, aber auch international bedeutenden Nationalmuseen.

Geöffnet sind die Museen in der Regel von 9:00 bis 18:00, außer montags und an Tagen nach Feiertagen. Der überwiegende Teil der Museen und Ausstellungen, die sich auf Burgen und Schlössern befinden, ist nur von April bis Oktober zugänglich (9:00 bis 16:00 oder 17:00). In den saisonangrenzenden Monaten April und Oktober haben viele dieser Objekte nur Sa, So oder an Feiertagen geöffnet, wenn keine Vorbestellung für andere Tage erfolgt ist.

Eine Führung ist meist obligatorisch, spricht das Personal nicht deutsch, dann bekommen deutsche Touristen oft Besichtigungsmappen mit deutschem Text in die Hand gedrückt, oder es existieren Tonbänder in deutscher Sprache, so daß man auf alle Fälle das Wichtigste vom Rundgang mitbekommt.

Gegenwärtig läuft in Tschechien ein Restitutionsprozeß, d.h. die ehemaligen Besitzer erhalten einige der Burgen und Schlösser, die Ende der vierziger Jahre zwangsweise verstaatlicht wurden, zurück. Hier können kurzfristig Abweichungen von den üblichen Öffnungszeiten auftreten.

Museumshochburg des Landes stellt natürlich Prag dar, wo es gleich ein Dutzend bedeutender Expositionen gibt. In den Großstädten können Sie mindestens ein Regionalmuseum besuchen. Hier wird Interessantes zu Geschichte, Geographie und Natur präsentiert. Viele Museen haben sich spezialisiert, u.a. auf Glas- und Kunstschmuck, Uhren, Weihnachtskrippen, Hüte, Schuhe oder Streichhölzer.

Gedenkstätten zu bedeutenden nationalen Ereignissen, von der Hussitenzeit bis in die Gegenwart, liegen über das ganze Land verstreut und besitzen oft auch eine kleine Ausstellung. In der Mehrzahl der Museen ist der Eintrittspreis mit umgerechnet unter DM 1 zumeist noch sehr niedrig. Absolute Highlights, wie z.B. ein Besuch der Burg Karlstein, kommen da mit ca. DM 5 schon etwas teurer. Im Reiseteil sind viele spezielle Tips zu Museumsbesuchen zu finden.

i Aktuelle Auskünfte über Öffnungszeiten und fremdsprachige Führungen auf Burgen und Schlössern erhalten Sie über den Prager Informationsdienst, ☏ 02/264028, 24212845 oder 5132644.

Nationalparks und Landschaftsschutzgebiete

Erste Naturschutzgebiete entstanden auf dem Territorium Böhmens schon 1838 in südböhmischen Urwaldrelikten (Hojná voda, Žofinský prales) und 1858 um den Böhmerwaldgipfel Kubany (Boubín). Jüngstes Ergebnis im ökologischen Engagement der Tschechischen Republik ist die Aufwertung großer Bereiche des Böhmerwaldes (Šumava) und des Thaya-Flußtales (Podyji) in Nationalparks.

Obwohl einige Gebiete, auch in den Schutzzonen, Opfer einer verfehlten Umweltpolitik des Realsozialismus wurden, bietet die Mehrheit der Landschaften eine erstaunlich vielfältige Fauna und Flora. Alle Gebiete sind zumindest teilweise für Touristen zugänglich. Neben Totalreservaten existieren in den geschützten Landschaften auch Areale, die nur zu bestimmten Zeiten begangen werden dürfen (z.B. im Riesengebirge).

Es dürfte selbstverständlich sein, daß in den Schutzgebieten nur ausgewiesene Wanderwege benutzt werden. Bei Nichtbeachtung drohen zum Teil drakonische Geldstrafen.

Nationalparks

Böhmerwald (Šumava): Der Böhmerwald nimmt eine Sonderstellung ein. 40 Jahre lang waren große Landschaftsbereiche eine absolute "Terra incognita" - verbotene Zone.

Entlang eines breiten Streifens an der bayrisch-böhmischen Grenze zerstörte man ab 1948 viele Dörfer (allein 47 im Landkreis Domažlice/Taus), baute den "Eisernen Vorhang" auf und perfektionierte in der Folgezeit das Grenzregime immer weiter. Zusätzlich betrieb das Militär hier einige Panzerschießplätze. Für die einst hier lebende deutsche und später tschechische Bevölkerung war diese Zeit eine Katastrophe, für Fauna und Flora dagegen ein Geschenk. In vier Jahrzehnten Entwicklung entstanden neue prächtige Naturräume mit einer für Mitteleuropa ungewöhnlichen Artenvielfalt. Alleen und verwilderte Obstbäume lassen einstige Dorfanlagen erkennen.

Seit dem 20.3.1991 stehen 68.500 ha des Böhmerwaldes als Nationalpark unter besonderem Schutz. Zusammen mit dem benachbarten, auf 13.000 ha geschützten Bayerischen Wald ist es das größte mitteleuropäische Waldschutzgebiet überhaupt und auch als "Grünes Dach" Mitteleuropas bekannt.

Was den Reiz dieses Grenzgebirges ausmacht, ist seine mit nordskandinavischen Landschaften vergleichbare rauhe Schönheit. Die charakteristischen Hochebenen auf einer Höhe von durchschnittlich 900 bis 1.000 m erstrecken sich auf etwa 400 km².

Urwüchsig zeigen sich ausgedehnte Hochmoore, die seit Ende der letzten Eiszeit in Bodensenken wachsen. Einige Gebiete sind den Touristen auf sicheren Stegen zugänglich. Eine weitere Sehenswürdigkeit stellen die acht Gletscherseen dar, von denen der Schwarze See (Černé jezero) mit 18,4 ha der größte (auch im Landesmaßstab) ist.

Nur wenige markante Gipfel überragen die Hochflächen, unter ihnen der Kubany (Boubín), an dessen Hängen letzte Urwaldreste seit etwa 150 Jahren von den Äxten und Sägen der Forstleute verschont blieben.

Der längste Fluß des Landes, die Moldau, entspringt im Böhmerwald. Anfangs als Warme Moldau und Kalte Moldau getrennt, fließen die beiden Wasserläufe kurz vor dem Lipno-Stausee zusammen. Der Lipno-Moldau-Stausee, das "Böhmische Meer", entstand 1958. 44 km lang und maximal 5,5 km breit, nimmt die Wasserfläche insgesamt 4.870 ha ein. Insbesondere die Südseite in Grenznähe blieb bisher vom Tourismus verschont und besitzt wertvolle Landschaftsbereiche.

Tourenvorschläge ☞ Westböhmen (Železná Ruda, Kvilda, Lenora, Volary)

Böhmische Schweiz (České Svýcarsko): Gegenwärtig noch Landschaftsschutzgebiet, werden zukünftig 5.500 ha des Gebietes der Böhmischen Schweiz Nationalparkstatus tragen.

Riesengebirge (Krkonoše): Der Gebirgszug liegt im Nordosten Böhmens und bildet als höchster Teil der Sudeten eine natürliche Grenze zu Polen. Der böhmische Nationalpark umfaßt 385 km^2 und ist zusammen mit dem schlesischen Teil (55 km^2) einer der größten in Europa.

In den höchsten Regionen um die 1.602 m hohe Schneekoppe (Sněžka) zeigt der Nationalpark alpine Züge. Charakteristisch für den Park sind ausgeprägte Hochplateaus und langgestreckte Kämme oberhalb der Baumgrenze. Kare und Bergseen (vor allem im benachbarten schlesischen Teil) blieben als Relikte ehemaliger Gletschertätigkeit erhalten.

Eine Vielzahl alpiner und typisch nordischer Pflanzenarten findet hier ein Refugium (Schellbeere, Sudeten-Läusekraut, Wollgrasarten etc.). In der subalpinen Zone treten ausgedehnte Hochmoore auf.

Das Riesengebirge wird seit Jahrhunderten stark vom Eingriff des Menschen geprägt. Anfangs wurde für den Bedarf der Glashütten die natürliche Bewaldung (vor allem Buchen und Bergahorn) abgeholzt und durch Fichtenmonokulturen ersetzt. Nur in den Kammlagen blieb der natürliche Bewuchs an Knieholz relativ unbeeinflußt. Reste der Buchenurwälder existieren heute noch im Rehorngebirge (Rýchory), ganz im Osten des Riesengebirges.

Große Areale wurden als Weideflächen genutzt und mittels der heute noch überall verstreut liegenden Bauden stark besiedelt und ganzjährig bewohnt. Seit den achtziger Jahren beobachtet man deutlich zunehmende Waldschäden, hervorgerufen durch den sauren Regen.

Als Verursacher gelten die auf Braunkohlebasis ohne Rauchgasreinigungsanlagen betriebenen großen Wärmekraftwerke in Deutschland und

Polen. Exponierte Berghänge sind heute abgeholzt und mit Neuanpflanzungen (artenreicher Mischwald) besetzt, oder es stehen noch Baumleichen an Ort und Stelle. Die Situation im Naturhaushalt der Region ist kritisch.

Ein weiteres Kardinalproblem, das die Naturschutzbemühungen zunehmend torpediert, sind die hohen Besucherzahlen - die meisten Urlauber reisen selbstverständlich mit dem Auto an...

Hauptanziehungspunkte im Riesengebirge sind die Schneekoppe (Sněžka), die Elbquelle (pramen Labe) mit dem benachbarten 45 m hohen Wasserfall, Hochmoorgebiete und zahlreiche Gipfelpartien mit Bergbauden. Ruhe und Naturerlebnisse vermitteln deshalb eher weniger frequentierte Seitentäler und das Gebirgsvorland.

Tourenvorschläge ☞ Ostböhmen (Harrachov, Rokytnice n. J., Špindlerův Mlýn, Pec pod Sněžkou, Žacléř)

Die Nationalparkverwaltung KRNAP hat deutschsprachige Naturlehrpfadführer herausgegeben (Nr. 1 Elbwiese, Nr. 2 Riesengrund/Weiße Wiese/Blaugrund, Nr. 3 Rehorngebirge, Nr. 4 Schwarzer Berg). Zu beziehen u.a. über KRNAP in Hohenelbe (Vrchlabí).

Thaya-Flußtal (Údolí Dyje): Zwischen Znaim (Znojmo) und Frain (Vranov) in Südmähren, direkt an der Grenze zu Österreich, werden die Flußmäander der Thaya (Dyje) mit ihren steilen Felshängen auf 100 km² geschützt. Sie wurden erst 1994 zum Nationalpark erklärt.

Landschaftsschutzgebiete

Adlergebirge (Orlické hory): Dieser 30 km lange Gebirgskamm in Nordostböhmen bildet gleichzeitig die Grenze zwischen Böhmen und Schlesien. Auf der Seite des schlesischen Nachbarn verlaufen parallel dazu die Höhenzüge des Habelschwerdter Gebirges (Góry Bystrzyckie).

Unter besonderem Schutz steht eine Fläche von 200 km², die zumeist mit Fichten, teils aber auch mit urwaldartigen Buchenbeständen bewaldet ist. Zunehmend verursachen saure Niederschläge Waldschäden.

Der höchste Gipfel, die Große Deschneier Koppe (Velká Deštná), ist 1.115 m hoch, der Kamm erreicht ansonsten meist knapp die 1.000-m-Marke und weist nur geringe Höhenunterschiede auf.

Das Adlergebirge eignet sich für Sommer- und Wintertouristik. Bedeutende Urlaubszentren sind Ritschka (Říčky) und Desna (Deštné).

Altvatergebirge (Jeseníky): Das Gebirge befindet sich als Teil der Sudeten in Nordwestmähren. Geschützt sind die höchsten Regionen (insgesamt 740 km²), auch als Hohes Gesenke (Hrubý Jeseník) bezeichnet, die nicht viel niedriger sind als das Riesengebirge. Der höchste Berg, der Altvater (Praděd), erreicht eine Höhe von 1.492 m. Aber das Gebirge weist kaum Knieholz auf (vorhandene Flächen wurden künstlich angelegt), und nur an wenigen Stellen ist es felsig. Die obere Baumgrenze liegt zwischen 1.200 und 1.300 m.

Als Rest der vorhandenen natürlichen Bewaldung gelten die auf den höheren Kämmen vorkommenden knapp zweihundertjährigen Fichten. Sie werden nur etwa 3 m hoch, besitzen aber einen starken Stammumfang und die Form eines ausgeprägten Spitzkegels. In den unteren Lagen dominieren Fichtenmonokulturen.

Als wahre Schatzkammern für Botaniker stellen sich die Gletscherkare Großer Kessel (Velká kotlina), östlich des Gipfels Hohe Haide (Vysoká hole), und Kleiner Kessel (Malá kotlina), südlich des Maiberges (Velký Máj), dar. Hier wachsen seltene Pflanzen wie Trollblume, Türkenbundlilie, Kugelranunkel und Teufelskralle. Insgesamt wurden 350 Pflanzenarten auf kleinstem Raum registriert, das Gebiet ist somit das botanisch reichhaltigste des Landes. Urwaldrelikte existieren in der Region westlich des Glaseberges (Keprník), hier ein Quellgebietsurwald, und östlich des Ortes Goldenstein (Branná).

Wasserfälle sind eine weitere sehenswerte Komponente des Altvatergebirges. Gleich mehrere erlebt man bei einem Aufstieg von Karlsbrunn (Karlova Studánka) zum Altvater (Praděd) im Flußtal der Weißen Oppa (Bílá Opava). Bei Reihwiesen (Rejvíz), östlich von Freiwaldau (Jeseník), finden Sie ausgedehnte Torfmoorgebiete mit einigen größeren Teichen und wertvoller Sumpfflora. In Teilbereichen sind diese zugänglich. Tropfsteinhöhlen gibt es bei Saubsdorf (Piscěná).

Tourenvorschläge ☞ Nordmähren (Jeseník, Karlova Studánka, Ramzová)

Beskiden (Beskydy): Die Mährisch-Schlesischen Beskiden (Moravskoslezské Beskydy), ganz im äußersten Nordosten der Republik gelegen, gehören schon zum Karpatenbogen.

Das 1.160 km² große Schutzgebiet wird von mehreren Gebirgskämmen sowie einem abwechslungsreich gegliederten Vorland gebildet.

Höchste Gipfel sind die Lissa (Lysá hora), 1.323 m, und der legendäre Radegast (Radhošt'), 1.129 m. Sie erheben sich nur knapp über die als besonders artenreich geltenden Bergwiesen.

Den Schafhirten aus der Walachei (heute Rumänien), die hier vom 12. bis 15. Jh. einwanderten, verdankt die Landschaft ihr besonderes Gepräge. Denn sie waren es, die seither die Waldgrenze ins Tal zurückdrängten, um mehr Weideflächen zu gewinnen.

Die Abgeschiedenheit mancher Bergregion ließ auch einige Urwaldreste (u.a. das Gebiet Mionší östlich des Dorfes Horní Lomná) bis heute überleben, ansonsten überwiegen sekundäre Fichtenmonokulturen.

Das Gebirge ist ein reiches Wasserreservoir, unzählige kleinere Bäche münden schließlich in drei Stauseen. Die dem Wind zugewandte Seite der Beskiden gehört zu den niederschlagsreichsten Territorien des Landes (Lissa 1.500 mm/Jahr).

Bestandteil des Schutzgebietes ist auch der südöstlich von Nový Jičín gelegene Ort Rožnov pod Radhoštěm mit einem bekannten walachischen Freilichtmuseum.

Tourenvorschläge ☞ Nordmähren (Rožnov p. R.)

Blaník: Das 40 km² umfassende Schutzgebiet soll eine naturnahe, typisch mittelböhmische Landschaft bewahren. Den Mittelpunkt des Areals stellt der Berg Velký Blaník (638 m) mit einer prähistorischen Burgstätte dar.

Sie finden dieses landschaftliche Kleinod südlich von Wlaschim (Vlašim) an der ehemaligen Fernverkehrsstraße Prag-Iglau (Jihlava), die durch den Bau der Autobahn Prag-Brünn (Brno) ihre frühere Bedeutung verloren hat.

Böhmischer Karst (Český kras): Kalkstein, welcher zum Teil stark gefaltet auftritt, ist das hier vorherrschende Element. Karsterscheinungen schufen schroffe canyonartige Schluchten und Höhlen. Das 132 km² große Areal finden Sie südöstlich der Stadt Beraun (Beroun) und des Autobahnabschnittes Zdice-Prag (Autobahn Pilsen-Prag).

Touristisches Zentrum der mit Laubwäldern bedeckten Berglandschaft ist zweifellos der Ort und die gleichnamige Burg Karlstein (Karlštejn).

Der Fluß Beraun (Berounka), ein bekannter Nebenfluß der Moldau (Vltava), hat sich in die felsige Landschaft tief eingefräst und eindrucksvolle Steilwände geschaffen. Abseits der Straßen zur Burg Karlstein wirkt die Landschaft sehr unberührt und lädt zu Wanderungen ein.

Von botanischem Interesse ist die hier gedeihende wärmeliebende Felsensteppenflora.

5 km südlich von Beraun (Beroun) existiert das ausgedehnteste Grottensystem Böhmens, die Koněprusy-Höhlen (Koněpruské jeskyně). Teilbereiche stehen den Besuchern offen. Kuriosität: Bei der Entdeckung der

Höhlen Anfang der sechziger Jahre fand man u.a. eine mittelalterliche Falschmünzerwerkstatt.

Böhmisches Mittelgebirge (České středohoří): Zwischen Aussig (Ústí n. L.) und Tetschen (Děčín) im Norden und Leitmeritz (Litoměřice) im Süden befindet sich das 1.070 km² große Schutzgebiet. Diese Landschaft in Nordböhmen beeindruckt mit einer überraschenden Formenvielfalt. Es treten markante kegel- und kuppelförmige Berge auf, die ihre Entstehung allesamt dem Vulkanismus im Tertiär verdanken.

Im Böhmischen Mittelgebirge dominieren Laubwaldbestände, auch die Gipfelpartien sind zumeist mit Buchen- und Eichenmischwäldern bedeckt. An den Nordhängen der Berge sind teilweise auch Fichtenbestände anzutreffen. Die Fauna und Flora des Gebietes ist hier so mannigfaltig wie nirgendwo sonst im Land. In den windgeschützten Tälern herrscht ein besonders mildes Klima, welches wärmeliebenden Pflanzen und Tieren einen Lebensraum bietet. Selbst Obstarten wie Aprikosen, Mandeln und Edelkastanien gedeihen hier ausgezeichnet.

Die Gipfelareale sind im Durchschnitt 500 m hoch, der höchste Berg Milleschauer (Milešovka) bringt es allerdings bis auf 837 m. Hier haben solche Pflanzen und Tiere ihre Heimat, die rauhen Winden trotzen können.

Die schmalste Einengung des Elbtals bei Leitmeritz (Litoměřice) wird auch Böhmische Pforte (Porta Bohemica) genannt, die ausgedehnten Obstanbauflächen brachten dem Gebiet den Beinamen "Garten Böhmens" ein. Das gesamte Gebirge wird von vielen markierten Wanderwegen durchzogen, wodurch reizvolle Tourenmöglichkeiten gegeben sind.

Tourenvorschläge ☞ Nordböhmen (Děčín, Ústí nad Labem, Litoměřice)

Böhmisches Paradies (Český ráj): Tschechische Künstler und Dichter, sicher aber auch begeisterte Besucher, verliehen diesem 95 km² großen Schutzgebiet seinen romantischen Namen. Das Böhmische Paradies breitet sich in Nordböhmen südlich des Mittellaufes der Iser (Jizera) und nördlich des Oberlaufes der Cidlina aus.

Drei Städte begrenzen das Terrain, Gitschin (Jičín), Turnau (Turnov) und Eisenbrod (Železný Brod). Malerische "Felsenstädte", oft aus bizarren Sandsteinfelsen gebildet, enge Schluchten sowie canyonartige Flußtäler sind landschaftsbestimmend. Kiefern-, Fichten- und Mischwälder, aber auch Auwälder, Seen und kleine Teiche sind der Lebensraum für eine abwechslungsreiche Fauna und Flora.

Touristische Anziehungspunkte sind die sehenswerte Burgruine Trosky (der einzige Ort auf der Welt, an dem zwei basaltische Vulkanschlotfüllungen nebeneinander stehen!), das Schloß Groß-Skal (Hrubá Skála) und weitere historisch bedeutende Architekturdenkmäler. Dörfer mit traditioneller Bebauung und kleinen Gärten fügen sich harmonisch in die liebliche Landschaft ein.

Tourenvorschläge ☞ Ostböhmen (Turnov, Jičín)

Daubaer Schweiz (Kokořínsko): Nördlich von Mělník wurde hier ein 270 km² großer Teil der Daubaer Schweiz unter Schutz gestellt. Mehrere canyonartige Täler durchschneiden dieses ehemalige Sandsteinplateau. Das bekannteste Tal, Kokořínský důl, etwa 20 km lang, wird von bis zu 20 m hohen Sandsteinfelsen flankiert.

Sehenswürdigkeit Nr. 1 stellen jedoch die Kappensteine (Pokličky) dar. Sie entstanden durch die unregelmäßige Erosion des Sandsteins und ähneln überdimensionalen Pilzen. Über Treppen- und Leitersysteme können Sie das Naturphänomen erkunden.

Burg Kokorschin (Kokořín), ein prächtiges Beispiel gotischer Architektur aus der Luxemburg-Epoche, erhebt sich auf der westlichen Seite des Kokořínský důl.

Elbsandsteingebirge (Labské pískovce): Das auch als Böhmische Schweiz (České Švýcarsko) oder Tetschner Wände (Děčínské stěny) bezeichnete 300 km² große Landschaftsschutzgebiet schließt sich direkt an die Sächsische Schweiz an. Die Natur hat hier aus einem in der Kreidezeit abgelagerten Sandstein durch Erosion des weichen Materials eine Vielzahl überaus phantasievoller und bizarrer Felsenformationen modelliert. Am Rand des ursprünglichen Plateaus entstanden im Laufe der Jahrmillionen ausgedehnte Felsenstädte mit tiefen Spalten, Klammen und Gängen, u.a. bei Tissa (Tisá). Für 1995 ist die Ausweisung von etwa 5.500 ha zum Nationalpark geplant.

Bei Herrnskretschen (Hřensko), dicht an der sächsischen Grenze, befinden sich zwei der Hauptsehenswürdigkeiten dieser kleinen Wunderwelt. Die Stille Klamm (Tichá soutěska) ist ein schmales, mit dem Wasser der Kamnitz (Kamenice) gefülltes, bis zu 150 m tief eingeschnittenes Tal, in dem die Touristen mit Booten gestakt werden. Das Prebischtor (Pravčická brána) ist das größte europäische Felsentor und findet nur noch in den USA Konkurrenz.

Die Elbe hat sich zwischen Tetschen (Děčín) und Herrnkretschen (Hřensko) von Süd nach Nord tief und canyonartig in den Sandstein gefräst. Auch die Landschaft links und rechts des Stromes wirkt beeindruckend. Darüber ragt der Hohe Schneeberg (Děčínský Sněžník), mit 726 m höchster Punkt des Elbsandsteingebirges, empor.

Bis in unsere Tage konnte sich die Böhmische Schweiz ihren eigenen naturnahen Charakter erhalten. Lokalklimatisch sehr unterschiedliche Bedingungen, oft auf engstem Raum, sind Lebensgrundlage für eine reiche Tier- und Pflanzenwelt.

Bemerkenswerte Gipfelareale weisen Wolfsberg (Vlčí hora) und Rosenberg (Růžova hora), zwei ehemalige Vulkane, auf.

Tourenvorschläge ☞ Nordböhmen (Děčín, Hřensko)

Isergebirge (Jizerské hory): Das Isergebirge, westlich dem Riesengebirge vorgelagert, stand schon immer im Schatten des bekannteren östlichen Nachbarn. Erst im Jahre 1967 wurde der Zentralteil des Mittelgebirges (350 km^2) unter Schutz gestellt.

Sehr alte Buchenwälder dominieren an den nordwestlichen Gebirgshängen, es ist der flächenmäßig größte Bestand des Landes. Ansonsten überwiegen Fichtenwälder. Eigentlich muß man in der Vergangenheit schreiben: überwogen. Das Isergebirge ist heute im Zentralteil nahezu unbewaldet, die Bäume wurden Opfer des sauren Regens. Eine unvorstellbare Katastrophe, ein Lehrbeispiel des unverantwortlichen Umgangs mit der Natur in Mitteleuropa. Aber weil das Waldsterben gegenwärtig zu einem gesamteuropäischen Problem heranwächst, kann es nicht schaden, hier zu studieren, wie es vielleicht bald überall aussehen wird.

Das Isergebirge als eine einzige Horrorvision darzustellen, wäre ungerecht. Auf der der ehemaligen DDR abgewandten Gebirgsseite existieren noch sehr schöne Wälder.

Den größeren Reichtum des Schutzgebietes bilden die ausgedehnten Hochmoorlandschaften mit ihren torfigen Fließen, kleinen Tümpeln und geheimnisvollen Sümpfen, eine Landschaft, die den Betrachter ganz unmittelbar an Skandinavien erinnert. Die Vegetation - Karpatenbirken, Wollgras und Knieholz - sowie das ungewöhnlich extreme Klima verstärken diesen Eindruck noch.

Die weitläufigsten Moorgebiete, die im böhmisch-schlesischen Grenzgebiet liegen, sind Totalreservate und Besuchern nicht zugänglich. Naturlehrpfade durch kleinere Moore gibt es jedoch bei Klein-Iser (Jizerka). Hier können Sie die Kleine Iserwiese (Malá Jizerská louka) in Teilbereichen auf sicheren Stegen begehen.

Noch eine Besonderheit befindet sich in Klein-Iser (Jizerka): der Buchberg (Bukovec). Der 1.005 m hohe Basaltberg ist im Tertiär durch

Vulkantätigkeit entstanden. Mit dem Beinamen "Garten des Isergebirges" verweist man auf die wertvolle Flora rund um diesen Gipfel.

Mit 1.124 m erreicht die Tafelfichte (Smrk) die Höchstmarke auf der böhmischen Seite des Isergebirges.

Auf der Nordwestseite des Gebirges gibt es zwei größere Wasserfälle, den Stolpichfall (Vodopády Sloupského potoka) und den Schwarzbachfall (Vodopády Černého potoka).

Tourenvorschläge ☞ Nordböhmen (Liberec, Jizerka)

Bei Gustav Ginzel in Klein-Iser (Jizerka) können Sie die Naturlehrpfadführer "Buchberg/Klein-Iser/Edelsteinfundstellen" und "Moore der Kleinen Iserwiese" kaufen.

Kaiserwald (Slavkovský les): Im Nordwestbereich Böhmens, zwischen Marienbad (Mariánské Lazně) im Süden, Eger (Cheb) im Westen und Karlsbad (Karlovy Vary) im Norden, werden hier 640 km² Fläche als Landschaftsschutzgebiet ausgewiesen. Innerhalb dieses großflächigen Areals existieren mehrere interessante Naturschutzgebiete. Nördlich von Marienbad liegt das Naturschutzgebiet Stinker (Smrad'och). Im hiesigen Waldmoor gibt es Mineralquellen, aus denen gleichzeitig Gase austreten. Sie werden teilweise als "Schlammvulkane" tituliert. Die Umgebung weist eine außergewöhnliche Flora auf.

Im Gebiet Steinl (Křížky), nordöstlich der Ortschaft Sangerberg (Prameny), wachsen auf Serpentingestein seltene Pflanzen. Das Meirichblättrige Hornkraut hat hier das einzige Refugium auf der Welt.

Nördlich von Königswart (Kynžvart) dehnen sich großräumige Torfmoore aus, die als natürliche Wasserspeicher u.a. auch die Mineralquellen in Marienbad mit Nachschub versorgen.

Im Glatzener Torfmoor (Kladské rašeliniště) gedeihen auf 133 ha Moorkiefern, Moosbeeren und viele andere charakteristische Torfpflanzen.

Etwas außerhalb des Kaiserwaldes, 8 km nördlich von Eger (Cheb), können Sie eines der naturgeschichtlich wertvollsten Schutzgebiete des Kontinents entdecken. Im Torf- und Mineralmoor Soos (Hájek) treten noch Andeutungen aktiver vulkanischer Tätigkeit auf. In den Mofetten (Sumpfvulkanen) tritt CO_2 hörbar zutage, und Sie sehen brodelnde Wasserlöcher. Der Boden ist stellenweise mit Salzkristallen überzogen, dies ist besonders in niederschlagsarmen Witterungsperioden gut zu sehen. Diese Umstände bilden eine Lebensgrundlage für salzliebende Vegetation wie Salz-Milchkraut und Salz-Schuppenmiere.

Alle aufgeführten Gebiete sind in Teilbereichen auf Naturlehrpfaden für den interessierten Besucher zugänglich.

Lausitzer Gebirge (Lužické hory): Insgesamt 350 km² umfaßt dieses große Schutzgebiet in Nordböhmen, direkt an der Grenze zu Deutschland (Zittauer Gebirge) gelegen.

Markante Gipfel (aus Basalt oder Klingstein) sind die Lausche (Luž) mit 793 m, der Tannenberg (Jedlová) mit 770 m und der Hochwald (Hvozd) mit einer Höhe von 749 m.

Es ist ein eher ruhiges Gebirge, teils mit Laubwald (Buchen), teils mit Nadelwald bewachsen. Hier hat man Chancen, Hoch- oder Niederwild zu begegnen.

Bei Krombach (Krompach) befinden sich mehrere teils über 500jährige Eiben.

In der felsigen Gipfelregion des Kleis (Klíč) bei Haida (Nový Bor) wurden Gemsen angesiedelt.

Tourenvorschlag ☞ Nordböhmen (Liberec)

Mährischer Karst (Moravský kras): Eines der attraktivsten Karstgebiete Europas befindet sich ca. 30 km nördlich von Brünn (Brno). Auf einer Fläche von 92 km² findet der Besucher hier ausgedehnte Grottensysteme, Schluchten und weitere Karsterscheinungen vor.

Auf Tiefengestein lagerten sich in den Meeren des Devons und Spätkarbons verschiedene Schichten von Kalkstein, Trümmergestein und Schiefer ab. Durch Bersten und Übereinanderschieben der Schichten bildete sich eine längliche Vertiefung, die vom Jurameer überflutet wurde. Ein Großteil der Gewässer strebte später in das nicht aus Kalkstein bestehende Umland des Mährischen Karstes. An den freigelegten Kalksteinformationen drang das Wasser jedoch in die Tiefe und brachte komplizierte Höhlensysteme hervor. Durch hohe Dome und tiefe Schluchten bahnte sich das Wasser seinen Weg. Die bekannte, 138 m tiefe Macocha-Schlucht (Stiefmutterschlucht) entstand durch den Deckeneinsturz einer mächtigen Höhle. Dort, wo das unterirdische Wasser die Höhlen wieder verließ, bildete das Sickerwasser eine märchenhafte Unterwelt aus Tropfsteinschmuck.

Populärste und der Öffentlichkeit zugängliche Höhlen sind die Sloupskošošůvské jeskyně, die Balcarka- und Kateřinská jeskyně (Katharinenhöhle) sowie die Punkwa-Höhlen (Punkevní jeskyně). Letztere sind jährlich das Ziel von etwa 300.000 Besuchern. In der Zeit des Zweiten

Weltkrieges fanden hier die Ortsbewohner sichere Verstecke. In einer der umliegenden Höhlen war eine illegale Druckerei untergebracht.

Heute erwartet den Besucher der Punkwa-Höhlen eine unvergeßliche Bootsfahrt durch die Unterwelt. Von der Sohle der Macocha-Schlucht bahnt sich die Punkwa ihren Weg bis in das Öde Tal (Pustý žleb). Zum Ende der Bootsfahrt bildet der Märchendom (Pohádkový dóm) mit seinem schneeweißen Tropfsteinschmuck eine Besonderheit ohnegleichen.

Tourenvorschläge ☞ Südmähren (Blansko)

Pollauer Berge (Pálava): In Südmähren erhebt sich eine markante Kalksteinklippe bei Nikolsburg (Mikulov) steil aus der mährischen Ebene. Mit 550 m ist der Dewin (Děvín) höchster Gipfel des Gebietes. 70 km² werden insbesondere wegen der reichen Steppen- und Waldsteppenflora geschützt und genießen auch die Anerkennung als Biosphärenreservat der Unesco. In einem großen zugänglichen Freigehege leben Mufflons und Bezoarziegen.

Das Gebiet besitzt darüberhinaus Bedeutung als archäologische Fundstätte. Man entdeckte u.a. eine Mammutjäger-Siedlung aus der Steinzeit. Bei Westonitz (Dolní Věstonice) stieß man auf den spektakulärsten Fund, eine kleine, 25.000 Jahre alte Frauenplastik. Die "Venus von Věstonice" ist heute im Mährischen Museum Brünn (Brno) zu bestaunen.

Tourenvorschläge ☞ Südmähren (Mikulov)

Pürglitzer Land (Křivoklátsko): Es umfaßt ein 630 km² großes Laubwaldareal, etwa 30 km westlich von Prag. Besonders wertvoll sind die hiesigen Eibenbestände. Das veranlaßte die Unesco, dieses Gebiet in ihr System der Biosphärenreservate aufzunehmen. Zusätzliche Reize verleihen diesem Gebiet der Mittellauf des Flusses Beraun (Berounka) und die malerische Burganlage Pürglitz (Křivoklát).

☞ Zentralböhmen (Křivoklát, Beroun)

Saarer Bergland (Ždárské vrchy): Auf 715 km² steht hier ein Teil der Böhmisch-Mährischen Höhe in Südmähren unter Schutz. Ursprünglich war das Saarer Bergland mit Kiefern-, Tannen- und Buchenwäldern bewachsen, heute sind Fichtenwälder dominierend.

Wertvoll sind Torfmoore und -wiesen mit vielfältiger Flora. Auffallend wirken zahlreiche Gneisfelsen, wobei der Devět skal mit 836 m der höchste ist. Im Tannenurwald Žáková hora blieb ein kleiner Rest der ursprünglichen Vegetation erhalten.

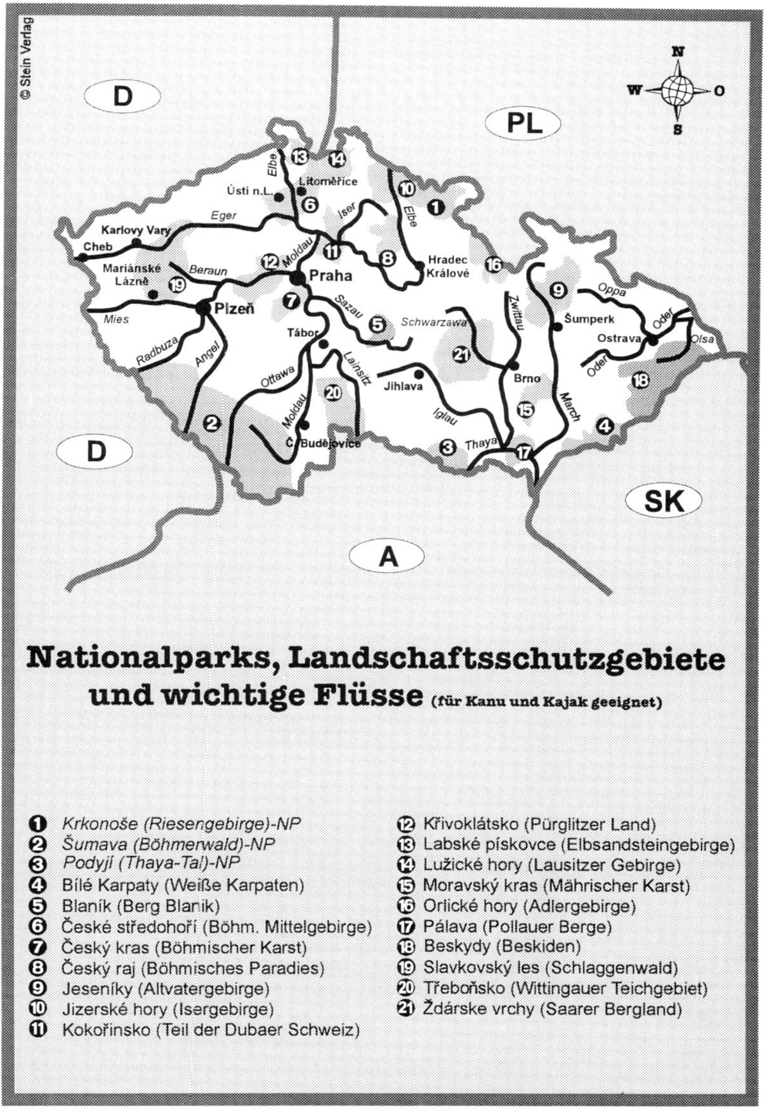

Nationalparks, Landschaftsschutzgebiete und wichtige Flüsse (für Kanu und Kajak geeignet)

1 *Krkonoše (Riesengebirge)-NP*
2 *Šumava (Böhmerwald)-NP*
3 *Podyjí (Thaya-Tal)-NP*
4 Bílé Karpaty (Weiße Karpaten)
5 Blaník (Berg Blanik)
6 České středohoří (Böhm. Mittelgebirge)
7 Český kras (Böhmischer Karst)
8 Český raj (Böhmisches Paradies)
9 Jeseníky (Altvatergebirge)
10 Jizerské hory (Isergebirge)
11 Kokořinsko (Teil der Dubaer Schweiz)
12 Křivoklátsko (Pürglitzer Land)
13 Labské pískovce (Elbsandsteingebirge)
14 Lužické hory (Lausitzer Gebirge)
15 Moravský kras (Mährischer Karst)
16 Orlické hory (Adlergebirge)
17 Pálava (Pollauer Berge)
18 Beskydy (Beskiden)
19 Slavkovský les (Schlaggenwald)
20 Třeboňsko (Wittingauer Teichgebiet)
21 Ždárske vrchy (Saarer Bergland)

Die Flüsse Sazau (Sázava) und Schwarzawa (Svratka) haben hier ihr Quellgebiet. Das Bergland trennt als Wasserscheide die Zuflußgebiete von Nordsee und Schwarzem Meer.

Weiße Karpaten (Bílé Karpaty): Der Gebirgskamm im Osten des Landes bildet einen Teilabschnitt der mährisch-slowakischen Grenze. Das vorwiegend aus Sandstein und Schiefer bestehende Gebirge (hier auch als Flysch bezeichnet, d.h. ein häufiges Abwechseln von tertiären Sedimenten) besitzt keine markanten Gipfel, es wirkt von weitem eher flach. Es treten auch einige Kalkklippen auf.

Das auf mährischem Terrain befindliche Schutzgebiet ist 715 km² groß. Wertvoll sind die ausgedehnten Eichen- und Buchenwaldungen, aber auch die dem Gebirge vorgelagerten artenreichen steppenartigen Wiesenflächen mit ihren zahlreichen Orchideenarten. Die Mannigfaltigkeit der Pflanzen ist die Grundlage für den Reichtum an Insektenarten.

In den Weißen Karpaten leben noch Bären, Luchse und Wölfe.

Velká Javořina ist mit 970 m höchster Punkt und gleichzeitig Grenzgipfel. Hier befindet sich eine Touristenhütte (Holubyho chata) und ein Naturschutzgebiet, in dem man den ursprünglichen urwaldartigen Laubwaldbestand erhalten will.

Noch nicht perfekt erschlossen, bieten sich die Weißen Karpaten eher den Besuchern an, die die Stille lieben.

Wittingauer Teichgebiet (Třeboňsko): In Südböhmen existiert bei Wittingau (Třeboň) ein etwa 700 km² großes System von Fischteichen, Kanälen, Auwäldern und Torfmooren. Die Mehrzahl der Teiche wurde im 15./16. Jh. in Sumpfgebieten durch die Aufschüttung von Dämmen angelegt. Der größte von ihnen, der Rosenberger Teich (Rožmberský rybník), umfaßt 721 ha Fläche.

Die Unesco hat das Gebiet in das weltweite Biosphärenreservatsnetz aufgenommen, insbesondere wegen seiner Bedeutung als Lebensraum und Rastplatz für Wasservögel (Reiher, Schwäne, Wildgänse, Rohrdommeln). Auch der Fischadler wurde erfolgreich neuangesiedelt, nachdem er seit 1850 als ausgerottet galt. ☞ Südböhmen (Třeboň)

Post und Telekommunikation

Post

Postämter in großen Städten haben Mo bis Fr von 8:00 bis 19:00 und Sa von 8:00 bis 12:00 geöffnet. Auch kleine Dörfer haben oft ihre eigenen

Postämter, diese sind allerdings meist nur Mo bis Fr von 8:00 bis 13:00 geöffnet.

Briefe und Karten aus der Tschechischen Republik in die **Bundesrepublik Deutschland** (tschechisch: Spolková republika Německo, Abkürzung: **SRN**) benötigen nach unserer Erfahrung etwa drei bis vier Tage.

Die Gebühr für Postkarten nach Deutschland beträgt gegenwärtig Kč 5, für Briefe Kč 8. Briefmarken (*poštovní známky*) erhält man an Zeitungskiosken sowie in Schreibwaren- und Tabakläden.

Falls Sie länger im Land unterwegs sind, können Sie sich Ihre Post auch nach Tschechien schicken lassen, internationale Post wird einen Monat lang aufbewahrt.

Beispiel:

Name	Dieter Müller
postlagernd	poste restante
Postamt	Hlavní pošta
Straße	Jindříšská 14
Postleitzahl, Stadt und Stadtbezirk	11 000 Praha 1
Land	CZ (Tschechische Republik)

Päckchen aus Tschechien ins Ausland sollten Sie nur per Einschreiben aufgeben. Wiegen die Sendungen mehr als 1 kg (Drucksache 5 kg), müssen sie zum Zoll gebracht werden.

Einige wichtige Vokabeln:

Einschreiben	*doporučeně*
Drucksache	*tlačivo*
Telefon	*telefon*
Telegramm	*telegram*
Telefonbuch	*telefonní seznam*

☏ Telefonieren

In den letzten Jahren wurden im ganzen Land moderne Selbstwähl-, Drucktasten- und Kartentelefone installiert. Gespräche in die Nachbarländer sind somit kein Problem mehr, allerdings sollten Sie genügend Hartgeld parat haben. Bei beabsichtigten längeren Gesprächen sollten Sie ein Postamt aufsuchen. Manchmal müssen Sie hier eine Anzahlung hinterlegen.

Mit den Worten *Na účet volaného* erreichen Sie, daß Ihr Gesprächspartner im Ausland bezahlt, da Sie in Tschechien tiefer in die Tasche greifen müssen.

Für Ortsgespräche benutzen Sie im Selbstwählapparat 1 Kč-Geldstücke. Ferngespräche innerhalb des Landes bezahlen Sie mit 1-, 2-, 5- und 10-Kč-Geldstücken, eine Minute kostet etwa Kč 60.

✆ **Einige Vorwahlnummern:**

Brno	05
České Budějovice	038
Cheb	0166
Hradec Králové	049
Jihlava	066
Karlovy Vary	017
Liberec	048
Mariánské Lázně	0165
Mladá Boleslav	0326
Olomouc	068
Prag	02
Ústí nad Labem	047

❋ Aus der Tschechischen Republik **nach Deutschland** wählen Sie die Vorwahlnummer **0049**, **nach Österreich 0043** und **in die Schweiz 0041**, danach folgt die jeweilige Ortsvorwahlnummer ohne die erste 0.

❋ In die **Tschechische Republik** gilt aus Deutschland, der Schweiz und Österreich die gemeinsame Vorwahlnummer **0042**, danach wählen Sie unter Weglassen der 0 die jeweilige Ortskennzahl.

Notrufnummern in Tschechien (keine Vorwahl, gelten landesweit):

Polizei	☏ 158
Schnelle ärztliche Hilfe	☏ 155
Straßenhilfsdienst	☏ 154
Feuerwehr	☏ 150

Souvenirs

Besonders beliebte touristische Mitbringsel aus Böhmen und Mähren sind Porzellan, Keramik, böhmisches Glas, Lederwaren, Spitze und Stickereien, Tonträger mit klassischer Musik (Schallplatte, CD, MC), preiswerte Bücher (insbesondere mehrsprachige Bildbände, auch in deutsch), Kalender, Bier, Karlsbader Becher (Magenbitter) und Sliwowitz (Slivovice), ein Pflaumenschnaps.

Sport

Angeln

Böhmen und Mähren verfügen über ein großes System von naturnahen Wasserläufen und Fischteichen, der Angelsport besitzt eine lange Tradition. Teiche werden meist vom staatlichen Fischereiwesen bewirtschaftet, die Fließgewässer unterstehen den Anglerverbänden. 95% aller vermarkteten Fische sind **Karpfen**, weitere wichtige Arten sind Bach- und Regenbogenforelle, Bachsaibling, Bleie, Äsche, Wels, Hecht, Zander und Barbe.

Jährlich werden bedeutende Mengen an Jungfisch von Aufzuchtbetrieben ausgesetzt, um ständig über ein ausreichendes Fischpotential zu verfügen. Für die verschiedenen Fischarten gelten unterschiedliche Schonzeiten, die man am besten bei Čedok oder den Anglerverbänden in Erfahrung bringt. Erforderlich ist eine **Anglerkarte**, die zum Sportangeln in allen Fischereirevieren des Tschechischen Fischereiverbandes berechtigt (Tages-, Wochen-, Monats- und Jahreskarten). Eine Wochenkarte kostet pro Person etwa DM 55. Anglerzubehör können Sie in Tschechien preisgünstig kaufen.

- Čedok (☞ Information)
- Tschechischer Anglerverband, Nad olšinami 31, 10000 Praha 10, ☏ 02/78117513
- Mährischer Anglerverband, Smetanova 49, 65601 Brno, ☏ 05/754308

Baden

Viele Stauseen, naturbelassene Flußufer, aber auch zahlreiche Seen und Teiche locken in der warmen Jahreszeit zum Baden. Zumeist existiert in Badezentren mindestens ein Campingplatz, oft gibt es auch mehrere Plätze.

Einige beliebte Badegewässer:

- Lipno-Stausee im Dreiländereck Tschechien-Deutschland-Österreich
- Hracholusky-Stausee westlich von Pilsen (Plzeň)
- Jesenická-Stausee südöstlich von Eger (Cheb)
- Slapy- und Orlík-Stausee südlich von Prag
- Machasee (Máchovo jezero) bei Hirschberg am See (Dosky)
- Rozkoš-Stausee südwestlich von Nachod (Náchod)
- Vranov-Stausee westlich von Znaim (Znojmo)
- Brněská-Stausee bei Brünn (Brno)
- Žermanice-Stausee östlich von Mährisch-Ostrau (Ostrava)

In den Städten gibt es zumeist Hallen- oder Freibäder. FKK wurde erst in letzter Zeit beliebt. Es gibt aber nur wenige Badestellen dieser Art.

Bergsteigen/Klettern

Die Felsengebiete im Elbsandsteingebirge (Labské pískovce), die Felsenstädte Prachauer Felsen (Prachovské skály), Adersbacher und Wekelsdorfer Felsen (Adršpašsko-Teplické skály) sowie das Böhmische Paradies (Český ráj) sind ideale Klettergebiete, welche auch Profis herausfordern. Teilweise erreichen die Kletterpartien auf den Sandsteinfelsen den 10. Schwierigkeitsgrad. Die Kletterausrüstung sollten Sie von zu Hause mitbringen, da vor Ort oft nicht die große Auswahl vorzufinden ist.

Jagd

Das Jagdwesen besitzt in Böhmen jahrhundertelange Tradition. Schon Fürst Boleslav I. erließ um 950 erste Jagdgesetze.

Die tschechische Mittelgebirgslandschaft bietet für Hoch- und Niederwild ideale Lebensbedingungen. Hirsch, Dam- und Schwarzwild, Mufflon, Reh, Hase und Fasan haben hier ihre Heimat.

Im Wildpark von Žehušice bei Kuttenberg (Kutná Hora) wird seit Mitte des 18. Jh. eine Weltrarität - ein aus Asien eingeführtes weißes Hirschwild - gezüchtet. Die Bezoarziege lebt im Wildpark Pollauer Berge (Pálava) in Südmähren. Während des Herbstzuges der Wildgänse bläst man in West- und Südböhmen sowie an den südmährischen Fischteichen zur Jagd.

Der Wildbestand befindet sich insgesamt in einem gesunden Zustand, jedoch wurden zahlreiche Arten inzwischen durch Umwelteingriffe dezimiert. Rebhuhn, Auerhuhn und Birkhuhn sind nur noch sehr selten anzutreffen. Heute stammen Rebhühner größtenteils aus Aufzuchtanlagen.

Interessante Jagd- und Forstmuseen finden Sie in Ohrada bei Frauenberg an der Moldau (Hluboká n. V.), hier die weltbekannte Sallač-Sammlung von Hirschgeweihen, im Schloß Eisgrub (Lednice), in der Burg Úsov nordwestlich von Olmütz (Olomouc), in der Burg Pürglitz (Křivoklát) westlich von Prag, im Schloß Konopischt (Konopiště) südöstlich von Prag sowie in den Schlössern Opočno nordöstlich von Königgrätz (Hradec Králové) und Worlik (Orlík) am gleichnamigen Stausee südlich von Prag.

Hans-Heiling-Felsen bei Elbogen (Loket) an der Eger (Ohře) ☞

Auskünfte zu gesetzlichen Regelungen und Höhe der Abschußgebühren erteilt Čedok (☞ Information) sowie der Tschechische Jagdverband, Husova 7, CZ-11525 Praha 1, ☏ 02/2240258.

♦ Jagdgelegenheiten inklusive Gesamtservice organisiert die Firma BENE, ostrov Štvanice 48, CZ-17000 Praha 7, ☏ 02/2318463.

Reiten

In Touristenzentren des Landes etablieren sich gemäß dem Geschmack vieler westlicher Besucher zunehmend Reitschulen, die die Möglichkeit bieten, neue Fähigkeiten im Umgang mit Pferden zu erwerben und die schönsten Landschaftsteile vom Sattel aus kennenzulernen. Wenn Sie einen Reiturlaub planen, wenden Sie sich am besten an ein Čedok-Reisebüro, wo Ihnen spezielle Programme offeriert werden können.

Wandern

Tschechien ist ein Paradies für Wanderer. Das Bergwandern hat eine hundertjährige Tradition und alle Altersgruppen frönen dieser Leidenschaft. Das gesamte Staatsgebiet wird von einem einheitlich gekennzeichneten Wegesystem durchzogen, Prädikat: vorbildlich. Es werden vier Farben im Mittelteil (oben und unten weißer Streifen) benutzt:

rot = Fernwanderweg/Hauptwanderweg/Kammweg
blau = Strecken mittlerer Länge
grün = regionale Wanderwege
gelb = Verbindungswege

Die Wegstrecken sind so angelegt, daß Sie die attraktivsten Landschaftsteile der jeweiligen Region kennenlernen. An Wegkreuzungen, Abbiegungen etc. befinden sich Wegweiser mit Ortsangaben und Kilometerdistanzen. Im Winter werden baumlose Kammregionen mittels Stangen im Abstand von ca. 20 m markiert.

Mit den zwei wirklich guten Kartensystemen, den "Soubor turistických map" in den Maßstäben 1:25.000 bis 1:100.000 und den vom Klubu českých turistů herausgegebenen Wanderkarten (einheitlich im Maßstab 1:50.000) - erstere kosten um Kč 30, letztere knapp Kč 50 - bereitet das Planen eigener Touren wirklich Freude. Die Karten enthalten eine Vielzahl von wichtigen Informationen, neuerdings werden auch deutschsprachige Ausgaben angeboten.

Der europäische Fernwanderweg "EB" (Eisenbach-Budapest) - jetzt auch als "E3" bezeichnet - verläuft in zwei Teilabschnitten durch das

Land: Grenzübergang Schmilka-Hřensko in der Sächsisch-Böhmischen Schweiz bis Harrachov im Riesengebirge (144 km) und von Dolní Lipka (tschechisch-polnischer Grenzübergang) bis zum Bergsattel Velký Javorník in den Beskiden an der Grenze zur Slowakischen Republik (285 km). Im Reiseteil sind viele Tourenvorschläge aufgeführt.

Wassersport/Wasserwandern

Schon ein flüchtiger Blick auf eine Übersichtskarte der Tschechischen Republik zeigt Ihnen ein ganzes System von Flüssen, die sich zumindest an den Oberläufen hervorragend für wassersportliche Aktivitäten eignen. Für viele Flußgebiete existieren spezielle Wasserwanderkarten (Vodácká mapa), die aber nach unseren Erfahrungen auch vor Ort schlecht zu haben sind. Selbst die Gesamtkarte "Vodácká mapa ČSFR" (Auflage 1991) ist aus den Auslagen der Buchgeschäfte fast völlig verschwunden.

Als beliebteste Wasserwanderstrecke gelten die Flußläufe Eger (Ohře), Moldau (Vltava), Sazau (Sázava), Beraun (Berounka), Angel (Úhlava), Wottawa (Otava), Lainsitz (Lužnice), Elbe (Labe), Iser (Jizera), Iglawa (Jihlava), Thaya (Dyje), March (Morava), Oder (Odra), Oppa (Opava) und Olsa (Olše).

Nach unseren Erfahrungen bieten sich für den Wassersport die sauberen Oberläufe an. Mittelläufe und Hauptflüsse leiden oft an sehr schlechter Wasserqualität. Auf der schon erwähnten "Vodácká mapa" sind alle günstigen Einsatzpunkte für Wasserrouten eingetragen (einschließlich Anbindung an das Straßen- und Schienennetz). Aus der Farbmarkierung werden die verschiedenen Schwierigkeitsgrade ersichtlich. Auch die Höhenlage (m ü NN) am Einsatzpunkt und die Flußkilometrierung sind zu entnehmen. Beliebte "Normaltouristen"-Strecken werden von anspruchsvollen Wettkampfstrecken unterschieden. An den Wasserläufen befindliche Campingmöglichkeiten sind eingezeichnet. Es bleibt zu hoffen, daß die Karte im Maßstab 1:500.000 bald neu herausgegeben wird. Herausgeber: Kartografie Praha (alte ISBN 80-7011-097-x).

Wasser-Informationsbank Kotva Braník, U ledáren 55, 14700 Praha 4, ☏ 02/466085, FAX 02/462037

Wintersport

Die Schneesicherheit der böhmisch-mährischen Mittelgebirge lockt alljährlich viele Wintersportler an. Für Abfahrts- und Skilangläufer sind ideale Voraussetzungen gegeben.

Große Unterschiede bestehen jedoch in der touristischen Infrastruktur. So sind Teile des Böhmerwaldes und des Erz- und Riesengebirges schon seit Jahren auf die Bedürfnisse westlicher Wintersportler eingerichtet.

In anderen Gegenden findet man dagegen nur einfache Berghütten und wenige Skilifts bzw. Loipen vor, dafür aber auch eine nahezu ursprüngliche Gebirgslandschaft und Ruhe vor allzu vielen Artgenossen.

Einige bekannte Wintersportzentren:
Adlergebirge (Orlické hory): Deštné (Desna), Říčky (Ritschka): Abfahrtspisten. Langlaufstrecke von Olešnice v Orlickych horách (Giesshübel) bis České Petrovice (Böhmisch-Petersdorf), 55 km klassische Kammwanderung.

Altvatergebirge (Jeseníky): Ramzová (Ramsau), Karlov (Karlsdorf): Skipisten, Langlaufstrecken. Klassische Kammtour per Ski von Ramzová (Ramsau) bis Klepáčov (Kleppel), 35 km.

Beskiden (Beskydy): Bergmassive am Pustevny (bei Frenštát p. Radh.), Ortschaft Bílý Kříž und Skipisten und Langlaufloipen an der Bergbaude Bumbalka.

Böhmerwald (Šumava): Železná Ruda (Böhmisch Eisenstein), Ortsteil Špičák (Spitzberg): Abfahrtspisten, Langlaufloipen. Javorná (Seewiesen), Kašperské Hory (Bergreichenstein), Kvilda (Außergefild), Volary (Wallern): Langlaufloipen, auch grenzüberschreitend nach Bayern (☞Anreise, Mit dem Fahrrad, zu Fuß oder per Moped).

Erzgebirge (Krušné hory): Jáchymov (St. Joachimsthal), Boží Dar (Gottesgab), Klínovec (Keilbergmassiv): Abfahrtspiste, Langlaufloipen.
Die beliebteste Langlaufstrecke verläuft von Boží Dar (Gottesgab) bis Cínovec (Zinnwald), ca. 80 km.

Isergebirge (Jizerské hory): Liberec (Reichenberg) am Ještěd (Jeschken), Tanvald (Tannwald): Abfahrtspisten, Langlaufloipen.
Die beliebteste Langlaufstrecke verläuft von Bedřichov (Friedrichswald) bis Harrachov (Harrachsdorf), etwa 30 km. Alljährlich Ende Januar findet bei Liberec der 50 km-Skimarathon "Jizerská padesatka" statt. Er ist dem Gedenken an die bei einem Erdbeben in Peru am 31.5.1970 verunglückten 16 tschechoslowakischen Bergsteiger gewidmet.

Riesengebirge (Krkonoše): Harrachov (Harrachsdorf), Špindlerův Mlýn (Spindlermühle), Pec p. S. (Petzer), Janské Lázně (Johannisbad): Abfahrtspiste, Langlaufloipe. Klassische Kammtour von der Wosseckerbaude (Vosecká bouda) zu den Grenzbauden (Pomezní boudy), ca. 30 km.

Sprache

Obwohl relativ viele Bürger in der Tschechischen Republik Deutsch sprechen, wird es Ihnen sicher hilfreich sein, wenn Sie sich mit einigen tschechischen Wortbrocken verständlich machen können. Allein der Versuch wird von Ihrem Gegenüber wohlwollend honoriert.

Einige Ausspracheregeln

á	=	aa
c	=	z
č	=	tsch
ch	=	nach e und i wie in dich, ansonsten wie in Krach
c	=	zk
d'	=	dj
dz	=	ds
dž	=	dsh (stimmhaft)
ě	=	je
h	=	h, vor stimmlosen Konsonanten und am Wortende ch (wie acht)
ň	=	nj
ó	=	oo (wie Moor)
ou	=	langes o
ř	=	rsh, bei stimmlosen Konsonanten und am Wortende rsch
š	=	sch
ú, ů	=	langes u
y	=	i
z	=	s
ž	=	sh wie j in Jury

Einige Redewendungen

Guten Morgen.	*Dobré jitro.*
Guten Tag.	*Dobrý den.*
Guten Abend.	*Dobrý večer.*
Gute Nacht.	*Dobrou noc.*
Auf Wiedersehen.	*Na shledanou.*
bitte	*prosím*
danke	*děkuji*
ja/nein	*ano/ne*
Sprechen Sie Deutsch?	*Mluvíte německy?*
Verstehen Sie mich?	*Rozumíte mi?*
Ich verstehe etwas Tschechisch.	*Já rozumím trochu česky.*
Wo kann ich Geld umtauschen?	*Kde si můžu vyměnit peníze?*

Können Sie mir sagen, wie ich zum Bahnhof/ins Stadtzentrum komme?	*Můžete mi říci, jak se dostanu k nádraží/do centra města?*
Gehen Sie geradeaus.	*Jděte rovně.*
... nach links.	*... doleva.*
... nach rechts.	*... doprava.*
Können Sie mir ein gutes Hotel empfehlen?	*Můžete mi doporučit dobrý hotel?*
kaltes/warmes Wasser	*studená/teplá voda*
Wetter	*počasí*
feuchtes ...	*vlhké*
trockenes ...	*suché*
kaltes ...	*studené*
warmes ...	*teplé*
schlechtes ...	*špatné*
schönes ...	*krásné*
nebliges ...	*mlhavé*
Wie wird das Wetter?	*Jaké bude počasí?*
Wo kann man ... kaufen?	*Kde mužeme ... nakupovat?*
Was kostet das?	*Kolik to stojí?*
Wo befindet sich ... ?	*Kde se nalézá ... ?*
Ich möchte etwas essen/trinken.	*Chtěl bych něco k jídlu/k pití.*
Wo ist die Autowerkstatt?	*Kde je autodílna?*
Ersatzteile	*nahradní díly*
Holen Sie bitte die Polizei.	*Zavolejte policii.*
...einen Arzt.	*... lékaře.*
...einen Autoschlosser.	*... autozámečníka.*
Entschuldigung!	*Promiňte!*
Ich heiße ...	*Já se jmenuji ...*

Zahlen (*čísla*)

0	*nula*
1	*jedna*
2	*dvě*
3	*tři*
4	*čtyři*
5	*pět*
6	*šest*
7	*sedm*
8	*osm*
9	*devět*

10	*deset*
20	*dvacet*
30	*třicet*
40	*čtyřicet*
50	*padesát*
60	*šedesát*
70	*sedmdesát*
80	*osmdesát*
90	*devadesát*
100	*sto*

Wochentage (*všední dny*)

Montag	*pondělí*
Dienstag	*úterý*
Mittwoch	*středa*
Donnerstag	*čtvrtek*
Freitag	*pátek*
Samstag	*sobota*
Sonntag	*neděle*

Monate (*měsíce*)

Januar	*leden*
Februar	*rúnor*
März	*březen*
April	*duben*
Mai	*květen*
Juni	*červen*
Juli	*červenec*
August	*srpen*
September	*září*
Oktober	*říjen*
November	*listopad*
Dezember	*prosinec*

🕮 Zur Verständigung kann Ihnen auch der Sprachführer Tschechisch des Peter Rump Verlages, Bielefeld, von Nutzen sein.

Ebenfalls zu empfehlen ist der Langenscheidt-Sprachführer Tschechisch.

Transport

Autofahren

Im Gegensatz zu anderen früheren Ostblockstaaten ist der Straßenzustand fast ausnahmslos gut. Wohltuend wirkt auch der im Vergleich zu Deutschland wesentlich geringere Motorisierungsgrad außerhalb großer Städte. Die Verkehrsregeln wurden weitgehend den EG-Vorschriften angeglichen. Es bestehen jedoch absolutes **Alkoholverbot** und **Gurtpflicht**.

Maut: Ausländer müssen ab dem 1.1.1995 für die Benutzung von Autobahnen und bestimmten Fernstraßen eine Vignette erwerben (☞ Anreise, Mit dem Auto).

Geschwindigkeitsbegrenzungen:

- 110 km/h auf Autobahnen
- 90 km/h auf Straßen außerhalb geschlossener Ortschaften
- 80 km /h für Pkw mit Anhänger
- 60 km/h innerhalb von Ortschaften
- 30 km/h ab 30 m vor Bahnübergängen bis nach der Überquerung

Tanken: Noch hat der Staatskonzern "Benzina" den größten Marktanteil, zunehmend tritt jedoch westliche Konkurrenz an, seit 1992 sind zusätzlich Aral und DEA auf dem Markt. In Großstädten sowie auf Autobahnen und Hauptstraßen existieren Zapfsäulen mit Nonstop-Betrieb, ansonsten haben Tankstellen nachts sowie an Sonn- und Feiertagen oft geschlossen.

Benzingutscheine benötigen Sie nicht mehr, es wird überall bar in Kronen bezahlt.

Es gibt vier Kraftstoffarten: **Super** (96-Oktan-Benzin), **Special** (90-Oktan-Benzin), **Natural** (bleifreies Benzin, Eurosuper mit 95 Oktan) und **Nafta** (Diesel). Der Jahresdurchschnittspreis betrug 1995 für Super und Bleifrei ca. Kč 20 (DM 1,16) pro Liter, für Diesel ca. Kč 16 (DM 0,94) pro Liter.

Mietwagen: Einige tschechische Mietwagen-Filialen stehen im Dienst der internationalen Firma **AVIS** (z.B. Pragocar). Das Zweigstellennetz wird ständig ausgeweitet. Ansprechpartner sind am Flughafen Prag-Ruzyně, aber auch in renommierten Hotels zu finden. Die Preise entsprechen westeuropäischem Niveau (z.B. Europcar: je nach Wagentyp ab DM 63/Tag und DM 0,63/km aufwärts). Zahlen können Sie auch mit Kreditkarte (☞ Geld).

Einige Anschriften:

- Pragocar-Zentrale, Praha 1, Opletalova 33, ☎ 02/222324 (Zweigstellen in Karlovy Vary, České Budějovice, Ústi n. L., Hradec Králové, Brno, Ostrava)
- Hertz, Praha 1, Karlovo nám. 28, ☎ 02/299237, FAX 02/292147
- Hertz, Praha 8, Hotel Atrium, Pobřežní 3, ☎ 02/24841111
- Hertz, Praha 6, Hotel Diplomat, Evropská 15, ☎ 02/24394155
- Hertz, Flughafen Praha-Ruzyně, ☎ 02/3120717
- Europcar, Praha 1, Pařížská 26, ☎ 02/24810515, FAX 02/24810039
- A rent car, Praha 1, Opletalova 33, ☎ 02/24211587, FAX 02/24212032

Auch **Čedok** (☞ Information) bietet Autovermietung an.

Autohilfsdienst:
- ADAC München, ☎ 089/222222
- ADAC-Partnerclub in Tschechien: ÚAMK, 12000 Praha 2, Mánesova 20, ☎ 02/747400
- Deutschsprachiger Notrufdienst (Juni bis September), ☎ 02/2368883
- Straßenwacht (Silnični služba), Prag, ☎ 02/123 (24-Std.-Dienst)
- Straßenwacht "Gelbe Engel" (landesweit), ☎ 154
- Pannenhilfe ADOS, ☎ 67310713 und 733352 (24-Std.-Dienst)
- Pannenhilfe Pragis assistance, mit Dolmetscher, ☎ 02/758115 (24-Std.-Dienst)

Inhaber des **ADAC-Euro-Schutzbriefes** oder des **ADAC-Auslandsschutzbriefes** bekommen Pannen- oder Unfallhilfe bis zu DM 200 erstattet.

Notrufnummern ☞ Post und Telekommunikation, Telefonieren

Autobusse

Das Busnetz wird vom staatlichen Unternehmen **ČSAD** bedient und ist im ganzen Land engmaschig geknüpft. Bushaltestellen (*autobusová zastávka*) bzw. größere Busbahnhöfe befinden sich immer in der Nähe von Bahnhöfen, so daß auch ein Wechsel zwischen Bahn und Bus meist problemlos funktioniert. Busfahren ist etwas teurer als mit der Bahn zu reisen. Dafür kommen Sie aber mit dem Bus in fast jedes kleine Dorf.

Busse sind in Tschechien ein Hauptverkehrsmittel, da hier nicht jeder ein eigenes Auto fährt. Dementsprechend sind die Busse gut besetzt, vor allem in Zeiten des Berufsverkehrs (früh und nachmittags) sowie an den Wochenenden.

Auch die Fernlinien zwischen größeren Städten werden häufig genutzt (meist Expreßlinien, *rychlík*). Große Gepäckstücke (Rucksäcke, Ski etc.) verstaut der Fahrer eventuell in einem Gepäckraum unter dem Fahrgastbereich.

Empfindliche Gegenstände wie Fotoausrüstungen sollten Sie vorher vorsorglich in eine separate Tasche packen und bei sich tragen oder aber wirklich stoßsicher im Rucksack verpacken! Das Gepäck muß in manchen Fällen extra bezahlt werden, ganz nach Lust und Laune des Fahrers, aber es lohnt nicht, um die geringe Gebühr zu feilschen.

Wichtige Symbole an Busfahrplänen:

⚒ verkehrt nur werktags (Mo bis Fr)
b verkehrt werktags und Sa
A werktags vor Sa oder Feiertagen
g täglich außer Sa
a Sa, So und an Feiertagen
S Sa
† So und Feiertage
c an Schultagen
h in den Schulferien
V verkehrt an Arbeitstagen vor einem arbeitsfreien Tag bzw. Fr
r nicht am 24. und 31.12.
L im Sommer
Z im Winter
1-7 Mo bis So

Eisenbahn

Das Eisenbahnnetz der Tschechischen Republik gehört zu den dichtesten Europas. Die Zugfahrten sind äußerst preisgünstig.

Bei der Fahrt mit Personenzügen sollten Sie allerdings viel Zeit mitbringen.

Schnell- und Expreßzüge sind seit dem 1.1.1995 nicht mehr zuschlagpflichtig.

Fahrkarten (*jízdenka*) gelten bis 200 km Entfernung einen Tag, bei größeren Distanzen sind sie zwei Tage lang gültig (der Ausstellungstag gilt als erster Tag, und die Fahrkarte kann bis Mitternacht des zweiten Tages benutzt werden). Fahrtunterbrechungen während dieses Zeitraumes sind problemlos möglich.

☺ Wenn Sie Datum und Ziel ihrer Fahrt auf einen Zettel schreiben und am Fahrkartenschalter vorlegen, ist es für denjenigen, der hinter dem Schalter sitzt, einfacher, als wenn Sie ein Wortgestammel aus Deutsch, Tschechisch oder vielleicht noch anderen Sprachen hervorbringen.

Die seit 1990 auch in Tschechien gültige Interrail-Karte (Zone D, DM 480) lohnt sich für Fahrten im Land kaum. Interessanter wäre da die **Euro-Domino-Karte**, mit welcher Sie beim Kauf eines Netzfahrscheines für mindestens ein Land 25% Ermäßigung im Abfahrtsland und auf den Transitstrecken erhalten.

Preise für einen Netzfahrschein (2. Klasse) innerhalb der Tschechischen Republik:

	Jugendliche bis 25 Jahre	Erwachsene
für 3 Tage:	DM 61	DM 83
für 5 Tage:	DM 89	DM 118
für 10 Tage:	DM 148	DM 197

Für Gruppenreisende (2 bis 5 Personen, mindestens ein Erwachsener und ein Jugendlicher unter 16 Jahren) kommt der Euro-Minigruppen-Tarif in Betracht. Erwachsene erhalten 25% Ermäßigung, Kinder und Jugendliche 50%.

Internationale Fahrkarten sind wie in Deutschland auch in Tschechien zwei Monate lang gültig. Die Fahrt kann im Geltungsbereich beliebig oft unterbrochen werden.

Inlandfahrkarten sind im Fernverkehr zumeist drei Tage lang gültig, im Regionalbereich nur einen Tag. Noch ist das Netz der Tschechischen Staatsbahn (ČD) sehr engmaschig, und Sie können prinzipiell das gesamte Land per Schiene erkunden. Jedoch wird gegenwärtig erwogen, unrentable Strecken einzustellen bzw. Fahrplanausdünnungen vorzunehmen.

An Haltepunkten regionaler Zweigbahnen gibt es oft keinen Fahrkartenschalter, in diesem Fall sollten Sie sich umgehend beim Schaffner des Zuges melden!

Sehr preisgünstig sind die inländischen Schlafwagen- bzw. Liegebetttarife. Auf größeren Bahnhöfen können Sie auch internationale Fahrkarten mit tschechischen Kronen bezahlen und dabei zum Teil Geld sparen (☞ Anreise, Mit dem Zug).

Einige wichtige Vokabeln:

Abfahrt	*odjezd*
Ankunft	*příjezd*
Bahnhof	*nádraží*
Fahrplan	*jízdní řád*
Liegewagen	*lehátkový vůz*
Platzkarte	*místenka*
Schnellzug	*rychlík*
Verspätung	*zpoždění*
Zug	*vlak*

Einige wichtige Fahrplansymbole:

R Reservierung erforderlich (Platzkarte)
⚒ verkehrt werktags (Mo bis Fr)

†	verkehrt So und feiertags
L	im Sommer
Z	im Winter
S	verkehrt an Sa
A	letzter Arbeitstag vor Sonn- oder Feiertagen
1	Mo
7	So

Stadtbuslinien, Straßenbahn, Metro

Fahrkarten erhalten Sie an Automaten oder an Verkaufsstellen der Verkehrsbetriebe, oft auch an Zeitungskiosken, in Schreibwarenläden etc. 1995 kostete eine Fahrt mit der Prager Metro Kč 6. Nach dem Einsteigen müssen Sie die Fahrkarte sofort entwerten. Die Umsteigebedingungen variieren von Ort zu Ort, im Zweifelsfall sollten Sie lieber neu lösen. Jede Stadt hat ihre eigenen Stadtlinienfahrkarten, sie können nur im jeweiligen Regionalbereich verwendet werden.

Taxi

Ein Kapitel für sich im wahrsten Sinne des Wortes. Es gelten sehr unterschiedliche Tarife. Faustregel: Private Taxis sind teurer als staatliche, und je vornehmer der Wagentyp, desto höher der Fahrpreis. Der Maximalpreis beträgt Kč 12 pro Kilometer. Am besten, Sie überschlagen vor Fahrtbeginn, welchen Preis Sie zu Hause für eine Tour bezahlen würden. Theoretisch müßte es in Tschechien selbst beim Privatunternehmer immer noch etwas günstiger sein.

Eine wichtige Frage, die Sie vor Fahrtantritt stellen sollten: *Kolik stojí kilometr?* (Was kostet der Kilometer?)

Alle Taxis müssen auf dem Dach das Schild "Taxi" angebracht haben. An den Vordertüren stehen Lizenznummer und Beförderungstarif (1 ist am preiswertesten, 6 am teuersten).

Das Taxameter sollte funktionieren, damit Sie jederzeit über den aktuellen Fahrpreis informiert sind. Auf Verlangen ist der Fahrer auch verpflichtet, Ihnen eine Quittung auszustellen. Wenn er dies nicht akzeptiert, brauchen Sie nicht zu zahlen, das Gesetz ist auf Ihrer Seite! Gesetzlich vorgeschrieben ist auch die Währung: nur tschechische Kronen. Wenn der Fahrer dennoch DM, öS oder sfr wünscht, dann achten Sie auf den aktuellen Devisenkurs.

☺ Taxirufnummern in Prag (non stop): ☎ 24912344, 322444, 355192 und 7004255.

Flugzeug

Zwischen Tschechien und der Slowakei existieren folgende Flugverbindungen (Preise für Hin- und Rückflug bei Buchung in Deutschland, Super-Flieg- und Sparpreis):

Prag-Bratislava	DM 130
Prag-Košice	DM 172 (Normaltarif: DM 236)
Prag-Poprad/Tatry	DM 150 (Normaltarif: DM 191)

Trampen

Nach unserer Erfahrung eine sehr gute Möglichkeit, um auch in Zeiten, in denen keine Busse verkehren, etappenweise gut voranzukommen. Die Leute sind meist sehr freundlich und hilfsbereit.

Unterkunft

Viele bundesdeutsche Reisebüros bieten Übernachtungsplätze (Hotels, Ferienhäuser, Privatpensionen) in Tschechien an. Wer 100% sicher sein möchte, daß er am Ferienort auch ein Dach über den Kopf bekommt, kann also schon daheim vorsorgen (u.a. bei Čedok ☞ Information).

Sie können auch direkt buchen, im Reiseteil sind viele Telefonnummern aufgeführt. Wir haben die Erfahrung gemacht, daß dies aber nicht unbedingt erforderlich ist (Ausnahme: Prag und weitere Touristenmagneten über Ostern, Pfingsten und Silvester sowie im Juli/August). Wer keine Luxusansprüche stellt, kommt immer irgendwo privat unter, da seit 1990 ein wahrer Gründerboom auf dem Übernachtungssektor eingesetzt hat. Dazu ist es meist auch noch sehr preiswert. Pro Person zahlen Sie zwischen DM 10 und 20 für eine Übernachtung, manchmal inklusive Frühstück.

Hotels

In einigen Objekten besteht noch ein aus sozialistischen Zeiten stammendes Klassifikationssystem (Klasse A* de Luxe - sündhaft teuer, A*, B*, B und C - billig). Neuerdings wird die Sternklassifikation 1 bis 5 üblich: 1 Stern = sehr einfach, 2 Sterne = Zimmer mit Dusche, 3 Sterne = Zimmer mit Bad usw.

In vielen Hotels müssen Ausländer einen Aufschlag von 100% und mehr bezahlen. In weniger von Touristen frequentierten Gebieten können Sie dagegen preiswert übernachten. Irgend jemand vom Personal spricht immer Deutsch, so daß es keine Verständigungsprobleme gibt. Erkundigen Sie sich, ob der Übernachtungspreis ein Frühstück beinhaltet.

Motels

Eine Sonderform von Hotels, speziell für Auto- und Fernfahrer an international bedeutenden Straßen. Das Niveau entspricht in der Regel B*.

Botels

Drei Moldauschiffe wurden in Prag zu Hotelschiffen umgewandelt (Prag).

Pensionen

Auch diese Art von Kleinhotels erlebt gegenwärtig einen Boom. Oft ist hier eine kleine Gaststätte/Bar angeschlossen. Eine gute Alternative für Leute, die nicht auf alle Annehmlichkeiten verzichten, aber auch nicht zu tief in die Tasche greifen möchten. Etwa DM 20 pro Nacht und Person sind zu zahlen (oft mit Frühstück).

Privatzimmer

Der Statistik nach soll heute aufgrund der Kostenexplosion und des niedrigen Lohnniveaus beinah jede zweite tschechische Familie gezwungen sein, Zimmer zu vermieten.

Überall an Fernverkehrsstraßen und in touristisch interessanten Gebieten trifft man auf den Hinweis "Zimmer frei". Hier helfen Sie nicht nur, das Familieneinkommen ihres Vermieters aufzubessern, sondern Sie haben auch eine gute Möglichkeit, die Lebenssituation der Menschen kennenzulernen. Oft ergibt sich ein interessantes Gespräch, und Sie erleben echte Gastfreundschaft.

Die Zimmer haben allerdings recht unterschiedliches Niveau, bevor Sie zusagen, besichtigen Sie sie vorher. Einfache Privatzimmer kosten zwischen DM 10 und 15 pro Übernachtung.

Bei Vermittlung eines Privatzimmers durch ein tschechisches Reisebüro bzw. eine Agentur müssen Sie mit einem Zuschlag von 20 bis 30% rechnen.

Touristenherbergen und Berghütten

Touristenherbergen (*Turistická ubytovna*) und Berghütten (*Horská bouda* oder *-chata*) sind für den anspruchslosen Globetrotter bzw. Bergwanderer gedacht. Sie bieten zumeist Plätze in Mehrbettzimmern. Wenn genügend Platz ist, haben Sie in diesem Fall ein Zimmer für sich und bezahlen auch wirklich nur die benötigten Betten. Manchmal existiert zumindest ein Waschbecken im Zimmer, oder es gibt einen zentralen Waschraum und Duschen.

Sind in Berghütten Kindergruppen untergebracht, dann ist mit einer schlaflosen Nacht zu rechnen.

Kosten: Kč 200 bis 400 pro Übernachtung. In den Bergbauden benötigen Sie oft einen eigenen Schlafsack!

Jugend- und Studentenunterkünfte

Diese Objekte wurden früher vom staatlichen Jugendreisebüro CKM verwaltet, heute sind die Eigentümer dafür selbst zuständig. Vermittlungen nehmen aber auch regionale Reisebüros vor.

Wenn Sie in den Ferienzeiten von Schülern und Studenten unterwegs sind, bieten auch Studentenwohnheime, Schulen etc. eine preiswerte Alternative für anspruchslose Reisende.

Campingplätze

Tschechien verfügt über insgesamt knapp 250 offizielle Campingplätze. An vielen Orten vermietet man auch kleine Bungalows - besonders bei schlechter Witterung eine willkommene und preiswerte Alternative zum Zeltaufbau.

Eine große Anzahl von Campingplätzen befindet sich an Stauseen, an attraktiven Flußauen und in der Nachbarschaft von Bergsportzentren.

In Deutschland erscheint jährlich ein aktualisierter ADAC-Campingführer, in dem auch die Plätze in Böhmen/Mähren aufgeführt sind.

Zusätzlich können Sie hier Infos zu Betriebszeiten, Badegelegenheiten, Einkaufsmöglichkeiten, Restaurants, Preisen etc. entnehmen.

bei Čedok (☞ Information) und beim Deutschen Camping-Club e.V., 80802 München, Mandlstr. 28, ☏ 089/334021

Westböhmen

Im Norden begrenzen die Höhenzüge des Erzgebirges (Krušné hory) diesen Landstrich. Die sich am Südrand der Berghänge ausbreitende liebliche Landschaft trägt den historischen Namen **Egerland**. Hier befinden sich die drei berühmten Kur- und Badeorte Franzensbad (Františkovy Lázně), Marienbad (Mariánské Lázně) und Karlsbad (Karlovy Vary).

Im Zentrum des Egerlandes liegen drei kleinere **Gebirge**, Duppauer Gebirge (Doupovské hory), Kaiserwald (Slavkovský les) und Tepler Bergland (Tepelská vrchovina), alle mit wertvollen Naturschutzgebieten. An der Grenze zu Bayern bilden Oberpfälzer Wald (Český les) und Böhmerwald (Šumava) einen in Mitteleuropa einzigartigen **Waldkomplex**.

Bedingt durch den Eisernen Vorhang wurden hier seit den fünfziger Jahren ganze Landstriche durch Aussiedlung entvölkert.

Im Pilsner Becken (Plzeňská pánev) ist heute das industrielle Zentrum Westböhmens angesiedelt. Selbstzerstörerische Ausmaße nahm die Industrialisierung im böhmischen Erzgebirgsvorland an, die hiesigen Wärmekraftwerke wurden und werden immer noch mit schwefelhaltiger Braunkohle versorgt. Die giftigen Abgase schädigen nicht nur die Bäume auf dem Erzgebirgskamm, sondern auch die Lungen der Menschen.

Durch Westböhmen verläuft ein Teil des Abschnittes der **Burgenstraße**, die Mannheim mit Prag verbindet. Auf der gesamten Strecke gibt es 70 Burgen und Schlösser zu sehen.

🛈 Arbeitsgemeinschaft "Die Burgenstraße", Rathaus, 74072 Heilbronn, ☏ 07131/562271, FAX 07131/563140

Von der Vielzahl der im westböhmischen Territorium befindlichen Baudenkmäler und Naturschönheiten können wir nur einige wichtige hervorheben, es bleibt also genügend Raum für eigene Entdeckungen.

Die Beschreibung des Gebietes beginnt im Nordwesten und wird dann in östlicher Richtung und nach Süden fortgesetzt.

Františkovy Lázně (Franzensbad)

✉ CZ-35101, ☏ aus D, A und CH: 0042166
🛈 Čedok, Národní třída 5, ☏ 0166/942210, FAX 0166/942210
♦ Kurverwaltung, Jiráskova 17, ☏ 0166/942350, FAX 0166/942970
⌘ Stadtmuseum, Dr. Pohoreckého 117/8, 🕐 Mo bis Fr 9:00 bis 12:00 und 14:00 bis 17:00, Juni bis September auch Sa und So 9:00 bis 16:00
✕ Savoj, Jirásková 9, ☏ 0166/942134
♦ Pošta, Národní třída 12

♦ Bristol, Kollárova 170, ☏ 0166/942901
♦ Společensky dům, Národní třída 1, ☏ 0166/942168
🍷 U Františka, Jiráskova 25, ☏ 0166/942334
♦ Selská jizba, Postovní 6, ☏ 0166/942912
🛏 Hotel Pyramida****, Stadtteil Střížov, ☏ 0166/943139
♦ Hotel Centrum***, Anglická 41, ☏ 0166/943156, FAX 0166/942843
♦ Hotel Slovan***, Národní třída 5, ☏ 0166/942841 (EZ mit Frühstück DM 36)
♦ Kurhotel Imperial**, Sady B. Smetany, ☏ 0166/94971, FAX 0166/942973
♦ ČKD Služby/Léčebný dům, Ruská 27, ☏ 0166/942701 (EZ DM 15)
♦ Hotel Tatran, Ruská 25, ☏ 0166/942408
♦ Hotel Bajkal, ☏ 0166/942501
♦ Hotel Zátišií ☏ 0166/942161
♦ Privathotel Evropa (Hotel im Schloßstil), Antonínova výšina 15, ☏ 0166/942135
♦ Hotel Pyramide, Stadtteil Střížov, ☏ 0166/943139 (EZ DM 98, DZ DM 128)
Amerika (See), 15.4. bis 15.10., mit Bungalows, ☏ 0166/942518
häufige Bahnverbindungen und Pendelbusverkehr (*kyvadlová doprava*) nach Eger (Cheb) von der Haltestelle Sady
☺ Vom Restaurant Miláno (nur ein paar Schritte südwestlich von der Franz-Statue entfernt) verkehrt halbstündlich ein Minibus (*mikrovláček*) zum See Amerika.

Franzensbad (Františkovy Lázně) ist der im äußersten Westen gelegene böhmische Kurort. Bereits ab dem 15./16. Jh. waren einige der Heilwirkungen des hiesigen Quellwassers weithin bekannt und prominente Kurgäste weilten später im Ort (u.a. Beethoven und Goethe). Die amtliche Gründung des Kurortes erfolgte 1793. Der Name Franzensbad geht auf **Kaiser Franz I.** zurück und ist seit 1803 üblich. Seine Blütezeit erlebte das 1865 zur Stadt erklärte Heilbad zwischen der Jahrhundertwende und dem Ausbruch des Ersten Weltkrieges. Zwischen den beiden Weltkriegen wurden die hohen Besucherzahlen aus den Jahren vor 1914 nicht mehr erreicht.

Die Kureinrichtungen, 1948 verstaatlicht, erlitten in der Folgezeit einen Substanzverlust. Doch seit der Grenzöffnung nach Westen entwickelt sich die Stadt wieder zu einem mondänen Kurort, viele Gebäude- und Parkkomplexe erinnern wieder an den Glanz vergangener Zeiten. In den letzten drei Jahren wurde der Großteil des Stadtzentrums komplett rekonstruiert.

Sehenswürdigkeiten

Der Friedensplatz (Náměstí míru) befindet sich im schachbrettartig angelegten Zentrum. Dieses steht unter Denkmalschutz, vor allem wegen des Komplexes von Kurobjekten im **Empirebaustil**. Auf der Mitte des Platzes sprudelt die stärkste der 24 Heilquellen, die Franzensquelle

(Františkův pramen). Ganz in der Nähe, vor dem Gesellschaftshaus (Společenský dům), steht Franz (František), die Statue eines Knaben mit einem Fisch, Wahrzeichen des Kurortes und Symbol der Fruchtbarkeit. Eine Frau, die Franz berührt, soll der Legende nach bald Mutter werden.

Sehr sehenswert sind die verschiedenen **Kurkolonnaden**, die Kurpromenaden und die ausgedehnten Parkanlagen (160 ha).

Die katholische **Kreuzkirche**, ebenfalls im Empirestil, ist eine der wenigen ihrer Bauart.

In der jetzigen Kollárstraße (Kollárova ulice), auf dem Weg vom Zentrum zum Bahnhof gelegen, erblicken Sie die liebliche **russisch-orthodoxe Kirche der Hl. Olga** (Pravoslavný kostel sv. Olgy).

Ausflüge in die nähere Umgebung

Naturschutzgebiet Soos (Hájek): Soos, ca. 5 km nordwestlich von Franzensbad gelegen, ist mit dem Auto Richtung Soos (Hájek) über Rohr (Nový Drahov) oder zu Fuß auf einem ca. 5 km langen, rot markierten Pfad über die Dörfer Horní Ves und Nový Drahov zu erreichen. Mit dem Zug fährt man von Franzensbad über Tršnice (hier umsteigen) und weiter in Richtung Luby (bis Haltepunkt Nový Drahov). Mit öffentlichen Verkehrsmitteln gelangt man auch ab Eger (Cheb) in das Naturschutzgebiet.

Der Naturlehrpfad Soos ist ca. einen Kilometer lang und verläuft teilweise auf Holzstegen (von 9:00 bis 18:00 wird Eintritt kassiert). Die Kaiserquelle (Císařsky pramen) ist eine der wohlschmeckendsten Mineralquellen der Region, leicht erkennbar an der hübsch gestalteten Quellfassung direkt am Naturlehrpfad.

Am Südwestrand der Stadt können Sie **Amerika** erleben, den Egerer Stadtteich, ein Gewässer mit sauberem Badewasser. Dort gibt es eine Gaststätte mit Weinstube und einen Campingplatz. Zu Fuß vom Zentrum über den Západní terénní cesta in etwa 30 Minuten erreichbar.

Im Naturschutzgebiet **Kammerbühl (Komorní hůrka)**, 2,5 km südwestlich der Stadt, befindet sich der jüngste Vulkan auf böhmischem Territorium. Er erlosch vor ca. 250.000 Jahren. Die Entstehung des Berges durch vulkanische Tätigkeit wurde erst durch J. W. von Goethe bewiesen, der hier einen Stollen anlegen ließ. Heute sehen Sie am Eingang des Stollens (Südhang) ein Granitportal mit Goethe-Gedenktafel.

Vom Vulkankrater aus bietet sich ein umfassender Blick auf Franzensbad und Umgebung.

Cheb (Eger)

CZ-35002, aus D, A und CH: 0042166
Čedok, Májová 31, 0166/33951, FAX 0166/30650
Flugplatz Letiště bei Cheb, Rundflüge täglich von 10:00 bis 18:00, 0166/35301
U krále Jiřiío (Rotes Rössel - seit 1531 Gasthaus), 0166/220
♦ U Cechů, Kamenná 28 (100 m vom Markt entfernt), 0166/22661
♦ Blaník, třída Svobody 59, 0166/33553
Špalíček, nám. krále Jířího, 0166/22568
♦ Café im Stadtmuseum (u.a. schmackhafte Apfelstrudel)
Hvězda, nám. krále Jířího 4-6 (Marktplatz), 0166/22549, FAX 0166/22546
♦ Slávie, třída Svobody 32, 0166/33216
♦ Motel Myslivna (Jägerhaus), Americká 23, 0166/30718
♦ Hradní dvůr, Dlouhá 12, 0166/22006, FAX 0166/22444
♦ Chebský dvůr, třída Svobody 43, 0166/33400
♦ Pensión u nádraží, Wolkerova ul. 29, 0166/361433
♦ Hotel Křafák, Podlesí u Dolního Žandova 45, 0165/93533
am Jesenícká přehradní nádrž (Jesenice-See) bei Dřenice, 7 km südöstlich von Cheb, 15.5. bis 15.9., Hütten mit zwei, drei oder vier Betten, 0166/31591
gute Bus- und Zugverbindungen zu den drei großen Heilbädern Karlsbad (Karlovy Vary), Marienbad (Mariánské Lázně) und Franzensbad (Františkovy Lázně), günstige Bahnverbindung nach Pilsen (Plzeň) über Marienbad

Das historische Städtchen an der Eger (Ohře), dicht an der deutschen Grenze, hat eine bewegte Geschichte. Lange Zeit war die Stadt Zentrum des Egerlandes (Chebsko), das eine Sonderstellung innerhalb der böhmischen Länder einnahm und bis Mitte des 19. Jh. eine Selbstverwaltung besaß. Heute liegt Eger im Zentrum der aus Teilen Sachsens, Bayerns und Böhmens gebildeten Euregio Egrensis.

Geschichte

Spuren menschlicher Besiedelung rühren schon aus der Altsteinzeit her. Im 6. Jh. machte sich der slawische Stamm Chebané seßhaft. Ab dem 11./12. Jh. kamen zunehmend deutsche Siedler in die Region, beide Kulturen lebten friedlich miteinander. In der Folgezeit überwog jedoch der deutsche Einfluß zunehmend.

Als der schwäbische Herzog **Friedrich I. Barbarossa** im Jahre 1149 die Tochter des Markgrafen von Cheb heiratete, wählte er die hiesige Burg zur Residenz. Nach seinem Aufstieg zum deutschen Kaiser (1152-1190) ließ er ab 1170 eine Kaiserpfalz erbauen und bestimmte von hier aus die Geschicke des Staufenreiches.

Der legendäre Feldherr Wallenstein wurde am 25.2.1634 in Eger ermordet.

Ab 1787 zum Bistum Prag gehörend, wurde Eger Bestandteil der Habsburger Monarchie.

Nach schwerer Verwüstung und Zerstörung Egers im Dreißigjährigen Krieg erlitt die Stadt durch Bombardements zum Ende des Zweiten Weltkrieges erneut starke Verluste. Die Hauptrekonstruktionsphase erstreckte sich von 1955 bis 1969, einige Arbeiten dauern auch in der Gegenwart noch an.

Sehenswürdigkeiten

Den historischen Marktplatz umsäumen prächtige Bürgerhäuser aus unterschiedlichen Bauepochen. Das gesamte Terrain steht unter Denkmalschutz.

Am eindrucksvollsten wirkt der Komplex von elf ehemaligen Krämerhäusern, bekannt als **Egerer Stöckl (Špalíček)**, am unteren Teil des Platzes. Hier können Sie in einem gleichnamigen Café angenehm sitzen. Auf dem Markt stehen zwei Brunnen, Roland-(Rolandova-) und Herkulesbrunnen (Herkulova kašna).

An der Ostseite sehen Sie das 1723-28 von einem italienischen Baumeister im Barockstil errichtete **Neue Rathaus** (Nr. 16), heute Domizil der Egerer Galerie Bildender Künste.

♦ täglich 9:00 bis 17:00

Haus Nr. 17 beherbergte 1791 Friedrich Schiller, der hier an seiner bekannten Wallenstein-Trilogie arbeitete, es heißt folglich auch **Schillerhaus (Schillerův dům).** Wunderschön wirkt auch das Schirdinghaus (Schirdingerovský dům), Nr. 7, ein spätgotisches Gebäude mit sehenswertem Ziergiebel und zweistöckigem Arkadengang. Daneben steht Haus Nr. 6, das **Gablerhaus** im Rokokostil.

Etwas verdeckt hinter dem Stöckl entdecken Sie das **Stadthaus** (Nr. 43), ein Patrizierhaus mit Gotik- und Renaissanceelementen und eines der ältesten Gebäude Egers. Auffallend wirken das Stadtwappen und der reich gegliederte Balkon.

Am 24.2.1634 wurde in diesem Haus der bekannteste Heerführer des Dreißigjährigen Krieges, **Albrecht von Wallenstein**, vom kaiserlichen Hauptmann Walter Deveroux mit einer Hellebarde erstochen. Als Originalexponate erinnern ein ausgestopftes Pferd, Stiefel und die Mordwaffe an Wallenstein. Weitere berühmte Ausstellungsgegenstände bilden das Egerer Antependium (Altarvorhang aus dem 14. Jh.) und die "Goldene

Sonne" der Burg Neuhaus (1412). Seit 1873 baute man das Gebäude als Regionalmuseum immer weiter aus.

♦ täglich außer Mo 9:00 bis 12:00 und 13:00 bis 17:00

Nördlich des Altmarktes stehen zwei Kirchen, die **Hauptkirche St. Nikolaus** (mit Gemälden von Meister Lukas) und noch ein Stück weiter die **Spitalkirche St. Bartholomäus** mit einer Exposition gotischer Plastiken.

Hoch über dem Ufer der Eger (Ohře) können Sie zur **Kaiserburg (Chebský hrad)** aufsteigen. Auf den Resten einer slawischen Burg ließ hier Barbarossa eine Kaiserpfalz errichten, die neben Verteidigungs- auch Repräsentationsaufgaben erfüllte.

Von der romanischen Befestigung blieb der Schwarze Turm (Černá věž), 21 m hoch, vollständig erhalten. Als Baumaterial diente vulkanischer Basalttuff aus dem benachbarten Vulkan Kammerbühl (Komorní hůrka).

Die Turmplattform gestattet einen umfassenden Rundblick.

Im oberen Burggelände stoßen Sie auf die romanischen Mauerrelikte des Barbarossa-Palastes. Gut erhalten blieb die zweietagige romanisch-gotische Burgkapelle. Nach einem Brand im Jahre 1742 verfiel ein Großteil der Gebäude.

Die Burganlage kann von April bis Oktober besichtigt werden.

♦ April bis Juli und Oktober täglich außer Mo 9:00 bis 12:00 und 13:00 bis 16:00, August täglich außer Mo 9:00 bis 12:00 und 13:00 bis 18:00, September täglich außer Mo 9:00 bis 12:00 und 13:00 bis 17:00

Sokolov (Falkenau)

CZ-35624, ✆ aus D, A und CH: 0042168
Čedok in Sokolov, ul. K. H. Borovského 1313, ☎ 0168/23443, FAX 0168/22473
Transmotel Sokolov (an der E 6), ☎ 0168/24992, FAX 0168/23150
♦ Hotel Vítkov-Frankárna, č. p. 68, ☎ 0168/22175

Eine Stadt, die vom Braunkohlenbergbau "angenagt" wird, trotzdem lohnt ein kurzer Besuch des historischen Zentrums mit seinen schönen Bürgerhäusern, dem barocken Marktbrunnen, zwei Frühbarockkirchen,

der Pestsäule sowie dem Schloß im Empirestil (1805), in welchem heute das Kreismuseum seinen Sitz hat.

Abstecher: Etwa 6 km westlich von Sokolov liegt auf einer Anhöhe die große barocke Wallfahrtskirche Maria Himmelfahrt im Ort **Mariakulm (Chlum svaté Máří)**. Der 1720 fertiggestellte Sakralbau besitzt u.a. wertvolle Fresken. Neben der Kirche sehen Sie ein Barockkloster des ehemaligen Kreuzherrenordens. Auch Goethe war mehrmals im Ort.

Loket (Elbogen)

CZ-35733, aus D, A und CH: 0042168
Goethe Tour, Radničí 1, ☎ 0168/94424
♦ Stadtamt (Městský úřad), ☎ 0168/94063, FAX 0168/94208
Hotel Bílý kůň, nám. T. G. Masaryka, ☎ 0168/94171 (EZ DM 45)
♦ Hotel Actus, nám. T. G. Masaryka 16, ☎ 0168/94103

Auf halber Strecke zwischen Falkenau (Sokolov) und Karlsbad (Karlovy Vary) gelangen Sie in die alte Bergstadt. Dominierend wirkt die dreiseitig von der Eger (Ohře) umflossene große gotische, ehemals königliche **Burg** auf einer baumumsäumten Anhöhe. Der malerische Egerflußbogen könnte auch die deutsche Bedeutung des Stadtnamens erklären.

⌘ Auf der Burganlage aus dem 12. Jh. sind ein reichhaltiges **Porzellanmuseum** und eine kleine Exposition zum Leben und Werk J. W. Goethes zu sehen.

♦ täglich außer Mo 9:00 bis 11:30 und 13:00 bis 16:30, ☎ 0168/94104

Vom Ende des 18. Jh. bis 1947 diente die Burg als Gefängnis und bis Ende der siebziger Jahre war sie unzugänglich. Goethes umfangreiche Steinsammlung fand auf der Burg ihr unrühmliches Ende. Der Geheimrat hatte testamentarisch das Stift Tepl (Teplá) als Aufbewahrungsort bestimmt. Nach dem Zweiten Weltkrieg übernahmen die tschechoslowakischen Grenztruppen das Kloster, verpackten die Steinsammlung und brachten sie auf Burg Loket. Zigeuner nahmen die ungesicherten Kisten auseinander und verbrannten sie mit Goethes Schriftstücken, die Steine landeten auf dem Müll...

Die kleine Stadt, die auf einem Felsvorsprung über der Eger liegt, hat noch weitere Sehenswürdigkeiten zu bieten. Sie steht in ihrer Gesamtheit unter Denkmalschutz.

Auf dem Markt sind das frühbarocke Rathaus, die Pestsäule sowie das Hotel und Gasthaus "Weißes Roß" (Bílý kůň) zu sehen. In letzterem feierte Goethe seinen 74. Geburtstag und bat vergeblich um die Hand der erst 19jährigen Baroneß Ulrike von Levetzow.

Insgesamt elfmal weilte der Geheimrat in der Stadt, sein Eindruck: "Heute waren wir in Elbogen, das über alle Beschreibung schön liegt und sich als ein Kunstwerk von allen Seiten betrachten läßt." (Goethe am 1.7.1807)

Karlovy Vary (Karlsbad)

- CZ-36000, ✆ aus D, A und CH: 004217
- Kur-Info, Vřídelní kolonáda, ☎ 017/3224097, FAX 017/3224667
- Čedok, Karla IV. č.1, ☎ 017/3226110, FAX 017/3226705
- Čedok, ul. Dr. Bechera 21-23, ☎ 017/3222994
- City Info hart, T. G. Masaryka ☎ 017/23351
- Reisebüro Kome (Spezialbüro für Karlsbad und Umgebung), Slovenská, ☎ 017/3229345
- Stilrestaurant Jägerhaus in Karlovy Vary-Březová (Buslinie Nr. 7), Slovenská 9, täglich 12:00 bis 24:00, ☎ 017/25101
- Restaurants gibt es auch in den nachfolgend genannten Hotels:
- Grandhotel Pupp****, Mírové nám. 2, ☎ 017/3222121 und 209111, FAX 017/3224032 (EZ DM 150, außerhalb der Saison DM 110)
- Hotel Central***, Divadelní nám. 17, ☎ 017/3225251 (EZ DM 69)
- Hotel Zámeček Cihelny***, Cihelny 5, ☎ 017/97281 (EZ DM 65)
- Hotel-Sanatorium Thermal, I. P. Pavlova 11, ☎ 017/3228391, FAX 017/3226992
- Hotel Slunce, Březová 46, ☎ 017/3225695 (EZ DM 25)
- Hotel Turist, Dr. D. Bechera 18, ☎ 01726837 (EZ DM 21)
- Hotel Atlantik**, Tržiště 23, ☎ 017/24715 (EZ DM 39)
- Hotel Slavia, ☎ 017/3227271
- Domov Mládeže, Lidická 38 (Stadtteil Horní Drahovice), ☎ 017/28671 (ab DM 15)
- Motel und Autocamping Karlovy Vary-Březová, Slovenská 9, 1.4. bis 31.10., ☎ 017/3225101
- Karlsbad ist von Deutschland aus per Zug gut erreichbar. In der Stadt gibt es zwei Bahnhöfe: vom Hauptbahnhof (Horní nádraží) existieren Verbindungen nach Prag und Eger, vom Unteren Bahnhof (Dolní nádraží) fahren die Züge Richtung Marienbad und Johanngeorgenstadt.
- Der zentrale Busbahnhof befindet sich in der Nähe des Platzes der Republik (nám. Republiky) und in der Nachbarschaft des Unteren Bahnhofes, von hier verkehren u.a. Busse nach Elbogen (Loket), Tetschen (Děčín) und St. Joachimsthal (Jáchymov).
  Nach Prag bestehen ebenfalls gute Verbindungen mit dem Bus, auch von Wien verkehrt eine Buslinie.

Karlsbad ist der populärste und größte Kurort unseres Nachbarlandes und liegt malerisch von Wäldern eingebettet im Flußtal der Tepl (Teplá). Sein Name geht auf den Stadtgründer **Kaiser Karl IV.** zurück, der die Siedlung 1370 zur königlichen Stadt erklärte.

Im 18. Jh. trug Karlsbad den Beinamen "Salon Europas", alle Persönlichkeiten mit Rang und Namen gaben sich in den Kuranlagen ein Stelldichein.

Die bis heute erhalten gebliebenen historischen Kuranlagen stammen in ihrer Mehrzahl aus der zweiten Hälfte des 19. Jh., vor allem die beiden Wiener Architekten **Fellner** und **Helmer** verliehen ihnen ihren Charakter.

Kurz vor dem Ersten Weltkrieg (1911) kurten in Karlsbad knapp 80.000 Gäste, diese Zahlen erreichte man erst wieder 60 Jahre später. Gegenwärtig entwickelt sich Karlsbad wieder zu einem mondänen Kurort für westdeutsche Gäste und wohlhabende Tschechen.

Sehenswürdigkeiten

Das Karlsbader Kurgebiet ist verkehrsberuhigt. Wer mit dem Auto anreist, findet, aus Richtung Eger (Cheb) kommend, einen Parkplatz an der Egerer Brücke (Chebský most). Bei der Ankunft auf dem Unteren Bahnhof (Dolní nádraží) oder Busbahnhof gelangen Sie über die Geschäftsstraße třída T. G. Masaryka zur Postbrücke (Postovní most). Auf dem anderen Ufer der Tepl sehen Sie den modernen Kurkomplex Thermal.

☺ Kostenlose Pendelbusse verkehren im Karlsbader Stadtzentrum zwischen dem Parkplatz hinter dem Posthof (in der Nähe des markanten Hotel Thermal) über Bad I (Lázně I) zum Theaterplatz (Divadelní nám.).

Über die Gartenstraße (Zahradní) erreichen Sie bald den Dvořák-Park (Dvořákovy sady) mit einem Denkmal des bekannten Komponisten. Dahinter beginnt die Parkkolonnade.

Gehen Sie hier über die Sadova ulice ein Stück westwärts, so stehen Sie bald vor der wundervollen **russisch-orthodoxen Kirche St. Peter und Paul** mit glänzenden vergoldeten Kuppeln (1893-1897). Kurz vor der Jahrhundertwende waren viele Kurgäste russische Adlige, die den Bau der Kirche finanzierten.

Zurück über die Straße Peter des Großen (Petra Velikého) kommen Sie an der anglikanischen **St.-Lukas-Kirche** vorbei, die in englischer Backsteinneugotik erbaut wurde. Bald darauf sieht man den markanten

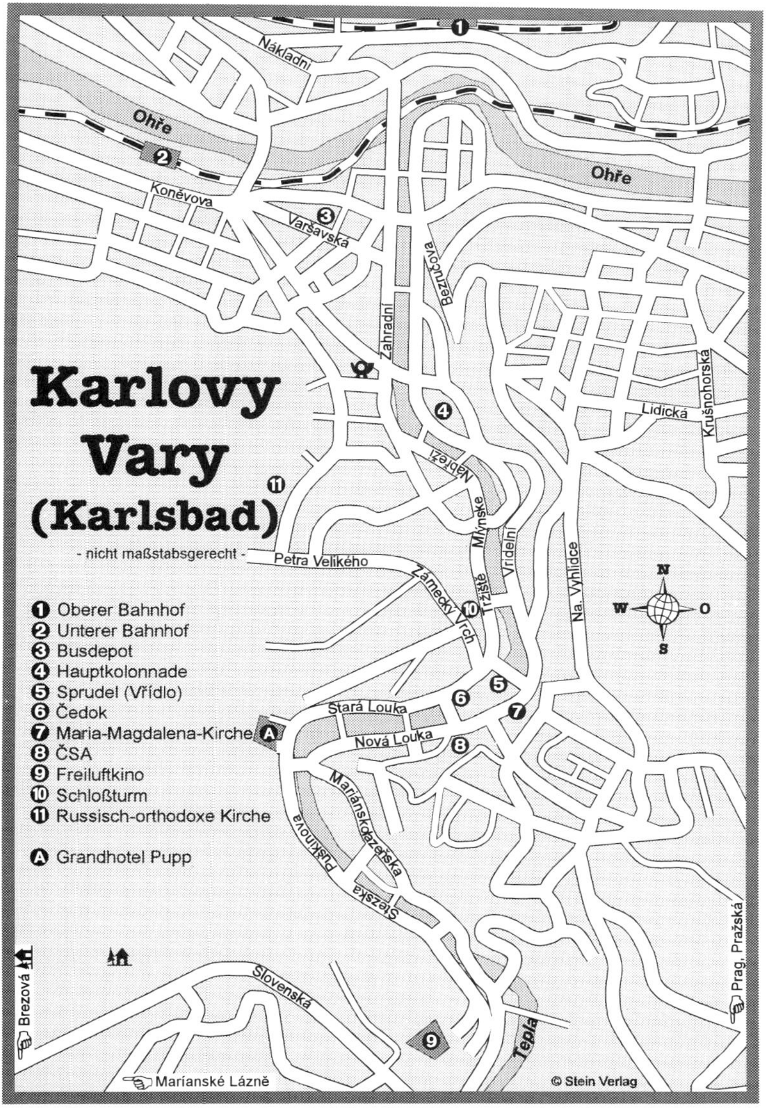

Karlovy Vary (Karlsbad)
- nicht maßstabsgerecht -
1 Oberer Bahnhof
2 Unterer Bahnhof
3 Busdepot
4 Hauptkolonnade
5 Sprudel (Vřídlo)
6 Čedok
7 Maria-Magdalena-Kirche
8 ČSA
9 Freiluftkino
10 Schloßturm
11 Russisch-orthodoxe Kirche
A Grandhotel Pupp
Nákladní
Ohře
Ohře
Koněvova
Varšavská
Bezručova
Zahradní
Krušnohorská
Lidická
Nábřeží
Mlýnské
Vřídelní
Tržiště
Petra Velikého
Zámecký Vrch
Na. Vyhlídce
N
W
O
S
Stará Louka
Nová Louka
Mariánskolázeňská
Puškinova
Stezska
Slovenská
Teplá
Brezová
Prag, Pražská
Mariánské Lázně
© Stein Verlag

Schloßturm (Zámecká věž), Relikt eines von Karl IV. gegründeten Jagdschlosses, mit der benachbarten Schloßkolonnade (Zámecká kolonáda).

Etwas oberhalb, die Straße am Teplufer flußaufwärts, befindet sich die **Mühlbrunn-Kolonnade (Mlýnská kolonáda)** mit über 100 korinthischen Granitsäulen, wo sich die meisten Quellen konzentrieren. Unterhalb des Schloßberges beginnt das eigentliche Kurzentrum mit dem Marktplatz, auf dessen Mitte Sie eine barocke Pestsäule sehen.

Bleiben Sie auf dem linksseitigen Teplufer, und folgen Sie der Uferstraße Alte Wiese (Stará louka) in die Mariengasse (Mariánská). Dort treffen Sie bald auf die Seilbahnstation zur Freundschaftshöhe (Výšina přátelství) mit Aussichtsturm. Von hier führt eine Straße zur **Petershöhe** (Petrova výšina) mit einem Denkmal Zar Peter des Großen, einer hübschen Gemsenstatue und dem traditionsreichen Ausflugsrestaurant Hirschensprung (Jelení skok). Es bietet sich ein herrliches Panorama auf die Stadt.

Gegenüber der Seilbahntalstation beeindruckt das pompöse **Grandhotel Pupp**, es gilt als eines der schönsten Hotels in Europa. Hier beginnt die alte k.u.k.-Atmosphäre der Habsburger Monarchie wieder aufzuleben. Das Pupp ist Ausdruck der vornehmen und extravaganten Bäder-Hotellerie, die im 18./19. Jh. alles anzog, was in Europa Rang und Namen hatte (u.a. Fürst Metternich, Fürst Bismarck, König August der Starke, Zar Peter der Große, Brahms, Beethoven, Goethe, Casanova, Puschkin, Marx, ...). Heute werden hier wieder prunkvolle Bälle gefeiert und die internationale Prominenz entdeckt das Haus neu.

Wenn Sie am Markt das Flußufer wechseln, kommen Sie zu einer weltberühmten Attraktion, dem **Sprudel (Vřídlo)**. Durch seinen hohen CO_2-Gehalt schießt der Sprudel ständig bis 15 m in die Höhe. Das Wasser kommt aus einer Tiefe von 2.000 m und besitzt eine Höchsttemperatur von 72 °C. Diese warmen Wässerchen führen im Winter oft dazu, daß aus der Teplá (Teplá = die Warme) Dampfschwaden aufsteigen.

Hinter dem Sprudel erhebt sich die **Maria-Magdalenen-Kirche**, ein barockes Kunstwerk des böhmischen Architekten K. I. Dientzenhofer, zwischen 1732 und 1736 erbaut. In der Nachbarschaft sehen Sie ästhetische Neubauten, die gut mit der Altbausubstanz harmonieren.

Über die Sprudelstraße (Vřídelní) können Sie zum **Theaterplatz** (Divadelní náměstí) bummeln. Das Theatergebäude ist sehenswert und Sie können von hier mit der Tunnelseilbahn zur Imperialhöhe (Výšina Imperial) fahren. Auf der Anhöhe befindet sich das imposante Kursanatorium Imperial.

⌘ Vom Theaterplatz gelangen Sie auch zum **Stadtmuseum** (Neue Wiese/Nová louka 23, ☏ 017/3226252). Zu sehen gibt es Natur- und Heimatgeschichtliches sowie Originalzeichnungen Goethes, der insgesamt dreizehnmal in Karlsbad weilte.

♦ Mi bis So 9:00 bis 12:00 und 13:00 bis 17:00

Beim Flanieren durch die Stadt werden Sie auch selbst noch viel Interessantes entdecken.

Karlsbader Souvenirs

Es existieren einige Erzeugnisse aus Produktionsstätten der Stadt und ihrer Umgebung, die weit über die Grenzen Böhmens bekannt wurden, so z.B. **Karlsbader Oblaten**, der scherzhaft als 13. Quelle Karlsbads bezeichnete **Karlsbader Becherbitter (Becherovka)**, das **böhmische Kristall** der Glasfabrik Moser aus Meierhöfen (Dvory) sowie das **Porzellan** aus Pirkenhammer (Březová). Den Betriebsstätten sind zumeist kleine Ausstellungsräume bzw. Museen angeschlossen.

Betriebsbesichtigungen:

* Likérka Jan Becher, T. G. Masaryka 57, ☏ 017/3223231
* Pirkenhammer Artporcel, Březova bei Karlovy Vary, ☏ 017/3223821
* Leander 1946-Porcelán Loůčky, Loučky-Nové Sedlo, ☏ 0168/909377
* Porcelán Epiag, Dalovice bei Karlovy Vary, ☏ 017/26661

Beliebte Mitbringsel sind auch **versteinerte Rosen** aus Sprudelstein (eigentlich Papierblumen, die ca. eine Woche in einer der Sprudelquellen liegen und während dieser Zeit "versteinern").

Ausflüge in die nähere Umgebung

Nordwestlich der Stadt lohnt sich eine Wanderung zum **Goetheturm (Goethova rozhledna)** mit einer schönen Aussichtsmöglichkeit. Er ist u.a. von der Bergstation der Freundschaftshöhe zu erreichen.

Zu den traditionellen Ausflugszielen der Kurgäste gehören die **Hans-Heiling-Felsen (Svatošské skalý)** im Eger-Flußtal. Folgen Sie von der Endhaltestelle des Busses im Stadtteil Doubí der blauen Markierung. Der Sage nach wurde hier der Zauberlehrling Heiling mit seiner Braut und dem Hochzeitszug von einer Nymphe in Stein verwandelt, weil er sein Versprechen, nicht zu heiraten, gebrochen hatte.

Dem Weg können Sie bis Loket (Elbogen) folgen (insgesamt 18 km).

✗ Gegenüber der Felsengruppe befindet sich das empfehlenswerte Ausflugslokal "Lesní Restaurace".

♦ täglich ab 12:00

In **Dallwitz (Dalovice)**, etwa 3 km nordöstlich der Stadt, können Sie zwei Schlösser, die legendäre Körnereiche (Körnerův dub), ca. 800 Jahre alt, und das Körnerdenkmal entdecken.

Horní Blatná (Bergstadt Platten)

CZ-36237, aus D, A und CH: 0042164
Hotel Modrá Hvězda, ☏ 0164/92186

Die einstige königliche Bergstadt (Zinnerzabbau) am Kamm des Erzgebirges rühmt sich ihrer rechtwinkligen Bebauung im Stil der Renaissance. Dominierend wirkt die barocke Pfarrkirche.

⌘ In einer Seitengasse können Sie das **Heimatmuseum** mit Zinnausstellung besuchen.

Seit 1993 hat die Stadt einen deutschen Bürgermeister, der im Museumsgebäude wohnt.

Am Marktplatz beginnt ein Naturlehrpfad, der Sie zum Plattenberg (Blatenský vrch) führt, an dessen Westbereich das Naturschutzgebiet **Wolfspinge (Vlči jámy)** liegt. Dort gibt es u.a. einen alten Bergwerksstollen.

Im Winter wird die Bergstadt gern als Ausgangsbasis für Skiwanderungen genutzt.

Ostrov (Schlackenwerth)

Die kleine Stadt, 10 km nordöstlich von Karlsbad entfernt, besitzt das große Lauenburger Schloß (Lauenburský zámek), erbaut ab 1650 im Auftrag von J. H. Fürst von Sachsen-Lauenburg. Die Gärten, angelegt im Stil von Versailles, galten lange Zeit als achtes Weltwunder. Leider ist von dieser prachtvollen Anlage bis auf ein paar alte Bäume nichts erhalten geblieben. Im Schloßpark versteckt liegt ein barockes Lustschloß mit einer kleinen Kunstgalerie. Auch das historische Zentrum um den Markt lohnt einen kurzen Besuch.

Jáchymov (St. Joachimsthal)

- CZ-36251, ✆ aus D, A und CH: 0042164
- Kurverwaltung, ☏ 0164/911208, FAX 0164/911730
- Hotel Panorama***, č. p. 931, ☏ 0164/911106
- Sporthotel Můstek, ☏ 0164/911075, FAX 0164/911487
- Hotel Monika, nám. Republiky 515, ☏ 0164/911752
- Horská chata Historického ústavu ČSAV, Nové Město 60/61, ☏ 0164/911161
- Sanatorium Radium Palace, ☏ 0164/911511

Sie erreichen den Ort nach ca. 15 km Fahrt von Karlsbad aus in Richtung Norden.

Geschichte

Zu Anfang des 16. Jh. führten reiche **Silbererzvorkommen** zu einem wahren Silberrausch. Schon 1520 besaß der Ort den Status einer königlichen Bergstadt, in der insbesondere sächsische Bergleute arbeiteten. In dieser Zeit entwickelte sich St. Joachimsthal zur drittgrößten böhmischen Stadt nach Prag und Kuttenberg sowie zum größten Silberabbauzentrum des Kontinents.

Während dieser Glanzzeit arbeitete die Münzstätte des Grafen Stephan Schlick, die den zur Berühmtheit gewordenen **Joachimsthaler** prägte. Diese Silbermünze bezeichnete man anfangs auch als Taler, später als Tollar, und sprachgeschichtlich hat hier auch der Begriff Dollar seinen Ursprung.

Im Verlauf des 17. Jh. erfuhr der Silberbergbau wegen Lagerstättenerschöpfung einen Rückgang.

Goethe verfaßte um 1785 in St. Joachimsthal "Wilhelm Meisters Lehrjahre".

Um die letzte Jahrhundertwende erlangte der Ort erneut weltweite Bedeutung. Marie Skłodowska-Curie und Pierre Curie entdeckten in den Pechblendenrückständen aus der Zeit des Silbererzabbaus die Elemente Radium und Polonium (nach Marie Skłodowska benannt, die aus Polen stammt) und läuteten so das **Atomzeitalter** ein, welches den gesamten Erdball verändern sollte. Gleichzeitig nahm der Ort ab 1906 für sich in Anspruch, erstes Radonbad der Welt zu sein. Die radioaktiven Quellen wurden zur Behandlung von Krankheiten des Bewegungsapparates angewandt.

Nach dem Zweiten Weltkrieg nahm die Sowjetunion die Urangruben in Besitz und setzte politische Häftlinge bis in die sechziger Jahre hinein zum Abbau ein.

Heute ist St. Joachimsthal ein bedeutender Kurort (☞ Reise-Infos von A bis Z, Heilbäder und -quellen).

Sehenswürdigkeiten

Die alte Bergstadt weist viele schöne Bürgerhäuser im sächsischen Renaissancestil auf. Auf dem langgezogenen, steil nach oben führenden Markt dominieren die **Kirche St. Joachim** sowie das hübsche **Rathaus** (16. Jh.) mit einem Ratskeller aus der Renaissanceepoche. Gleich nebenan finden Sie die ehemalige **Königliche Münze** (Královská mincovna), in der heute außer einer numismatischen Abteilung auch eine Bergbau- und Radonausstellung zu besichtigen ist.

Im Kurviertel beeindruckt das große Sanatorium "Radium-Palace" (1910-1912). Im Westteil der Stadt treffen Sie am ehemaligen Grubenschacht "Eintracht" (důl Svornosti) auf den **ältesten Urangrubenförderturm des Erdballs**.

Ausflüge in die nähere Umgebung

Im Ortsteil Jáchmovský les führt ein Sessellift auf den mit 1.244 m höchsten Gipfel des Erzgebirges, den **Keilberg (Klínovec)**. Er besitzt eine Aussichtsmöglichkeit und ein Berghotel, daneben steht ein Fernsehturm.

St. Joachimsthal ist ein beliebtes Wintersportzentrum und wird auch gern als Ausgangspunkt für Mittelgebirgswanderungen genutzt.

In Richtung Grenzübergang nach Sachsen (Kurort Oberwiesenthal) gelangen Sie 6 km nördlich ins Berg- und Wintersportzentrum **Gottesgab (Boží Dar)**, das höchstgelegene Gebirgsstädtchen Böhmens (1.028 m). Gemütlich geht es im Gastraum des Hotels "Grünes Haus" (Zelený dům) zu.

Ein interessanter Naturlehrpfad führt Sie durch das nur einen Kilometer westlich gelegene **Gottesgaber Hochmoor (Božídarské rašeliniště)**, ein großes Areal mit seltener Vegetation (u.a. sehr viele Zwergbirken und Wollgrasarten).

In Gottesgab (Boží Dar) wurde der bekannte erzgebirgische Heimatdichter Anton Günther geboren, sein Grab findet man auf dem Friedhof am Ortsausgang. Ihm zu Ehren wurde 1995 der grenzüberschreitende, 65 km lange "Anton-Günther-Rundwanderweg" eröffnet (Boží Dar-Abertamy-Horní Blatná-Potůčky-Johanngeorgenstadt-Rittersgrün-Tellerhäuser-Kurort Oberwiesenthal-Boží Dar).

Bečov nad Teplou (Petschau)

CZ-36464, aus D, A und CH: 004217
Hostinec Hubertus, Plzeňská 398, 017/99328
Autokempink Hubertus, 1.5. bis 30.9., mit Bungalows, 017/99266

Diesen Ort mit Burg und Schloßteil finden Sie im Flußtal der Tepl (Teplá), knapp 20 km südlich von Karlsbad.

♦ der Anlage: April und Oktober Sa, So und an Feiertagen 9:00 bis 16:00, Mai bis September täglich außer Mo 9:00 bis 17:00

Zu sehen gibt es u.a. den **romanischen Reliquiar des hl. Maure**, der bis 1985 als verschollen galt.

Bečov liegt an der Eisenbahnstrecke Karlsbad-Marienbad, die insbesondere im Tepltal durch eine wildromantische Gegend führt. Auch Dampflokomotiven kommen manchmal noch zum Einsatz.

Lázně Kynžvart (Bad Königswart)

CZ-34591, aus D, A und CH: 0042165
Hotel Diana, nám. Republiky 88, 0165/91286

Der Luftkurort befindet sich etwa 20 km östlich von Eger (Cheb). Der österreichische Staatskanzler Fürst Metternich ließ hier 1833 bis 1839 das **Schloß Königswart** im Empirestil umbauen. Zahlreiche diplomatische Entscheidungen mit Auswirkungen auf das Schicksal Europas wurden hier in jener Zeit getroffen, u.a. war Metternich der Gegenspieler Napoleons.

Ausgestellt werden Andenken an den Böhmerwalddichter Adalbert Stifter (Lehrer von Metternichs Kindern), Exponate aus dem Orient sowie die Metternichsche Bibliothek.

Die Anlage wurde kürzlich renoviert und wird in Teilabschnitten wieder für den Besucher zugänglich (0165/91269). Sehenswert ist auch der Schloßpark im englischen Stil. Der russische Zar hatte Metternich anläßlich der Wiener Konferenz (1815) eine damals seltene und exotische Pflanze geschenkt, den **Riesenbärenklau**. Vom Park in Königswart aus verbreitete sich die Pflanze schnell in ganz Mitteleuropa und ist mittlerweile zur Plage geworden.

D
Dresden
Liberec
Děčín
Trutnov
Ústí n.L.
Mladá Boleslav
Karlovy Vary
Cheb
Praha
Plzeň
Český Sternberk
Havličkův Bro
Klatovy
Tâbor
Jihla
Strakonice
Regensburg
Č. Budějovice
D
Linz

Tschechische Republik

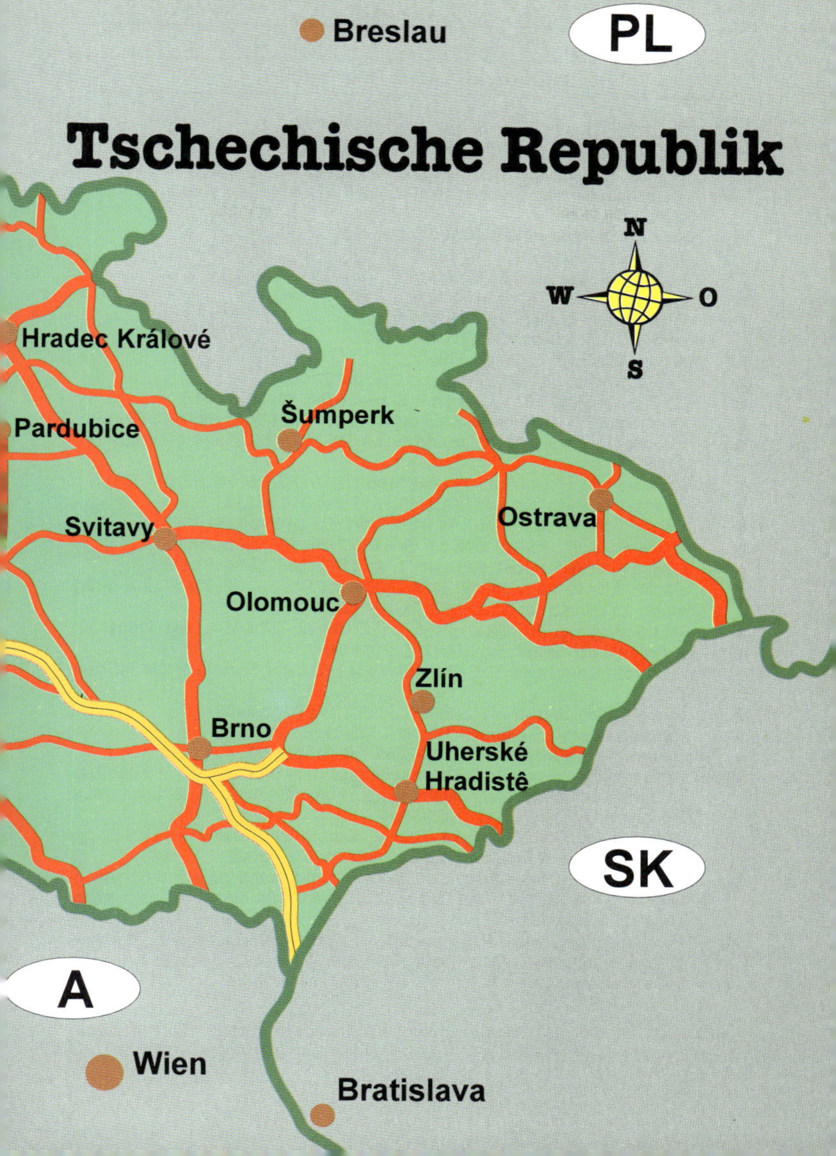

Mariánské Lázně (Marienbad)

CZ-35301, ☎ aus D, A und CH: 0042165
Čedok, Třebízského 2/101, ☎ 0165/2254
City Service, Hlavní třída 1, ☎ und FAX 0165/4218
Rundflüge täglich 9:30 bis 18:30 vom Flughafen Skláře, ☎ 0165/2267, FAX 0165/5474
Koliba, Dusíkova, ☎ 0165/5169
Mes amis, Poštovní 96, ☎ 0165/4745
Holiday, Plzeňská 98, ☎ 0165/3194
Jizera, Tyršova 414, ☎ 0165/2014
Haná, Hlavní třída 260, ☎ 0165/2753
Lil-Club, U Sokolova 336, ☎ 0165/2142
Maxim, Hlavní třída 67, ☎ 0165/2222
Pepino, Hlavní třída 51 (täglich 10:00 bis 20:00)
Charlie, Anglická 137 (täglich 9:30 bis 24:00), ☎ 0165/2947
Panorama, Pod panoramou 7 (täglich 14:00 bis 17:00), ☎ 0165/5321
Luxushotel Esplanade*****, Karlovarská 348, ☎ 0165/21624, FAX 0165/2168
Excelsior****, Hlavní třída 121, ☎ 0165/27056 (EZ DM 73, DZ DM 104)
Atlantik***, Hlavní třída 46, ☎ 0165/5911, FAX 0165/5913
Corso**, Hlavní třída 41/16, ☎ 0165/3091, FAX 0165/3093
Cristal Palace**, Hlavní třída 61, ☎ 0165/2056, FAX 0165/2058
Centrální lázně**, Goethovo nám. 1, ☎ 0165/5951, FAX 0165/5955
Pacific, Mírové nám. 84, ☎ 0165/30068 (EZ DM 56, DZ DM 50 inkl. Frühstück, außerhalb der Saison EZ DM 45, DZ DM 40)
Vltava, Anglická 475, ☎ 0165/2572 (EZ DM 52, DZ DM 42 inkl. Frühstück, außerhalb der Saison EZ DM 42, DZ DM 34)
Svoboda, Chopinova 393, ☎ 0165/46648 (DZ mit Frühstück DM 40 bzw. DM 32)
Evropa, Třebízského 101/2, ☎ 0165/2063, FAX 0165/5408
Penzion Georg**, Kollárova 311, ☎ 0165/3159
Suvorov*, Ruská 76/18, ☎ 0165/2759, FAX 0165/2759
Autocamping Luxor in Velká Hled'sebe (aus dem Stadtzentrum mit der Buslinie Nr. 6 erreichbar, dann noch 1 km zu Fuß), 1.5. bis 30.9., auch kleine Bungalows vorhanden, ☎ 0165/3504
Autocamping Start, Plzeňská 729 (südöstlich vom Bahnhof), 1.5. bis 30.9., mit Motel, Bungalows und Zeltplatz, ☎ 0165/2062
Schnellzüge verkehren auf der Strecke Prag-Pilsen-Marienbad-Schirding-Nürnberg-Frankfurt/M. Eine Regionalbahn verbindet Marienbad und Karlsbad miteinander.
Fernbusse fahren über Pilsen nach Prag. Auch nach Eger (Cheb), Budweis (České Budějovice), Taus (Domažlice) und Franzensbad verkehren mehrmals täglich Busse.

Marienbad ist das jüngste der Bäder im westböhmischen Bäderdreieck. Vom Kaiserwald (Slavkovský les) umgeben, weist der Ort mit mittlerer

Seehöhe von 600 m trotzdem ein mildes Klima auf. Große Teile wurden als Gartenstadt angelegt, die Marienbad auch den Ruf der Stadt in einem Meer von Grün einbrachte.

Marienbad zählt zu den attraktivsten Bädern Europas, T. A. Edison meinte vor gut hundert Jahren gar: "Einen schöneren Kurort gibt es in der ganzen Welt nicht".

Innerstädtischer Verkehr

Die Fahrt mit dem Privatauto ist nur Kurgästen gestattet. Für Besucher stehen bewachte Parkplätze außerhalb des Stadtzentrums zur Verfügung. Vom Bahnhof verkehren Stadtbuslinien ins Zentrum.

Geschichte

Die Entwicklung zum Kurort verdankt man dem unermüdlichen Schaffen **Dr. Josef J. Nehrs**. Er war Arzt im benachbarten Stift Tepl (Teplá) und erforschte das Areal, welches schon seit 1197 in Besitz des Stiftes war, ab 1779 systematisch.

Das erste Kurhaus eröffnete man allerdings erst 1808, da es großer Anstrengungen bedurfte, das hiesige, bis dahin beinah unzugängliche Moorgelände urbar zu machen. Von seinen Ordensbrüdern wurde Dr. Nehr aus dem Kloster ausgeschlossen, nachdem man ihn beschuldigt hatte, das Vermögen des Stifts im Moor versenkt zu haben.

Der Ortsname Marienbad leitet sich von der Marienquelle ab, in deren Nähe ein Marienbild angebracht war.

Ende 1818 erhielt der Ort den Status eines öffentlichen Kurbades. Die landschaftsgestalterischen Maßnahmen, geleitet vom Hofgärtner des Fürsten Lobkowitz, Václav Skalník, waren in der Folgezeit mit enormen Kosten verbunden.

Auch heute prägt die erhabene Bäderarchitektur des 19. Jh. das liebliche Erscheinungsbild, zumal umfangreiche Restaurationsarbeiten in den letzten drei Jahren den alten Glanz wieder hervorzauberten.

Goethe war ein Dauergast in Marienbad, er fand hier seine jüngste und letzte Geliebte, die 19jährige Baroneß Ulrike von Levetzow. Doch die Liebe war nicht von Dauer, der Geheimrat überlieferte seine Gefühle mit der "Marienbader Elegie" der Nachwelt. Kaiser, Könige, Prinzen, Komponisten, Dichter ... die gesamte Prominenz Europas kam hier zusammen.

Zur letzten Jahrhundertwende war der Kurort das Zentrum der europäischen Politik. Der österreichische Kaiser Franz Josef I., der Preußenkönig Friedrich Wilhelm IV. sowie der englische König Edward VII. waren Stammgäste.

Nach dem Zweiten Weltkrieg wurden die Kuranlagen allesamt verstaatlicht und größtenteils zu Gewerkschaftserholungsheimen umfunktioniert. Heute entwickelt sich Marienbad wieder zum Weltkurort (☞ Reise-Infos von A bis Z, Heilbäder und -quellen).

Sehenswürdigkeiten

Das Kurviertel finden Sie knapp 2 km nördlich des Bahnhofes, es ist in großen Teilen Fußgängerzone. Vom Bahnhof verkehrt die Buslinie Nr. 5 Richtung Goetheplatz (nám. J. W. Goetha). Am besten folgen Sie anfangs der Hauptstraße (Hlavní třída).

Im historischen Kurzentrum dominiert u.a. die **Gußeiserne Hauptkolonnade** der Wiener Architekten Miksch und Niedzielsky mit prächtigen Deckengemälden und filigranen Stilelementen im Neobarock. Diese Kolonnade (1888/89) gehört zu den wichtigsten Denkmälern der europäischen Bäderarchitektur.

Daneben sehen Sie die **Musikfontäne**, eine moderne Attraktion, auch als "singende Quelle" bezeichnet. Zu jeder ungeraden Stunde wird das Wasserspiel in Gang gesetzt, begleitet von Lichtspielen und Musik. Störend wirkt der riesige Bauplatz zwischen Hauptkolonnade und Hauptstraße, auf dem jegliche Arbeit ruht - wohl eine Investruine aus sozialistischer Zeit.

⌘ Im **Goethehaus (Goetheův dům)** auf dem Goetheplatz (nám. J. W. Goetha 11) wohnte der Dichter 1823, heute dient es als Städtisches Museum, u.a. mit einer Goethe-Ausstellung.

♦ täglich außer Mo 9:00 bis 17:00, ☏ 0165/2740

Die vielen Kurhäuser am Platz stammen aus der zweiten Hälfte des 19. Jh. Wenn Sie vom Goetheplatz der Waldstraße (Lesní ulice) in nördlicher Richtung bis zur ersten Einmündung folgen und hier nur wenige Meter gehen, dann stehen Sie vor dem eindrucksvollen Kurpalast **Kavkaz** (früher Haus Weimar - auch hier wohnte Goethe und der englische König Edward VII. war Stammgast).

Im südlichen Teil des Zentrums befinden sich die katholische **Kirche Mariä Himmelfahrt** (1844-1848) und das **Zentralbad** (Ústřední lázně), wo auch den Pavillon der Marienquelle (Mariánský pramen) steht.

Westlich davon schließen sich die Ambrosiusquelle, die Kolonnade der Rudolfsquelle, das Casino (mit beeindruckendem Marmorsaal) und das reichverzierte **Neubad (Nové lázně)** an. Dort sollten Sie im Erdgeschoß unbedingt einen kurzen Blick nach links auf das pompöse Königsbad (Královská lázeň) werfen.

Hauptkolonnade in Marienbad (Marianské Lázně) ☞

In der Russischen Straße (Ruská ulice) lohnt ein Besuch der **russisch-orthodoxen Kirche** (1901), die man schon von weitem an den frisch vergoldeten Zwiebeltürmen erkennt. Dort kann man eine Porzellan-Ikonostase (eine dreitürige Bilderwand zwischen Altar und Gemeinderaum) besichtigen.

Das **Chopinhaus** mit einer kleinen Gedenkstätte für den polnischen Komponisten und Pianisten steht in der Hauptstraße (Hlavní třída 47).

♦ täglich 10:00 bis 12:00 und 14:00 bis 17:00

𝄞 Im August finden im Haus alljährlich **Chopinfestspiele** statt (Auskünfte über ☏ 0165/2474).

Von Mai bis September finden für Musikfreunde täglich drei Kurkonzerte statt, so auf der Kurkolonnade und an der Waldquelle (Lesní pramen).

Natürlich bieten auch die 160 ha großen städtischen Parkanlagen mit weitläufigen Spazierwegen gute Möglichkeiten zur Naherholung (ca. 70 km Gesamtstrecke).

Für Tennisfreunde stehen in Marienbad insgesamt 50 Plätze zur Verfügung.

Am Kreuzbrunnen (Křížový pramen) unweit der Hauptkolonnade beginnt der älteste geologische Naturlehrpfad Böhmens.

Ausflüge in die nähere Umgebung

Nördlich von Marienbad, im Kaiserwald (Slavkovský les), liegt an der Straße nach Sangerberg (Prameny) das **Naturschutzgebiet Stinker (Smrad'och)**, ebenfalls über einen markierten Wanderweg zu erreichen (☞ Reise-Infos von A bis Z, Nationalparks und Landschaftsschutzgebiete).

Der **Berg Hamilka** (716 m) besitzt einen Aussichtsturm im Stil einer romantischen Ruine und ist über eine schmale Straße (hinter dem Neubad beginnend) zu erklimmen.

Eine der schönsten Golfanlagen Europas können Sie im östlichen Stadtteil **Abaschin (Závišín)** sehen und nutzen. Der Grundstein wurde schon 1904 gelegt, als der englische König Edward VII. im Ort kurte.

♦ Golf Club, ☏ 0165/4300, FAX 0165/1595

Teplá (Tepl)

- CZ-36461, ✆ aus D, A und CH: 0042169
- Hotel Klášterní hospic*** (auf dem Klosterareal), ☎ und FAX 0169/92264
- ♦ Hotel Flora (im Ort Teplá), Masarykovo nám. 487, ☎ 0169/92232
- Betlém, ganzjährig, mit Bungalows, ☎ 0169/92464

14 km östlich von Marienbad (Mariánské Lázně) und 2 km vom Ort Tepl entfernt, wurde 1197 das Prämonstratenserstift Tepl gegründet. Das Kloster nahm maßgeblich an der Kolonialisierung Westböhmens teil und verfügte Anfang des 15. Jh. über riesigen Grundbesitz, u.a. 60 Dörfer und drei Städte.

Als früherer geistlicher Mittelpunkt der Region verfügt die Tepler **Stiftsbibliothek** noch heute über 82.000 Manuskripte und Bücher, die im Laufe der Zeit zusammengetragen werden konnten.

Der Wende vom 14. zum 15. Jh. entstammt die wertvollste Handschrift: die erste lückenlose deutsche Übersetzung des Neuen Testaments Codex Teplensis.

Ende des 16. Jh. wurde die dreischiffige spätromanische **Basilika** barockisiert und mit Wandmalereien von E. Dollhopf ausgeschmückt. Daneben sind das Klostergebäude (nach Plänen Christoph Dientzenhofers), die Prälatur, das Turmtor und der Speicher sehenswert.

Das Stift Tepl wurde 1950 von den neuen Machthabern enteignet, der Männerorden verjagt und der Gebäudekomplex als Kaserne mißbraucht. Das inzwischen ruinöse Objekt wurde 1990 an seine rechtmäßigen Besitzer zurückgegeben. Gegenwärtig werden einige Bereiche restauriert.

♦ April und Oktober täglich außer Mo 9:00 bis 15:00, Mai und September täglich außer Mo 9:00 bis 16:00, Juni bis August täglich 9:00 bis 17:00, Vorbestellungen unter ☎ 0169/92264

Manětín (Manetin)

Reichlich 40 km östlich von Marienbad (Mariánské Lázně) gelegener Ferienort. Er gilt als Schatzkästchen des böhmischen Barocks. Am Marktplatz sehen Sie das Barockschloß (Gemäldegalerie). Insgesamt 80 barocke Figurenplastiken werden Sie auf der Schloßterrasse, an der Kirche und dem Hohen Weg (Vysoká cesta) entdecken.

Plasy (Plass)

Der Ort befindet sich 13 km südöstlich von Manetin und 20 km nördlich von Pilsen. Plass ist insbesondere bekannt, weil sich in der umgebauten Friedhofskirche seit 1859 die **Metternich-Familiengruft (Metternichovská hrobka)** befindet. Außerdem gibt es ein großes Barockkloster, Anfang des 18. Jh. mit über 5.000 eichernen Rammpfählen auf sumpfigem Untergrund erbaut, und eine ursprünglich gotische und später barockisierte Stiftskirche.

Planá (Plan)

Auf der Hälfte der Fahrstrecke zwischen Marienbad und Tachau fahren Sie durch die kleine historische Bergstadt, die wegen ihrer Vielzahl an interessanter Architektur unter Denkmalschutz steht. Einen ersten Eindruck vermittelt das Terrain um den Marktplatz.

Tachov (Tachau)

✉ CZ-34701, ✆ aus D, A und CH: 0042184
ℹ Čedok, nám. Republiky 8, ☎ 0184/2412
🛏 Hotel Na Svaté, Světce 20, ☎ 0184/2593
♦ Hotel Lidový dům, Prokopa Velikého, ☎ 0184/2526
♦ Pension Orsus, Svobodka 60, ☎ und FAX 0184/2506

Die heutige Kreisstadt verdankt ihren Ursprung einer Burg, die um 1100 zum Schutz eines bedeutenden Handelsweges in die deutschen Länder gegründet wurde. Schon 1270 bekam die Siedlung den Status einer königlichen Stadt verliehen. Eine Attraktion stellen die **gotischen Stadtbefestigungsanlagen** aus dem 14. Jh. dar, insgesamt sind es 16 Bastionen. Nirgendwo sonst in Böhmen sind sie so gut erhalten geblieben.

⌘ Das hiesige **Kreismuseum** ist im Franziskanerkloster, ganz in der Nähe des Marktes, zu besichtigen (Geschichte, Ethnographie, Natur).

♦ Mo bis Fr 9:00 bis 10:30 und 11:30 bis 17:00, Juli und August auch So 10:30 bis 16:00

Die einstige Burganlage wurde später zum Barockschloß umgestaltet, heute befindet sich hier u.a. der Sitz der Stadtverwaltung. Etwa einen

 Wandelgang in der Hauptkolonnade von Marienbad (Marianské Lázně) ☞

westlich von Tachov befindet sich eine Gedenkstätte an eine siegreiche Hussitenschlacht gegen die hier unterlegenen Kreuzritter (1427).

Stříbro (Mies)

CZ-34901, ✆ aus D, A und CH: 0042183
Hotel U branky**, Plzeňská 420, ☏ und FAX 0183/2526
♦ Hotel und Herberge Evropa, Masarykovo nám. 3, ☏ 0183/2460, FAX 0183/2453
♦ Pension Relo, Plzeňská 342, ☏ 0184/2418
♦ Erholungszentrum Chatový tábor in Bonetice (südwestlich von Stříbro) mit komfortablen 4-Bett-Bungalows und Restaurant, ☏ 0183/9853
Butov, 15.6 bis 15.9., ☏ 0183/2685
♦ Plovárna, 1.4. bis 31.10., ☏ 0183/2436
♦ U hráze (am Rakolusker Stausee östlich der Stadt), 1.5. bis 31.10., ☏ 019/914113

Knapp 30 km östlich von Tachau (Tachov) beeindruckt das kleine Städtchen Mies (Stříbro) durch sein sgraffitoverziertes **Renaissance-Rathaus** (1543), das heute auch Domizil eines kleinen Regionalmuseums ist. Die barocke Pestsäule am Markt wird von 13 Plastiken flankiert.

Die Stadt, am ehemals bedeutenden Handelsweg Nürnberg-Prag gelegen, verdankt ihren Aufschwung reichen Silbererzvorkommen, die ab dem 12. Jh. ausgebeutet wurden. Stříbro wurde 1250 zur königlichen Stadt erklärt.

Zu besichtigen sind auch einige Teile der Stadtbefestigung, u.a. die Hussitenbastei (Husitská bašta). Über den Fluß Mies (Mže) führt eine gotische Steinbrücke mit Brückenturm (1555-1560).

Ausflüge in die nähere Umgebung

Östlich der Stadt wird das Flüßchen Mies (Mže) angestaut und bildet den 10 km langen **Rakolusker Stausee (Hracholuská přehradní nádrž)**.

Im Dorf **Čerňovice**, 2 km vom Stausee entfernt, befindet sich die gemütliche Gaststätte Eva.

Nur 4 km südwestlich von Stříbro befindet sich die ursprünglich romanische, später barockisierte **Stiftskirche der Jungfrau Maria**. Im Sommer werden hier Konzerte gegeben.

Přimda (Pfraumberg)

CZ-34806, aus D, A und CH: 0042184
Hotel Bílý dům***, im Ortsteil Velké Dvorce, 0184/96253, FAX 0184/96255
♦ Hotel Přimda, č. p. 213, 0184/96219
♦ Hotel Škoda, č. p. 223, 0184/96206

Die kleine Stadt besitzt eine Burgruine, die als nationales Kulturgut gilt. Der Grund: Es ist die älteste Adelsburg Böhmens, Anfang des 12. Jh. erbaut. Erhalten blieb u.a. ein romanischer Wohnturm (Donjon).

Plzeň (Pilsen)

CZ-30000, aus D, A und CH: 004219
Čedok, Prešovská 10, 019/7222609 (Stadtrundfahrten und Busausflüge nach Schloß Kozel und nach Prag, Hotel- und Privatzimmervermittlung)
CD***, Karlovarská třída 83, 019/520744
♦ Škoda****, náměstí Českých bratří 10, 019/275252
♦ Central****, nám. Republiky 33, 019/226757, FAX 019/226064 (mit Nachtbar)
♦ Slovan***, Smetanovy sady 1, 019/227256 (EZ ca. DM 90)
♦ Hotel Viktoria***, Borská 19, 019/221010, FAX 019/276621
♦ Hotel Globus**, Švihovská 1, und FAX 019/221215
♦ Hotel York**, Prvomájová 7, 019/82592, FAX 019/82590
♦ Hotel Viktoria, Borská 19, 019/221010, FAX 019/276621
♦ Pension Hlavsová, Plzeň-Bory, Raisova 43, 019/276565
♦ Pension, Jetelová 13, 019/45202
♦ Pension Cígler, Raisova 34, 019/277621
♦ Touristenherberge ubytovna TJ Plzeň Bílá Hora, Nad štolau 716, 019/534029
Bíla hóra, 28. října, 1.4. bis 3.9., mit Bungalows, 019/534905
♦ Ostende, Plzeň-Bolevec (direkt an einem Badesee gelegen, erreichbar mit Buslinie 13 A, von der Endhaltestelle 1 km zu Fuß), 1.5. bis 30.9., mit Bungalows, 019/520194
Zugdirektverbindungen u.a. in Richtung Prag, Taus (Domažlice), Budweis (České Budějovice), Klattau (Klatovy) und Eger (Cheb) über Marienbad (Mariánské Lázně). Auch internationale Züge aus Deutschland verkehren über Pilsen.

Pilsen (180.000 Einwohner) ist nach Prag die zweitgrößte Stadt Böhmens und bildet gleichzeitig das wirtschaftliche und kulturelle Zentrum Westböhmens. Auf der ganzen Welt bekannt ist das **Bier**, dessen Brauart 1842 hier erfunden wurde. Aber nicht nur die Freunde des edlen Gerstensaftes

Am Marktplatz in Eger (Cheb)

KAVÁRNA ŠPALÍČEK

kommen in Pilsen mehr als anderswo im Land auf ihre Kosten, auch die Architektur des historischen Zentrums ist einen Besuch wert.

Die Nähe zur bayrisch-böhmischen Grenze beschert Pilsen ständig sehr viele Besucher. Die Stadt liegt an der E 50 zwischen Nürnberg und Prag. Die Trasse wird gegenwärtig zur Autobahn ausgebaut. Durch diese Verbindung werden die Besucherzahlen sicher noch weiter steigen.

Geschichte

Die ursprüngliche Siedlung Alt-Pilsen (Starý Plzenec), heute reichlich 10 km vom jetzigen Stadtzentrum entfernt, wurde ständig vom Hochwasser des Flusses Usla bedroht. **König Wenzel II.** gründete zum Ende des 13. Jh. das heutige Neu-Pilsen. Dabei ging er sehr großzügig vor, denn mit 193 m Länge und 139 m Breite ist der Marktplatz noch heute der größte Böhmens.

Als bedeutende Furt an mehreren Flüssen entwickelte sich Pilsen zu einer blühenden Metropole an wichtigen mittelalterlichen Handelswegen.

Um 1414 wählte Hussitenführer **Jan Žižka** die Stadt zum Stützpunkt, sie blieb es bis 1420. 1468 entstand in Pilsen das erste böhmische Buch, die "Trojanische Chronik".

1633/34 weilte Heerführer Wallenstein bis kurz vor seiner Ermordung in den Mauern der Stadt Eger (Cheb), ließ hier einen Treueeid auf sich schwören und stellte seine Armee damit gegen Kaiser Ferdinand III.

Deutsche und italienische Kolonisten trugen entscheidend zur weiteren Stadtentwicklung bei. Die Waldsteiner Maschinenfabrik, 1859 gegründet, wurde später von Dr. J. Škoda erworben und von ihm zum bedeutendsten Maschinenbauzentrum Österreich-Ungarns ausgebaut. Die Fabrik erlangte Anfang des 20. Jh. als Waffenproduktionsstätte sowie als Auto- und Lokomotivwerk europäischen Ruf.

Am 5.5.1945 befreiten amerikanische Truppen die Stadt.

Sehenswürdigkeiten

Die Innenstadt läßt auch heute noch den schachbrettartigen gotischen Grundriß aus der Gründungsepoche erkennen. Durch Kriege, Brände und Modernisierungen hat sich das Aussehen vieler Gebäude im Verlaufe der Jahrhunderte verändert - daher sehen Sie Hausfassaden aus verschiedensten Stilepochen auf engstem Raum.

Der **Platz der Republik (Náměstí Republiký)**, historischer Markt, umfaßt knapp 26.900 m². 103 m ragt der Turm der **Kirche St. Bartholomäus (kostel sv. Bartoměje)** in den Himmel und ist somit der höchste des Landes. Bis zu einer Höhe von 60 m können die Besucher aufsteigen.

♦ täglich außer Mo 9:00 bis 12:00 und 13:00 bis 16:00

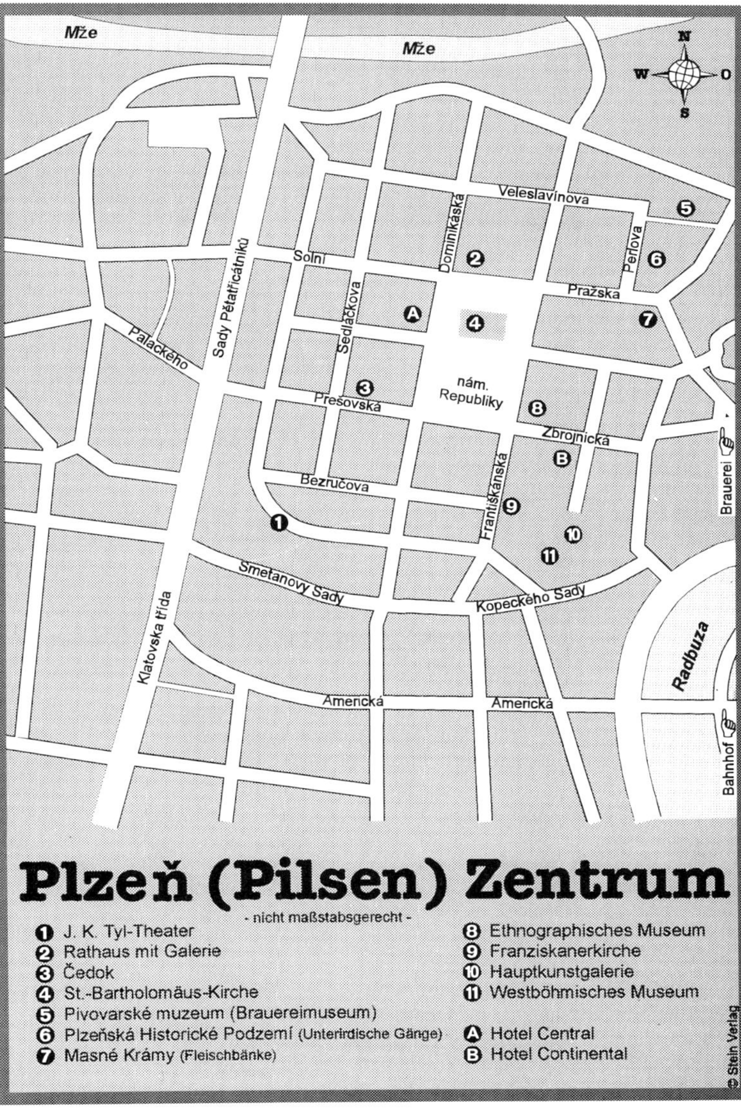

Plzeň (Pilsen) Zentrum

- nicht maßstabsgerecht -

1. J. K. Tyl-Theater
2. Rathaus mit Galerie
3. Čedok
4. St.-Bartholomäus-Kirche
5. Pivovarské muzeum (Brauereimuseum)
6. Plzeňská Historické Podzemí (Unterirdische Gänge)
7. Masné Krámy (Fleischbänke)
8. Ethnographisches Museum
9. Franziskanerkirche
10. Hauptkunstgalerie
11. Westböhmisches Museum

A Hotel Central
B Hotel Continental

Im Inneren des 1297 begonnenen und erst im späten 15. Jh. vollendeten Kirchenschiffes gilt die gotische Pilsener Madonna (Ende 14. Jh.) aus Tonschiefer, am Hauptaltar, als Sakralkunstwerk ersten Ranges. Eine besondere Bedeutung wird den Engeln auf der Kirchtür am Glockenspiel zugeschrieben. Nur einer ist sauber, die anderen schmutzig, da sie von den Leuten ständig angegrapscht werden. Wer den sauberen Engel mit der Hand berührt, hat einen Wunsch frei.

Die Pestsäule (1682) zeigt eine Kopie der Pilsener Madonna, allerdings im Barockstil.

Nach Plänen des italienischen Architekten de Statio wurde 1554 bis 1556 das **Renaissance-Rathaus** erbaut. Die zahlreichen Sgraffitos an den Häusern (Fassadenmalereien; die Zeichnung wird in die noch feuchte helle Putzschicht eingeritzt) schuf der tschechische Künstler M. Aleš um die letzte Jahrhundertwende.

Sehenswert ist auch das **Kaiserhaus (Cisařský dům)** neben dem Rathaus. Es diente Kaiser Rudolf II. im 17. Jh. als Residenz.

Im **Wallensteinhaus (Valdštejnův dům)**, Nr. 105, nahm der legendäre Feldherr 1633/34 für einige Wochen Quartier. An der Westseite des Platzes erblicken Sie das bedeutendste Barockhaus Pilsens, das **Palais der Erzdechantei** (1710).

In der nordöstlich des Marktes einmündenden Prager Straße (Pražská) befinden sich die **Fleischbänke (Masné krámy)**, insgesamt 31 Läden, die noch aus der Zeit der Stadtgründung stammen. Heute hat hier die Westböhmische Galerie ihren Sitz.

Als einen Teil der ehemaligen Stadtbefestigung sehen Sie hier auch das Prager Tor, das später zum Wasserturm umgebaut wurde.

In der benachbarten Perlenstraße (Perlová) kann man unterirdische Gewölbe betreten.

♦ Mi bis So 9:00 bis 16:30

⌘ Noch ein paar Meter nördlich (Veleslavínova ul. 6) lädt das älteste **Brauereimuseum (Pivovařské muzeum)** der Welt in einem ehemaligen Malzhaus im gotischen Stil zum Besuch ein.

♦ täglich außer Mo 10:00 bis 18:00

Südöstlich vom Markt gelangen Sie auf die Anlagen des Franziskanerklosters mit der gotischen **Franziskanerkirche** (13./15. Jh.), in der Sie einen schönen Barockaltar bewundern können. Sehenswert sind auch der gotische Kreuzgang und die St.-Barbara-Kapelle (1370-80).

 Blick von der Burg auf Krumau (Český Krumlov) ☞

⌘ Nach dem Abriß von Stadtbefestigungsanlagen entstanden ab dem 19. Jh. großzügige Parkanlagen und attraktive Gebäude, unter ihnen das **Westböhmische Museum (Západočeské muzeum)** in einer Stilmischung aus Neorenaissance und Jugendstil (1893-1902) mit Expositionen zum Kunsthandwerk und zur Fauna und Flora des Gebietes Pilsen.

⌘ Eine ethnographische Abteilung dieses Museums befindet sich am Markt, Náměstí Republiký 13.

♦ täglich außer Mo 9:00 bis 17:00

Auf dem südwestlichen Teil der Parkanlagen dominiert das **J. K. Tyl-Theater** (1899-1902) mit sehenswerten Jugendstilelementen. Den Zuschauerraum erleuchtet ein 1.800 kg schwerer Kronleuchter mit über 200 Glühlampen.

Östlich vom Zentrum, am Fluß Radbusa (Radbuza), liegt das Betriebsgelände der **Bürgerlichen Brauerei (Měšt'anský pivovar)**, wo die Ursprünge des ab 1842 gebrauten Pilsner Urquells zu suchen sind. Das neuartige Bier mit schneeweißer Blume, würzigem Geschmack sowie guter Bekömmlichkeit trat von hier aus seinen weltweiten Siegeszug an.

Am Eingangstor zur Brauerei finden Sie die schon zur Berühmtheit gewordene Bierstube "Pivnice Prazdroj" im Jugendstil-Ambiente. Außerdem lädt die erst 1993 eröffnete Gaststätte "Na spilce" auf dem Betriebsgelände zu einem Besuch ein, mit 650 Sitzplätzen größtes Bierlokal des Landes.

Vielleicht haben Sie Glück und können im Anschluß noch an einer organisierten Brauereibesichtigung teilnehmen. Für Touristen wird von Mo bis Fr jeweils um 12:30 eine Führung angeboten (Preis Kč 30). Man sieht Sudhaus, Gärkeller und ein Video zur Geschichte des Pilsner Bieres.

Ausflüge in die nähere Umgebung

Im südöstlichen Alt-Pilsen (Starý Plzenec) steht eines der ältesten Baudenkmäler Böhmens, die romanische **Petersrotunde** (um 900), als erhaltener Rest einer Přemysliden-Burg.

Vom 27 m hohen Bergfried der südwestlich benachbarten **Burgruine Radina (Radyně)**, Mitte des 14. Jh. auf Befehl des Kaisers Karl IV. erbaut, bietet sich eine phantastische Rundsicht.

Das klassizistische **Jagdschloß Ziegenbock (Kozel)**, 14 km südöstlich von Pilsen, stammt aus dem 18. Jh. und besitzt umfangreiche Wandmalereien sowie eine reichhaltige Innenausstattung. In grauer Vorzeit opferte man hier Ziegenböcke für heidnische Götter.

♦ April und Oktober Sa, So und an Feiertagen 9:00 bis 16:00, Mai und September täglich außer Mo 9:00 bis 17:00, Juni bis August täglich außer Mo 9:00 bis 18:00, ☎ 019/969213

In **Stupno** (12 km nordöstlich von Pilsen, an der Straße nach Břasy) haben die Vorfahren des Begründers der **McDonalds-Kette**, Raymond Albert Kroc, eine Dorfkneipe bewirtschaftet. Leider steht jenes Gasthaus nicht mehr. Trotzdem rühmt man sich im Tausendseelendorf, sicher nicht ganz zu unrecht, daß die Grundlagen des Big Mac aus Böhmen stammen.

Horšovský Týn (Bischofteinitz)

Hotel Delnicky dům (Kategorie C), Náměstí 2, ☎ 0188/2305

Die denkmalgeschützte Stadt, an beiden Seiten des Flusses Radbusa (Radbuza) gelegen, durchfahren Sie von Pilsen (Plzeň) kommend in Richtung Domažlice (Taus). Die Sehenswürdigkeiten des kleinen Städtchens konzentrieren sich allesamt am Marktplatz.

Die einstige gotische Bischofspfalz wurde nach einem Brand im Jahre 1547 zum noch heute eindrucksvollen **Renaissanceschloß** ausgebaut und mit einem Park im englischen Stil komplettiert. Erhalten gebliebenes Relikt der ursprünglichen Burg ist die frühgotische Burgkapelle.

Im Schloß sehen Sie wertvolle Inneneinrichtungen aus dem 16. Jh. mit Stilmobiliar sowie eine Porträtgalerie.

♦ April und Oktober Sa, So und an Feiertagen 9:00 bis 16:00, Mai täglich außer Mo 9:00 bis 17:00, Juni bis August täglich außer Mo 9:00 bis 18:00, September Sa, So und an Feiertagen 9:00 bis 17:00, Vorbestellungen unter ☎ 0188/2244

⌘ Im Schloßpark können Sie ein kleines **Heimatmuseum** besuchen.

Domažlice (Taus)

CZ-34401, ✆ aus D, A und CH: 0042189
Čedok, Nám. Míru 129, ☎ 0189/2266

Auf dem Markt von Budweis (České Budějovice) ☞

- Prom-Hotel Praha***, Babylon, ☏ 0189/93251, FAX 0189/93220
- ♦ Hotel Belvedere*, č.p. 74, ☏ 0189/93225
- ♦ Pension Bosáková Marie, Srnova 77, ☏ 0189/5352
- ♦ Pension Viola, Thomayerova 170, ☏ 0189/2435
- ♦ Herberge Střelnice, TJ Jiskra Domažlice, ☏ 0189/4022
- Babylon, 1.5. bis 30.9., mit Bungalows, ☏ 0189/93286

Die Stadt und ihre Umgebung nahe der bayrisch-böhmischen Grenze ist Mittelpunkt des **Chodenlandes (Chodsko)** mit einer reichen und bunten Volkskultur.

Die Choden sind eine slawische Volksgruppe, die von den böhmischen Herrschern ab dem 13. Jh. als Wehrbauern zum Schutz der Reichsgrenze hier angesiedelt und mit zahlreichen Privilegien ausgestattet wurde. Viele Menschen sprechen noch heute einen eigenen Dialekt, das Brauchtum wird gepflegt.

Alljährlich im Juli verwandelt sich die Stadt zwei Tage lang in eine große Bühne, dann finden die **Volkskunstfestspiele** statt. Sie sehen Volkstrachten und hören Chöre und Instrumente wie den Choden-Dudelsack, Geige und Klarinette.

Das malerische Altstadtzentrum wird am Markt von hübschen Giebelhäusern mit Arkadengängen geziert. Am östlichen Rand sehen Sie das Untere Tor (Dolejší brána) als Teil der ehemaligen Stadtbefestigungsanlagen.

Der 56 m hohe **gotische Stadtturm**, der bestiegen werden kann, hat eine Lotabweichung von 70 cm. Daneben steht die Kirche Mariä Geburt.

Am Chodenplatz (Chodské náměstí) dominiert die **Chodenburg (Chodský hrad)**, später zum Schloß umgebaut.

⌘ Das hiesige Museum präsentiert Ihnen u.a. Möbel- und Gemäldesammlungen, eine Münzabteilung und Ethnographisches.

Weitere reichhaltige ethnographische Sammlungen (u.a. Trachten und Bauernmöbel) werden im Museum Jindřicha Jindřicha des Komponisten Jindřich in der Unteren Vorstadt (Dolní předměstí) aufbewahrt.

Ausflüge in die nähere Umgebung

Nur 3 km südwestlich der Stadt erhebt sich der **Lustige Berg (Veselá hora)** mit der Laurentiuskapelle, ein bekannter Wallfahrtsort und Aussichtsgipfel zum Böhmerwald.

Im Dorf **Klentsch (Klenčí pod Čerchovem)**, 8 km westlich, werden begehrte Keramikerzeugnisse hergestellt.

Zu einem Ferienort hat sich der Ort **Babilon (Babylon)** mit mehreren Teichen entwickelt.

Švihov (Schwihau)

10 km nördlich von Klatovy (Klattau) blieb hier eine der wenigen **Wasserburgen** Böhmens erhalten. Architektonisch gilt sie als bedeutendes Entwicklungsstadium zwischen gotischen Burgen und Renaissanceschlössern. Gegen Ende des 15. Jh. erbaut, nach dem Dreißigjährigen Krieg verlassen, nahm der tschechoslowakische Staat Anfang der fünfziger Jahre umfangreiche Restaurationsarbeiten vor. Erhalten blieben der Westturm und die mit wertvollen Fresken ausgeschmückte Kapelle.
Auf dem Burgareal wurden schon viele Filme gedreht, z.B. produzierte die DEFA aus der ehemaligen DDR hier mehrere historische Streifen.

Im Museumsteil warten eine Waffenkammer, Plastiken und Glasmalereien auf Besucher.

♦ April und Oktober Sa, So und an Feiertagen 9:00 bis 16:00, Mai und September täglich außer Mo 9:00 bis 17:00, Juni bis August täglich außer Mo 9:00 bis 18:00, Vorbestellungen unter ☏ 0186/93378

Nepomuk

Ein berühmter Wallfahrtsort, reichlich 30 km südlich von Plzeň (Pilsen). In den Mauern dieser kleinen Stadt wurde **Johann von Nepomuk** geboren. Er war im 14. Jh. u.a. als Beichtvater der Königin tätig. König Wenzel IV. ließ ihn 1393 in Prag in der Moldau ertränken - angeblich, weil Nepomuk dem König keine Beichtgeheimnisse preisgab.

1729 wurde Johann von Nepomuk vom Papst heiliggesprochen, u.a. um die Rekatholisierung im Land zu fördern. Seitdem ist er der **Schutzpatron Böhmens**. An der Stelle des ehemaligen Geburtshauses von Nepomuk wurde zwischen 1734 und 1738 eine ihm geweihte Kirche (Kostel sv. Jana Nepomuckého) errichtet. Wertvollstes Bauwerk der Stadt stellt die im Stadtteil Presanice befindliche Erzdekanatskirche (Arciděkanský kostel) aus dem 13. Jh. dar.

Klatovy (Klattau)

✉ CZ-33901, ✆ aus D, A und CH: 0042186
ℹ Čedok, Denisova 93/1, ☏ 0186/22162
♦ Pergolia Informservis, Nám. Míru 63/I, ☏ 0186/23515
✈ Rundflüge vom Flugplatz östlich der Stadt in Richtung Nepomuk, täglich 9:00 bis 18:00, Infos und Bestellung über ☏ 0186/21656

- Beránek, Rybničky, ☏ 0186/22348
- Beseda, Nám. Míru (neben der Jesuitenkirche), ☏ 0186/21075
- Stará rychta, Denisova 102/I, ☏ 0186/21512
- Kanon, Pražská 123, ☏ 0186/20172
- Café Pepino (Privatkonditorei am Schwarzen Turm)
- Weinstube Pod Černou věži (Unter dem Schwarzen Turm), ☏ 0186/21334
- Central***, Masarykova 300, ☏ 0186/24571, FAX 0186/24745
- Rozvoj***, Procházkova 110/V, ☏ 0186/21609
- Beránek (Zum Lamm)**, Rybničky, ☏ 0186/22348
- Garni*, Voříškova 822, ☏ und FAX 0186/24712
- Hotel Kanon, Pražská 123, ☏ 0186/20172
- Hotel Mivet-sport, Domažlická 609/III, ☏ und FAX 0186/20910
- Rual, Šmilovského 124, ☏ 0186/21746

Privatzimmer:

- Fam. Urbánek, Lipová 570, ☏ 0186/20575
- Fam. Lakomý, Akátová 583, ☏ 0186/21848
- Milan Poláček, Vrhaveč 61, ☏ 0186/20711 (nach 17:00), vermietet preiswertes Haus in Javorná (Seewiesen)
- Strážov, Koupaliště (Schwimmbad), 15.6. bis 15.9., mit Bungalows, ☏ 0186/92465
- Häufig fahren Züge in Richtung Pilsen (Plzeň), für die Strecke benötigt man knapp 90 Minuten.
- Busse verkehren direkt in den Böhmerwald (u.a. Železná Ruda).

Die westböhmische Kreisstadt wird auch als nördliches Tor zum Böhmerwald bezeichnet. Klattau ist nur etwa 40 km vom bayrisch-böhmischen Grenzübergang Bayrisch Eisenstein-Železná Ruda entfernt und liegt an der E 53, die weiter nach Pilsen (Plzeň) führt. König Přemysl Ottokar II. gründete Klattau um das Jahr 1260 als königliche Stadt. Schon bald zählte sie zu den reichsten der Region und genoß zahlreiche Privilegien.

Als bedeutender **Wallfahrtsort** ist die Stadt ab 1685 bekannt, Ziel der Gläubigen ist die Madonna von Klattau in der Dekanatskirche (Wallfahrt alljährlich am Sonntag nach dem 8. Juli).

Seit 1813 ist die Nelkenzucht in der Stadt beheimatet, erste Sämereien wurden aus Frankreich eingeführt. Bis zum Ende des 19. Jh. konnten hier durch Veredlung 80 neue Nelkensorten mit kleinen Blüten gezüchtet werden. Eine Blütenschau wird alljährlich im Juli in einem Garten am Stadtmuseum veranstaltet.

Sehenswürdigkeiten

Am weitläufigen Marktplatz imponiert der spätgotische **Schwarze Turm (Černá věž)**, 1547 bis 1557 erbaut. Er ist 81 m hoch, bei guten Fernsichtbedingungen reicht der Blick bis zu den grünen Höhen des Böhmerwaldes.

♦ ❏ April und Oktober Sa und So 9:00 bis 12:00 und 13:00 bis 15:00, Mai bis September täglich außer Mo 9:00 bis 12:00 und 13:00 bis 17:00

Links neben dem Turm sehen Sie das **Rathaus** (16. Jh.) mit einer Pseudorenaissance-Fassade (1925).

Mit ihrer weißen Fassade setzt die barocke **Jesuitenkirche** aus dem 17. Jh. einen weiteren eindrucksvollen Blickpunkt in die Stadtszenerie.

Unter der Kirche befindet sich eine Hauptattraktion der Stadt: Die **Katakomben** mit mumifizierten Leichen von etwa 200 Mönchen, Adligen, Offizieren und reichen Handwerkern, die hier von 1667 bis 1783 beigesetzt wurden. Durch ein ausgeklügeltes Lüftungssystem, mit Schächten, die in den Kirchenmauern bis zum Dach reichen, kann ständig trockene Luft in die unterirdischen Räume einströmen. Das beständige Mikroklima konserviert die Toten bis heute. Auf jeden Fall ist der Anblick nichts für schwache Gemüter!

♦ ❏ April und Oktober Sa und So 9:00 bis 12:00 und 13:00 bis 15:00, Mai bis September täglich außer Mo 9:00 bis 12:00 und 13:00 bis 17:00

Neben der Jesuitenkirche ist auch das Haus Nr. 147 hervorzuheben. In diesen Mauern blieb die originalgetreue Einrichtung einer **Barockapotheke** des 17./18. Jh. erhalten, die unter dem Namen "Zum weißen Einhorn" bekannt ist. Das Objekt ist Bestandteil der Unesco-Weltdenkmalliste und kann besichtigt werden (April bis Oktober täglich außer Mo, von November bis März geschlossen).

Im Westbereich der Altstadt ist noch der Weiße Turm (Bílá věž), ein Renaissance-Glockenturm der benachbarten Kirche der hl. Jungfrau Maria mit der bekannten Klattauer Madonna, bemerkenswert.

Rabí (Raby)

🛏 Motorest Rabí (Kategorie C), ☎ 0187/96236. Die Gaststätte ist extrem verräuchert.

Die Burgruine Raby im gleichnamigen Ort, an der Straße zwischen Horaschdowitz (Horažd'ovice) und Schüttenhofen (Sušice) gelegen, ist ein bedeutender Touristenmagnet im Böhmerwaldvorland. Der Ort besitzt einige hübsche Beispiele von typischen Bauernbarockhäusern.

Die im 14. Jh. auf einer Anhöhe errichtete gotische **Burganlage** wurde in der Folgezeit immer weiter vervollkommnet. Anfangs diente sie zur Sicherung der Goldwäsche in der Wottawa (Otava). Der berühmte

Hussitenführer Jan Žižka verlor während einer Belagerung der Burg sein zweites Auge - an dieser Stelle (Lisny kopec) wächst der Žižka-Birnbaum (Žižkova hrušen).

Anfang des 16. Jh. verkaufte der Besitzer die Burg, sie begann zu verfallen und wurde während des Dreißigjährigen Krieges von den Schweden weiter zerstört. Die Bewohner der umliegenden Siedlungen nutzten einen Teil der Steine zum Bau eigener Häuser.

Nach umfangreichen Rekonstruktionsarbeiten, die teilweise auch weiter andauern, können gegenwärtig die Räume des königlichen Palastes und mehrere Burghöfe mit einer Führung besichtigt werden. Die bis zu 6 m starken Mauern haben einen Gesamtumfang von 10 km!

♦ April und Oktober Sa, So und an Feiertagen 9:00 bis 16:00, Mai bis September täglich außer Mo 9:00 bis 18:00, Vorbestellungen unter ☏ 0108/35.

In **Horaschdowitz** (Horažd'ovice) blieb auf dem Hügel Loreta ein jüdischer Friedhof mit bemerkenswerten Grabsteinen erhalten.

Sušice (Schüttenhofen)

- CZ-34201, ✆ aus D, A und CH: 0042187
- Čedok, Americké armády 76/I, ☏ 0187/6556
- Hotel Fialka, Nám. Svobody, ☏ 0187/243
- ♦ Hotel Gabreta, Americké armády 73, ☏ 0187/8016, FAX 0187/8051
- ♦ Pension Volšovka, Volšovy 42, ☏ 0187/8096
- ♦ Bungalow-Siedlung Luh (Buchung auch über Čedok in Sušice), ☏ 0187/322
- ♦ Pension Otava, Lerchova 320/II, ☏ 0187/8345
- Sušice, Srubová osada LUH, Hájkova 126, 15.5. bis 15.10., mit Bungalows, ☏ 0187/8333 und 94443
- ♦ zwei Campingplätze in Annín (Richtung Kašperské Hory, an der Otava), 9.5. bis 15.9., mit Bungalows, ☏ 0187/93242 und 8825

Die Gründung der Kleinstadt an der Wottawa (Otava) geht auf Goldwäscher zurück. 1260 wurde der Ort zur königlichen Stadt erklärt. Heinrich von Bayern trat die Stadt 1273 an den böhmischen König Přemysl Ottokar II. ab.

Dank der Lage am sogenannten "Goldenen Steig", einem bedeutenden Handelsweg, und des Salzhandelprivilegs nahm die Stadt einen stetigen Aufschwung, welcher erst durch den Dreißigjährigen Krieg jäh unterbrochen wurde.

1839 begann mit der **Streichholzproduktion** ein neues Zeitalter, das der Stadt Weltruhm einbrachte. Die Fabrik "Solo" belieferte die gesamte Habsburger Monarchie, Teile des Orients, Englands und der USA. Auch in der heutigen Zeit ist die Streichholz- und Holzfaserplattenfabrik größter Arbeitgeber der Region.

Sehenswürdigkeiten

Auf der Mitte des Marktes sehen Sie das **Renaissance-Rathaus** mit seinem 30 m hohen Turm. Das **Woprochowsky-Haus (Voprchovský dům)** war ursprünglich ein gotisches Bürgerhaus. Später diente es als Sitz der Dekanatsverwaltung und wurde mit einer märchenhaften Renaissance-Fassade versehen. Ab 1880 hatte das Stadtmuseum hier seine Räume.

⌘ Im **Stadtmuseum** kann man eine reichhaltige Streichholzexposition der Firma Solo besichtigen. Auch das **Böhmerwaldmuseum** hat heute sein Domizil im Woprochowsky-Haus.

♦ ❏ Mai bis Oktober Di bis Sa 9:00 bis 12:00 und 12:45 bis 17:00, So 9:00 bis 12:00

Mit reichhaltigem Sgraffito-Schmuck wurde die ehemalige **Apotheke** am Stadtplatz verziert - heute ist sie Sitz der Nationalparkverwaltung des Böhmerwaldes. Nebenan befindet sich das traditionsreiche Hotel Zur weißen Rose (Fialka).

Auf einer Anhöhe östlich der Stadt thront eine barocke **Schutzengelkapelle** (1682/83). Der Öffentlichkeit ist sie nur am Kirchweihfest (erster Sonntag im September) und in den Sommermonaten jeweils am Donnerstag zugänglich - aber allein der schöne Ausblick auf die Stadt lohnt den Abstecher.

Wenn Sie vom Stadtzentrum in westliche Richtung laufen, können Sie auf einem rot markierten Weg zum **Berg Svatobor** (845 m) gelangen, ca. eine Stunde (3 km). Von einem 26 m hohen Aussichtsturm sind weite Teile des nördlichen Böhmerwaldes zu erkennen, eine Touristenhütte lädt zur Rast ein (☏ 0187/381). Die Tour läßt sich über die Dörfer Odolenov, Svojšice, Zihelna und Horní Staňkov bis zur Stadt **Welhartitz (Velhartice)** fortsetzen. Dort befindet sich eine gotische Burgruine, in der 1448 bis 1453 die böhmischen Krönungsinsignien aufbewahrt wurden (10 km von Svatobor, zurück nach Schüttenhofen/Sušice mit dem Bus).

Auf dem **Galgenhügel (Žižkův vrch)** südlich der Stadt wurde am 500. Todestag des berühmten Hussitenhauptmanns Jan Žizka (1924) ein Hussitendenkmal eingeweiht. Der überdimensionale Kelch entstand durch Einschmelzen ehemaliger Mörser der Stadt Schüttenhofen.

Šumava (Böhmerwald)

Der folgende Abschnitt stellt besonders attraktive Gebiete des Böhmerwaldes vor, der zu großen Teilen Nationalparkstatus besitzt.

Empfehlenswerte Karten: "Šumava Klatovsko" (Nr. 22) und "Šumava Prachaticko" (Nr. 23), Maßstab 1:100.000, Kartografie Praha, je Kč 30 bis 40.

Železná Ruda (BöhmischEisenstein)

CZ-34004, ✆ aus D, A und CH: 0042186
Šumava-Tours, ☎ 0186/97275 (auch Zimmervermittlung)
U Záhořů, Nr.118, ☎ 0186/97275
♦ U Princů, ☎ 0186/97009
♦ Šumava, ☎ 0186/97045
♦ Konditorei Sněhůrka, Nr. 344
Hotel Javor***, Am Markt, ☎ 0186/97327
♦ Hotel Slávie**, ☎ 0186/97039
♦ Hotel Dix**, Nr. 50, ☎ 0186/97027
♦ Hotel Skalka*, Nr. 360, ☎ 0186/97233

Im Ortsteil Špičák:
Hotel Horizont**, ☎ 0186/97201
♦ Hotel Špičák, ☎ 02/754394
♦ Hotel Solidarita, ☎ 0186/97119
♦ Hotel Sirotek**, ☎ 0186/87037
♦ Hotel Hrnčíř**, ☎ 0186/97078
Bergbaude Pancíř, ☎ 0186/97081
♦ Jugendherberge Sportzentrum Špičák, ☎ 0186/97114
♦ Chata Slavoj, Špičák 125, ☎ 0186/97125
U starého mlýna (Im Regental, 2 km außerhalb an der Europastraße links)
♦ Brčálnik (an der Straße Richtung Nýrsko vor Hojsova Stráž, 6 km von Železná Ruda, in der Nähe des Bahnhaltepunktes)
Von Bayrisch-Eisenstein verkehrt eine Regionalbahn über Böhmisch Eisenstein (Železná Ruda) und Neuern (Nýrsko) nach Klatovy (Klattau).

Die Stadt nahe der bayrisch-böhmischen Grenze an der E 53 München-Pilsen (Plzeň) ist das größte Touristenzentrum im Nordteil des Böhmerwaldes. Für jeden Geschmack hat der Ort das Passende: Baudenkmäler, Museen, Wanderwege, Skipisten, Langlaufloipen, Ausflugslokale.

Bis Mitte 1945 überwog der deutsche Bevölkerungsanteil gewaltig, nach der Vertreibung verödete die Siedlung und nahm erst in den sechziger Jahren einen gewissen Aufschwung. Seit dem Fall des Eisernen Vorhangs blüht der Ort förmlich auf.

Kirche in Böhmisch Eisenstein (Železná Ruda) ☞

Sehenswürdigkeiten

Das Wahrzeichen der Stadt stellt die **Mariahilfkirche** (1727-32) im Sternform-Grundriß mit einer holzschindelgedeckten Zwiebelkuppel dar. Gottesdienste finden im Winter am Sonntag um 13:30 und im Sommer am Sonntag um 8:30 statt.

⌘ Rechts vor dem Hotel Javor finden Sie das kleine **Böhmerwaldmuseum** in der ehemaligen Villa des Glashüttenbesitzers Abele mit einer interessanten regionalen Glasausstellung und Bauernmöbeln.

♦ Di bis Sa 9:00 bis 12:00 und 12:45 bis 17:00

Den ältesten **Eisenhammer** der Region finden Sie am Ufer des Großen Regen (Režná), er stammt aus dem 16. Jh.

Der nördlich vom Ort gelegene **Spitzbergsattel (Špičácké sedlo)** eignet sich gut als Ausgangspunkt (bewachter Parkplatz) für die folgenden Wanderungen.

Wanderung auf den Panzer (Pancíř)

Ein rot markierter Weg führt über 3 km Distanz direkt auf den Berg (1.214 m), der der beliebteste Aussichtsgipfel des Nordböhmerwaldes ist. Sie können auch an der Wegabzweigung der grünen Markierung folgen und per Sessellift zum Gipfel schweben (Lanová dráha Pancíř).

♦ täglich 8:00 bis 16:00

Die höchstgelegene Bergbaude des Böhmerwaldes (☏ 0186/97081) bietet neben Verpflegung und Unterkunft auch einen Aussichtsturm, der uns allerdings recht altersschwach erschien. Bei guter Sicht sollen selbst die Alpen sichtbar sein. Wer möchte, kann vom Panzer eine Kammtour beginnen, auf Rot weiter Richtung Brückelberg (Můstek) und Brennet (Prenet), 8 km, zurück auf Grün 3 km nach Eisenstrass (Hojsova Stráž) wandern. Von hier kann man mit Bus/Bahn nach Böhmisch Eisenstein (Železná Ruda) zurückfahren.

Vom Spitzbergsattel sind auch die beiden **Gletscherseen** Teufelssee (Čertovo jezero) und Schwarzer See (Černé jezero) bequem erreichbar (gelbe Markierung 2,5 bzw. 4 km). Die Tour kann auch zum Rundweg um beide Seen erweitert werden (ca. 3½ Std.). Im Sommer gibt es Buspendelverkehr und Kutschfahrten zum Schwarzen See.

Der Teufelssee liegt malerisch auf 1.030 m Höhe, ist 10 ha groß und seine tiefste Stelle beträgt 37 m. Zwischen den Seen verläuft die Hauptwasserscheide Europas, der Teufelssee entwässert zum Schwarzen Meer.

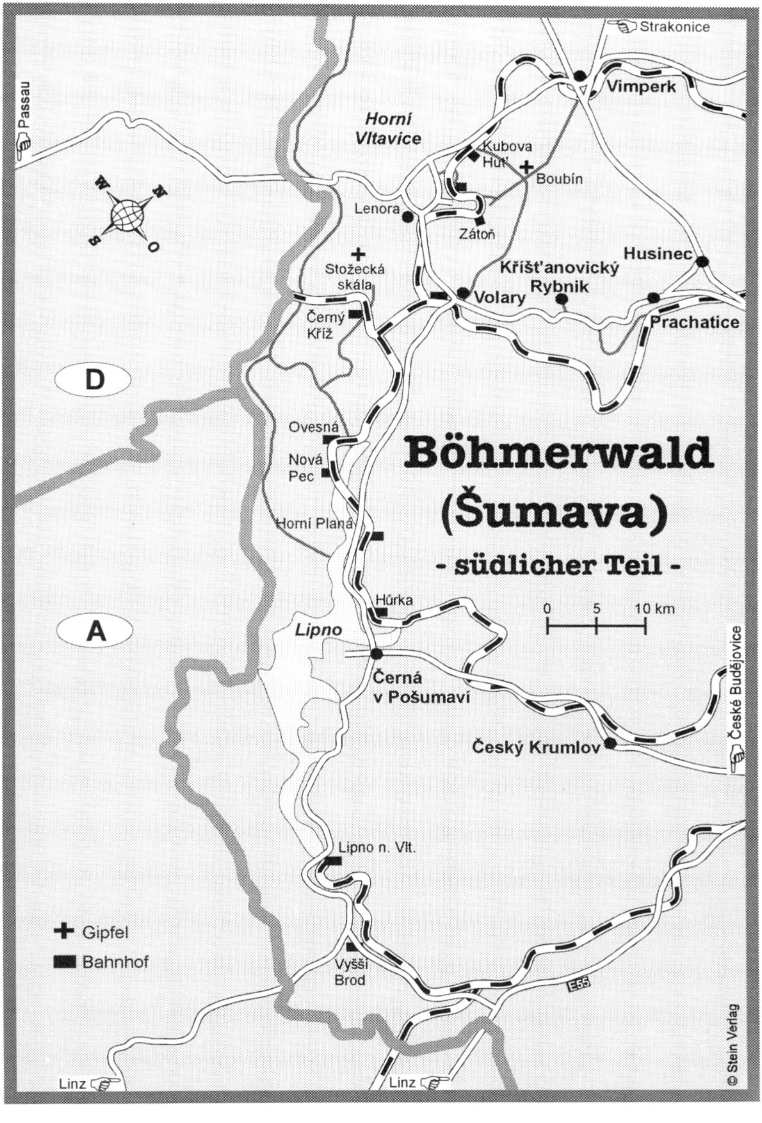

Strakonice
Vimperk
Passau
Horní
Vltavice
Kubova
Huť
Boubín
Lenora
Zátoň
Stožecká
skála
Husinec
Křišťanovický
Rybnik
Volary
Prachatice
Černý
Kříž
D
Ovesná
Nová
Pec
Böhmerwald
(Šumava)
- südlicher Teil -
Horní Planá
Hůrka
0
5
10 km
Lipno
A
Černá
v Pošumaví
České Budějovice
Český Krumlov
Lipno n. Vlt.
Gipfel
Bahnhof
Vyšší
Brod
E55
© Stein Verlag
Linz
Linz

Der Schwarze See ist mit 18 ha größter Gletschersee des Landes, liegt auf einer Höhe von 1.008 m, und seine maximale Tiefe beträgt 40 m. Über den Angelbach (Úhlava) entwässert dieser See in Richtung Nordsee. Beide Seeareale stehen unter Naturschutz, jedoch sind Uferteilbereiche frei zugänglich.

Vom Teufelssee führt ein rot markierter Wanderweg direkt an den bayrisch-böhmischen Grenzübergang.

Ein besonderes Naturerlebnis bietet eine Wanderung in das eigentliche Nationalparkgebiet östlich von Böhmisch Eisenstein (Železná Ruda). Bis 1991 war es Militär- und Grenzsperrbezirk und als Panzerschießplatz Gutwasser (Dobrá Voda) bekannt. Nicht einmal die Einheimischen durften einen Schritt in die verbotene Zone setzen. Seit Mitte 1992 werden Touristenpfade neu markiert.

Von Böhmisch Eisenstein/Ortsteil Elisabeth (Alžbětín) führt ein rot markierter Weg zum 12 km entfernten Lackasee (Jezero Laka), dem höchstgelegenen (1.096 m ü NN) und mit 2,53 ha kleinsten Gletschersee des Böhmerwaldes. Eine Besonderheit des Sees stellen die schwimmenden Inseln aus Wasserpflanzen dar. Sie können die Tour auch verkürzen, indem Sie mit dem Auto von Böhmisch Eisenstein (Železná Ruda) anfangs der Europastraße folgen (es existiert auch eine Busverbindung: Železná Ruda-Nova Hůrka-Sušice) und dann den ersten Abzweig Richtung Dobrá Voda/Sušice benutzen.

Am ehemaligen Militärobjekt Nová Hůrka (4 km vom Abzweig entfernt) befindet sich ein kleiner Parkplatz. Der Weg zum Lackasee (4 km) ist blau ausgewiesen und nimmt auf der Asphalt- und Schotterstraße etwa eine Stunde in Anspruch. Auf der Hälfte der Strecke überqueren Sie die Schneise, wo einstmals die Hauptsicherungsanlagen des Eisernen Vorhangs installiert waren, und nur wenige Meter weiter erblickt man die Überreste des früheren Glasmacherdorfes **Hurkenthal (Hůrka)**, eine halbzerschossene Friedhofskapelle, Fundamentreste, Obstbäume und alte Alleen künden noch von einer Besiedlung. Die parkähnlichen Landschaftsräume um dieses verlassene Dorf sind sehr schön.

Vom Lackasee zurück zum Ausgangspunkt der Tour steht leider nur der gleiche Weg zur Verfügung.

Kašperské Hory (Bergreichenstein)

✉ CZ-34192, ✆ aus D, A und CH: 0042187
✕ Stilrestaurant Club, ☎ 0187/922338
🛏 Hotel Bílá Růže, Náměstí 173, ☎ 0187/922232

- Hotel Kašperk, Náměstí 3, ☏ 0187/922229
- Pension Soňa, Karlova 154, ☏ 0187/922454
- Pension Šrámek, 28. rijna 137, ☏ 0187/922210

Der Ort verdankt seine frühere Bedeutung reichen **Goldvorkommen**, die ab dem frühen Mittelalter ausgebeutet wurden. 1584 zur königlichen Stadt erhoben, entwickelte sich Bergreichenstein am Handelsweg "Goldener Pfad" bis zum Ausbruch des Dreißigjährigen Krieges stetig, danach ebbte der Goldrausch wieder ab.

Von vergangenem Glanz künden das **Renaissance-Rathaus** (1597) mit barockem Giebel (18. Jh.) und die gotische **St.-Margareta-Kirche** am Markt.

⌘ Im **Böhmerwaldmuseum (Muzeum Šumavy)** sind Abteilungen zur Bergbaugeschichte, Natur und Jugendstilglaserzeugung zu besichtigen.

- Di bis Sa 9:00 bis 17:00, So 9:00 bis 12:00

Am Westrand des Bergbaustädtchens erbaute man 1867 die **Wallfahrtskirche St. Maria Schnee**. Alljährlich am ersten Sonntag im August findet wieder eine traditionelle Wallfahrt statt.

Die **Burg Karlsberg (Kašperk)** ist mit zwei markanten Türmen weithin sichtbar, Mitte des 14. Jh. wurde sie zum Schutz der Goldminen und der Handelswege auf Anweisung des Kaisers Karl IV. erbaut. Vom Markt führt ein grüner Pfad (3,5 km) zur höchstgelegenen Burg Böhmens (886 m ü NN), die im 19. Jh. teilweise restauriert wurde. Hier existiert eine Ausstellung zur Geschichte der Wachburg.

- April und Oktober Sa, So und an Feiertagen 9:00 bis 16:00, Mai und September täglich außer Mo 9:00 bis 17:00, Juni bis August täglich außer Mo 9:00 bis 18:00

Die Anhöhe ist auch als schöner Aussichtspunkt zum Böhmerwald bekannt.

Vimperk (Winterberg)

- CZ-38501, ✆ aus D, A und CH: 0042339
- Hotel Boubin*, Špidrova 45, ☏ 0339/21021, FAX 0339/21922
- Hotel Vltava*, Kaplířova 62, ☏ und FAX 0339/22093
- Hotel Zlatá Hvězda, ☏ 0339/21012
- Domov mládeže, Předmestí 244, ☏ 0339/21116, FAX 0339/21288

- Domov mládeže (1.7. bis 31.8.), Rožmberská 71, ☎ 0339/21541, FAX 0339/21288
- Bungalowsiedlung Horal Hájná Horá, ☎ 0339/22550

Vimperk (Winterberg) ist eine alte Buchdruckerstadt am Rande des Böhmerwald-Nationalparks, an der Straße von Sušice (Schüttenhofen) nach Prachatice (Prachatitz) gelegen.

Der abschüssige Marktplatz zeichnet sich durch historische Bebauung aus, wertvollstes Architekturdenkmal ist hier die frühgotische Kirche. Die im 13. Jh. errichtete Burg wurde im 19. Jh. zum Schloß ausgebaut und beherbergt heute ein Museum (Buchdruck, Glas, Natur).

Kvilda (Außergefild)

- CZ-38493, aus D, A und CH: 0042339
- U pramene Vltavy, ☎ 0339/97531
- Berghütte (Horská chata) U krále Šumavy, č.p. 27, ☎ 0339/97547
- Horská chata U Teplé Vltavy, č.p. 46, ☎ 0339/97546
- Pension Gustav Hones, Horská Kvilda 18, ☎ 0339/97535
- Erholungszentrum Škoda, ☎ 0339/97516
- Chata Černý Potok, č.p. 19, ☎ 0339/97514

In Modrava:

- Restaurant Arnika, ☎ 0187/99849
- Restaurant Zlatá Stezka, ☎ 0187/99835
- Pension Arnika, ☎ 0187/99849
- Erholungszentrum Škoda, ☎ 0187/99826
- im Ort Srní bei Antýgl (4 km nördlich von Modrava), 1.5. bis 10.10., mit Bungalows, ☎ 0187/99831

Zwischen Maut in Bayern und Außergefild (Kvilda) in Böhmen wurde jüngst ein grenzüberschreitendes "Waldgeschichtliches Wandergebiet" eingerichtet.

Das höchstgelegene Dorf Böhmens (1.065 m ü NN) breitet sich auf einer charakteristischen Hochfläche des Böhmerwaldes aus. Es wurde von Holzfällern gegründet, später fand man hier auch Gold.

Während des 19. Jh. entstanden hier kunstvolle Hinterglasbilder, die den Ort bis weit nach Böhmen, Bayern und Österreich bekannt machten.

Die spätgotische Stephanskirche (1892-1894) ist mit Holzschindeln auf dem Dach und der schönen Hauptfassade eine Augenweide.

Heute gewinnt Außergefild (Kvilda) zunehmend Bedeutung als ruhiger Ferienort inmitten einer intakten Natur. Der Ort ist ein guter Ausgangspunkt für Wanderungen und im Winter auch für Skilanglauftouren.

Wanderung zur Moldauquelle (Pramen Vltavy)

Von Außergefild (Kvilda) verläuft ein blau markierter Weg immer entlang der Warmen Moldau (Teplá Vltava) zur "Mutter der böhmischen Flüsse" - der **Moldauquelle**. Reichlich 6 km sind es bis zur Quelle. Sie sehen auffällige Schneisen, die sich unnatürlich durch die Landschaft ziehen - Relikte des Eisernen Vorhangs. Das ganze Gebiet war über vierzig Jahre lang für die Öffentlichkeit unzugänglich.

Die Moldauquelle befindet sich am Ostabhang des Schwarzen Berges (Černá hora) auf 1.172 m Höhe, innerhalb eines bewaldeten Moorgebietes. Der rot markierte Weg führt zum 2,5 km entfernten Fußgänger- und Radfahrergrenzübergang Buchwald (Bučina).

Folgt man weiter der blauen Markierung und später dem gelb markierten Weg, gelangt man nach Philippshütten (Filipova Hut'), von der Quelle aus etwa 10 km. Zurück nach Außergefild (Kvilda) kommen Sie mit dem Bus, oder Sie nehmen Quartier im nahegelegenen **Mader (Modrava)**.

☺ Zwischen Finsterau in Bayern und Bučina in Böhmen verkehrt in der Saison ein Elektrobus.

Naturlehrpfad zum Seefilz (Jezerní slat')

Von Außergefild (Kvilda) führt eine Straße nach Norden, nach Innergefild (Horská Kvilda). Nach 3 km breitet sich links dieser Straße ein 120 ha großes **Hochmoor** aus, das in Teilbereichen schon seit 1933 unter Naturschutz steht. Der kurze Lehrpfad ist nur 130 m lang, und auf sicherem Holzsteg gelangt man an den Rand des Moorgebietes (Aussichtsterrasse).

Ein botanisches Eiszeitrelikt ist die Zwergbirke, buschartig mit vielen kleinen Blättchen, die hier ein Refugium hat.

Am Rande des Schutzgebietes können Sie einen Aussichtsturm besteigen und das gesamte Terrain überblicken.

Lenora (Eleonorenhain)

CZ-38442, ✆ aus D, A und CH: 0042339

Chata Lenora**, ☎ 0339/98856

am westlichen Ortsrand (direkt an der Warmen Moldau an der Straße Richtung Volary)

Den Ort hat die hiesige Glashütte berühmt gemacht. Die Produktionsstätte ist als letzte ihrer Art im Böhmerwald auch heute noch in Betrieb. Neben einem kleinen Museum mit Jugendstilglasexposition gibt es eine Verkaufsstelle der Glashütte.

Am Parkplatz beginnt ein Pfad, der über die Bahngleise zu einer kleinen Anhöhe führt. Dort erinnert ein Obelisk mit deutscher Gedenktafel an Andreas Hartauer, der durch das Lied "Tief drin im Böhmerwald" bekannt wurde.

Als technisches Denkmal ist die überdachte hölzerne **Saumbrücke (Soumarský most)** aus dem 19. Jh. am Ortsausgang Richtung Volary (Wallern) eine Sehenswürdigkeit. Sie wurde eigentlich nicht als Brücke errichtet, sondern in den Rechen des Bauwerks sammelte sich das Schwemmholz für die Glashütten. Hier befindet sich auch die Einsatzstelle für Wasserwanderungen auf der Warmen Moldau, von wo man bis zum Lipno-Stausee paddeln kann.

Wanderung zum Kubany (Boubín)

Campingplätze befinden sich am Parkplatz Schattawa (Zátoň) und in Obermoldau (Horní Vltavice), Autocampingplatz TJ Vltava, ☎ 0339/98189.

Nördlich von Eleonorenhain (Lenora) erhebt sich das eindrucksvolle Bergmassiv des **Kubany (Boubín)** mit 1.362 m. Seit 1858 blieben die hiesigen urwaldartigen Buchen, Fichten und Tannen von den Äxten und Sägen der Forstleute verschont, sie zeugen von frühen Naturschutzbemühungen unserer Vorfahren.

Von Eleonorenhain führt ein blau gekennzeichneter Weg in das Urwaldgebiet. Sie können einen Teil des Anmarschweges sparen, indem Sie mit dem Auto bis zum Parkplatz Kaplice (südöstlich vom Kubany) oder mit der Bahn in Richtung Winterberg (Vimperk) bis nach Schattawa (Zátoň) oder Kubohütten (Kubova Hut') fahren.

Auf den Kubany (Boubín) führt der knapp 4 km lange Lehrpfad "Boubínský prales". Die gesamte Distanz Schattawa (Zátoň)-Kubohütten (Kubova Hut') beträgt 14 km, Sie sollten je nach Kondition etwa vier Stunden einrechnen. Zurück zum jeweiligen Ausgangspunkt können Sie die Bahn nutzen.

Volary (Wallern)

CZ-38451, ✆ aus D, A und CH: 0042338
Hotel Bobík**, Náměstí 325, ☎ 0338/92351

- ♦ Turistická chata (in der Nähe vom Bahnhof), ☏ 0338/92260
- ♦ Turistická chata, Budejovicka ul. (in einem Holzhaus auf dem Weg vom Bahnhof zum Markt), ☏ 0338/92167
- ♦ Pension Kukačka, Česká 76, ☏ 0338/92232
- Soumarský most, ul. Mlýnská 284, 1.5. bis 30.9., mit Bungalows, ☏ 0338/92271

Wallern wurde im 13. Jh. als Stationsort auf dem "Goldenen Steig" (Prachatitz-Passau) gegründet. Walser aus dem Großen und Kleinen Walsertal kamen im 16. Jh. hierher nach Böhmen und errichteten die Häuser im typischen Alpenstil.

Ein Teil dieser Häuser fiel im 19. Jh. einem verheerenden Brand zum Opfer, nach dem Zweiten Weltkrieg forderte die Vernachlässigung weiteren Tribut. Heute existiert noch ein reichliches Dutzend.

⌘ In einem der vorbildlich erhaltenen Tirolerhäuser hat das **Museum der Stadt Wallern (Volary)** sein Domizil. Es liegt am Stadtausgang Richtung Eleonorenhain (Lenora), letzte Straße vor dem Ortsausgang rechts. Gezeigt werden Holzschnitzarbeiten, Glaserzeugnisse aus dem benachbarten Eleonorenhain (Lenora), Zinngeschirr, Aquarelle sowie Geschichtliches zum "Goldenen Steig".

- ♦ Mai bis September täglich außer Mo 10:00 bis 17:00

Nová Pec (Neuofen)

Hotel u Jezera, Nová Pec Nr. 23, ☏ 0338/96051

Neuofen ist eine kleine Gemeinde am Einlauf zum Lipno-Stausee. Sie ist von Volary (Wallern) per Regionalbahn (Richtung Budweis/České Budějovice) gut erreichbar.

Der Ort verdankt seine Entstehung dem Bau des **Schwarzenberger Schwemmkanals (Švarcenberský plavební kanál)**, in Teilabschnitten zwischen 1791 und 1822 geflutet. So war es möglich, hunderte Hektar Wald einer Verwertung zuzuführen. Der Kanal verband das Stromgebiet der Moldau über den Fluß Mühl (jetzt auf österreichischem Staatsgebiet) mit der Donau. Für die damalige Zeit eine technische Meisterleistung!

Der Kanal ist knapp 2 m breit, 1 m tief und über 50 km lang, mit 419 m Tunnel am Hirschberg (Jelení hrbet). Bauingenieur war Josef Rosenauer. Der Kanalteilbereich bis Neuofen (Nová Pec) wurde bis 1962 genutzt. Eine Rekonstruktion ist geplant.

Wanderung zum Schwemmkanal

Bis zum Fahrverbot bei Hirschdorf (Jelení), ca. 5 km nordwestlich von Neuofen (Nová Pec), können Sie mit dem Auto fahren. Von hier stehen zwei Markierungen zur Wahl, grün oder blau, je nach Lust und Kondition können Sie den Pfaden direkt am Kanal folgen.

Wanderung auf dem Bärenpfad (Medvědí stezka)

15 km

Reichlich 1 km nördlich von Neuofen (Nová Pec), an der Bahnstation Haferdorf (Ovesna), beginnt dieser gelb gekennzeichnete abwechslungsreiche Weg. In der Umgebung des Pumpernickelberges (Perník) stoßen Sie auf eine faszinierende Felsenstadt, weiter unterhalb gelangen Sie zum Ufer des Hirschsees (Jelení jezero), einem ehemaligen Wasserspeicher für das Betreiben des Schwarzenberger Schwemmkanals.

Der Bärenstein (Medvědí kámen) erinnert an den letzten Meister Petz im Böhmerwald, der hier am 14.11.1856 erlegt wurde. Er wurde präpariert und ist heute im Jagdmuseum von Ohrada (Hluboká) zu besichtigen. Der Weg führt weiter hinab zur Bahnstation Černy Kříž (Züge nach Wallern/Volary und Neuofen/Nová Pec).

Wanderung über den Plöckenstein (Plechý) nach Neuthal (Nové Údolí)

Von Neuofen (Nová Pec) führt ein 11 km langer, grün markierter Weg zum Plöckensteinsee (Plešné jezero), auf einer Höhe von 1.090 m ü NN. 7,5 ha groß und maximal 18 m tief, befindet er sich in herrlicher Waldlage.

220 m höher (gelbe Markierung) steht ein Obelisk, 1876/77 zum Andenken an den bekannten deutschen Böhmerwalddichter **Adalbert Stifter** errichtet.

Die Mühen des Aufstiegs werden mit einem Panoramablick auf den See und seine Umgebung belohnt. Der Kammweg (rot) verläuft direkt auf der Staatsgrenze, anfangs mit Österreich, später mit Deutschland, und ist für Wanderer mit Reisepaß/Personalausweis geöffnet.

Sie können weiter zum Gipfel des Dreiecksteins (Trojmezí) - hier das **Dreiländereck** - und des Dreisesselberges (Trístolicník) laufen. Auf letzterem finden Sie auf deutscher Seite ein Gasthaus, der Blick reicht weit nach Bayern. Von hier oben bis zur Bahnstation Neuthal (Nové Údolí) sind nochmals 7 km zu absolvieren. Dann kann man über Černý Kříž zurück nach Neuofen (Nová Pec) fahren, die Bahn verkehrt allerdings nur im Sommer. Eine insgesamt anspruchsvolle Tagestour.

☺ In der Saison verkehren mehrmals täglich Busse von Neuofen (Nová Pec) Richtung Hirschdorf (Jelení), von hier sind auf grüner Markierung noch 5 km bis zum Plöckensteinsee zu absolvieren.

Horní Planá (Oberplan)

CZ-38226, aus D, A und CH: 0042337
TiFo, Am Markt, 0337/97124
♦ Reisebüro Rexstar, Jiráskova 170, 0337/97330 (auch Quartiervermittlung)
Vom kleinen Flugplatz Slupečná (zwischen den Orten Lipno und Frymburk) besteht während der Sommermonate die Möglichkeit, Aussichtsflüge mit einem Hubschrauber zu unternehmen, Vorbestellungen unter 0337/ 95138.
In Horní Planá beginnend, gibt es am östlichen Stauseeufer eine Vielzahl von Badestellen und Campingplätzen.
Hotel Pláž, 0337/95211, FAX 0337/95241(auch Bootsverleih, Angelgenehmigung, Mountainbikeverleih)
♦ Hotel Smrčina, Am Markt, 0337/97228
Autocamp U pláže, 15.5. bis 15.9., mit Bungalows, 0337/97235
♦ Caravan camp, mit Bungalows, 0337/97239
♦ Jenišov, 0337/97145
Oberplan (Horní Planá) liegt an der Bahnlinie Volary (Wallern)-České Budějovice (Budweis).
Im Sommer existiert zwischen Oberplan (Horní Planá), Přední Výtoň und dem österreichischen Guglwald (Grenzübergang) eine Busverbindung.
Von Horní Planá verkehrt eine Personen- und Autofähre in den kleinen Ort Vorderstift (Bližší Lhota), ein bisher vom Touristenverkehr verschont gebliebenes Gebiet, das 40 Jahre lang Grenz- und Militärsperrbezirk war. Die erste Fähre verkehrt um 4:55, die letzte um 21:20.
♦ In der Sommersaison verkehren Ausflugsschiffe zwischen Oberplan (Horní Planá), Schwarzbach (Cerná v Posumaví), Friedberg (Frymburk), Prední Výtow und Lippen (Lipno). Auskünfte zu den Fahrzeiten: 0337/ 958128.

In der benachbarten Ortschaft Schwarzbach (Černá v Pošumaví):
Černá, 15.5. bis 15.9., mit Bungalows, 0337/96125
♦ Olšina, 25.6. bis 25.9., mit Bungalows, 0337/96187
♦ Jestřabí I-III, 0337/96162

In Friedberg (Frymburk):
Hotel Maxant***, č.p. 80, 0337/95229
♦ Hotel Hrdoňov***, 0337/95241
♦ Hotel Vlatava; Am Markt, 0337/95195
U Liskovců, 1.5. bis 30.9., mit Bungalows, 0337/95284
Verleih von Fahrädern, Segel- und Ruderbooten und Surfbrettern:
♦ Kobylnice I und II
♦ Vřesna, 0337/95286

In Lipno:

- Hotel Lodní doprava, Nr. 71, ☎ 0337/958128 (organisiert von Mai bis Oktober täglich Ausflugsfahrten auf dem Stausee)
- Rosenberger-Hotel Kramolín, Nr. 55, ☎ 0337/958106 (im Winter Skisportzentrum, Alpin und Langlauf, Skischule)
- Chatová osada Helios, 1.5. bis 31.10., 4-Bett-Bungalows, ☎ 0337/958119
- Pláž Nováček, 1.5. bis 31.10., auch Bungalows und Bootsverleih, ☎ 0337/958190
- Panorama, ☎ 0337/958162

In Černá v Pošumaví:

- Hotel Swing,*** ☎ 0337/96294
- Hotel Racek**, ☎ 0337/96103
- Hotel Adela**, ☎ 0337/96224
- Hotel Jestřábí, ☎ 0337/96128
- Pension Kristina, ☎ 0337/96166
- Gasthof Čertův dvůr, ☎ 0337/96114

Der kleine Ort Oberplan (Horní Planá) liegt auf einer Halbinsel am "Böhmischen Meer", wie der Lipno-Stausee liebevoll bezeichnet wird.

Die Bauarbeiten dauerten von 1950 bis 1959. Dabei wurden u.a. ein 25 m hoher und 280 m langer Damm sowie ein unterirdisches Wasserkraftwerk bei Lippen (Lipno) errichtet. Das Kraftwerk befindet sich 150 m unterhalb der Stauseesohle, die Moldauwässer strömen durch einen 3,5 km langen unterirdischen Kanal in ein zweites kleines Speicherbecken (Lipno II). Exkursionen ins Kraftwerk sind möglich (☎ 0337/92621, FAX 0337/92622).

Der Lipno-Stausee breitet sich heute auf knapp 5.000 ha Fläche aus, er ist über 42 km lang und maximal 8 km breit.

Oberplan (Horní Planá) ist der Geburtsort des bekannten Böhmerwaldschriftstellers **Adalbert Stifter** (1805-1868). Da all seine Werke damals in deutscher Sprache erschienen, ist er in der böhmischen Bevölkerung auch heute nur wenig bekannt. Sein kleines Anwesen (Haus Nr. 21) mit einem Gedenkraum und einer Gedenktafel finden Sie an der Landstraße Richtung Schwarzbach (Černá v Pošumaví).

- täglich 10:00 bis 12:00 und 13:00 bis 18:00, ☎ 0337/97473

Am Museum nimmt der Stifterweg mit Informationstafeln zum Leben des Dichters und der hiesigen Natur seinen Anfang (6,5 km). Oberhalb des Dorfes treffen Sie auf das Stifterdenkmal, 1906 vom Bildhauer Wilfert geschaffen.

Vyšší Brod (Hohenfurth)

CZ-38273, ✆ aus D, A und CH: 0042337
Hotel am Kloster Vyšší Brod, ☎ 0337/92392 (organisiert Bootsfahrten auf der Moldau in Richtung Český Krumlov)
Kanuverleih:
- AGM Vyšší Brod, ☎ 0337/92367
- Frau Pavelcová, Vyšší Brod, ☎ 0337/92482

Pony-Club, Vyšší Brod, ☎ 0337/92309
Šumava, ☎ 0337/92574
- Vzlet**, ☎ 0337/92669
- Pension Inge, č.p. 379, ☎ 0377/9612
- Bungalowsiedlung Na myslivně (in der Nähe des Klosters), ☎ 0337/95452

Pod hrázi, ☎ 0337/92276

Das Städtchen ist durch sein gotisches **Kloster** bekannt, welches hier seit Mitte des 13. Jh. steht. Der Komplex setzt sich aus Stiftskirche, Abtei und einigen Wirtschaftsgebäuden zusammen.

In der **Stiftskirche Mariä Himmelfahrt** beeindrucken barocke Altäre und die berühmte Kopie der gotischen Muttergottes von Hohenfurth (das Original befindet sich in der Nationalgalerie Prag). Sehenswert auch der Kreuzgang und die darüberliegenden ehemaligen Mönchszellen, eine davon blieb mit Originalinventar erhalten und kann besichtigt werden.

Krönung des Komplexes bleibt jedoch die **Klosterbibliothek** mit ihren 70.000 Bänden. Wertvollstes Exemplar: das Hohenfurther Wörterbuch aus dem 14. Jh. Die Bibliothek darf man besichtigen. Sehenswert ist auch die gotische Rosette im Refektorium.

𝄞 Im Juli und August werden im Kloster Konzerte geboten.

⌘ Im ehemaligen Abteigebäude ist ein **Postmuseum** zu besichtigen (☎ 0337/92679).

Das Gebäude wurde kürzlich dem Zisterzienserorden zurückgegeben, daher können sich die bisherigen Öffnungszeiten (in der Hauptsaison täglich außer Mo 9:00 bis 18:00) teilweise ändern. Infos über ☎ 0337/92619.

Im umliegenden Park kann man einen 2 m hohen, von den Moldau-Teufelsschnellen interessant modellierten Stein in Augenschein nehmen.

☺ Am ersten Sonntag im Juli ist Hohenfurth Austragungsort eines Wettbewerbs kurioser Wasserfahrzeuge.

Wanderung zur Teufelswand (Čertova stěna)

Ca. 4 km nordwestlich von Hohenfurth (Vyšší Brod) breitet sich im Moldautal das **Steinerne Meer** aus. Vor der Entstehung des Lipno-Stausees floß hier die Moldau mit donnerndem Getöse hindurch, der steinige Flußabschnitt wurde treffend als Teufelsschnellen (Čertovy proudy) bezeichnet. Heute ist er zumeist trocken, da die Moldau zur Stromerzeugung durch einen 3,5 km langen unterirdischen Kanal abgeleitet wird.

Der Legende nach wollte der Teufel die Moldau mit großen Felsbrocken anstauen, um das eben gegründete Kloster Hohenfurth anschließend per Überschwemmung zu vernichten, er schaffte es aber nicht in der vorgegebenen Zeit und suchte unverrichteter Dinge das Weite.

Eine schöne Sicht bietet der höchste Felsen der Umgebung, "des Teufels Predigtstuhl" oder einfach "Teufelskanzel" genannt. Von Hohenfurth (Vyšší Brod) führen in das interessante Naturschutzgebiet zwei markierte Wanderwege (grün/rot), als Ausgangspunkt sind die Bahnstationen Loučovice oder Čertova stěna geeignet (Strecke Lipno-Vyšší Brod-České Budějovice).

Südböhmen

Die Landschaft zwischen Böhmerwald, Böhmisch-Mährischer Höhe, der österreichischen Grenze und Zentralböhmen blieb von übermäßiger Industrialisierung verschont.

Es ist wie eine Reise durch die Zeit unserer Urgroßeltern, wenn wir durch die historischen Städte und Dörfer mit den zumeist weiß getünchten Häuschen fahren. Berge wechseln mit sanften Hügeln, naturnahe ausgedehnte Teichlandschaften mit Flußauen. In Südböhmen folgt man den historischen Spuren des Magisters Jan Hus und seines Glaubensbruders Jan Žižka.

Der Kulturreichtum dieses Landstriches wurde maßgeblich von zwei einflußreichen Geschlechtern geprägt, zuerst von den Rosenbergern, später von den Schwarzenbergern. Unter ihrem Einfluß entstanden Städte, die noch heute Bewunderung abverlangen, wie Wittingau (Třeboň) und Krumau (Český Krumlov). Zu den südlichen Nachbarn, den Habsburgern, bestanden seit jeher fruchtbringende Beziehungen. Auch die Volksarchitektur, der südböhmische Dorfbarock, konnte sich weitgehend bis in unsere Tage erhalten. Neben bekannten Städten und Landschaften findet der aufmerksame Reisende auch abseits der Hauptstraßen viel Bemerkens- und Sehenswertes.

Wir werden Ihnen Südböhmen beginnend von der böhmisch-österreichischen Landesgrenze vorstellen.

Rožmberk nad Vltavou (Rosenberg)

CZ-38218, ✆ aus D, A und CH: 0042337
Hotel Studenec, ☎ 0337/9818

Der Ort gilt als Wiege des zwischen dem 13. und 17. Jh. einflußreichsten böhmischen Adelsgeschlechts der Wittigonen. Um die Mitte des 13. Jh. kam es in Mode, sich deutsche Namen zuzulegen. Aus den Wittigonen wurden **Rosenberger**, abgeleitet von den wilden Rosen im Familienwappen.

Bis 1611 beherrschte das Geschlecht der Rosenberger Südböhmen bis nördlich von Strakonitz (Strakonice), ein kleines Königreich innerhalb der Einflußsphären böhmischer Könige bzw. Habsburger Monarchen. Das Zusammenleben zwischen Deutschen und Tschechen funktionierte hier über Jahrhunderte weitgehend reibungslos.

Auf drei Seiten von der Moldau umflossen, liegt auf einem Felsplateau über dem Städtchen die **Burg Rosenberg (Rožmberk)**. Aus der

Gründungsepoche (13. Jh.) blieb nur der Kleine Jakobiner, ein schlanker Turm, als Teil der Oberburg erhalten. Die Untere Burg stammt aus dem 14. Jh. und wurde von den wechselnden Besitzern bis in die Mitte des 19. Jh. je nach Zeitgeschmack mehrmals Stilveränderungen unterworfen.

⌘ Im 19. Jh. begann der Aufbau eines **Familienmuseums der Rosenberger** in den Räumen der Unteren Burg, wo die Porträtgalerie, die Rüstkammer, der Rittersaal mit Kassettendecke und die Kreuzgalerie besondere Aufmerksamkeit verdienen.

♦ April und Oktober Sa, So und an Feiertagen 9:00 bis 16:00, Juni bis August täglich außer Mo 9:00 bis 17:00, Vorbestellungen unter ☎ 0337/9838

Im Ort gilt die **Hl.-Maria-Kirche** (13.-15. Jh.) mit barocker Inneneinrichtung als wertvoll.

Dolní Dvořiště (Unterhaid)

Am Grenzübergang nach Oberösterreich ist hier die dreischiffige **Hallenkirche des Hl. Ägidius** (1507) sehenswert, ein wertvolles spätgotisches Bauwerk der südböhmischen Region. Im Ortsteil Oberhaid (Horní Dvořiště) sehen Sie künstlich aufgeschüttete Gleisdämme als Relikte der ersten europäischen **Pferdebahn**, die einst von Linz nach Budweis (České Budějovice) fuhr. Zu ihrer Blütezeit (um 1870) umfaßte ihr Fuhrpark 660 Pferde, knapp 1.100 Güterwaggons und 65 Fahrgastwagen.

Český Krumlov (Böhmisch Krumau)

- CZ-38101, ✆ aus D, A und CH: 0042337
- Infozentrum, Nám. Svornosti 1, ☎ 0337/5670
- ♦ Agatha-Reisebüro, Am Markt, ☎ 0337/5255
- ♦ Čedok, Latrán 79, ☎ 0337/2189
- ♦ CTS-Travel Service, Latrán 67 (schräg gegenüber vom Schloßaufgang), mit gutem Angebot an Privatzimmern, ☎ 0337/2821
- Hotel Krumlov, nám. Svornosti 14 (Markt), ☎ 0337/2255, FAX 0337/3498
- ♦ Hotel Růže, Horní ul. 154, ☎ 0337/2245, FAX 0337/3881
- ♦ Hotel Vídeň, ☎ 0337/2093
- ♦ Hotel Vyšehrad**, Vyšehradská 172 ☎ 0337/2311, FAX 0337/3070
- ♦ Hotel Straninger, Široká 49, ☎ und FAX 0337/5104
- ♦ Pension Ve věži (Im Turm), ☎ 0337/5287
- ♦ Hotel Rozvoj**, Vyšehradská 182 ☎ 0337/2709
- ♦ Barbakan, Horní ulice 27, ☎ 0337/67163

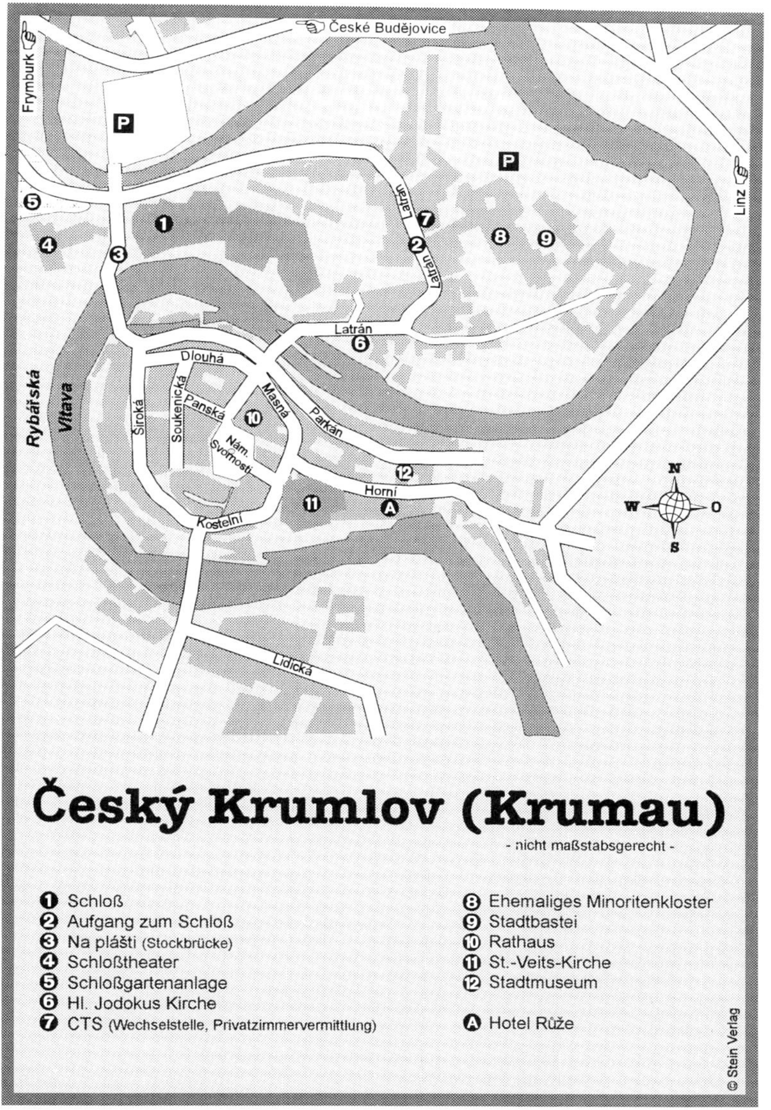

Český Krumlov (Krumau)

- nicht maßstabsgerecht -

❶ Schloß
❷ Aufgang zum Schloß
❸ Na plášti (Stockbrücke)
❹ Schloßtheater
❺ Schloßgartenanlage
❻ Hl. Jodokus Kirche
❼ CTS (Wechselstelle, Privatzimmervermittlung)
❽ Ehemaliges Minoritenkloster
❾ Stadtbastei
❿ Rathaus
⓫ St.-Veits-Kirche
⓬ Stadtmuseum

Ⓐ Hotel Růže

♦ Hotel Fara Zátoň (8 km südlich der Stadt in Větřní), ☏ 0337/9949

Im südlichen Ortsteil Nové Spoli befindet sich ein zumeist von Kanuten benutzter einfacher Platz zum Campieren an der Moldau, ebenso im Ort Kamenný Újezd, reichlich 10 km Richtung České Budějovice an der Hauptstraße.

Die Stadt gehört zu den bedeutendsten mittelalterlichen Denkmalschutzarealen des Landes und auch Europas, 300 besonders wertvolle historische Objekte weist die Statistik aus.

Seit der Vertreibung der Deutschen, die bis 1945 ca. 75% der hiesigen Bevölkerung ausmachten, litt die Altstadt unter einem langsamen Verfall. Selbst die Unesco hat sich des Schutzes des einzigartigen Architekturensembles angenommen und unterstützt die jetzt angelaufenen Rettungsprojekte finanziell.

Geschichte

Anfang des 13. Jh. entstand unterhalb der Wittigonen-Burg eine feste Siedlung, die schon 1274 zur Stadt erhoben wurde. Zu Beginn des 14. Jh. ging die Herrschaft auf das Geschlecht der **Rosenberger** über, die von hier aus mehr als 300 Jahre die Geschicke der Region lenkten. Von ihrer Macht zeugt die Tatsache, daß sie 1394 und 1402 auf ihrer Burg sogar den böhmischen König in Gewahrsam hielten. Ab dem Jahr 1622 residierten die Eggenberger für ein knappes Jahrhundert auf der Burg und wurden 1719 vom Geschlecht der **Schwarzenberger** abgelöst, das hier bis zur letzten Jahrhundertwende die Macht ausübte und Großteile Südböhmens besaß.

Um 1900 verfügten die Schwarzenberger über knapp 250.000 ha Land, besaßen zwei Dutzend Schlösser, 13 Brauereien etc. und wurden deshalb treffend als "Böhmerwaldkönige" bezeichnet. Selbst Václav Havel wußte um die Qualitäten der Schwarzenberger-Dynastie und holte sich gleich nach der sanften Revolution im Januar 1990 Karl Fürst von Schwarzenberg zuerst als Berater, später als Kanzler auf die Prager Burg. Als Geste erhielt der Fürst Schloß Orlík (Worlik), einen zweiten bedeutenden Stammsitz der Familie zurück, der 1950 von den Kommunisten konfisziert worden war.

Sehenswürdigkeiten

Die **Burg**, nach der Prager Burg die zweitgrößte im Lande, beeindruckt den Besucher durch ihre Großzügigkeit (3 Höfe, fast 300 Zimmer). Markant ragt der später im Renaissancestil veränderte Burgturm (13. Jh.) über der Anlage empor. Er ist Teil der ursprünglichen Unteren Burg. Der obere Teil stammt aus der ersten Hälfte des 14. Jh. Ein italienischer

Architekt verlieh dem gesamten Komplex durch Stiländerungen (Renaissance) im 16. Jh. das Aussehen eines Schlosses. Später folgten noch Verschönerungsarbeiten im Barockstil.

In den Schloßräumen befinden sich u.a. die bedeutendste Sammlung von flämischen Bildteppichen auf böhmischem Gebiet, eine reichhaltige Schau spätgotischer Madonnenplastiken aus Böhmen sowie prächtige Wandmalereien im Maskensaal.

♦ ❑ April, Mai, September und Oktober täglich außer Mo 9:00 bis 16:00, Juni bis August täglich außer Mo 9:00 bis 17:00, Vorbestellungen unter ☏ 0337/3135

Während der Sommermonate werden auf dem Burgareal zahlreiche Kulturveranstaltungen geboten (Konzerte, Musikfestivals, historische Fechtvorführungen).

Auch wenn Sie außerhalb der Öffnungszeiten der Burg die Stadt besuchen, sollten Sie es nicht versäumen, wenigstens durch die zugänglichen Burghöfe zu wandeln. Im Burggraben werden **Bären** gehalten.

Durch eine aufwendige **Brückenkonstruktion**, 1764 im Rokokostil errichtet, knapp 40 m hoch und 30 m lang, haben die Schwarzenberger ihrer Extravaganz die Krone aufgesetzt. Die Brücke führt die Besucher heute zum einzigen original erhalten gebliebenen barocken **Schloßtheater** der Welt, aus der Mitte des 18. Jh.

Südlich vom Theater sehen Sie eine barocke Reitschule, weiter oberhalb des Berges gelangen Sie zu den Schloßgärten und zu einem modernen Freilichttheater. Im Sommer werden hier Vorstellungen geboten (Südböhmische Theaterspiele). Vor dem Lustschloß Bellarie, innerhalb des Gartens, entdecken Sie eine Fontäne.

Am Fuße der Burg breitet sich linker Hand des Moldauufers der älteste Teil Krumaus aus, Latron (Latrán), mit einigen schönen **Renaissancebauten**. Das Budweiser Tor (Českobudějovická brána), 16. Jh., und eine Bastei blieben als Teile der ehemaligen Stadtbefestigungsanlagen erhalten. Vor der Bastei befinden sich das ehemalige Zeughaus (heute Brauerei) und zwei Klöster (Klarissinnen- und Minoritenkloster).

Wie eine Halbinsel wird ein Teil der Altstadt von der Moldau umspült. Dominierend wirkt hier der mächtige Bau der im 15. Jh. begründeten **St.-Veits-Kirche** mit wertvollem Netzgewölbe im Chorraum. Das Renaissance-Rathaus auf dem Markt ziert eine Attika, ein Aufsatz über dem Hauptgesims (1580).

Überall, auch in den Seitenstraßen, stößt man auf interessante Bürgerhäuser.

⌘ In der Oberen Gasse (Horní ulice) finden Sie nahe des Hotels "Zur Rose" (Růže) das **Stadtmuseum** mit einem eindrucksvollen Stadtmodell.

♦ Di bis Fr 10:00 bis 12:30 und 13:00 bis 18:00, Sa und So 13:00 bis 17:00

Eine große Auswahl besteht bei Gaststätten, allerdings nur außerhalb der Hochsaison, denn während der Sommermonate müssen Sie froh sein, wenn Sie irgendwo einen Sitzplatz ergattern können.

1993 wurde in den historischen Räumen der Stadtbrauerei (Široká ul. 70) das internationale **Kulturzentrum Egon Schiele** eröffnet. Schiele, ein großer Meister des europäischen Impressionismus, hatte die Stadt auf vielen seinen Bildern verewigt. Eine ständige Ausstellung zu Leben und Werk des mit 28 Jahren verstorbenen Künstlers wird von Atelierräumen, Fachbibliothek etc. ergänzt.

☎ 0337/4232, FAX 0377/2820.

Festivals: Im Sommer finden in der Stadt viele Festivitäten statt (Infos über ☎ 0337/2049), hier eine Auswahl:

- Juni: Südböhmisches Festival "Concertino Praga" und Bierfest der Brauerei Eggenberg
- Juni/Juli: Kammermusikfestival
- Juli/August: Südböhmisches Theaterfestival auf der Drehbühne im Schloßhof
- August: Folkfestival und Aktion "Das Schloß gehört den Kindern"

Ausflüge in die nähere Umgebung

Wanderung zum Gipfel des Schöninger (Klet')

8 km

Ein grün markierter Wanderweg nimmt von der Burg seinen Lauf in Richtung Klet'. Er ist die höchste Erhebung (1.083 m ü NN) im Plansker Wald (Blanský les), einem Naturreservat.

Der steinerne **Aussichtsturm** auf dem Gipfel ist der älteste in Böhmen überhaupt (um 1830 erbaut) und bietet eine vielgerühmte Fernsicht, manchmal bis zu den Alpen. Daneben befinden sich ein Gasthaus mit Schlafplätzen (Horská chata, ☎ 0337/3298), ein 172 m hoher Fernsendeturm, ein Observatorium sowie die Endstation eines Sesselliftes.

Wer es bequemer haben möchte, kann von Krasetín mit dem Lift hinauffahren. Die Talstation liegt nordöstlich von Klet' an einem Parkplatz. Die Bahnstation Hollubau (Holubov) auf der Strecke Krumau (Český Krumlov)-Budweis (České Budějovice) ist etwa 2,5 km von der Sesselifttalstation entfernt.

Schloßbrücke in Krumau (Český Krumlov) ☞

Ausflug zum Kloster Goldenkron (Zlatá Koruna)
Ca. 5 km nordöstlich von Krumau (Český Krumlov) steht in der kleinen Gemeinde Goldenkron (Zlatá Koruna) der Konkurrenzbau zum Kloster Vyšší Brod (Hohenfurth), 1260 von König Přemysl Ottokar II. für die Zisterzienser gegründet. Ursprünglich frühgotisch, wurde der Baukomplex später barockisiert.

Im Domkapitelsaal (1280-1300) werden zahlreiche bibliographische Kostbarkeiten aufbewahrt, zugänglich ist eine Ausstellung über das böhmische Schrifttum.

♦ April und Oktober täglich außer Mo 9:00 bis 16:00, Mai bis September täglich außer Mo 8:00 bis 17:00

In der Klosterkirche Mariä Himmelfahrt erregt die Kopie der Goldenkron-Madonna (Original in der Prager Nationalgalerie) die Aufmerksamkeit der Besucher.

Nach der Säkularisierung des Klosters im Jahre 1806 nutzte man einige Räume als Eisengießerei. Später fand man unter den Rußwänden wertvolle alte Wand- und Deckenmalereien, die restauriert wurden.

Unweit des Klostergeländes befindet sich eine Touristenherberge mit Restaurant.

Ausflug zum Maidenstein (Dívčí kámen)
Etwa 10 km nordöstlich von Krumau (Český Krumlov) und 1 km östlich der Ortschaft Trisov (auch Bahnstation auf der Strecke Krumau-Budweis) steht an einer Felswand die neben Rabí **größte Burgruine** Böhmens.

Die Rosenberger ließen diese Burg ab 1349 mit Genehmigung Kaiser Karls IV. erbauen, vor allem zum Schutz des Handelsweges.

Seit Anfang des 16. Jh. verlor sie ihre Funktion und war dem Verfall preisgegeben. Das Terrain ist frei zugänglich.

Trhové Sviny (Schweinitz)

In dem knapp 20 km südöstlich von České Budějovice (Budweis) in Richtung österreichische Grenze gelegenen Ort gibt es eine malerische dreischiffige Marienkirche, die zu den bedeutendsten Schöpfungen der spätgotischen Architektur Südböhmens zählt. Sehenswert ist auch die Wallfahrtskirche der Hl. Dreifaltigkeit (Anfang 18. Jh. nach Plänen K. I. Dientzenhofers errichtet).

Nové Hrady (Gratzen)

Dicht an der österreichischen Grenze entstand hier im 13. Jh. eine **Wachburg**, die in mehreren Etappen teilweise zum Schloß umgebaut wurde. Neben ständig wechselnden Sonderausstellungen werden Glaserzeugnisse und eine Porzellansammlung Südböhmens gezeigt, Vorbestellungen unter ☎ 0335/92135.

Sehenswert ist der Komplex des Servitenklosters mit Pfarrkirche, der mit österreichischer Hilfe von außen vorbildlich renoviert wurde.

Einen 50 ha umfassenden Urwald können Sie vom Städtchen aus auf dem rot markierten Weg (in südwestlicher Richtung) besuchen, er führt durch das Theresiental (Terčino údolí) und zum Schlößchen Cuknštejn, knapp 3 km.

Am Reiz der gesamten Umgebung haben die vielen großen und kleinen Fischteiche erheblichen Anteil.

České Budějovice (Budweis)

✉ CZ-37000, ✆ aus D, A und CH: 004238

ℹ Čedok, nám. Přemysla Otakara II. 39 (Marktplatz), ☎ 038/52127

♦ CTS-Travel Service (mit Privatzimmervermittlung), Krajinská 1, ☎ und FAX 038/25061

☺ Bei CTS können Sie zu einem günstigen Kurs Geld tauschen und erhalten als kleines Dankeschön einen Stadtplan von Budweis.

♦ UVD-Tour organisiert täglich um 14:00 einen Stadtrundgang, Treffpunkt am Schwarzen Turm (Černá věž)

🎭 Südböhmisches Theater, Dr. Stejskala 23, ☎ 038/56925 (Schauspiel, Oper und Ballett)

♦ Kleines Theater, Hradební 18, ☎ 038/55060 (Puppenspiele, Schauspiele)

✕ Masné krámy, Krajinská 13, ☎ 038/32652 (🕒 täglich 9:00 bis 23:00)

♦ Corso, Biskupská

♦ Budvar (Brauerei-Restaurant), Světlé 2, ☎ 038/35572 (🕒 täglich 9:00 bis 22:00)

♦ Vatikan, Lannova 2, ☎ 038/22850, Südböhmische Spezialitäten (🕒 täglich außer Sa 10:00 bis 22:00)

🛏 Hotel Zvon***** (Silberne Glocke), nám. Přemysla Otakara II. 28 (Marktplatz), ☎ 038/7311383

♦ Hotel Gomel*** (mit Nachtclub und Casino), Pražská třída 14, ☎ 038/7311392, FAX 038/7311365

♦ Hotel Grand***, Nádražní 27 (gegenüber vom Hauptbahnhof), ☎ 038/59623, FAX 038/52268 (EZ DM 35)

♦ Motel Dlouhá louka***, Stromovka 8, ☎ 038/38308, FAX 038/33625

♦ Hotel Bohemia***, Hradební 20, ☎ 038/56263, FAX 038/57520

♦ Hotel Calcio, Novohradská 1, ☎ 038/21149 (DM 30)

- Hotel Garni**, Kostelní 22, ☏ und FAX 038/35616 (DM 25 mit Frühstück)
- Hotel K+M, Studentská 15, ☏ 038/40241
- Hotelová ubytova U Hvízdala, U Hvízdala 4, ☏ 038/43390, FAX 038/53685
- Hotel u Budvaru, Kněžskodvorská 20, ☏ 038/23205
- Ubytovna Škoda, Staroměstská 12, ☏ 038/33969
- Stavounion (Arbeiterwohnheim), Čechova 1 (sehr einfache Unterkunft)
- Domov mládeže, 1.7. bis 31.8., Žižkova 4, ☏ 038/37261
- Herberge SOU, 1.7. bis 31.8., Okružní 10, ☏ 038/28036
- Dlouhá louka, ganzjährig, mit Bungalows, ☏ 038/38308
- Stromovka, 15.4. bis 30.9., mit Bungalows, ☏ 038/53402
- Zugverbindung Linz-Budweis (České Budějovice), aus der Bundesrepublik erreichen Sie die Stadt über Plzeň (Pilsen), Klattau (Klatovy) oder Prag (über Tábor). Eine Regionalbahn verkehrt über Wallern (Volary) und Krumau (Český Krumlov) nach České Budějovice (Budweis).
- In den Sommermonaten existiert auf der Strecke Salzburg-Linz-Budweis (České Budějovice) eine internationale Busverbindung (☞Reise-Infos von A bis Z, Anreise).

Die Metropole Südböhmens befindet sich an der stark frequentierten E 55, welche Salzburg über Linz mit Prag verbindet.

Wegen ihrer außergewöhnlichen Architektur wurde die Altstadt in ihrer Gesamtheit unter Denkmalschutz gestellt.

Geschichte

Die Stadtgründung ist der Tatsache zu verdanken, daß König Přemysl Ottokar II. im südböhmischen Raum die Allmacht der Rosenberger eindämmen wollte. Zu diesem Zweck siedelte er vorwiegend deutsche Kolonisten an und erklärte den Ort 1265 zur königlichen Stadt. Gleichzeitig wurde die Stadt mit zweifacher Stadtmauer und Wassergraben gesichert. Im Verlauf des 14. Jh. entwickelte sich Budweis zur Handelsmetropole Südböhmens, insbesondere auch durch gewährte Sonderprivilegien Kaiser Karls IV. So erließ dieser in Budweis das Stapelgesetz. Das bedeutete, daß jeder vorbeireisende Kaufmann seine Waren drei Tage lang in der Stadt zum Kauf anbieten mußte.

Darüber hinaus förderten ergiebige Silberfunde in der Umgebung, eine eigene Münze, eine ertragsreiche Fischzucht in künstlich angelegten Teichen sowie ein Salzlager von aus Österreich importiertem Salz den Aufschwung.

Erst der Dreißigjährige Krieg und ein Großbrand im Jahre 1641 stoppten die Blütezeit vorübergehend. 1832 wurde die erste europäische Pferdebahn auf der 130-km-Distanz Budweis-Linz eröffnet, ein Zeichen erneuten Aufschwungs der Stadt. Die Pferdebahn wurde 1871 durch Dampflokomotiven ersetzt. Ein Teil der historischen Strecke wird für Touristen wiederaufgebaut.

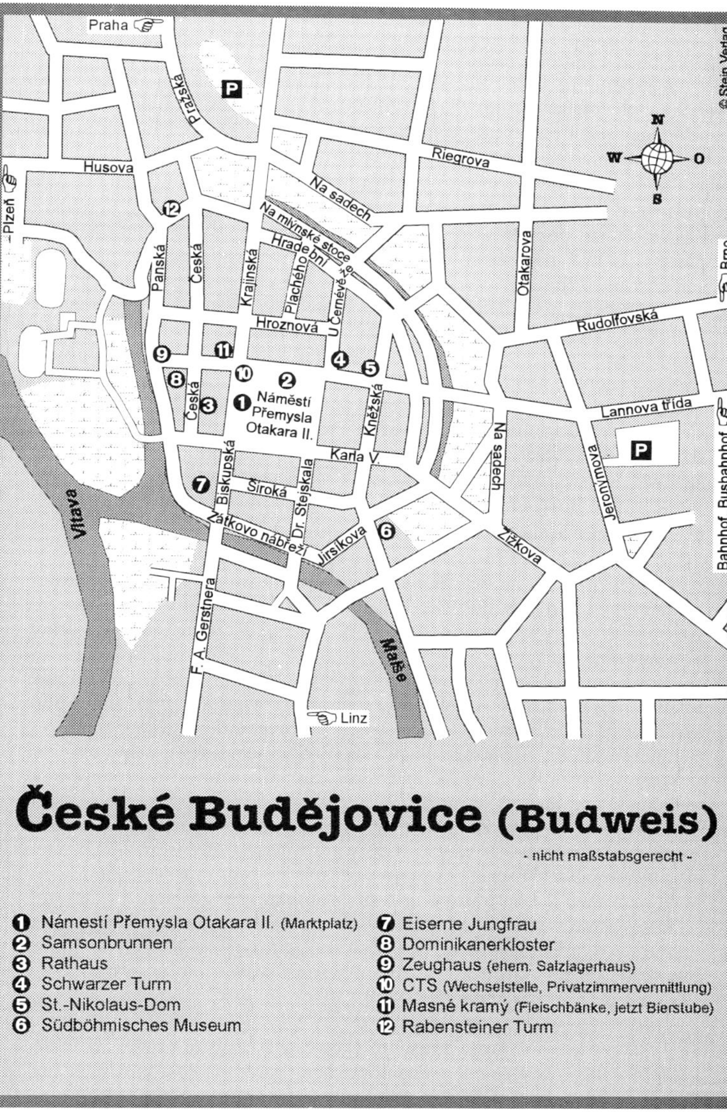

České Budějovice (Budweis)

- nicht maßstabsgerecht -

1. Námestí Přemysla Otakara II. (Marktplatz)
2. Samsonbrunnen
3. Rathaus
4. Schwarzer Turm
5. St.-Nikolaus-Dom
6. Südböhmisches Museum
7. Eiserne Jungfrau
8. Dominikanerkloster
9. Zeughaus (ehem. Salzlagerhaus)
10. CTS (Wechselstelle, Privatzimmervermittlung)
11. Masné kramý (Fleischbänke, jetzt Bierstube)
12. Rabensteiner Turm

Weltberühmt wurde Budweis als **Biermetropole** Europas, Konkurrenz gibt es im Inland nur aus Plzeň (Pilsen). Gebraut werden hier die Sorten "Budvar" und "Samson", jährlich insgesamt 400.000 Hektoliter, wovon rund 75% für den Export bestimmt sind.

Sehenswürdigkeiten

Fasziniert ist wohl jeder Besucher der Stadt vom weitläufigen **Marktplatz** (133 m x 133 m), in dessen Mitte der Samsonbrunnen (Samsonova kašna) von 1727 steht.

Die hübschen **Laubenhäuser**, die dem Platz einen würdigen Rahmen verleihen, stammen ursprünglich zumeist aus dem 13. Jh., was man ihnen aber nicht ansieht, da die Fassaden dem Zeitgeschmack immer wieder angepaßt wurden.

Markante Gebäude sind das **Renaissance-Rathaus** (1727-1730 im Barockstil verändert) und der **Schwarze Turm (Černá věž)**, 1549 bis 1578 erbaut, der früher als Glockenturm diente und mit 72 m Höhe ein schöner Aussichtspunkt ist. Aus der Vogelperspektive wird die schachbrettförmige Bebauung des Zentrums besonders deutlich.

♦ täglich außer Mo 9:00 bis 17:00

Nebenan sehen Sie den **St.-Nikolaus-Dom** aus dem Jahre 1265, 1641 bis 1649 im Stil des Barocks umgebaut. Während des Dreißigjährigen Krieges bewahrte man in einer seiner Kapellen kurzzeitig die böhmischen Kronjuwelen auf.

Nordwestlich vom Markt finden Sie die **Fleischbänke (Masné krámy)** aus dem Jahre 1554, 400 Jahre später wurden sie in stilgerechte und beliebte Gaststätten und Bierstuben umfunktioniert. Hier bekommen Sie neben deftigen Speisen auch das Budweiser Bier frisch vom Faß gezapft. Ganz in der Nähe befinden sich auch die Mariä Opferungskirche und das Dominikanerkloster (13. Jh.).

Das gotische **Alte Zeughaus** am Piaristenplatz (Piaristické náměstí) ist auch als Salzhaus bekannt. Hier wurde jahrelang das aus Österreich stammende Salz zwischengelagert. Über die Herrengasse (Pánska ul.) gelangt man zum Rabensteiner Turm (Rabštejnská věž) aus dem 14. Jh.

Ein weiteres sehenswertes Relikt der ehemaligen Stadtbefestigung ist die turmartige **Eiserne Jungfrau (Železná panna)**. Sie können sie in der Südwestecke der Altstadt am Zusammenfluß von Moldau (Vltava) und Malsche (Malše) besichtigen.

⌘ Das **Südböhmische Museum (Jihočeské krajske muzeum)** in der Dukelská ul. 1 wartet mit archäologischen, naturwissenschaftlichen und volkskundlichen Exponaten und mit Werken gotischer Malerei auf. Die ethnographische Zweigstelle befindet sich in der Mánesova ul. 10.

♦ täglich außer Mo 9:00 bis 12:00 und 13:00 bis 17:00, ☏ 038/57481

Abstecher: Das kleine Dorf **Holašovice**, 18 km westlich von Budweis (České Budějovice), rühmt sich vieler schöner Beispiele volkstümlicher Baukunst, bekanntgeworden als Dorf- oder Volksbarock.

Hluboká nad Vltavou (Frauenberg an der Moldau)

CZ-37341, ✆ aus D, A und CH: 004238
Info-Centrum Hluboká, ☏ 038/965329
Hotel Bakalář***, Masarykova 69, ☏ und FAX 038/965516
♦ Parkhotel, Masarykova 602, ☏ 038/965281
♦ Sporthotel Barborka, Zahradní 879, ☏ 038/965411
♦ SOU energetické, ☏ 038/965611
♦ Pension Club, ☏ 038/965318
Bezdrev, 1.5. bis 15.10., mit Bungalows, ☏ 038/965086
♦ Křivonoska, 1.5. bis 30.9., mit Bungalows, ☏ 038/965285

10 km nördlich von Budweis (České Budějovice) gelangen Sie (auch per Bahn und Bus) zu einem weiteren Besuchermagneten Südböhmens, dem **Schloß Frauenberg (Hluboká)**.

Es wurde vom Přemyslidenkönig Ottokar II. im 13. Jh. auf einem steilen Hügel über der Moldau gegründet. In der Mitte des 17. Jh. gelangten die Besitzungen in die Hände der Familie Schwarzenberg, den "Böhmerwaldkönigen", welche uns schon von Rožmberk n.V. (Rosenau) und Český Krumlov (Krumau) bekannt sind. 200 Jahre später erhielt das Schloß sein heutiges Aussehen im neugotischen Stil. Als Leitbild für die Umbauarbeiten diente das englische Schloß Windsor. Zinnen und Türmchen verleihen dem ganzen Komplex ein merkwürdiges Flair aus Romantik und Kitsch - trotzdem und vielleicht gerade deshalb sehenswert.

Im Inneren der 140 Räume bewahrt man wertvolle Sammlungen von flämischen Wandteppichen, Waffen, Möbeln, Gemälden, Glas und Porzellan auf. Am eindrucksvollsten wirken jedoch die in beinah allen Räumen anzutreffenden zahlreichen **Holzschnitzereien**.

1994 zählte man im Schloß über 200.000 Besucher. Eine Führung ist obligatorisch.

♦ März bis Mai und September und Oktober täglich außer Mo 9:00 bis 16:00, Juni bis August täglich außer Mo 9:00 bis 17:00, Vorbestellungen unter ☏ 038/965045

⌘ In der benachbarten ehemaligen Schloßreitschule stellt heute die **Südböhmische Aleš-Galerie** Exponate der Gotik, aber auch der modernen Kunst aus (☏ 038/965041).

Der Schloßkomplex wird von einer Parkanlage im englischen Stil umgeben, was die Ähnlichkeit mit Schloß Windsor noch unterstreicht.

2 km südwestlich sollten Sie dem **Jagdschloß Ohrada** einen kurzen Besuch abstatten, durch eine malerische Wald- und Teichlandschaft gelangen Sie auf gelb markiertem Weg dorthin. Das barocke Schlößchen ließen die Schwarzenberger zwischen 1708 und 1718 errichten. Schon 1842 wurde hier der Grundstock für ein Jagd- und Forstmuseum gelegt.

♦ April Di bis Fr 8:30 bis 15:00, Sa und So 8:30 bis 17:00, Mai und September täglich außer Mo 8:30 bis 18:00, Juni bis August täglich außer Mo 8:30 bis 19:00, ☏ 038/965340

Ganz in der Nähe des Jagdschlosses befindet sich ein ganzjährig geöffneter kleiner Zoo.

Der zweitgrößte See des Landes, Bezdrev, umfaßt 420 ha und ist ein beliebtes Badegewässer.

Traurige Berühmtheit erlangte der ca. 25 km nordwestlich von Budweis gelegene Ort **Temelín** durch das hiesige Atomkraftwerk.

Třeboň (Wittingau)

CZ-37901, ✆ aus D, A und CH: 0042333
Čedok, Masarykovo nám., ☏ 0333/2433
✕ U Zámku, Žižkovo nám. 51, ☏ 0333/2508
♦ Šupina (Fischrestaurant), Valy 155, ☏ 0333/2500
Hotel Svět**, Hliník 750/II, ☏ 0333/3141
♦ Hotel Zlatá hvězda***, Masarykovo nám. 107, ☏ 0333/3365, FAX 0333/2604
♦ Hotel Regent, ☏ 0333/4551
♦ Bílý koníček, Masarykovo nám., ☏ 0333/2818
Domanín, 1.5. bis 31.10., mit Bungalows, ☏ 0333/2586
Wittingau (Třeboň) ist gut auf dem Schienenweg erreichbar, die Züge auf der Schnellzugstrecke Berlin-Prag-Wien halten in der Stadt.
Busse verkehren u.a. nach Budweis (České Budějovice), Pilsen (Plzeň), Brünn (Brno) sowie nach Nordmähren ins Altvatergebirge (Jeseníky).

Die denkmalgeschützte Stadt wird über als 500 Teichen und ausgedehnten Moorflächen sowie einer sanften Hügellandschaft umgeben. Die saubere Luft und der schwefel- und eisenhaltige Heilschlamm sind die äußeren Voraussetzungen für den guten Ruf der Stadt als Heil- und Kurbad (☞ Reise-Infos von A bis Z, Heilbäder und -quellen).

Wittingau (Třeboň) ist seit dem 15. Jh. auf Betreiben der Rosenberger böhmisches Zentrum der **Karpfenzucht**. Als Weihnachtskarpfen deklariert, treten die Fische nach dem Abfischen im Herbst ihre Reise in viele Länder Europas an.

Die Teiche wurden im 15./16. Jh. angelegt. Für den größten unter ihnen, den Rosenberger Teich (Rožmberský rybník), 490 ha groß, benötigten zum Ende des 16. Jh. über 800 Arbeiter insgesamt 5 Jahre!

Ein weiteres ingenieurtechnisches Meisterwerk der damaligen Zeit stellt der **Goldene Kanal (Zlatá stoka)** dar. Knapp 50 km lang, verbindet er einen Großteil der Teiche. Das Abfischen der Teiche im Herbst ist seit jeher mit Volksfesten verbunden.

Große Gebiete um Wittingau (Třeboň) wurden zum Landschaftsschutzgebiet erklärt (☞ Reise-Infos von A bis Z, Nationalparks und Landschaftsschutzgebiete) und bieten zudem ein ideales Wanderterrain. Mittels vieler kombinierbarer Teilstrecken lassen sich reizvolle Rundwandertouren zusammenstellen.

📖 Karten von České Budějovice oder Táborsko, beide Maßstab 1:100.000, Soubor turistických map.

Sehenswürdigkeiten

Die über 600 Jahre alte Stadt konnte ihren zusammenhängenden mittelalterlichen Stadtkern, der seit 1978 auf der Unesco-Denkmalliste steht, beinah geschlossen bewahren.

Von den Renaissance- und Barockhäusern am Markt verdient insbesondere das Haus Nr. 97, **Zum weißen Rössel (U bílého koníčka)**, 1544 erbaut, Ihre Aufmerksamkeit. Auch das Rathaus (1566, 1819 umgebaut) sowie der Renaissance-Marktbrunnen (1569) und die barocke Mariensäule sind sehenswert.

In unmittelbarer Nähe ist das **Renaissance-Schloß** (16. Jh.) einen Besuch wert. Es ist im heutigen Zustand aus der Rosenberg-Epoche erhalten, die Grundmauern sind wesentlich älter. Ende des 17. Jh. gelangten die Besitzungen an die Fürsten Schwarzenberg. Heute befinden sich in den Räumen Expositionen des Rosenberg-Schwarzenberg-Archivs und des hiesigen Fischereimuseums.

♦ April und Oktober Sa, So und an Feiertagen 9:00 bis 16:00, Mai und September täglich außer Mo 9:00 bis 16:00, Juni bis August täglich außer Mo 9:00 bis 17:00, Vorbestellungen unter ☏ 0333/2677

Die benachbarte Brauerei Regent wurde 1379 gegründet, in der Bierstube (Pivovar) können Sie das frisch gezapfte Bier gleich verkosten.

Die zweischiffige gotische **Klosterkirche des hl. Ägidius** stifteten die Rosenberger im Jahre 1367, ihr Bau dauerte jedoch bis 1384. Als Paradebeispiel der südböhmischen Hochgotik fand der Sakralbau viele Nachahmungen. Im Inneren sehen Sie wertvolle Wandmalereien aus der Gründungsepoche und die bekannte Skulptur der Madonna von Wittingau. Teile des Flügelaltars gelten als so beachtenswert, daß sie heute in der Prager Nationalgalerie aufbewahrt werden.

Das nebenan befindliche einstige **Augustinerkloster** besitzt einen reichhaltigen Freskenschmuck im Kreuzgang. Teile der Stadtmauern mit drei Toren und sieben Basteien blieben in gutem Bauzustand erhalten.

Ein grün-rot markierter, von Eichen gesäumter Weg führt in südlicher Richtung am linken Ufer des 210 ha großen Weltteiches (Svět) zum **Domanín**, der pseudogotischen Gruft der Familie Schwarzenberg, die 1875 bis 1877 in Form einer Kapelle mit Türmchen erbaut wurde. Sie ist von einem Naturpark umgeben.

♦ wie Schloß Wittingau (Třeboň)

Im Sommer verkehrt ein Schiff über den Weltteich (Svět).

Prachatice (Prachatitz)

CZ-38301, aus D, A und CH: 0042338
Čedok, Zvolenská 30, 0338/22531
Hotel Park***, U stadiónu 383, 0338/21381, FAX 0338/21370
♦ Hotel Národní dům**, Velké nám. 10, 0338/22564
♦ Hotel Parkan**, Věžní 51, und FAX 0338/21868
♦ Hotel Zlatá stezka*, Velké nám. 46, 0338/23870, FAX 0338/23733

Die etwa 40 km westlich von Budweis (České Budějovice) gelegene Kreisstadt verdankt ihre Blütezeit der Lage am Goldenen Steig, dem mittelalterlichen Handelsweg zwischen Bayern und Böhmen.

Die vielen Bauten im historischen Kern stehen allesamt unter Denkmalschutz, die Häuser am Markt werden von Sgraffitos, Ornamenten oder Wandmalereien geziert.

Besonders hervorzuheben sind das ehemalige Salzlager oder Rumpalhaus (Rumpálův dům) mit reichem Sgraffitoschmuck, das Alte Rathaus (1570), das Neue Rathaus (Anfang 20. Jh.) im Pseudorenaissancestil, die skulpturengeschmückte Literatenschule (16. Jh.) und die dreischiffige gotische St.-Jakobs-Kirche (14. Jh.) mit ihrem markanten Turm.

Aus dem 14. bis 16. Jh. blieb ein Großteil der Stadtbefestigungsanlagen erhalten (u.a. das Písek-Tor und die Helvít-Bastei).

Täglich um 22:00 ertönt in der Altstadt das "Säumerglöckchen", zur Zeit der Kaufmannszüge sollte damit akustisch der Weg in die Stadt gewiesen werden.

Husinec (Husinetz)

In dem kleinen Ort, 5 km nördlich von Prachatice, befindet sich das Geburtshaus des berühmten Magisters **Jan Hus** (geb. 1371), der als Vordenker, Reformator und Kritiker seiner Zeit in die Geschichte einging. Wegen angeblicher Ketzerei wurde Hus vor das Konzil in Konstanz geladen und zum Tode auf dem Scheiterhaufen verurteilt, obwohl man ihm vorher freies Geleit zugesagt hatte.

Sein Glaubensgefährte Jan Žižka war der Hauptinitiator der daraufhin aufflammenden Hussitenbewegung, die in der Folgezeit halb Europa ergriff und sich gegen die Allmacht der katholischen Kirche richtete.

Im Geburtshaus des Magisters wurde die Hus-Stube eingerichtet, auf dem Markplatz sehen Sie ein Denkmal des tschechischen Reformators.

Kratochvílle (Kurzweil)

Nahe Netolitz (Netolice) existiert das für die Rosenberger im Jahre 1583 errichtete Renaissance-Lustschlößchen Kurzweil. Der Baustil wurde dem italienischer Villen nachempfunden.

⌘ Die Schloßräume sind heute Domizil eines **Museums des tschechischen Zeichen- und Puppentrickfilms**. Viele Trickfilmhelden haben sich seit langem einen Platz in den Herzen der Kinder, aber auch in denen der Erwachsenen erobert, so z.B. der kleine Maulwurf.

♦ April und Oktober Sa, So und an Feiertagen 9:00 bis 16:00, Mai und September täglich außer Mo 9:00 bis 16:00, Juni bis August täglich außer Mo 9:00 bis 17:00, Vorbestellungen unter ☏ 0338/82380

Strakonice (Strakonitz)

CZ-38611, ✆ aus D, A und CH: 0042342

Hotel Bavor****, Na ohradě 31, ☏ 0342/23567

♦ Hotel Depandance**, Švermova 188, ☏ 0342/23567
♦ Hotel Švanda Dudák, A. Št'astného 171, ☏ 0342/22211
Podskalí Strakonice, 1.5. bis 31.10, ☏ 0342/24693

Am Zusammenfluß von Wolinka (Volyňka) und Wottawa (Otava) gründete das Geschlecht der Bavory zu Beginn des 13. Jh. eine **Burg**, u.a. um die hiesige Goldwäscherei schützen zu können. Vier Jahrzehnte später gelangte ein Teil der Wehranlagen in den Besitz des Deutschen Ritterordens (Johanniter). Um 1400 war die Burg vollständig in Ordenshänden.

In der Folgezeit wurde der Komplex in ein befestigtes Kloster umgebaut, welches dem Orden und den Rosenbergern während der Hussitenkriege sicheren Schutz bot. Nach dem Dreißigjährigen Krieg siedelten die Johanniter nach Prag um. Interessante Teile der Burg sind ein frühgotischer Turm mit markanter Wehrseite, wertvolle Wandmalereien in den Kreuzgängen und der Kapitelsaal im einstigen romanischen Palast. Ein Teil der Räumlichkeiten dient heute als Museum, es werden Ausstellungen zur Geschichte der Goldwäscherei und des traditionellen Dudelsackpfeifens geboten.

Im Burghof findet Ende Juni alljährlich ein **Dudelsackpfeiferfestival** statt, alle vier Jahre reisen sogar Solisten aus allen Teilen der Welt an. Auch andere lustige Bräuche, wie z.B. die Maskenumzüge am letzten Faschingssonntag, haben eine lange Tradition.

Abstecher: In den Dörfern Radošovice, Sousedovice, Jiřetice, Putim und Miloňovice sehen Sie hübsche Bauten im südböhmischen Volksbarock.

Písek (Pisek)

CZ-39701, ✆ aus D, A und CH: 0042362
Čedok, Velké nám. 1, ☏ 0362/2001 und 3096
Interhotel Amerika****, R. Weinera 2375, ☏ 0362/59357
♦ Hotel Bílá růže***, Šrámkova 169, ☏ 0362/4931, FAX 0362/59002
♦ Hotel Pod Skalou*, Pod Skalou 156, ☏ 0362/4753

Der Stadtname (deutsch: ausgewaschener Sand) erinnert an das einst goldhaltige Flußsediment. Von der ehemaligen Königsburg Přemysl Ottokars II. blieb nur der Westflügel unversehrt erhalten, welcher heute das Stadtmuseum beherbergt. Über die Wottawa (Otava) führt die **älteste Steinbrücke des Landes**, die **Hirschbrücke** (13. Jh.), mit barocken Sandsteinplastiken aus dem 18. Jh. - ein malerisches Fleckchen.

Einen 74 m hohen Turm besitzt die frühgotische Dekanatskirche Mariä Geburt (1254, später umgestaltet). Im Mittelschiff der Kirche wurden vor 100 Jahren Malereien aus dem 13. Jh. freigelegt. Auf dem Markt sind das Rathaus (18. Jh.) und eine Reihe von Patrizierhäusern sehenswert.

Blatná (Blatna)

Das Städtchen ist von zahlreichen Fischteichen umgeben. Über die Stadtgrenze hinaus wurde die Rosenzucht bekannt, größere Anlagen sind zu sehen.

Auf den Überresten einer romanischen Kapelle wurde um 1400 eine gotische Wasserburg errichtet. Es folgten mehrere Um- und Erweiterungsbauten, u.a. der Ried-Flügel von Baumeister Benedikt Ried.

Das Gebäude ist nur während verschiedener Veranstaltungen für die Öffentlichkeit zugänglich (Infos: ☏ 0344/2934).

Zvíkov (Klingenberg)

🛏 Hotel Zvíkov*** in CZ-39835 Oslov (Zvíkovské Podhradí), ☏ 0362/95659, FAX 0362/95655

⛺ Velký Vir (im Ort Kožli u Orlíka), 🕐 1.6. bis 15.9., mit Bungalows, ☏ 0362/96192

Die einst hoch über dem Zusammenfluß von Wottawa (Otava) und Moldau (Vltava) gelegene spätromanische **Burg** (13. Jh.) wird seit dem Beginn der sechziger Jahre von den angestauten Wassermassen der Orlík-Talsperre umflossen. Die schönsten Flußabschnitte der Moldau sind heute - nicht nur zum Leidwesen vieler Maler und Dichter - überflutet, ihre einstige Wildheit ist verloren.

Die Burg war ein beliebter Aufenthaltsort von Přemysl Wenzel I. und Přemysl Ottokar II. und später Kaiser Karl IV. An den hohen Wehrturm, auch Knolle genannt, wurde unter Ottokar II. ein **Königspalast** mit Arkadengängen angebaut. Schönster Raum ist der Hochzeitssaal mit Kreuzrippengewölbe und Wandmalereien. Sehenswert ist auch die frühgotische Burgkapelle. Ein Museumsteil ist der Geschichte des Burgkomplexes gewidmet.

♦ 🕐 April und Oktober Sa, So und an Feiertagen 9:00 bis 16:00, Mai bis September täglich außer Mo 9:00 bis 16:00, Vorbestellungen unter ☏ 0362/95676

In der Saison verkehren von der Burg Ausflugsschiffe zum Schloß Worlik (Orlík).

Orlík nad Vltavou (Worlik)

In Kožli u Orlíka am Worlik-Stausee (Orlícká přehradní nádrž):
Velký Vir , 1.6. bis 15.9., mit Bungalows, ☏ 0362/96192

In Bohostice:
zwei Plätze, Spálenka und Lavičky, 15.5. bis 10.9., mit Bungalows

In Milešov:
Trhovký mit Bungalows, ☏ 0304/93287, Bor, ☏ 0304/93277, und Popeliky, ☏ 0304/93262, 15.5 bis 20.9. (alle drei Plätze)

Die ursprüngliche Burg Kaiser Karls IV. (13. Jh.), die Mitte des 19. Jh. von den Schwarzenbergern neugotisch zum Schloß umgestaltet wurde, befand sich einst am Rande eines steil zur Moldau abfallenden hohen Felsvorsprunges. Aber als vor mehr als drei Jahrzehnten, zwischen 1954 und 1962, im engen Moldautal die **Talsperre Orlík** erbaut wurde, änderte sich die Szenerie gewaltig. Heute gleicht der Komplex eher einem Wasserschloß.

Die Talsperre Orlík staut die Moldau (Vltava) auf einer Länge von insgesamt 70 km, die Wottawa (Otava) auf 23 km. Der entstandene See ist 2.730 ha groß. Mit 91 m Staudammhöhe und 511 m Länge ist das Bauwerk das größte seiner Art in Tschechien.

Mehrere Dörfer verschwanden unter der Wasseroberfläche, die einst von Dichtern beschriebene und von Malern festgehaltene wildromantische Moldauflußlandschaft ist heute nur noch auf Bildern zu betrachten.

Schloß Worlik (Orlík) wurde von den Schwarzenbergern vom 17. bis 19. Jh. zu einem Stammsitz der Familie umgestaltet. 1950 von den Kommunisten beschlagnahmt, wurde das Schloß im Mai 1992 als eines der ersten enteigneten Objekte seinem alten Besitzer, Karl von Schwarzenberg, zurückgegeben.

Als bekannter Vertreter der Familie Schwarzenberg ging Karl I. Philipp Fürst von Schwarzenberg in die Geschichte ein. Er war es, der 1813 als Feldmarschall das vereinigte europäische Heer in der Völkerschlacht bei Leipzig siegreich gegen Napoleon führte. Ende 1948 mußte die adlige Familie die Koffer packen und gen Westen ziehen. Man wählte Österreich als neue Heimat. 1965 erbte Karl von Schwarzenberg Millionen, er wurde zum drittgrößten Grundbesitzer des Alpenlandes.

Auch in der Tschechischen Republik genießt die Familie Schwarzenberg bis heute ein hohes Ansehen. Als Hitler sich Ende der dreißiger

Jahre anschickte, das Sudetenland und bald darauf ganz Böhmen und Mähren zu annektieren, bewiesen die Schwarzenberger als Wortführer weiterer adliger Familien sehr viel Zivilcourage: Sie bekannten sich mit einem öffentlichen Manifest standhaft zum Tschechentum.

Dafür zahlte die Familie schon 1940 einen hohen Preis. Alle böhmischen Besitzungen wurden in deutsche Verwaltungen überführt. Manch einer wurde gar wegen seiner Überzeugung ins KZ verschleppt.

Inzwischen wurde das Schloß frisch restauriert.

⌘ Im einstigen Wohntrakt lädt ein Museum zum Besuch ein, welches zum großen Teil Familiensammlungen der Familie Schwarzenberg präsentiert, u.a. eine umfangreiche Flintensammlung (insgesamt 300 Stück) aus dem 17. bis 20. Jh. und Jagdtrophäen.

Weiterhin locken der Große Rittersaal, ein chinesischer Salon und die Bibliothek (18.000 Einzelbände), alle mit wertvollen Kassettendecken verziert. Auch Karl I. Philipp Fürst von Schwarzenberg ist ein Raum mit Andenken gewidmet.

Aufgrund des Wechsels der Eigentumsverhältnisse legen die Besitzer jeweils die Öffnungszeiten des Museums fest.

i Infos und Vorbestellungen unter ☏ 0362/96101

✕ Im ehemaligen Reitstall erwartet den Besucher ein exklusives Restaurant.

Der Worlik-Stausee ist ein Paradies für Badefreunde, Wassersportler und Angler. Allerdings sind wegen felsiger Uferabschnitte nicht alle Bereiche für die Öffentlichkeit zugänglich.

Zwischen der Talsperre Worlik, Schloß Worlik (Orlík) und Burg Klingenberg verkehren im Sommer Motorschiffe. Die Schiffe legen auch an den Campingplätzen in Trhovský, Podskali, Radava und Velký Vir an. Zwischen Schloß Worlik und Burg Klingenstein fahren Sie unter der Moldaubrücke von Zd'ákov hindurch. Mit einem Brückenbogen von 330 m war sie zur Bauzeit (1957-1965) die größte ihrer Art in Europa.

Březnice

Březnice ist ein 10 km nordwestlich von Worlik (Orlík n. Vlt.) gelegenes historisches Städtchen, welches seine Entwicklung früheren reichen

 Blick vom Schwarzen Turm (Černá věž) auf Budweis (České Budějovice) ☞

Silbererzvorkommen verdankt. Das heutige Schloß, umgeben von einem Park, diente im 17. Jh. als Kloster und wurde Anfang des 19. Jh. im Empirestil umgebaut. Kürzlich wurde es der Familie Mensdorff-Ponilly zurückgegeben. Zu sehen gibt es historische Innenraumausstattungen, eine Galerie und eine Spielwerksammlung.

☎ 0306/982179

Tábor (Tabor)

CZ-39001, ✆ aus D, A und CH: 0042361
Čedok, třída 9 květná 1282, ☎ 0361/22235
♦ Info-Zentrum, Žižkovo nám. 2, mit gutem Angebot an Privatquartieren für DM 20 bis DM 30 mit Frühstück, ☎ 0361/252385
Hotel Palcát*** (bestes Haus in der Stadt), třída 9 květná 2674, ☎ 0361/22901
♦ Hotel Slavie**, Valdenská 591, ☎ 0361/24172
♦ Hotel Bohemia,, Husovo nám. 591, ☎ 0361/22827, FAX 0361/63341
♦ Hotel Slovan, třída 9 Května 678, ☎ 0361/23435
♦ Pension Vondrovcovi, Soukenická ul. 71/3 (direkt am nám. Mikuláše z Husi unterhalb der Schule), DM 20
♦ Pension Dáša, Bílková 735, ☎ 0361/63253
Střední zemědělská škola, Tomkova 2159, ☎ 0361/22041
Knížecí rybník***, ganzjährig, mit Bungalows, ☎ 0361/22480
♦ Malý Jordán, 15.6. bis 15.9., mit Bungalows, ☎ 0361/32103
Regelmäßige Bus- und Zugverbindungen nach Prag, Brünn (Brno) und Pisek (Písek), häufig Zug- und Busverkehr in Richtung Budweis (České Budějovice). Per Bus gelangt man in ca. 3 bis 4 Stunden auch nach Pilsen (Plzeň). Zweimal täglich verkehren Züge in Richtung Wien.

Tábor wurde auf einer steilen Landzunge der Lainsitz (Lužnice) angelegt, ist untrennbar mit der **Hussitenbewegung** verbunden und nimmt deshalb einen hohen Stellenwert im nationalen Geschichtsbewußtsein der Tschechen ein.

Tausende Glaubensbrüder des 1415 von den Katholiken verbrannten Jan Hus zogen mit ihren Familien von Prag aus gen Süden. Viele Anhänger kamen auch aus dem Nachbardorf von Tábor, Sezimovo Ústi. Aus einem großen Lager (*tábor* = Lager) entstand bald eine ansehnliche Stadt, deren Planung militärstrategischen Gesichtspunkten unterworfen war. Der unregelmäßige Bebauungsgrundriß und die absichtlich schief angelegten Straßenzüge sollten die Verteidigung Tábors erleichtern.

Die neue Stadt wurde auf der Grundlage des Gemeinschaftseigentums gegründet, Privatbesitz abgeschafft. Jeder Neuankömmling mußte sich seiner Habe entledigen. Das Abendmahl auf dem Marktplatz wurde auf noch erhaltenen steinernen Tischen gespendet. Dieses frühsozialistische Experiment überdauerte nur gut ein Jahrzehnt, es scheiterte ebenso wie die sozialistischen Gesellschaftsordnungen knapp 600 Jahre später.

Von Tábor, ihrem heiligen Berg und Hauptstützpunkt, zogen die Hussiten unter ihrem Heerführer Jan Žižka los, um 15 Jahre lang gegen Kaiser und katholische Kirche zu kämpfen. 1436 waren die letzten Hussiten besiegt, die Gegenreformation nahm ihren unheilvollen Lauf. An die Hussiten erinnert die 1437 zur königlichen Stadt erhobene Siedlung noch immer.

Das gesamte Zentrum um den **Marktplatz (Žižkovo náměstí)** steht unter Denkmalschutz. Auffallend wirkt das Rathaus mit seinen Renaissancegiebeln (1440 begonnen und erst 1521 beendet). Im Inneren können Sie ein Museum zur Geschichte der Hussitenbewegung besuchen. Vom Rathaus gelangt man in ein System unterirdischer Gänge, die ab 1430 angelegt und bei Angriffen auf die Stadt als sicherer Schlupfwinkel für Frauen, Kinder und Alte genutzt wurden. Etwa 15 km sollen früher existiert haben, heute ist ein Teilabschnitt von 680 m zugänglich.

♦ ❐ täglich außer Mo 8:30 bis 16:00

Auf der Mitte des Marktes steht ein Renaissancebrunnen, etwas seitlich davon die Bronzestatue Jan Žižkas. Dahinter sehen Sie die **Dekanatskirche** mit einem 77 m hohen Turm und das Gasthaus U Lichviců.

Gut erhalten blieb das **Stadtbefestigungssystem**, es zeigt noch heute eindrucksvoll die Wehrhaftigkeit des Hussitenstützpunktes. Im äußersten Südwestzipfel der Verteidigungsanlage befindet sich die **Burg Kotnov** (14. Jh.), von der allerdings nur ein Rundturm erhalten blieb, der heute als Museum dient. Links schließt sich das Bechiner Tor (Bechyňská brána) an.

Der unterhalb der Stadt gelegene älteste Stausee im Lande, **Jordán**, wurde 1492 angelegt und diente zur Wasserversorgung. Das Wasser wurde über ein ausgeklügeltes Rohrsystem geleitet, so daß der entstehende Druck genutzt werden konnte, um das Trinkwasser durch hölzerne Rohre weiter in einen Turm zu pumpen. Von dort floß es in Becken, aus denen die Bevölkerung ihr Wasser schöpfte. Wie auch der Stadtname Tábor ist die Bezeichnung Jordán biblischen Ursprungs.

Ausflüge in die nähere Umgebung

Die **Lainsitz (Lužnice)** gilt als beliebtes Kanu- und Kajakrevier.

Etwa 10 km östlich von Tábor befinden sich in der Nähe des Dorfes Chýnov die **Kalksteinhöhlen (Chýnovská jeskyně)**.

♦ ❐ Mai bis September

⌘ 25 km östlich von Tábor, auf der gotischen **Burg Kámen**, läßt eine Ausstellung die Herzen aller motorisierten Zweiradfans höher schlagen. Man präsentiert Ihnen hier eine umfangreiche Schau **historischer Motorräder**.

♦ ⌷ April und Oktober Sa, So und an Feiertagen 9:00 bis 16:00, Mai bis September täglich außer Mo 8:00 bis 17:00, Vorbestellungen unter ☏ 0365/2720

Wenn Sie Tábor in südlicher Richtung verlassen, so können Sie nach 20 km an der Straßenkreuzung Richtung Písek (Pisek) einen kleinen Abstecher in die Dörfer **Vlastiboř**, **Komárov** und **Zálši** unternehmen, wo es hübsche Volksarchitektur zu sehen gibt.

In **Sobieslau (Soběslav)**, welches Sie kurz vor der Abzweigung nach Písek passieren, lohnt der Halt wegen zweier Kirchen (Peter-und-Pauls-Kirche sowie St.-Veits-Kirche) am Markt und einer ethnographischen Ausstellung im Rosenberg-Haus (Rožmberk dům).

Unter Kennern gilt das romantische **Wasserschloß Rothlhota (Červená Lhota)** nahe der Ortschaft Deschna (Deštná) als reizvollstes Europas! Sie finden das ursprünglich im 14. Jh. als gotische Festung gegründete Schloß südöstlich von Tábor, etwas abseits der Verbindung Tabor (Tábor)-Neuhaus (Jindřichův Hradec).

Im 14. Jh. riegelte man das Flußtal mittels eines Dammes einfach ab und bot der Wehranlage somit zusätzlichen Schutz. Während des 16. Jh. verlor die Burg ihre Wehrfunktion und wurde zum Renaissanceschloß umgebaut, Mitte des 17. Jh. folgte eine Neugestaltung im Barockstil. Aus dieser Zeit stammt auch der Name Červená Lhota, denn die dunkelgefärbten Holzschindeln wechselte man gegen rote Dachziegel aus (*červená* = rot).

Ende der achtziger Jahre vollständig restauriert, ist das Schloß mit vier Flügeln nun eine Augenweide inmitten einer Teich- und Waldlandschaft. Im Inneren sind wertvolle Kunstgegenstände zu besichtigen: Zinngeschirr, Möbel, orientalische Teppiche und Porzellansammlungen.

♦ ⌷ April und Oktober Sa, So und an Feiertagen 9:00 bis 16:00, Mai, Juni und September täglich außer Mo 9:00 bis 16:00, Juli und August täglich außer Mo 9:00 bis 17:00, Vorbestellungen unter ☏ 0311/84228

Der deutsche Musiker und Opernkomponist **Karl Ditters von Dittersdorf** (1739-1799) verlebte seine letzten Jahre im Schloß. Er liegt im benachbarten Dorf Deschna (Deštná) begraben.

Dekanatskirche in Tabor (Tábor) ☞

Jindřichův Hradec (Neuhaus)

✉ CZ-37753, ✆ 0331
ℹ Čedok, Panská 136/1, ☎ 0331/22374
🛏 Grand Hotel Schneider***, Nám. Míru 165, ☎ 0331/25866
♦ Hotel Zlatá Hvězda***, Masarykovo nám. 107, ☎ 0333/3365, FAX 0333/2604
♦ Hotel Bílý Koníček**, Masarykovo nám. 97, ☎ 03333/2818
♦ Turístická ubytovna TJ Slovan, Jarošovská 743, ☎ 0331/22159

Der Wittigone Heinrich (tschech. Jindřich) gründete im 13. Jh. am Fluß Nežárka eine Stadt.

Vom Ruhm längst vergangener Blütezeiten kündet noch das aus einer romanischen Wasserburg hervorgegangene Schloß. Jede Zeitepoche hinterließ am heutigen Baukomplex durch Stiländerungen ihre Spuren. Das jetzige **Renaissanceschloß** beeindruckt durch seine unterschiedliche Arkadengestaltung.

Die Familie Hradec, die in Neuhaus (Jindřichův Hradec) herrschte, galt vom 14. bis 16. Jh. als eine der mächtigsten böhmischen Adelsfamilien. Im 17. Jh. war die Stadt eine der größten in Böhmen.

Berühmt sind die Ausstellungen wegen ihrer Gobelin- und Autographensammlung. Bemerkenswert ist auch die St.-Georgs-Kapelle auf dem Schloßgelände, sie zeigt in einem Wandmalereien-Zyklus (1338) Episoden aus der Georgslegende. Im Schloßgarten fällt der mit Stuck geschmückte, rondellförmige Vorbau (16. Jh.) auf.

Der städtische **Marktplatz** (Denkmalschutzreservation) wird von zumeist gotischen Patrizierhäusern umgeben, die später im Renaissance-, Barock- und Klassizismusstil verändert wurden. Auf dem Platz sehen Sie eine barocke Dreifaltigkeitssäule (18. Jh.) mit Statuengruppe.

Vor der gotischen **Propsteikirche** aus dem 14. Jh. ist im Pflaster eine Markierung des 15. Meridians östlich von Greenwich (Nullmeridian) eingelassen. Hier tickt Ihre Uhr also exakt in der mitteleuropäischen Zeit.

⌘ Ein Museum mit umfangreicher Sammlung können Sie im ehemaligen Jesuitenseminar besuchen (u.a. Weihnachtskrippen, ethnographische Exponate).

Ausflüge in die nähere Umgebung

Etwa 25 km südöstlich von Neuhaus (Jindřichův Hradec) gelangen Sie über den Ort Nova Bystrice zur legendenumwobenen **Burgruine Landstein (Landštejn)**, oberhalb des Ortes Staré Město p. Landštejnem. Sie ragt über einer bewaldeten Anhöhe empor. Die an zwei Seiten durch

Türme begrenzte Grenzfeste an der böhmisch-österreichischen Grenze beeindruckt durch ihre Großzügigkeit. Ihre Ursprünge reichen bis ins 13. Jh. zurück. Ein Rundblick auf die Umgebung ist ein besonderes Erlebnis. Auch **Schiller** muß von Landstein begeistert gewesen sein, schließlich verlegte er die Handlung seiner "Räuber" gerade auf dieses Areal.

An Wochenenden im Sommer ist die mittelalterliche Atmosphäre geradezu perfekt, es finden Fecht- und Theatervorstellungen statt.

♦ April und Oktober Sa, So und an Feiertagen 9:00 bis 17:00, Mai bis September täglich außer Mo 9:00 bis 17:00, Vorbestellungen unter ☏ 0332/9080

Wer Landstein besucht hat, sollte auch einen Abstecher nach **Zlabings (Slavonice)** nicht versäumen, die historische Stadt liegt allerdings schon in Südmähren (☞ Südmähren, Slavonice).

Žirovnice

Die Schloßanlage Širovnice im gleichnamigen Ort, nordöstlich von Neuhaus (Jindřichův Hradec) gelegen, weist wertvolle Wandmalereien (15. Jh.) im Grünen Zimmer und der Schloßkapelle auf. Im Museumsteil wird u.a. die Geschichte der Knopfmacherei verdeutlicht.

♦ Mai bis Oktober Di bis Fr 8:00 bis 16:00, Sa, So und an Feiertagen 9:00 bis 17:00

Pelhřimov (Pilgram)

Čedok, Růžová 82, ☏ 0366/22323

Pilgram ist eine im 13. Jh. am Südwestrand der Böhmisch-Mährischen Höhe gegründete Stadt. Die Dekanatskirche des hl. Bartholomäus (14. Jh.), hübsche Patrizierhäuser, Überbleibsel der Stadtbefestigungsanlagen (u.a. zwei Turmtore) sowie das im ehemaligen Rathaus eingerichtete Museum lohnen eine Stippvisite.

Die Karlsbrücke (Karlův most) in Prag ☞

Prag

Zweifellos ist Prag eine der schönsten Städte Europas. Die Kette positiver Schilderungen über sie ist eigentlich nie abgerissen. Die Stadt war und ist Mittelpunkt für Dichter, Maler, Komponisten. Manch einer bezeichnet Prag heute gar als heimliche Hauptstadt Europas.

Die Goldene Stadt erstreckt sich zu beiden Seiten der Moldau (Vltava), welche durch Smetana berühmt wurde. Sechzehn Brücken verbinden die beiden Flußufer, von denen die berühmteste und schönste die Karlsbrücke (Karlův most) ist.

Hradschin (Hradčany), Kleinseite (Malá Strana), der jüdische Stadtteil Josefstadt (Josefov), die Altstadt (Staré Město) und die Neustadt (Nové Město) waren einmal unabhängige Städte, jede mit ihrem eigenen Charakter. Heute bilden sie das Zentrum einer Stadt, deren Vororte sich weit um sie herum ausdehnen.

Prag empfängt seine Gäste das ganze Jahr über. Sie bummeln durch die engen Gassen der Altstadt über die Karlsbrücke hin zum Hradschin, besuchen Kunstsammlungen in den Galerien und Museen, verweilen in typischen Wirtshäusern oder Weinstuben.

Die Vielfalt der Sehenswürdigkeiten ist riesengroß. Man kann Prag (1.220.000 Einwohner) nicht in Worten beschreiben, man muß es gesehen haben. Und wer es erst einmal besucht hat, kommt immer wieder gern zurück. Für die Beliebtheit Prags spricht auch die Statistik: Über 30 Millionen ausländische Touristen kommen Jahr für Jahr an die Moldau, um sich vom Zauber der Goldenen Stadt gefangennehmen zu lassen.

Auch die Amerikaner lieben Prag, ca. 20.000 bis 30.000 leben hier, einige nur für ein paar Wochen, andere schon seit vier bis fünf Jahren.

Im Rahmen dieses Reisehandbuches können wir nur die allerwichtigsten Highlights vorstellen. Die Auswahl an Kultur, Architektur, Kunst, Theater, Musik, Schlemmen usw. ist überwältigend.

Wir haben den Schwerpunkt auf aktuelle Adressen und Informationen, Restaurants und Unterkünfte gelegt.

Wege nach Prag

Viele internationale Airlines fliegen Prag an.

Es gibt sehr viele Zug- und Busbahnhöfe, so daß Sie sich vorher gut informieren sollten, an welchem Sie ankommen oder abfahren werden. Hauptbusbahnhof ist **Praha-Florenc** (Metrolinie B oder C). Hauptbahnhof ist der **Hlavní nádraží** (auf der Linie C).

Die internationalen Züge aus osteuropäischen Staaten halten auf dem Bahnhof Praha-Holešovice (Endhaltestelle der Metroline C/Holešovické nádraží).

ℹ Auskünfte über nationale und internationale Bahnverbindungen bekommen Sie unter ☎ 02/2353836.

Wenn Sie Prag mit dem Auto erreichen wollen, sollten Sie es auf einem Parkplatz an einer Metrostation abstellen und die Stadt mit der Metro erkunden. Das spart Zeit und Geld und vor allem die nervige Parkplatzsuche. Mit der Metro gelangen Sie bequem zu allen Hauptsehenswürdigkeiten.

☞ Reise-Infos von A bis Z, Anreise

Innerstädtische Verbindungen

Das gesamte Stadtzentrum Prags ist mit einem Liniennetz von Metro, Stadtbus und Straßenbahn überzogen. Wer sich einmal mit den öffentlichen Verkehrsmitteln vertraut gemacht hat, wird ausgezeichnet damit zurechtkommen.

Mit einem Einzelfahrschein für Kč 6 können Sie ab dem Zeitpunkt der Entwertung am Automaten 90 Minuten lang fahren, also auch umsteigen. Kinder bis zum vollendeten 10. Lebensjahr fahren kostenlos.

Für Vielfahrer gibt es preisgünstige Tageskarten zu kaufen:

- 1 Tag Kč 50
- 2 Tage Kč 85
- 3 Tage Kč 110
- 4 Tage Kč 135
- 5 Tage Kč 170

☺ Wer zusätzlich auch noch viele Museen besuchen möchte, ist mit der **Prag-Card** gut bedient. Mit ihr können Sie in allen öffentlichen Verkehrsmitteln fahren und 26 Museen besuchen.

Die Prag-Card ist beim Reisebüro Pragotour (U Obecního domu 2, ☎ 02/2325128, FAX 02/24811651) erhältlich.

Prag

- Zentrum -

- nicht maßstabsgerecht -

Moldau
nábř. E. Beneše
nábř. kpt. Jaroše
nábř. L. Svobody
Na Františku
Dvořákovo nábř.
17. listopadu
Pařížka
Dušní
Vězeňská
Dlouhá
Masná
Rybná
Hradební
Revoluční
Soukenická
Truhlářská
Na Florenci
Havlíčkova
Široká
Křižovnická
U radnice
Platnéřská
Celetná
Hybernská
Karlova
Železná
Na příkopě
Jilská
Melantrichova
Náprstkova
Perlová
Panská
Jindřišská
Politických vězňů
Ružová
Opletalova
Smetanovo nábřeží
Divadelní
Národní
Jungmannova
Václavské náměstí
Vodičkova
V jirchářích
Spálená
Šlo lská
Štěpánská
Ve Smečkách
Mezibranská
Legerova
Masarykovo nábřeží
Myslikova
plavní
Resslova
Žitná
Ječná
Sokolská
Jugoslávská
Anglická

1	Nový svět (mittelalterliches Gäßchen)	9	Altstädter Ring (Staroměstské náměstí)
2	Loreta (Prager Loreto)	10	Clementinum
3	Kleiner Ring (Malé náměstí)	11	Pulverturm (Prašná brána)
4	Kleinseitner Ring (Malostranské náměstí)	12	ČSA-Büro
5	Palais Waldstein (Valdštejnský palác)	13	Čedok
6	Kampa	14	Čedok-Zimmervermittlung
7	Altstädter Brückenturm (Staroměstská mostecká věž)	15	Hauptpost (Hlavní pošta)
8	Alter jüdischer Friedhof (U starého hřbitova)	16	Staatliche Oper (Státní opera)
		17	Hauptbahnhof (Hlavní nádraží)
		18	Florenc-Busbahnhof
		19	Nationalmuseum (Národní muzeum)
		20	Seilbahn zum Petřín

Die rosa gekennzeichneten Gebiete sind Fußgängerzonen.

Zwischen den Flughäfen und der Stadt verkehren mehrere Buslinien, u.a. ein ČSA-Busdienst.

Taxifahren ☞ Reise-Infos von A bis Z, Taxi

Übernachtung in Prag

Rechnet man alle Übernachtungsmöglichkeiten (Hotels, Herbergen, Privatzimmer, Campingplätze) zusammen, dann dürfte die Stadt über ausreichende Kapazitäten verfügen. Der Bau neuer Hotels und Pensionen wird immer weiter forciert.

Das Problem besteht eher darin, eine preiswerte Bleibe zu finden. Die Luxushotels (DM 300-800) scheiden hier gleich aus, wer Interesse hat, sollte sich an Čedok wenden. Reisebüros mit Übernachtungsvermittlung verlangen zwischen 10 und 30% Provision.

Reisebüros (Auswahl), die speziell Zimmervermittlung in Prag anbieten:

- **i** Čedok-Zimmernachweis, Panská ul. 5, ☏ 02/24214192
- ♦ Pragotour, U Obecního domu 2, ☏ 02/2325128, FAX 02/24811651
- ♦ Universitas Tour, Opletalova 38, ☏ 02/260426, FAX 02/24212290
- ♦ Top-Tour, Rybna 3, ☏ 02/2696526, FAX 02/24811400
- ♦ Otus, Hellichova 5, ☏ 02/548441, FAX 02/5618564 (Unterkünfte ab DM 9)
- ♦ Metropolis Prag-Tour, Malá Štupartská 9, ☏ 02/2325132, FAX 02/2325231

Einige Hotels der Kategorie ** und * (unter DM 50) in der Stadtmitte:

- Meran-Garni, Václavské nám. 27, ☏ 02/262550, FAX 02/24227842
- Axa, Na poříčí 40, ☏ 02/24812580, FAX 02/2322172
- Hybernia, Hybernská 24, ☏ 02/24210439, FAX 02/24211513
- Juniorhotel, Žitná 12, ☏ 02/292984, FAX 02/24223911
- Juventus, Blanická 10, ☏ 02/255151, FAX 02/255153
- Merkur, Těšnov 9, ☏ 02/24810933, FAX 02/2323906
- Balkán, Svornosti 28, ☏ 02/540777, FAX 02/540670
- Čechie, U sluncové 618, ☏ 02/66311524, FAX 02/6830137
- Brno, Thámova 26, ☏ 02/24811888, FAX 02/24810432
- Standart, Přístavní 2, ☏ 02/66710471, FAX 02/806752

Botels (Hotelschiffe auf der Moldau):

- Albatros***, Prag 1, nábřeží L. Svobody, ☏ 02/24810547, FAX 02/24811214
- Admirál***, Prag 5, Hořejší nábřeží, ☏ 02/24511697, FAX 02/549616
- Racek***, Prag 4, Dvorecká louka 4, ☏ 02/61214389, FAX 02/61214390

Die Botels lohnen den erhöhten Preis nur, wenn Sie ein Zimmer mit Wasserblick buchen können.

Pensionen:

- Bonaparte Pension, Radlická 38, ☏ und FAX 02/543809
- Filip, Pod stadiony 6, ☏ und FAX 02/522619
- Romana, Nad Kazankou 27, ☏ 02/66410637, FAX 02/33410637
- Sprint, Cukrovarnická 64, ☏ 02/3123338, FAX 02/3121797

Herbergen (ganzjährig geöffnet):

- TJ Čechie Karlín, Prag 8, Malého 1 (in der Nähe des Busbahnhofes Florenc), ☏ 02/260955
- TJ Slovan Bohnice, Prag 8, Na pískovně (Metro C bis Haltestelle Nádraží Holešovice, mit Bus Nr. 102 zum nám. Staré Bohnice, letzte Haltestelle), ☏ 02/8552628
- University-Hotel centre (Koleje a menzy VŚZ), Prag 6, Kamýcká, ☏ 02/393797
- Studentský Hotel, Prag 6, Vaníčkova 5, ☏ 02/355616
- B + B Youth Hostel, Prag 7, Jankovcova 63, ☏ 02/804891
- TJ Slavoj Suchdol, Prag 6, Za sokolovnou 440, ☏ 02/393242

Die Herbergen besitzen z.T. nur einfache Einrichtungen (Gruppendusch- und -waschräume, Gemeinschaftsküche etc.). In der Hochsaison sollten Sie einen eigenen Schlafsack mitbringen, auch bei Überbelegung wird sich dann sicher noch ein Platz für Sie finden.

Campingplätze:

- Karavanpark, Císařská louka 599, Prag 5, ganzjährig, ☏ 02/545064
- Eva-Caravancamp, Strojírenská 78, Prag 5, ☏ 02/3019213
- Camp sokol Troja, Trojská 171a, Prag 7 (in der Nähe des Zoos), 1.6. bis 30.9., mit Bungalows, ☏ 02/66411177. Die Anwohner um den offiziellen Platz bieten in ihren privaten Gärten ebenfalls Zeltmöglichkeiten an.
- Autocamp Trojská, Trojská 375, Prag 7, ☏ 02/66416036
- Džbán, Na lávkou 3, Prag 6 (an einem Stausee gelegen, Metro A, Haltestelle Hradčanská, mit der Straßenbahn bis Haltestelle Nadrž Džbán), auch 4-Bett-Zimmer, ☏ 02/368551, FAX 02/361365

Auf der Prager Burg ☞

Essen und Trinken

Seit der 89er Revolution und der zunehmenden Touristenflut ist auch das Angebot an Kneipen und Imbißständen, Cafés und Restaurants enorm gestiegen - leider nicht nur qualitativ. Der Königsweg trägt bspw. schon den abwertenden Beinamen "Fast-Food-Schneise".

☞ Sicher können Sie als zahlungskräftiger Tourist hier immer noch preiswerter essen als daheim, aber die Preise haben sich im Vergleich zu den letzten drei Jahren oft vervielfacht.

Insbesondere im Prager Zentrum werden zum Teil astronomische Preise verlangt, die Einheimische von einem Besuch abschrecken. Lassen Sie sich auf jeden Fall die deutsche Speisekarte geben, damit Sie einen groben Preisüberschlag machen können. Trotzdem sollten Sie die Moldaustadt unbedingt auch kulinarisch durchstreifen. Die Atmosphäre vieler traditioneller Restaurants/Cafés ist oft ein Erlebnis für sich.

Wer ausgehungert in die Stadt kommt und seinen Geldbeutel nicht allzusehr strapazieren möchte, sollte auf Gaststätten in Außenbezirken und Nebenstraßen ausweichen.

Nachfolgend eine kleine Auswahl an Restaurants/Gaststätten im mittleren Preisbereich:

- ✕ Bohemia, Václavské nám. 29 (Wenzelsplatz), ☏ 02/24226951, 🚪 täglich 11:00 bis 23:00. Man zahlt einen Einheitspreis von Kč 350 und kann dann nach Lust und Laune speisen, nur Getränke sind extra zu bezahlen.
- ♦ Pelikán, Na příkopě 7, ☏ 02/24210697, 🚪 täglich 11:30 bis 23:00, tschechische und internationale Gerichte (Luxusrestaurant)
- ♦ Restaurant Marie Teresie, Na příkopě 23, ☏ 02/24229869, 🚪 täglich 11:30 bis 24:00
- ♦ Černý kůň (Schwarzes Pferd), Vodičkova 36, ☏ 02/24212659, 🚪 täglich 11:00 bis 23:00, traditionelle Prager Küche und Pilsner Urquell
- ♦ Plzeňský dvůr (Pilsner Hof), Milady Horákove 59, 🚪 täglich 11:00 bis 22:00, südböhmische Küche und Pilsner Urquell
- ♦ U Šumavy (Zum Böhmerwald), Štěpánská 3, 🚪 täglich außer Sa von 11:00 bis 22:00, südböhmische Gerichte (auch Fisch) und Budweiser (Budvar) vom Faß
- ♦ U svatého Tomáše (Zum hl. Thomas), Letenská 12, ☏ 02/536776, Nähe St.-Nikolaus-Kirche). 🚪 täglich 11:30 bis 24:00. Die älteste Gaststätte Prags (seit 1358), etwas teurer, dafür wird hier das weltbekannte Schwarzbier der Brauerei Braník ausgeschenkt.
- ♦ U Kalicha (Zum Kelch), Na bojišti 12, ☏ 02/290701, 🚪 täglich 11:00 bis 15:00 und 17:00 bis 23:00. Stammkneipe Jaroslav Hašeks, dem geistigen Vater des weltbekannten Romanhelden Schwejk, typisches Prager Ambiente, böhmische Küche und Radegast-Bier.

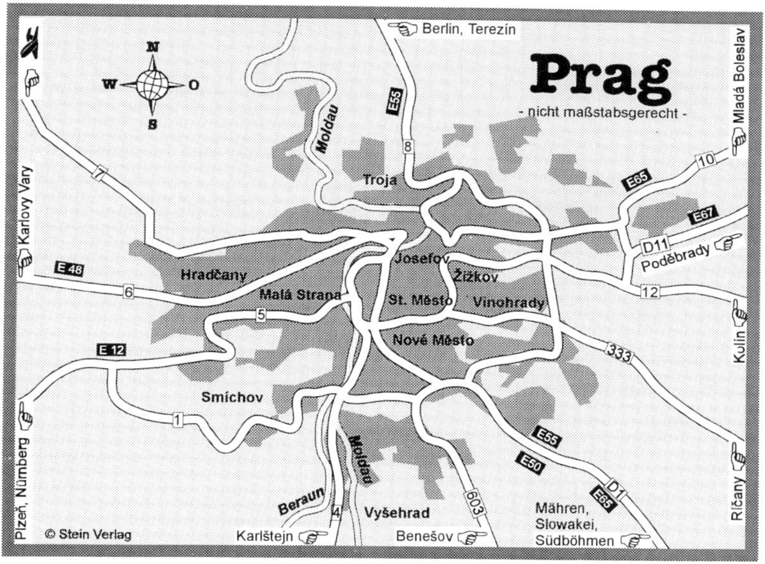

- ♦ U Lorety, Loretánské nám. 8, ☏ 02/24510191, 🚪 täglich 11:00 bis 15:00 und 18:00 bis 23:00, stilvolles Prag-Restaurant mit Gartenterrasse
- 🍷 Lobkovická vinárna (Lobkowitzer Weinstube), Vlašská 17, Kleinseite, ☏ 02/530185, 🚪 täglich 12:00 bis 15:00 und 18:30 bis 24:00, Weine aus Mělník
- ♦ U Mecenáše (Zum Mäzen), Malostranské nám. 10, ☏ 02/533881, 🚪 täglich 17:00 bis 24:00, angenehme historische Atmosphäre (gegründet 1604)
- ♦ Parnas, Smetanovo nábřeží 2, 🚪 täglich 19:00 bis 1:00. Den Panoramablick auf die Prager Burg und die Karlsbrücke gibt es hier neben guten Weinen gratis. Unbedingt empfehlenswert!
- ♦ U pavouka (Zur Spinne), Celetná 17, ☏ 02/24811436, 🚪 täglich 12:00 bis 15:00 und 18:30 bis 24:00. Südmährische Weine werden im gotischen und im Renaissancesaal ausgeschenkt.
- ♦ U Fleků, Křemencova 9 (Nähe Karlsplatz), ☏ 02/24915118, 🚪 täglich 9:00 bis 23:00. Die wohl populärste Prager Bierstube - hier wird Schwarzbier aus eigener Brauerei ausgeschenkt, welche seit 1459 Tradition besitzt.
- ♦ U Pinkasů, Jungmannovo nám. 15, ☏ 02/24222965, 🚪 täglich 12:00 bis 23:00, einfache Prager Bierschenke, Pilsner Urquell
- ♦ U Supa (Zum Geier), Celetná 22, ☏ 02/24212004, 🚪 täglich 11:00 bis 23:00, Pilsner Urquell

- Café Slavia, Národni trída 1, täglich 8:00 bis 22:00. Eingerichtet im Jugendstil, ist es der Künstlertreffpunkt Nr. 1. Auch der Präsident Václav Havel soll hier ab und zu vorbeischauen. Schöner Blick auf die Altstadt, wenn man einen Fensterplatz ergattert.
- Café Evropa (Europa), Václavské nám. 29 (Hotel Europa), täglich 7:00 bis 23:00. Wundervolle Jugendstilatmosphäre!
- U Kische, Celetná 2, täglich 10:00 bis 22:00
- U zlatého hada (Hotel zu den drei Straußen), Karlova 18, täglich 11:00 bis 23:00. Das ältestes Prager Caféhaus, 1714 von Armenier Damasceu ins Leben gerufen. Heute werden an die 20 Kaffeesorten geboten.

Kulturelles

⌘ Wichtige Museen

Im Stadtteil Staré Město:

- Museum der tschechischen Musik (Muzeum české hudby), Ke Karlovu 20: u.a. ständige Ausstellung zum Leben und Wirken des Komponisten Antonín Dvořák. täglich außer Mo 10:00 bis 17:00
- Kunstgewerbemuseum (Umĕleckoprůmyslové muzeum), ul. 17. listopadu 2 (Metro A, Haltestelle Staromĕstská): u.a. mit einer bekannten europäischen Glassammlung, Möbeln, Keramik, Mode, Uhren, Buchbinderei. täglich außer Mo 10:00 bis 18:00
- Náprstek-Museum (Náprstkovo muzeum), Betlémské nám. 1: ethnographische Sammlungen der afrikanischen, asiatischen und amerikanischen Kultur. täglich außer Mo 9:00 bis 12:00 und 12:45 bis 17:30

Im Stadtteil Nové Mĕsto:

- Museum der Hauptstadt Prag (Muzeum hlavniho mĕsta Prahy), Na poříčí 52 (Metro B und C, Station Florenc): Prager Geschichte vom 9. bis 20. Jh., u.a. ein sehenswertes historisches Stadtmodell (19. Jh.) aus Papier mit 20 m² Fläche. täglich außer Mo 10:00 bis 18:00
- Nationalmuseum (Národní muzeum), Václavské nám. 68 (Wenzelsplatz): drei Hauptteile: Geschichte Böhmens und Mährens, Naturwissenschaftliche Abteilung, Böhmische Bibliothek. täglich außer Di 9:00 bis 17:00
- Postmuseum (Poštovní muzeum), Nové mlýny 2: wertvolle europäische Briefmarkensammlung und Geschichte des tschechischen Postwesens. täglich außer Mo 9:00 bis 17:00

Im Stadtteil Malá Strana:

- Musikinstrumentenmuseum (Muzeum hudebnick nastrojů), Lázeňská 2: zweitgrößte Musikinstrumentensammlung der Welt.

Im Stadtteil Hradčany:

- Loreta-Museum (Loreta), Loretánské nám. 7: u.a. der Loreta-Schatz, Goldschmiedeerzeugnisse aus dem 16. bis 19. Jh. und die berühmte Diamantenmonstranz mit über 6.000 Diamanten! täglich außer Mo 9:00 bis 17:00
- Militärhistorisches Museum (Schwarzenbersky palác), Hradčanské nám. 2 (Metro A, Haltestelle Hradčanská): Entwicklung der tschechischen Militärtechnik von den Anfängen des böhmischen Staates bis zum Zerfall der

Samsonbrunnen auf dem Markt von Budweis (České Budějovice) ☞

SCOTCH

Habsburger Monarchie 1918, prunkvolle Ritterrüstungen, interessante historische Uniformen etc. täglich außer Mo 10:00 bis 18:00

Im Stadtteil Josefov:

- Jüdisches Museum (Židovské muzeum), Jáchymova 3 (Metro A, Haltestelle Staroměstská): besteht aus mehreren Objekten (Klausen-, Maisl-, Hohe-, Spanische-, Pinkas- und Altneusynagoge und Alter Jüdischer Friedhof) innerhalb des einstigen jüdischen Viertels. täglich außer Sa (Sabbat!) 9:00 bis 17:00

Im Stadtteil Praha-Smíchov:

- Mozartmuseum (Villa Bertramka), Mozartova 169 (Metro B, Haltestelle Anděl): erinnert an die Aufenthalte Mozarts in Prag während der Jahre 1787 bis 1791, u.a. sehen Sie ein Klavier, auf dem das Musikgenie in die Tasten griff. täglich außer Di 10:00 bis 17:00
- Franz-Kafka-Ausstellung, U radnice 5, täglich außer Mo 10:00 bis 18:00
- Ethnographisches Museum (Villa Kinskych), Petřinské sady 98: Entwicklung der böhmischen und mährischen Volkskultur, Keramik, Bekleidung, Möbel etc.

Im Stadtteil Prag-Holešovice:

- Nationales Technisches Museum (Národní technické muzeum), Kostelní 42 (Metro A, Haltestelle Hradčanská und weiter mit Straßenbahnlinien 1, 8 oder 25): Ursprünglich 1908 als technisches Museum des Königreiches Böhmen gegründet. Auf 6.100 m² werden alle Arten von Verkehrsmitteln sowie die Entwicklung verschiedenster Industriezweige gezeigt. In einem 600 m langen unterirdischen Gang stehen historische Fördermaschinen (Kohlen- und Erzgrubenbau). Beachtenswert auch eine umfangreiche Fotografie-Technik-Abteilung. täglich außer Mo 9:00 bis 17:00, Führung im Bergbaustollen um 11:00, 13:00 und 15:00

⌘ Wichtige Galerien

- Nationalgalerie (Národní galerie) mit den Abteilungen:
  Sternberg-Palais (Šternberský palác), Hradčanské nám. 15 (Metro A, Haltestelle Hradčanská): historische europäische und französische Kunst. täglich außer Mo 10:00 bis 18:00
  St.-Georgs-Kloster (Jiřský klášter), Jiřske nám. 33 (auf der Prager Burg): historische böhmische Kunst. täglich außer Mo 10:00 bis 18:00
  Kloster der hl. Agnes (Anežský klášter), U milosrdných 17 (Metro A, Haltestelle Staroměstská): böhmische Malerei und Bildhauerei des 19. und 20. Jh. täglich außer Mo 10:00 bis 18:00
- Im gesamten Stadtgebiet von Prag existieren etwa 30 bedeutende Galerien, deren Adressen und Ausstellungsgenres Sie u.a. der Broschüre **"Willkommen in Prag"** (gratis) entnehmen können.

Theater, Konzerte

In vielen historischen Gebäuden Prags existieren wundervolle Konzertsäle, so im Schwarzenberg- und Lobkowitzpalast, im Schloß Troja, im Strahov-Kloster etc. Lassen Sie sich in einem Touristenbüro beraten oder wählen Sie im aktuellen Veranstaltungsprogramm selbst

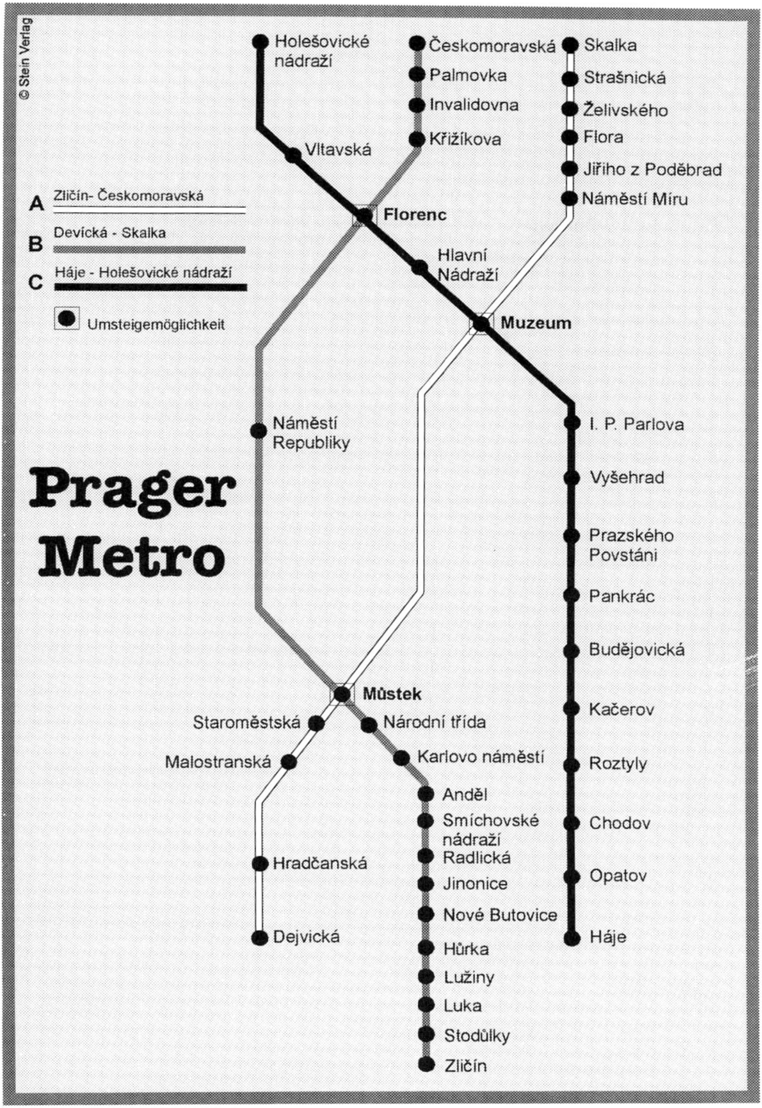

© Stein Verlag
Prager Metro
A Zličín- Českomoravská
B Devícká - Skalka
C Háje - Holešovické nádraží
Umsteigemöglichkeit
Holešovické nádraží
Vltavská
Florenc
Hlavní Nádraží
Muzeum
I. P. Parlova
Vyšehrad
Prazského Povstáni
Pankrác
Budějovická
Kačerov
Roztyly
Chodov
Opatov
Háje
Českomoravská
Palmovka
Invalidovna
Křižíkova
Náměstí Republiky
Můstek
Národní třída
Karlovo náměstí
Anděl
Smíchovské nádraží
Radlická
Jinonice
Nové Butovice
Hůrka
Lužiny
Luka
Stodůlky
Zličín
Skalka
Strašnická
Želivského
Flora
Jiřiho z Poděbrad
Náměstí Míru
Staroměstská
Malostranská
Hradčanská
Dejvická

aus. Die meisten Darbietungen erlebt man zum "Prager Frühling", aber eigentlich gibt es das ganze Jahr über kulturelle Höhepunkte.

Die Sakralbauten Prags (z.B. St.-Veits-Dom, Allerheiligenkirche, St.-Nikolaus-Kirche u.a.) bieten zu unregelmäßigen Terminen Konzertveranstaltungen, zumeist Orgelmusik.

- Über das aktuelle Veranstaltungsprogramm informieren die Tages- und Wochenzeitungen (auch die deutschsprachigen, wie z.B. Prager Volkszeitung, Prager Wochenblatt etc.).
- Eintrittskarten für Theater und Konzerte erhalten Sie vom Prager Informationsdienst (PIS) mit den Zweigstellen Na příkopě 20, Staroměstské nám. 22, Hlavní nádraží (im Hauptbahnhof).

Berühmte Theater:

- Laterna Magica, Národní 4, ☏ 02/24914129 (Synthese von Musik, Theater und Tanz)
- Staatsoper Prag (Státní opera Praha), Wilsonova 8, ☏ 02/24227693 (Oper und Ballett)
- Nationaltheater (Národní divadlo), Národní 2, ☏ 02/24913437 (Oper, Ballett, Schauspiel)
- Theater am Geländer (Divadlo na zábradlí), Anenské nám. 5, ☏ 02/24221933 (Pantomime)
- Nationales Marionettentheater, Celetná 13, Tickets über ☏ 02/2322536
- Franz-Kafka-Theater, Celetná 17, ☏ 02/2324189

Konzerte (Auswahl) in folgenden Aufführungsräumen:

- Kulturpalast (Palác kultury), 5. května 65
- Rudolfinium, nám. Jana Palacha
- Haus zur steinernen Glocke (Dûm U kamenného zvonu), Staroměstské nám. 13
- Jazz Art Club, Vinohradská 40
- Reduta, Národní 20 (Jazz)
- Press Jazz Club, Pařížska 9
- Viola, Národní třída

Nachtleben

Auch für Nachtschwärmer bietet Prag einiges.

Diskotheken und Nachtclubs:

- Videodiskothek Pygmalión (teuerste Disko in Prag), Václavské nám. 56 (Wenzelsplatz), ☏ 02/24032466, täglich 19:30 bis 4:00
- Eden Bar, Václavské nám. 22, ☏ 02/24217092, täglich 21:00 bis 4:00
- Luxor, Václavské nám. 41
- Cascade (im Hotel Central), Rybná 8, täglich außer So 21:00 bis 4:00

Szene-Clubs:

- Bunkr (ehem. Strahlenschutzraum der KPČ-Regierung), Prag 1, Lodecká 2
- Radost FX, Prag 2, Belehradská 120
- Borát, Prag 1, Újezd 18
- Malostranská beseda, Prag 1, Malostranské nám.

 Blick vom Schloßturm auf Neustadt a. d. Mettau (Nové Město nad Metují) ☞

Karten und Reiseführer

Wer länger als zwei bis drei Tage in der Stadt verweilen will, sollte sich zusätzlich mit einem Prag-Reiseführer "bewaffnen", bspw. mit dem PragHandbuch von Elisabeth Aslan, Conrad Stein Verlag.

Aktuelle Hintergrundgeschichten über die Goldene Stadt liefert Ihnen das Insider-Lexikon "Prag" (Beck'sche Reihe 1050) von Christoph Bartmann.

In den städtischen Reisebüros gibt es gratis **"Willkommen in Prag"** (vierteljährlich) und das englisch-deutsche Infoheft **"Praha - Was, Wo, Wann"** (Kč 15), welches monatlich neu aufgelegt wird. Beide Broschüren enthalten viele Tips zu Kulturveranstaltungen, Restaurants, Galerien etc.

In den zahlreichen Prospekten über Prag finden Sie mehr oder weniger brauchbare kleine Stadtpläne, die das historische Zentrum abdecken. In jedem Buchladen können Sie einen detaillierten Stadtplan (mit Verzeichnis aller Straßen) preisgünstig kaufen. Auch deutsche Verlage haben mittlerweile Prag-Stadtpläne, so daß Sie sich schon daheim informieren können.

Sicherheit in Prag

Wichtige Adressen/Telefonnummern in Prag:

CD Botschaften ☞ Reise-Infos von A bis Z, Diplomatische Vertretungen

✯ **Polizei**, ☎ 158

Feuerwehr, ☎ 150

⊞ **Medizinischer Notfalldienst** (Verständigung deutsch/englisch), ☎ 155 oder ☎ 52922191

♦ Zahnärztlicher Bereitschaftsdienst: Prag 1, Vladislavova 22 (Nové Město), ☎ 02/24227663

♦ Gesundheitszentrum für Ausländer: "Na homolce", Roentgenova 2, ☎ 02/526040. Am besten per Metro B bis "Anděl" und weiter mit Bus Nr. 167, dieser fährt direkt vor den Eingang (riesiger moderner Komplex). Anmeldung im Erdgeschoß (speziell für Ausländer), manchmal muß vor der Behandlung eine Anzahlung hinterlegt werden.

Hauptpostamt (24 Std. geöffnet), Jindřišská 14 (am Wenzelsplatz), ☎ 02/ 24228588

BANK **Internationale Banken:**

♦ Deutsche Bank AG, Jungmannova 34

♦ Bayerische Landesbank Girozentrale, U Prašne brány 3

♦ Berliner Bank AG, Národní 10

♦ Hypo Bank, Štěpánská 27, ☎ 02/2355301

♦ Bank Austria AG, Revoluční 15, ☎ 02/24892280

Wie auch in anderen europäischen Hauptstädten sollte man einige Tips beherzigen, um kriminellen Delikten vorzubeugen. Mit dem Systemwechsel in Tschechien schwappten viele negative Begleiterscheinungen der Marktwirtschaft auf unser Nachbarland über, so Überfälle, Prostitution, Korruption. Seit der Wende 1989 gab es auf diesem Gebiet astronomische Wachstumsraten. Aber eine Dramatisierung der Situation wäre völlig falsch, als Normaltourist leben Sie in Prag relativ sicher, wenn Sie der "Unterwelt" so wenig Ansatzpunkte wie möglich bieten.

Einige allgemeine Hinweise

- Achten Sie beim Gedränge (Kaufhäuser, Museen etc.) auf ihre Geldbörse, Taschendiebe besitzen erstaunliche Fingerfertigkeiten!
- Lassen Sie im Auto keine Wertgegenstände sichtbar liegen!
- Bei Gepäckautomaten mit Zahlencode werden Sie unter Umständen von Spezialisten beobachtet, die in der Lage sind, den Code, während Sie ihn einstellen, zu entschlüsseln.
- Vermeiden Sie es, zu später Stunde allein durch einsame Stadtteile zu bummeln. Auch alkoholisierte Einzeltouristen erleichtern den Gaunern ihr kriminelles Handwerk.
- Prostituierte schläfern ihre Kunden manchmal mit Schlafmitteln ein - des öfteren wachten Herren schon völlig nackt im Park auf, ohne befriedigendes "Erlebnis" und dann auch noch ohne Geld!
- Unseriöse Taxifahrer ☞ Reise-Infos von A bis Z, Taxi.

Passiert trotz aller Vorsicht etwas, dann sind folgende Hinweise wichtig: Sofortige Meldung an die Polizeidienststelle (auch über Ihr Hotel möglich). Die Polizei ist verpflichtet, einen kostenlosen Dolmetscher zu stellen, ein Protokoll aufzunehmen und eine Bestätigung der Anzeige mit Daten und Vorgangsnummer sowie Identifikationsnummer des Beamten auszustellen, wichtig sind die Zeitangaben. Wenn Sie irgendwelche Gebühren entrichten müssen, verlangen Sie immer eine Quittung!

Geschichte

Die ersten slawischen Stämme siedelten auf Prager Gebiet im 5. Jh. v.Chr. auf dem Gelände der Prager Burg und südlich davon auf dem gegenüberliegenden Flußufer in Vyšehrad. Die Gegend um den Altstädter Ring war ein belebter Schnittpunkt der Fernhandelsstraßen. Hier tauschten fränkische, byzantinische, arabische und jüdische Händler ihre Waren gegen landwirtschaftliche Produkte, Textilien, Lederwaren und Sklaven.

Die Prager Burg wurde im 9. Jh. von den **Přemysliden** erbaut.

Eine Zeitlang war Vyšehrad Hauptresidenz der Přemysliden, aber 1420 wurde es zerstört und später als Befestigungsanlage ausgebaut, die Prag von Süden her Schutz bieten sollte. Die erste steinerne Brücke über die Moldau wurde im 12. Jh. gebaut, ungefähr dort, wo sich heute die Karlsbrücke befindet.

Im 13. Jh. hatte sich die Altstadt zu ihrer heutigen Form und Größe entwickelt, im Jahre 1257 gründete Přemysl König Ottokar (Otakar II.) die Kleinseite. Die Stadt Hradschin entstand zu Beginn des 14. Jh.

Vieles von der Anziehungskraft Prags geht auf **Karl IV**. zurück, der 1346 König von Böhmen wurde. Im Jahre 1349 wurde er zum Heiligen Römischen Kaiser gekrönt, und Prag wurde für einige Zeit zur Hauptstadt des Heiligen Römischen Reiches Deutscher Nation. Während Karls Regierungszeit wurde die erste Universität nördlich der Alpen in Prag gegründet, die Neustadt entstand, der Bau des Veitsdomes begann, und die heutige Karlsbrücke wurde über die Moldau gebaut. Karl IV. wird als Begründer der **Prager Gotik** angesehen. Zu seiner Zeit wurde Prag mit 40.000 Einwohnern eine der größten Städte Europas.

Jan Hus, Prediger und Begründer der Hussitenbewegung, predigte in der Bethlehemskapelle der Altstadt. Die Auseinandersetzungen mit den Hussiten waren schuld daran, daß die Renaissance erst sehr spät nach Prag kam. Das Barock war zunächst ein Ausdruck der Überlegenheit des Rekatholisierungsprozesses. Die ersten Barockbauten waren der Waldsteinpalast (für Albrecht von Waldstein = Wallenstein) und das Clementinum.

Im 18. Jh. erreichte die Prager Burg ihre heutige Größe, im Jahre 1784 wurden die vier Städte Hradschin, Kleinseite, Altstadt und Vyšehrad offiziell vereinigt.

Um die letzte Jahrhundertwende fiel das jüdische Ghetto einem Stadtsanierungsprojekt zum Opfer.

1918 wurde Prag Hauptstadt der unabhängig gewordenen Tschechoslowakei. Durch die Zusammenlegung von 38 Vorstadtorten entstand 1922 **Groß-Prag**, wobei die Einwohnerzahl entsprechend zunahm und die Bebauung im Stadtgebiet forciert wurde.

Ab 15. März 1939 besetzten deutsche Wehrmachtsverbände Prag, die Hauptstadtfunktion ging verloren, Böhmen und Mähren wurden als Protektorat dem **Deutschen Reich** einverleibt. 1942 erlitt die Bevölkerung Prags besonders schwere Repressalien durch deutsche Vergeltungsmaßnahmen als Antwort auf das Attentat am stellvertretenden Reichsprotektor Heydrich.

Kirche Mariä Himmelfahrt in Königgrätz (Hradec Králové) ☞

Am 5.5.1945 griff die Bevölkerung zu den Waffen, der **Prager Aufstand** tobte bis zum 9. Mai, als die sowjetischen Truppenverbände die deutschen Besatzer zur endgültigen Aufgabe zwangen. Glücklicherweise blieb der Stadt eine größere Zerstörung erspart, so daß die Besucher auch heute noch ein originalgetreues mittelalterliches Stadtbild vorfinden.

1948 entschieden die Kommunisten die politischen Machtkämpfe endgültig zu ihren Gunsten.

1957 nahm ein erster Teilabschnitt der Metro seinen Betrieb auf.

Am 21.8.1968 marschierten Truppen des Warschauer Paktes in Prag ein, um den **Prager Frühling** niederzuschlagen. Aus Protest verbrannte sich der Student Jan Palach auf dem Wenzelsplatz.

Mit Studentenprotesten begann am 17.11.1989 auf dem Wenzelsplatz die **sanfte Revolution**.

Stadtrundgänge und -rundfahrten

Čedok, Na příkopě 18, ☏ 02/24197643, veranstaltet verschiedene Rundfahrten, u.a. zu folgenden Themen:

- "Das historische Prag", täglich 9:10 ab Hotel Panorama, 10:00 ab Čedok-Büro in der Bílkova ul. 6 (☏ 02/2316619)
- "Prag bei Nacht" (2.6. bis 20.9., Di, Mi und Do), 18:20 ab Hotel Panorama, 19:00 ab Čedok-Büro in der Bílkova ul. 6
- "Zu Fuß durch das hunderttürmige Prag", vierstündiger Rundgang, Treffpunkt 8:45 vor dem Čedok-Büro Na příkopě 18 (4.5. bis 15.10., Mo und Do)

Da die Termine jährlich neu festgelegt werden, sollten Sie vorher bei Čedok anfragen bzw. mit einer Buchung verbindliche Infos einholen.

Einige Anbieter von Stadtrundfahrten und -gängen

- Martin Tour, Prag 1, Štěpánská 61, ☏ 02/24212473 (Stadtrundfahrten, Ausflugsfahrten in die Prager Umgebung, Schiffahrten, Rundflüge)
- Novum-Tour, Prag 1, nám. Republiky 5, ☏ 02/2326560, FAX 02/2311378 (u.a. Pragrundfahrten in originellen historischen Fahrzeugen)
- PIS (Prager Informationsservice), Prag 1, Staroměstské nám. 22, ☏ 02/24212844
- Rundflüge mit Heißluftballons: Prag Tourist Ballooning GmbH, Prag 3, Na Balkáně 812, ☏ 02/6845387
- Emka tours, Prag 4, V luhu 716, ☏ 02/434434 (spezialisiert auf Heißluftballonflüge)

Schiffahrten auf der Moldau:
♦ Prager Dampfschiffahrtsgesellschaft (Pražská paroplavební společnost), Prag 2, Rašínovo nábřeží (an der Palackého-Brücke), ☏ 02/298309, FAX 02/24913862. Während der Sommersaison Fahrten durch die Stadt (z.B. nach Vyšehrad, Troja/Zoo), aber auch flußaufwärts zur Talsperre Slapy und flußabwärts nach Roztoky, jeweils mit ausgiebigen Landgängen.

Wichtige Sehenswürdigkeiten im Stadtzentrum

Der **Königsweg** bezeichnet die Strecke, welche der erste böhmische König, Johann von Luxemburg, im Jahre 1311 mit seiner Frau Eliška durchfuhr. Sein Sohn, der römisch-deutsche Kaiser Karl IV., folgte ihm 1347, als er das Amt übernahm.

Den gesamten Weg vom Königshof zur Burg absolvierte erstmals König Albrecht von Habsburg im Jahr 1438. Die Distanz gibt den besten Überblick über historische Sehenswürdigkeiten im Stadtkern, allerdings gilt sie auch als ständig von Touristen überlaufen. Wem größere Menschenmengen ein Greuel sind, der beginnt den Spaziergang auf dem königlichen Weg besser am frühen Morgen.

Wir wollen am **Pulverturm (Prašná brána)** starten, er befindet sich am Platz der Republik (náměstí Republiky), wohin Sie mit der Metro gelangen können. Dieser gotische Turm stammt aus dem Jahre 1475 und ist eines der Wahrzeichen Prags. Eine Zeitlang wurde er als Pulvermagazin genutzt, daher auch der Name. Im letzten Jahrhundert wurde er vom Architekten Josef Mocker neu hergerichtet. Sein Tor ist 65 m hoch und 186 Treppen führen zur Aussichtsplattform hinauf.

Die **Zeltnergasse (Celetná ulice)** verbindet Pulverturm und Altstädter Ring, sie ist ausschließlich Fußgängern vorbehalten. Hier finden Sie eine Reihe historischer Häuser, die ihren Ursprung meist in der Gotik haben.

Gleich am Anfang sehen Sie das Neue Münzhaus, Nr. 587, ursprünglich Teil des Königshofes, später wurden hier Münzen geprägt (1539-1784). Ins Auge fällt das dreiteilige Barockportal mit Statuen von F. J. Platzer. Nach einem Projekt des Architekten Josef Gocár entstand 1911/12 das Haus Zur schwarzen Mutter Gottes (U Černé Matky boží), Nr. 569, in kubistischer Architektur. Hier befindet sich ein ursprüngliches Hauszeichen der schwarzen Madonna aus dem 17. Jh.

Im Haus Zu den drei Königen (U tři králů), Nr. 602, lebte 1896 bis 1907 der Schriftsteller **Franz Kafka** mit seinen Eltern. Es ist eines der interessantesten Bürgerhäuser in Prag. Aus dem 14. Jh. stammend, ist es in sehr gutem Zustand erhalten geblieben. Die **Teynschule (Týnská škola)**, Nr. 604, ursprünglich gotisch, wurde Mitte des 16. Jh. im Renaissancestil umgebaut. Die Stirnseite des Gebäudes wird von einem Giebel im Stil der venezianischen Renaissance verschönt.

Der **Millesimo-Palast**, Nr. 597, ein Barockbau mit Resten eines romanischen Hauses, fungierte im 19. Jh. als Adelskasino. Die bemerkenswerten gotischen Fenster sind heute noch gut erhalten.

Das Menhard-Haus, Nr. 595, ist ein Barockbau von 1700 mit älterem gotischen und Renaissance-Baukern.

Ein ursprünglich gotisches und später mehrmals umgebautes Gebäude ist das Haus Zum roten Adler (U červeného orla), Nr. 593. Früher war es das Café der tschechischen Patrioten.

Das Buquoyský-Haus, Nr. 562, erhielt seinen Namen von der Witwe eines Generals der Kaisertruppen aus dem Dreißigjährigen Krieg. Das Haus blieb im Barockstil mit einer klassizistischen Fassade von Antonín Práchner (1773) erhalten.

Der **Hrzán-Palast (Hrzanský Palast)**, Nr. 558, ist wohl das architektonisch wertvollste Gebäude der Celetná ulice. Er wurde zu Beginn des 18. Jh. nach Plänen von Giovanni B. Alliprandi errichtet.

Nun befinden wir uns an der Ostseite des **Altstädter Rings (Staroměstské náměstí)**. Hier steht das frühklassizistische Haus Zum weißen Einhorn (U bílého jednorožce). Im Keller finden Sie einen alten romanischen Saal aus der Wende zum 12. Jh., im Erdgeschoß einen gotischen Laubengang mit Kreuzrippengewölbe. Bei Bauuntersuchungen wurden spätgotische Fenster festgestellt.

Der **Goltz-Kinsky-Palast** wird als der schönste Rokokobau in Prag angesehen. Nach einem Plan von Dientzenhofer erbaute ihn Anselmo Lurago 1755 bis 1765. Heute beherbergt der Palast die Nationalgalerie. Im Erdgeschoß des Gebäudes befand sich früher eine Kurzwarenhandlung von Hermann Kafka, Vater Franz Kafkas. Gegenwärtig werden diese Räumlichkeiten zu einem Kulturzentrum mit Kafka-Museum umgebaut.

Zu den bedeutendsten Gebäuden auf dem Altstädter Ring gehört das Haus Zur steinernen Glocke, hier hat die Prager Galerie ihren Sitz. 1980 bis 1987 wurde das im 14. Jh. gotische, im 19. Jh. im Neobarock umgestaltete Haus einer Restauration unterzogen. Dabei wurden die ursprünglichen gotischen Elemente neu zusammengestellt und wiederverwendet.

Der **Altstädter Ring (Staroměstské náměstí)** ist nach der Burg der geschichtlich bedeutendste Platz in Prag. Im 11./12. Jh. stellte er den Kreuzungspunkt von Handelswegen dar, später spielten sich auf dem Altstädter Ring wichtige historische Ereignisse ab. Hier wurde der hussitische Prediger Jan Želivský 1422 hingerichtet und Georg von Podiebrad (Jiří z Poděbrad) zum böhmischen König gewählt (1458). Im Kriegsjahr 1918 demonstrierte die Prager Bevölkerung, 1945 fand der Prager

Aufstand statt. Noch heute ist der Platz Versammlungsort bei bedeutenden Ereignissen. Die Häuser um den Ring herum tragen die Handschrift verschiedenster Bauepochen.

Die **Teynkirche (kostel Panny Marie před Týnem)** befindet sich direkt hinter der Teynschule, die wir bereits erwähnt haben. Sie wurde 1365 an derselben Stelle erbaut, wo vorher eine romanische und danach eine frühgotische Kirche standen. Der gotische dreischiffige Kirchenbau besitzt zwei 80 m hohe Türme. Erst in den letzten Jahren wurden sie rekonstruiert. Die Teynkirche wurde zur Hauptkirche des hussitischen Prag, hier predigten schon im 14. Jh. die Vorgänger von Jan Hus ihre Reformationsgedanken.

Das Sixta-Haus (Sixtův dům), Nr. 553, besitzt einen romanischen Kern, weitere Teile des Mauerwerks sind gotisch. Das heutige Antlitz ist vom Beginn des 18. Jh. erhalten geblieben.

Das Storch-Haus (Štorchův dům) an der Ostseite des Altstädter Rings besitzt neogotischen Charakter (1896/97). Die der Straße zugewandte Seite ist mit Malereien von Mikuláš Aleš gestaltet worden. Im Haus Zum steinernen Tisch, Nr. 550, trafen sich deutsche Schriftsteller und Wissenschaftler, die in Prag lebten. Unter anderem sprach hier Albert Einstein 1910 über seine Entdeckungen in der theoretischen Physik.

Die **St.-Nikolaus-Kirche (kostel sv. Mikuláše)** an der Nordseite des Altstädter Rings wurde 1732 bis 1735 im Barockstil errichtet. Der Entwurf stammt von K. I. Dientzenhofer.

Vor dem Altstädter Rathaus (Staroměstská radnice) sammeln sich Touristen zu jeder vollen Stunde. Gegenstand des allgemeinen Interesses ist die **astronomische Rathausuhr**, zusammengesetzt vom Uhrmacher Mikuláš von Kadaň nach den astrologischen Berechnungen von Jan Šindel. Seit ihrem Bau im Jahre 1410 ist diese Uhr im Laufe der Jahrhunderte immer wieder modifiziert worden. 1945 beschädigt, funktionierte sie bereits 1948 wieder. Zur vollen Stunde läutet das Gerippe, Symbol des Todes, die Glocke und nickt dabei dem Türken (dem Vertreter des Heidentums), dem Geizkragen und der Figur zu, die die Eitelkeit repräsentiert. Aber die anderen nicken zurück und zeigen so, daß sie noch nicht bereit sind zu sterben. Wenn die Uhr zwölf schlägt, öffnen sich zwei Fenster weiter oben, zwischen denen die zwölf Apostel hin- und hergehen. Die Vorstellung wird von einem krähenden Hahn begleitet.

Das Rathausgebäude selbst ist ein Komplex, dessen verschiedene Teile zwischen dem 14. und 19. Jh. erbaut wurden. Aus dem von König Johann von Luxemburg 1338 errichteten ersten Gebäude entstand nach und nach durch ständige Anbauten und Verbindungen zu vorhandenen

Gebäuden das heutige Rathaus. Da die Moldau das Gebiet oft überflutete, wurden die Straßen etwas erhöht und aus dem Erdgeschoß wurde der Keller. Ein großer Teil des Rathauses wurde im Zweiten Weltkrieg zerstört. Der schönste Teil des verbliebenen Gebäudes ist der alte Ratssaal.

Vom Turm (Aufzug) hat man einen herrlichen Blick über ganz Prag.

♦ November bis Februar täglich 8:00 bis 17:00, März bis Oktober täglich 8:00 bis 18:00

An den Rathauskomplex angeschlossen ist das Haus Zur Minute, Nr. 3. Es ist eines der schönsten Renaissancehäuser der Stadt. Zu Beginn des 17. Jh. wurde die Hausfassade mit Sgraffitos biblischer und antiker Szenen geschmückt.

Wir stehen nun auf dem **Kleinen Ring (Malé náměstí)**, der sich durch seinen stillen, beinah intimen Charakter auszeichnet. In der Mitte des Platzes sehen Sie einen kleinen Brunnen mit Renaissancegitter (um 1560). Von hier aus führt die Karlsgasse (Karlova ulice) weiter zum Kreuzherrenplatz. Wichtigstes Gebäude der Karlsgasse ist der **Pöting-Palast (Pötingovský palác)**, der reine Merkmale des Frühbarocks besitzt.

Der **Clam-Gallas-Palast** an der Ecke Karlsgasse/Husgasse (Karlova ul./Husova ul.) ist ein Barockbau aus den Jahren 1713 bis 1719. Heute sind hier die Archive der Stadt untergebracht. Auf dem Portal, der Attika und im Treppenhaus stehen wunderbare Skulpturen von M. B. Braun.

Das Haus Im Paradies, Nr. 144, wurde schon Ende des 14. Jh. erwähnt, damals befand sich hier die "italienische Apotheke" von Angelo aus Florenz. Das Barockhaus Zur goldenen Lilie, Nr. 458, das aus dem 17. Jh. stammt, trägt ein typisches Hauszeichen.

Das Haus Zum goldenen Brunnen (U Zlaté studne) ist mit Gespenstergeschichten umwoben. Es ist mit Figurenplastiken von 1714 ausgestattet, die die Pestheiligen St. Sebastian und St. Rochus darstellen.

Das **Clementinum** ist der zweitgrößte Gebäudekomplex der Stadt nach der Burg und füllt einen ganzen Block zwischen Karlsgasse (Karlova), Seminargasse (Seminárska), Plattnergasse (Platnéřská) und Kreuzherrengasse (Křížovnická). 1232 errichteten die Dominikaner hier ein Kloster, welches später von den Jesuiten übernommen wurde, die nach und nach die umliegenden Gebäude dazukauften. Die barocke Form der Jesuitenschule stammt aus dem 17. Jh. Das Clementinum war ein

Zentrum der Gegenreformation. Pater Koniás verbrannte hier 30.000 "häretische" tschechische Schriften. Heute befinden sich hier Staatsbibliothek, Slawische Bibliothek und Universitätsbibliothek, letztere verfügt über eine Sammlung seltener Handschriften ab dem 14. Jh.

Der **Kreuzherrenplatz (Křížovnické náměstí)** entstand im 16. Jh., sein heutiges Aussehen erhielt er jedoch erst 1848. Der Platz wird umgeben von der St.-Franziskus-Kirche (Kreuzherrenkirche), die 1679 bis 1689 nach Plänen von Jean Baptiste Mathey entstand, der St.-Salvator-Kirche, welche den wertvollsten Frühbarockbau in Prag darstellt, und dem Altstädter Brückenturm.

Das Denkmal Kaiser Karls IV. wurde anläßlich des 500jährigen Jubiläums der Karlsuniversität aufgestellt.

Das Haus Zur goldenen Schlange (U zlatého hada) war ursprünglich gotisch, später wurde es im Renaissancestil umgebaut. Anfang des 18. Jh. eröffnete hier ein Armenier das erste Café. Das Haus Zum blauen Hecht (U modré štiky) besitzt einen interessanten Saal, welcher im Jahre 1907 als erstes Prager Kino genutzt wurde.

Vor uns liegt nun die 516 m lange und 10 m breite **Karlsbrücke (Karlův most)**. Eine der Hauptattraktionen Prags, ist sie nach Kaiser Karl IV. benannt und nur für Fußgänger freigegeben. An beiden Enden befinden sich Türme, und die Brücke ist von Statuen gesäumt. Sie können zur Prager Burg und zum Veitsdom hinaufblicken. Die Brücke und auch der Altstädter Brückenturm wurden im 14. Jh. gebaut, der Kleinseiter Brückenturm wurde im 15. Jh. hinzugefügt.

Nach einer Legende, derzufolge die Karlsbrücke die stabilste Brücke der Welt werden sollte, wollte der Erbauer den Mörtel mit Eiern und Wein anmischen. Weil es in Prag selbst nicht genug Eier gab, wurde allen Städten Böhmens befohlen, Eier beizusteuern. Doch die Bürger von Velvary, die nicht ganz verstanden hatten, worum es ging, hatten Angst, daß die Eier zerbrechen würden, daher kochten sie sie hart. Die Bürger von Unhost wollten noch mehr helfen, daher schickten sie auch Quark und Käse.

Die Karlsbrücke war bis 1841 die einzige Brücke in Prag. Zwischen dem 17. und dem 19. Jh. wurden die zahlreichen Skulpturen nach und nach aufgestellt. Etwa auf der Mitte sehen Sie die Statue des Hl. Johann von Nepomuk, die älteste Plastik (1683) auf der Karlsbrücke (☞ Westböhmen, Nepomuk). Die Brücke ist heute von Händlern gesäumt, die Gemälde, Schmuck und anderes an Touristen aus aller Welt verkaufen.

Der **Altstädter Brückenturm** wurde nach Entwürfen von Peter Parler auch als Teil der Befestigungsanlage der Altstadt fertiggestellt. Die Statuen der böhmischen Patrone, des hl. Vojtech und Prokop, sind hier angebracht. Unter ihnen sieht man den hl. Veit und an seinen Seiten Kaiser Karl IV. und seinen Sohn Wenzel IV.

Die **Kleinseitner Brückentürme** sowie das Kleinseitner Stadttor begrenzen die Karlsbrücke auf dem linken Moldauufer. Der kleinere Turm ist sogar älter als die Karlsbrücke, er stammt aus den siebziger Jahren des 12. Jh. Der größere Turm wurde in der zweiten Hälfte des 15. Jh. errichtet.

Das **gotische Stadttor** (1410) verbindet beide Türme miteinander. Darauf abgebildet ist das Wappen der Prager Altstadt, denn sowohl Karlsbrücke als auch Kleinseitner Türme und Stadttor gehören noch zur Altstadt. Aber wenn Sie das Tor durchschritten haben, befinden Sie sich in einem neuen Stadtteil, nämlich auf der **Kleinseite (Malá Strana)**. Sie entstand als Vorort für Angehörige des Adels und der Kirche, da diese nahe bei der Burg wohnen wollten.

Von der Karlsbrücke nur einige Schritte nach links, gelangen Sie auf die **Insel Kampa**. Dieses romantische Fleckchen ist von der Kleinseite durch den Teufelsgraben (Čertovka) getrennt. Das auch als "Klein-Venedig" bezeichnete Terrain eignet sich wunderbar zu Spaziergängen, von hier aus bieten sich klassische Aussichten auf Moldau, Karlsbrücke, Altstadt und Kleinseitner Türme.

Wenn Sie die Brückengasse (Mostecká ul.) weiter entlanglaufen, dann befinden Sie sich bald auf dem **Kleinseitner Ring (Malostranské náměstí)**. Der Platz war schon immer in zwei Teile geteilt, den Oberen (auch Welscher Platz) und den Unteren Ring.

1541 fiel fast die gesamte Kleinseite einem Brand zum Opfer.

Im Kleinseitner Rathaus (Malostranská radnice) hatte seit dem Ende des 15. Jh. die Stadtverwaltung der Kleinseite ihren Sitz. Der Spätrenaissancebau entstand 1617 bis 1622. Das Portal mit Stadtwappen stammt aus dem Jahr 1660.

Der **Sternberg-Palast (Bývalý Šternberský palác)** war im Jahre 1770 Geburtsort der Privaten Gelehrten Gesellschaft, später wurde hier die Königliche Böhmische Gelehrte Gesellschaft gegründet.

Das **Palais Waldstein (Valdštejnský paláce)** im Waldsteingarten ist ein Kleinod barocker Baukunst. Albrecht von Waldstein (Wallenstein), der im Dreißigjährigen Krieg zu Reichtum gelangt war, ließ die Anlage zu Beginn des 17. Jh. errichten. Dafür holte er sich berühmte Baumeister und Bildhauer, wie den Italiener Spezzo und den Niederländer de Vries nach Prag.

Der **Kaunitz-Palast** ist ein Rokokobau mit klassizistischen Elementen, von Antonin Schmidt errichtet. Hier befindet sich auch der frühere Kaiserstein-Palast (U Petzoldů), ein Barockbau von 1700. Auf der Attika des Hauses sind die vier Jahreszeiten symbolisch dargestellt. In der Mitte des Kleinseitner Rings sieht man die **St.-Nikolaus-Kirche** mit großartiger Architektur der Dientzenhofers (Vater Christoph und Sohn Kilian Ignaz). Von Anselmo Lurago stammt der Glockenturm (1755). Der Kirchenbau sollte die Macht der Kirche darstellen und wurde als Sieg des Katholizismus über das Ketzervolk gefeiert.

Der barocke **Thun-Hohenstein-Palast** entstand 1747. Später hatte hier das Hotel Erzherzog Karl sein Domizil, Admiral Nelson und Lady Hamilton nächtigten darin während ihres Pragaufenthaltes.

Nach dem tschechischen Dichter **Jan Neruda** wurde die Nerudova ul. (Nerudastraße) benannt. Als eine der schönsten Prager Straßen verbindet sie den Kleinseitner Ring mit der Burg. Die Straße wurde oft als Kulisse in historischen Firmen genutzt, z.B. in dem Hollywoodstreifen "Amadeus", der unter der Regie von Miloš Forman gedreht wurde. Hier sind noch viele der Prager Hauszeichen in verschiedenen Formen zu finden: aus Stein, Metall oder Holz, oder aber auf Putz bzw. Blech gemalt.

Im Haus Zu den zwei Sonnen (U dvou slunci) wohnte Jan Neruda von 1845 bis 1859. Das Gebäude im Barockstil stammt von 1673.

In der Neruda-Straße befindet sich auch der 1714 nach Entwürfen von G. Santini entstandene **Morzin-Palast**. Die Skulpturen wurden von der Prager Werkstatt der Brokoffs angefertigt. Von der Neruda-Straße aus ist es nun nicht mehr weit bis zu einem der wichtigsten Wahrzeichen von Prag, der **Prager Burg (Pražský hrad)**.

Die heutige Burg besteht aus einer Mischung unterschiedlichster architektonischer Stilrichtungen. Mittlerweile 1.100 Jahre alt, wurden an der Burg fast ständig Umbauten vorgenommen. Seit ihrer Gründung ist die Burg immer Symbol der böhmischen Staatlichkeit gewesen.

Bevor Sie das Areal betreten, genießen Sie den herrlichen Rundblick auf Prag.

Durch ein barockes Gittertor (18. Jh.) gelangen Sie in den ersten Burghof. Durch das gegenüberliegende Matthiastor kommen Sie in den zweiten Burghof. In der Mitte steht ein Barockbrunnen aus dem Jahre 1686, vom italienischen Steinmetz Francesco de Torre geschaffen.

Die **Hl.-Kreuz-Kapelle** (1753 entstanden) ist mit wunderbaren Gemälden Kandlers und Navrátils geschmückt. Hier befindet sich heute der St.-Veits-Domschatz.

Auf dem dritten Burghof befindet sich die größte Prager Kirche, der architektonisch meisterhafte Bau des **St.-Veits-Doms (Katedrála sv. Víta)**. Der Veitsdom ersetzte eine romanische Basilika, die ihrerseits einen Rundbau aus dem 10. Jh. abgelöst hatte. Der Bau der Kathedrale wurde unter der Regierung Kaiser Karls IV. im Jahre 1344 begonnen und erst im Jahre 1929 beendet!

Die bunten Glasfenster stammen aus neuerer Zeit. Die wichtigste der 21 Kapellen ist die Wenzelskapelle, die von Peter Parler im 14. Jh. gebaut wurde, sie ist mit Fresken und Halbedelsteinen geschmückt. Hier wurden die böhmischen Könige gekrönt.

Die Kronjuwelen werden in einer eigens dafür vorgesehenen Kammer aufbewahrt, bis Mitte des 17. Jh. waren sie auf Burg Karlstein (☞ Zentralböhmen, Karlštejn).

Die dreischiffige **St.-Georgs-Basilika** an der Ostseite des Georgsplatzes gehört zu den ältesten Gebäuden der Prager Burg. Im Jahre 920 wurde der Grundstein gelegt, im 12. Jh. war die Basilika fertiggestellt. Es wuden keinerlei Veränderungen des Baustils vorgenommen.

Gehen Sie nun weiter die Georgsgasse (Jiřská ul.) hinunter, und biegen Sie dann links ein. Sie befinden sich jetzt im weltbekannten **Goldenen Gäßchen (Zlatá ulička)**. Der Sage nach forschten hier die Alchimisten nach dem Stein der Weisen. Wahr ist, daß hier im Mittelalter Handwerker siedelten, die ihre winzigen Häuschen zu beiden Seiten aufbauten. In der kleinen Gasse sammeln sich ständig Touristen, diese Attraktion muß man einfach gesehen haben! Im Haus Nr. 22 lebte und wirkte vom Winter 1916 bis Sommer 1917 **Franz Kafka**.

Abseits vom Hradschiner Platz (Hradčanské nám.), folgen Sie am besten der Loretogasse (Loretanská), sollten Sie dem Wallfahrtsbezirk **Loreto** noch einen Besuch abstatten, 1626 bis 1750 nach dem Vorbild der Santa Casa im italienischen Städtchen Loreto von berühmten Baumeistern wie K. I. Dientzenhofer und G. B. Orsi errichtet. Nach dem Sieg der Habsburger über die böhmischen Stände am Weißen Berg (1620) sollten Kirchen dieser Bauweise (es gibt in Böhmen ca. 50) die Gegenreformation symbolisieren.

In der hiesigen Schatzkammer wird der legendäre **Loreto-Schatz** aufbewahrt, u.a. die Diamantenmonstranz "Prager Sonne", 12 kg schwer und mit über 6.000 Diamanten geschmückt.

♦ ◷ täglich 9:00 bis 17:00

Der Turm der Loretokirche besitzt ein 1694 in Amsterdam hergestelltes Glockenspiel. Das komplizierte Spielwerk läßt heute noch stündlich eine wehmütige Weise ertönen: "Maria, wir grüßen Dich tausendmal".

Im Stadtteil Malá Strana steht auf dem Laurenziberg (Petřín) ein Eiffelturm im Miniformat. Der **Petřínturm** ist gerade einmal 60 m hoch, und er entstand 1891 anläßlich einer Landesjubiläumsausstellung. Vom Ostfuß des Berges bringt eine Seilbahn (*lanovka*) die Touristen herauf.

Weitere Sehenswürdigkeiten

Josefstadt (Josefov):

Die Relikte der ehemaligen Judenstadt können Sie bequem zu Fuß über die Verlängerung der **Pariser Straße (Pařížská)** erreichen. Die Pariser Straße war bis zur letzten Jahrhundertwende Bestandteil des Judenviertels, letzteres mußte aber hier ab 1891 einer großangelegten Stadterneuerung weichen. Knapp 300 Häuser wurden abgerissen und durch die auch heute noch mondäne Jugendstilbebauung ersetzt.

Juden leben nachweislich seit über 1.000 Jahren an der Moldau. In der gesamten Zeit mußte die jüdische Bevölkerung zahlreiche Repressalien ertragen, die oft in Pogromen gipfelten. Doch da die Juden einen wichtigen Wirtschaftsfaktor in der Stadt darstellten, konnten sie sich immer wieder behaupten. Die deutsche Besetzung des Landes ab 1939 brachte für die Mehrzahl der Prager Juden den grausamen Tod im KZ, insgesamt fielen der Vernichtung auf tschechischem Territorium 80.000 jüdische Bürger zum Opfer.

Die nach den Modernisierungsarbeiten um die Jahrhundertwende an der Pariser Straße erhalten gebliebenen jüdischen Denkmäler zerstörten die Nazis nicht, denn die Führungsclique um Hitler hatte einen teuflischen Plan in der Schublade: das Gelände war auserkoren zum "Museum einer ausgestorbenen Rasse".

Sechs Synagogen blieben erhalten. Diese, der jüdische Alte Friedhof und das Rathaus bilden heute den Komplex des Staatlichen Jüdischen Museums.

Die **Altneusynagoge (Staronová synagóga)** ist die älteste Europas (1270), in der Červená ulice finden Sie die **Hohe Synagoge (Vysoká synagóga)**, 16. Jh., mit wertvoller Synagogen-Tempelvorhangsammlung und weiteren Textilien aus dem Mittelalter.

Daneben sehen Sie das Jüdische Rathaus (Židovská radnice) aus dem 16. Jh. Besonderheit: die **hebräische Uhr**, deren Zeiger sich entgegen dem normalen Uhrzeigersinn nach links drehen.

Südlich über die Maislgasse (Maislova ul.) gelangt man zur **Maislsynagoge** (16. Jh.) mit einer Sammlung jüdischer Kulturgegenstände, zumeist aufwendige Silberschmiedeerzeugnisse böhmischer, österreichischer und deutscher Handwerker.

Am Jüdischen Friedhof (zu erreichen über die Breitegasse/Široká ul.) befinden sich noch die **Klausen- und Pinkassynagoge**. Erstere widmet sich der Geschichte der Josefstadt und hebräischen Druck-Erzeugnissen, letztere verdeutlicht mit beklemmenden Dokumenten und Namensschriftzügen aller Prager Opfer den grausamen Holocaust zur Zeit des Nationalsozialismus.

Der **Alte Jüdische Friedhof (U starého hřbitova)** ist heute der älteste und größte jüdische Gottesacker Europas und sucht mit der von ihm ausgehenden Atmosphäre seinesgleichen auf dem Erdball. Mitte des 15. Jh. erwarb die jüdische Gemeinde dieses Stück Land. Beerdigungen fanden von 1439 bis 1787 statt, es existieren annähernd 12.000 Grabsteine. Viele liegen unter dem Erdreich, zwölf Schichten von Grabstätten sind aus Platzmangel übereinander angelegt worden, indem man Erde über schon vorhandene Gräber schüttete. Noch immer legen die Gläubigen hier kleine Steine zu Ehren der Toten auf die Grabsteine.

Die berühmteste auf diesem Friedhof bestattete Persönlichkeit ist **Rabbi Löw** (gest. 1609). Der Sage nach schuf er den Golem, den künstlichen Menschen.

Neustadt (Nové Město):

Der **Wenzelsplatz (Václavské náměstí)** stellt den städtischen Mittelpunkt dar und bildet zusammen mit den Straßen Am Graben (Na příkopě), Straße des 28. Oktober (28. rijna) und Nationalstraße (Národní třída) das sogenannte "Goldene Kreuz".

Die Gründung des Platzes geht auf Kaiser Karl IV. zurück. Seit der Staatsgründung von 1918 ist dieser Ort Schauplatz aller wichtigen nationalen Ereignisse. Hier feierten die Prager 1918 ihren ersten Staatspräsidenten, 1939 marschierten die Wehrmachtsverbände auf, 1968 standen hier die Truppen des Warschauer Paktes, 1969 verbrannte sich der Student Jan Palach, um der Welt die Unrechtmäßigkeit der militärischen Besetzung deutlich zu machen. Und 1989 schließlich begannen auf dem Wenzelsplatz Massendemonstrationen, die zum Sturz des kommunistischen Systems führten.

Mit einem großen Angebot an Geschäften, Restaurants, Cafés und Hotels ist der Wenzelsplatz heute das Geschäftszentrum Prags auf einer Fläche von 45.000 m^2.

Links und rechts fallen schöne Jugendstilhäuser ins Auge, insbesondere das **Grand Hotel Europa** (mit Jugendstilcafé).

Den Südostbereich begrenzt das monumentale **Nationalmuseum** (1885-1890). Davor befindet sich das Reiterstandbild des hl. Wenzel (1912/13), das von Statuen der böhmischen Landespatrone umsäumt wird, an der Vorderseite die hl. Ludmila und der hl. Prokop, dahinter die hl. Agnes und der hl. Adalbert. Der hl. Wenzel verkörpert im Volk den Freiheitsgedanken der tschechischen Nation.

Gehen Sie vom Nationalmuseum ein Stück die Mezibránska ul. entlang, so erblicken Sie bald den **Hauptbahnhof (Hlavní nádraží)**, 1901 bis 1909 im Jugendstil erbaut.

Vyšehrad:
In dieses südlich der Prager Neustadt gelegene Viertel gelangen Sie am schnellsten mit der Metro C zur gleichnamigen Haltestelle.

Vor dem Bahnhof erhebt sich das moderne Hotel Forum, auf der Westseite der Kulturpalast.

Im Kulturpalast (Pálac kultury) befindet sich ein Aussichtscafé - keine berauschende Atmosphäre oder Einrichtung, aber ein toller Blick über die Prager Altstadt, die am Horizont vom Hradschin begrenzt wird. Sie finden das Panoramacafé am 5. Eingang, 1. Stock.

Das eigentliche Burgareal auf einem Felsplateau hoch über der Moldau gehört zu den sagenumwobenen Plätzen Prags. Die legendäre Wahrsagerin Libussa (Libuše) soll von hier oben die künftige Blüte der Stadt vorausgesehen haben. Die ersten Přemyslidenfürsten, unter ihnen Vratislav I. (11. Jh.), zogen diesen Ort sogar dem Hradschin vor.

Die Festung wurde während der Hussitenkriege zerstört. Im 17. Jh. begann man mit dem Aufbau einer Barockfestung, die 1911 jedoch vollkommen vernichtet wurde. Den hiesigen Friedhof wandelte man zum **Nationalfriedhof** um. Hier ruhen bekannte Persönlichkeiten wie der Schriftsteller Karel Čapek, die Komponisten Antonín Dvořák und Bedřich Smetana, die Schriftstellerin Božena Nemcová sowie der Maler Mikoláš Aleš.

Sakralbauten sind die romanische St.-Martins-Rotunde (11. Jh.) und die St.-Peter-und-Pauls-Kirche (ursprünglich romanisch, im 19. Jh. neugotisch umgestaltet).

Prag-Troja:

In diesem nördlich gelegenen Vorort Prags ist der große Zoologische Garten einen Besuch wert. Die 1931 gegründete Anlage umfaßt heute 45 ha. Etwa 2.000 Tiere leben hier in einer harmonisch gestalteten Landschaft. Die Vorfahren unserer heutigen Pferderassen, die in freier Wildbahn ausgestorbenen Przewalski-Pferde, werden im Prager Zoo erfolgreich gezüchtet.

Der Zoo ist ganzjährig geöffnet und mit der Metro C (Endhaltestelle Nádraží Holešovice) und weiter mit Bus Nr. 112 gut zu erreichen.

Zentralböhmen

Die Tschechen selbst bezeichnen es als Mittelböhmen, es zieht sich in einem ca. 60-km-Radius rund um die Landeshauptstadt Prag.

Mit unterschiedlichen Landschaftsformen, historischen Städten, Burgen und Schlössern bietet Zentralböhmen eine ganze Menge für Touristen.

Da beinah alle hier beschriebenen Sehenswürdigkeiten von Prag aus mit dem Auto in einer Stunde erreichbar sind (mit öffentlichen Verkehrsmitteln dauert es etwas länger), wird Zentralböhmen insbesondere von pflastermüden Hauptstadtbesuchern im Rahmen von Tagesausflügen aufgesucht.

Wir beginnen, Ihnen die Region westlich von Prag vorzustellen und fahren dann gegen den Uhrzeigersinn fort.

🕮 Die Karte "Okolí Prahy" (Umgebung von Prag), Maßstab 1:100.000, Soubor turistických map, eignet sich gut zur Detailplanung von Ausflügen und Wanderrouten im westlichen und südlichen Umgebungsbereich Prags.

Žatec (Saaz)

- ✉ CZ-43801, ✆ aus D, A und CH: 0042397
- 🛏 HOP Hotel Garni, ul. B. Čapků 2057, ☎ 0397/2354
- ♦ Minihotel V zahradě, Lva Tolstého 871, ☎ 0397/2405
- ♦ Pension Edvana, Mostecká 1761, ☎ 0397/5328
- ♦ Pension Irena, Sv. Čecha 1122, ☎ 0397/5471

Die Stadt an der Eger (Ohře) ist die Metropole des **Hopfens**. Über 60% des in der Tschechischen Republik angebauten Biergrundstoffes stammen aus Saaz und Umgebung. Alljährlich im September wird das Hopfenerntedankfest gefeiert.

Die seit 1261 mit königlichen Privilegien ausgestattete Siedlung gehört zu den ältesten böhmischen Städten und war zur Zeit der Hussitenbewegung im 15. Jh. ein bedeutender Stützpunkt der Aufständischen.

Der historische Stadtkern steht unter Denkmalschutz: Patrizierhäuser, teilweise mit Laubengängen, die Mariä Himmelfahrtskirche (11. Jh.), ein gotisches Rathaus sowie erhaltene Teile der Stadtbefestigungsanlagen etwas abseits vom Zentrum.

Krásný Dvůr (Schönhof)

Verspielte romantische Bauten und ein künstliches Bachsystem sind im Schloßpark Schönhof, ca. 15 km südwestlich von Saaz (Žatec), zu entdecken. Das Museum im Barockschloß (18. Jh.) besitzt eine stilgemäße Innenausstattung sowie eine Hundebildgalerie.

♦ April und Oktober Sa, So und an Feiertagen 9:00 bis 16:00, Mai bis September täglich außer Mo 9:00 bis 18:00, ☏ 0399/244

Křivoklát (Pürglitz)

CZ-27023, ✆ aus D, A und CH: 0042313
Gasthaus Křivoklát, ☏ 0313/98114
♦ Touristenherberge U kolečka, ☏ 0313/98121
Višňová, 1.6. bis 30.9., mit Bungalows, ☏ 0313/98184
Von Prag-Smíchov verkehrt ein Personenzug nach Křivoklát (in Beroun umsteigen), Prag ab 9:25, Křivoklát an 11:00.
Von der autobahnähnlichen Schnellstraße Prag-Pilsen (Plzeň) zweigt in Beroun eine Straße nordwestlich zur Burg Pürglitz ab.

30 km westlich vor den Toren Prags gelegen, gehört die **Burg** und ihre waldreiche Umgebung zu den populärsten Ausflugszielen der Hauptstadtbesucher. In der Rangordnung dürfte nur Burg Karlštejn (Karlstein) beliebter sein.

Die Ursprünge der auf einem Felsvorsprung thronenden Burg gehen bis in das 12. Jh. zurück, als sich hier eine hölzerne Jagdfeste befand. Mitte des 13. Jh. massiv ausgebaut, diente sie bis ins 16. Jh. als Gefängnis.

Přemysl Ottokar II. wählte die Burg zum königlichen Landsitz. Auch Kaiser Karl IV. und sein Sohn Wenzel IV. fanden an der Burg und den wildreichen Wäldern Gefallen. In ihrer Regierungszeit wurden die Reichskleinodien hier aufbewahrt, was für die Wehrhaftigkeit der Anlage spricht.

Im 15./16. Jh. umgestaltet, büßte Pürglitz seine Bedeutung nach einer verheerenden Feuersbrunst (1633) vollständig ein. Rekonstruktionsarbeiten zogen sich von 1850 bis 1923 hin, und heute sehen Sie die Anlage in gotischer Gestalt.

Der **Burgturm** aus dem 13. Jh. ist 32 m hoch, daneben befindet sich der eingeschossige Palast Přemysl Ottokars II. mit einem interessanten Museumsteil (Geschichte der Burg, spätgotische Gemäldegalerie und Plastiken, Fürstenbergsche Bibliothek). Von der romanischen Pfalz sieht man nur noch Fragmente, die spätgotische **Burgkapelle** hingegen blieb in ihrer ursprünglichen Form weitgehend erhalten. Im Inneren beeindruckt ein kunstvoller Flügelaltar.

♦ Februar bis April und Oktober bis Dezember täglich außer Mo 9:00 bis 16:00, Mai bis August täglich außer Mo 9:00 bis 18:00, September täglich außer Mo 9:00 bis 17:00, Vorbestellungen unter ☏ 0313/98120

Im Sommer ist der Burghof Austragungsort von Freilichttheatervorstellungen.

Aus der Stadt Beraun (Beroun) verläuft ein rot markierter Wanderweg im Flußtal der Beraun (Berounka) bis zur Burg Pürglitz (Křivoklát), ca. 20 km.

Umgebung der Burg ☞ Reise-Infos von A bis Z, Nationalparks und Landschaftsschutzgebiete.

Točník

Von der Schnellstraße Prag-Pilsen (Plzeň) aus sind die Festungsmauern zweier **Burganlagen** deutlich sichtbar, nur wenige Kilometer südwestlich von Beraun (Beroun).

Um 1400 gründete König Wenzel IV. in Točník einen Landsitz, der Palast blieb bis heute unversehrt. Aufmerksamkeit verdient besonders das Burgtor, welches von Länderwappen geschmückt wird. Alle diese Länder gehörten Anfang des 15. Jh. zur Einflußsphäre Wenzels IV. Im 17. Jh. wurde die Burg verlassen.

♦ Januar bis März und Oktober bis Dezember Sa, So und an Feiertagen 9:00 bis 16:00, Mai, Juni und September täglich außer Mo 9:00 bis 17:00, Juli und August täglich außer Mo 9:00 bis 18:00

Die Burgruine Žebrák befindet sich etwas unterhalb und besitzt einen Aussichtsturm.

Beroun (Beraun)

CZ-26601, ✆ aus D, A und CH: 0042311
Čedok, Havlíčkova 7, ☏ 0311/25760
Hotel Litava***, nám. M. Poštové 3, ☏ 0311/25256, FAX 0311/21144
♦ Hotel U Berounky**, Srbsko 32, ☏ 0311/22395
♦ Hotel Barbora*, Na podole 740, ☏ 0311/25442

♦ Hotel Český dvůr*, Husovo nám. 86, ☏ und FAX 0311/21411
Na hrázi, Beroun 3-Závodí, 1.5. bis 30.9., mit Bungalows, ☏ 0311/23294

Beraun (Beroun) ist eine Industriestadt an der nordöstlichen Grenze des Böhmischen Karstes, am Zusammenfluß von Beraun (Berounka) und Litavka. Schweizer Siedler aus Bern gründeten die Stadt im 13. Jh. Zwei **gotische Stadttore**, Pilsener und Prager Tor, sind sehenswert.

Beraun ist ein günstiger Ausgangspunkt für Wanderungen nach Burg Křivoklát (Pürglitz), 20 km (rot markiert), zu den Tropfsteinhöhlen in Koněprusy, 5 km (grün-gelb markiert) oder nach Burg Karlstein (Karlštejn), 10 km (rot markiert).

Auch Wasserwanderer können von hier aus in das von Felswänden begrenzte wildromantische Flußtal des Beraun (Berounka) mit ihren Booten ablegen und den Fluß bis zur Mündung in die Moldau (Vltava) oder weiter bis Prag befahren. Am Flußufer existieren in jedem Ort Unterkunftsmöglichkeiten (Herbergen/Campingplätze).

Ausflug zu den Koněprusy-Höhlen (Koněpruské jeskyně)

5 km südlich von Beraun (Beroun), inmitten des Böhmischen Karstes (Český kras), ☞ Reise-Infos von A bis Z, Nationalparks und Landschaftsschutzgebiete, breitet sich Böhmens größtes **Grottensystem** aus. Die Tropfsteinhöhlen wurden 1950 zufällig bei Sprengarbeiten entdeckt und seitdem der Öffentlichkeit auf Teilbereichen zugänglich gemacht.

Ca. 2 km Strecke können in der Saison (April bis Oktober) täglich 8:00 bis 15:00 erkundet werden. Als Hauptsehenswürdigkeit gilt der **Prošek-Dom** mit märchenhaften Tropfsteingebilden im unteren Teil des Höhlensystems. Hier sehen Sie auch die Relikte des größten Stalagmiten **Mohyla (Hügelgrab)**, der schon bei der Entdeckung der Höhle in diesem Zustand aufgefunden wurde.

Besondere Aufmerksamkeit verdienen auch die **Koněprusy-Rosen** an der Höhlendecke, deren Form und Größe an Rosenblüten erinnern.

Im Mittelalter war in einer der Höhlen eine Falschmünzerwerkstatt ansässig.

Karlštejn (Karlstein)

CZ-26718, ✆ aus D, A und CH: 0042311
Hotel Mlýn***, ☏ 0311/94208, FAX 0311/94309
Karlštejn, ganzjährig, mit Bungalows, ☏ 0311/94263
Mit dem Zug ist man vom Bahnhof Prag-Smíchov ca. 40 Minuten unterwegs.

Mit dem Auto fährt man ca. 28 km über die Schnellstraße Prag-Pilsen (Plzeň) und nimmt die Abzweigung in Beroun (Beraun), oder man fährt Richtung Dobříš und zweigt kurz hinter Řitka ab. Auch über die Dörfer westlich von Prag führen Landstraßen zur Burg.

Čedok bietet ab Prag verschiedene Bustouren nach Karlstein an (u.a. Böhmische Burgen und Schlösser, Karlstein und Konopischt, insgesamt 9 Stunden). Infos und Bestellung bei Čedok in Prag.

Ein großer Parkplatz am südlichen Rand der Ortschaft, vollgeparkt mit Reisebussen aus allen europäischen Ländern, beweist: Hier gibt es Außergewöhnliches zu sehen. Karlstein gilt als "die" böhmische Burg. Vom Parkplatz aus ist die Feste noch nicht sichtbar. Erst wenn Sie der Dorfstraße nordwärts folgen, rückt sie ins Blickfeld.

Geschichte

Die auf Befehl Kaiser Karls IV. in den Jahren 1348 bis 1357 errichtete Burg hatte mehrere Funktionen: Sie war eine weitere Sommerresidenz für den Kaiser und sie diente als sicherer Aufbewahrungsort der **Reichs- und Krönungskleinodien**, die ihm als Kaiser des Heiligen Römischen Reiches Deutscher Nation und König von Böhmen zustanden. Zu jener Zeit glaubte man, daß sich die Macht der heiligen Gegenstände auf ihren Besitzer, den Kaiser, übertrüge.

Eine Hussitenbelagerung in der ersten Hälfte des 15. Jh. beschädigte die Burg zwar, eingenommen wurde sie aber nicht.

Bis zum 17. Jh. (1619) waren die böhmischen Krönungskleinodien auf Karlstein sicher verwahrt. Nach dem Dreißigjährigen Krieg verlor die Burg jedoch ihre Bedeutung, den Kronschatz brachte man nach Wien, die böhmischen Krönungsinsignien werden seitdem im Prager Veitsdom aufbewahrt.

Die einstige gotische Burg veränderte mehrmals ihr Gesicht. Im 16. Jh. im Renaissancestil umgebaut, erhielt die Burg 1877 bis 1899 ihre heutige neugotische Gestalt. Allerdings werden noch heute Stilverfälschungen bemängelt. So lehnte 1992 die Unesco einen Antrag ab, das weltbekannte Bauwerk auf die Denkmalpflegeliste zu setzen.

Burg Karlstein besteht aus vier Teilen, der Vorburg mit Burgtor, dem Burggrafenhaus, dem Kaiserpalast mit Marienkirche und dem Großen Turm der Hl.-Kreuz-Kapelle.

Während der Führung sehen Sie viele Gemächer des Kaisers Karl IV. Wertvolle gotische Wandgemälde aus dem 14. Jh. blieben in der Marienkirche erhalten. In der zum Komplex gehörenden Privatkapelle Karls IV., der **Kapelle der hl. Katharina**, sind kostbare polierte Edelsteine in Goldputz zu bewundern.

Die Hauptattraktion Karlsteins, die **Hl.-Kreuz-Kapelle** im Hohen Turm, ist gegenwärtig immer noch nicht zugänglich. Sie ist mit 6 m starken Mauern befestigt und sozusagen eine Burg in der Burg. Seit über zehn Jahren werden die Schäden repariert, welche Touristenströme hier anrichteten.

Die Wände und Decken dieser Kapelle erstrahlen von in Goldplättchen eingesetzten Halbedelsteinen (ca. 2.500). Ihre volle Wirkung auf den Betrachter erreichten sie im Mittelalter, als 1.300 Wachskerzen angezündet wurden. Der Tresor, der einstige Aufbewahrungsort des Kronschatzes, befindet sich in der Altarwand. Die 132 Tafelgemälde mit Heiligenporträts stammen aus dem 14. Jh., sie sind das Werk des Meisters Theodoricus.

Übrigens durften zur Zeit Kaiser Karls IV. keine Frauen auf dem Areal des Hohen Turms anwesend sein. Die erste Frau des Kaisers griff zu einer List, um sich dennoch Zutritt zu verschaffen: Sie verkleidete sich als Page, um hinter die Geheimnisse des Verbotes zu dringen. Diese Begebenheit wird im Sommer als Lustspiel auf dem Burghof nachgestaltet ("Eine Nacht auf Karlstein").

- ♦ November und Dezember und Januar bis März täglich außer Mo 9:00 bis 15:00, April, Mai, September und Oktober täglich außer Mo 9:00 bis 16:00, Juni bis August täglich außer Mo 8:00 bis 17:00, Vorbestellungen unter ☏ 0311/94211

Příbram (Priebraus)

- ✉ CZ-26202, ✆ aus D, A und CH: 0042306
- 🛏 Hotel Modrý hrozen***, nám. T. G. Masaryka 143, ☏ und FAX 0306/28901
- ♦ Hotel Mineral**, Mariánská 431, ☏ 0306/24402, FAX 0306/26615
- ♦ Hotel Belvedére*, Legionářů 401, ☏ und FAX 0306/25223
- ♦ Hotel Asia, gen. Kholla 180, ☏ und FAX 0306/24668

Die ehemals königliche Bergstadt, an der Fernstraße Prag-Strakonitz (Strakonice) gelegen, wurde durch den Silberbergbau bekannt. Der Adalbertsschacht (Vojtěšská sachta) befand sich im Jahre 1875 schon in einer Tiefe von 1.000 m, zur damaligen Zeit ein Weltrekord. Heute werden noch Blei und Uran gefördert.

Der am östlichen Stadtrand aufragende **Heilige Berg (Svatá hora)** galt im Mittelalter als berühmtester böhmischer Wallfahrtsort. Aus der Stadt führt die überdachte Wallfahrtsstiege (1728) mit 323 Stufen auf den 586 m hohen Hügel empor. Sie wurde 1993 vorbildlich restauriert. Die Gläubigen benutzten die Treppe einst auf Knien!

Die frühbarocke Marienkirche (17. Jh.) besitzt u.a. einen Silberaltar und reichhaltige Malereien.

⌘ Im Ortsteil Březové hory existiert ein **Bergbaumuseum**.

Benešov (Beneschau)

CZ-25601, ✆ aus D, A und CH: 0042301
Motel Svarc***, Ke stadionu 2045 (an der E 55 unweit vom Schloßpark), ☎ 0301/25611, FAX 0301/25613
♦ Motel Konopiště, ☎ 0301/22732, FAX 0301/22053
♦ Hotel Pošta***, Tyršova 162, ☎ 0301/21071, FAX 0301/22355
Konopiště, 1.5. bis 30.9., ☎ 0301/22732

Etwa 40 km südöstlich von Prag ist hier das **Schloß Konopischt (Konopiště)** Hauptsehenswürdigkeit. Einst eine gotische Burg, erfuhr der Bau im 17. Jh. umfangreiche Veränderungen zu einem Schloß mit ausgedehnter Parkanlage (225 ha).

Der spätere österreichische Thronfolger Franz Ferdinand d'Este, dessen Ermordnung 1914 in Sarajevo den Ersten Weltkrieg auslöste, erwarb das Schloß 1887 und baute es zu einer prunkvollen Sommerresidenz aus. Es wurde im Laufe der Zeit durch kostbare Schnitzereien und zahlreiche Sammlungen des Erzherzogs bereichert, u.a. durch eine große Sammlung von Jagdtrophäen und Kollektionen von historischen Waffen, Porzellan und Gemälden.

Seit 1995 sind auch 13 ehemalige Privatzimmer des österreichischen Thronfolgers zu besichtigen, einschließlich Schlafzimmer, Bad und Kinderzimmer. Die Unterwäsche Ferdinands, die er am Tag des Attentates trug und die ein einzigartiges Exponat der Sammlung darstellt, wird aber nur gegen eine Aufschlaggebühr gezeigt (deutschsprachige Führung kostet Kč 200).

In der ehemaligen Orangerie gibt es eine Ausstellung zu sehen, die Franz Ferdinands besonderer Leidenschaft entsprach. Er sammelte verschiedenste Gegenstände, die im Zusammenhang mit der Person des hl. Georg, dem Drachentöter, standen.

♦ April, September und Oktober täglich außer Mo 9:00 bis 16:00, Mai bis August Mo bis Fr 9:00 bis 17:00, Sa, So und an Feiertagen 9:00 bis 18:00, Vorbestellungen unter ☎ 0301/21366

Im Schloßpark ist ein ausgedehnter Rosengarten zu besichtigen, der mit vielen italienischen Skulpturen geschmückt ist.

Průhonice

Am südöstlichen Stadtrand von Prag befindet sich eine 230 ha große Parkanlage, ab 1885 von Graf Silva-Taronca geschaffen. In dreißig Jahren entstand hier eine wundervolle künstliche Landschaft mit 1.200 Baum- und Straucharten sowie ca. 6.000 Rhododendren (150 Arten). 40 km Wanderwege führen durch dieses Gebiet. Im Renaissanceschloß befindet sich eine der größten Herbariensammlungen der Welt, sie ist allerdings nicht öffentlich zugänglich.

Český Šternberk (Böhmisch Sternberg)

Gasthaus Pod hradem, ☏ 0303/55111

Ein beliebter Erholungsort am Flußufer der Sazau (Sázava), knapp 20 km östlich von Benešov (Beneschau). Fast 700 Jahre residierten die Grafen Sternberg in der gleichnamigen Burg. Im 18. Jh. wurde die ursprünglich gotische Anlage barock umgebaut

1991 wurde das Objekt der Familie Sternberg zurückgegeben (1949 von den Kommunisten enteignet). Die Sammlungen im Schloß (Waffen, Grafiken des 17. Jh., Kupferstiche) wurden der Öffentlichkeit inzwischen wieder zugänglich gemacht (☏ 0303/55101).

Žleby

Das kleine Städtchen, 8 km südöstlich von Tschaslau (Čáslav), besitzt ein neugotisches Schloß, das im 13. Jh. ursprünglich einmal als Wachburg gegründet wurde. Sehenswert sind reiche Waffen- und Glassammlungen.

♦ April und Oktober Sa, So und an Feiertagen 9:00 bis 16:00, Mai bis September täglich außer Mo 8:00 bis 17:00

Kutná Hora (Kuttenberg)

CZ-28400, ✆ aus D, A und CH: 0042327
Čedok, Palackého 330, ☏ 0327/2331
Hotel Mědínek***, Palackého nám. 316, ☏ 0327/2741, FAX 0327/2743
♦ Pension Safrane***, Na bylance 61, ☏ 0327/4381
♦ Pension Centrum Pospíšilová, Jakubská 57, ☏ 0327/4218

♦ Pension U rytířů, Rejskovo nám. 123, ☏ und FAX 0327/2256
♦ Turistická ubytovna, nám. Národ. odboje 56, ☏ 0327/2960
Santa Barbara, Česká ulice, 15.4. bis 30.10., ☏ 0327/2051
Die Stadt liegt an der Schnellzugstrecke Prag-Brünn (Brno).
Mit Prag-Florenc und Prag-Želivského bestehen regelmäßige Busverbindungen (Fahrtdauer ca. 1,5 Std.).
♦ Vom Hauptbahnhof (Hlavní nádraží) verkehrt Stadtlinie Nr. 1 ins Kuttenberger Stadtzentrum.

Inmitten eines großen Talkessels breitet sich die alte Bergstadt terrassenförmig bis zu den Hügeln hinauf aus. Der Mönch Anton fand der Legende nach im 13. Jh. auf einer Wiese das erste **Silber**, und um die Stelle wiederzufinden, legte er seine Kutte auf die Erzader - daher der Name Kuttenberg. Dem danach einsetzenden Silberboom verdankt die Stadt ihren sagenhaften Reichtum im Mittelalter, nach Prag war Kuttenberg in dieser Zeit zweitmächtigste Stadt Böhmens.

Verdeutlicht wird dieser Reichtum auch durch die **Kirche Vom Kehren (Na Náměsti)**. Ihr Bau wurde durch in den Straßen und kleinen Handwerksstuben zusammengekehrte Silberreste finanziert. Nachweislich förderte man 1290 bis 1620 in den Stollen um Kuttenberg 2500 t Silber!

Der berühmteste Sakralbau der Stadt ist die unvollendete **St.-Barbara-Kirche**, ein prachtvoller Bau, zur Huldigung der Schutzpatronin der Bergleute errichtet. Reiche Zechenbesitzer wollten mit diesem Bau zugleich dem Veitsdom in Prag ein gleichwertiges Gegenstück hinzufügen und so die Bedeutung der Stadt wirkungsvoll unterstreichen. Deshalb verpflichteten die Stadtväter auch gleich den berühmten königlichen Baumeister Peter Parler für ihr Vorhaben, dessen "Handschrift" u.a. auch den Veitsdom und die Prager Karlsbrücke prägte. Der Bau verzögerte sich jedoch. 1388 begonnen, konnten bis zum Abschluß im Jahre 1555 nur Teile der eigentlichen Planung verwirklicht werden. So fehlen beispielsweise Türme.

Trotzdem ist es ein eindrucksvoller gotischer Kirchenbau, dessen filigrane Details aus Sandstein einfach faszinieren. Im Inneren sind die verschiedenen Wappen der Zünfte und Knappschaften zu sehen, die vielen Kapellen werden von mittelalterlichen Fresken geschmückt. Beeindruckend wirken auch die Deckengewölbe in aufwendiger Schleifenstern-Ausführung.

♦ April bis September 8:00 bis 12:00 und 13:00 bis 17:00, Oktober bis März von 9:00 bis 12:00 und 14:00 bis 16:00, ☏ 0437/4761

Gleich anschließend betreten Sie den Komplex des barocken **Jesuitenkollegs**. Vor dem Kolleg befindet sich der Eingang in den mittelalterlichen Stollen der Silbermine.

Gehen Sie auf der St.-Barbara-Gasse (Barborská ul.) Richtung Stadtmitte, so stehen Sie bald vor dem **Kastell (Hrádek)**. Es diente im 15. Jh. als Königsburg und Münze.

⌘ Heute finden Sie im Kastell ein **Bergbaumuseum** sowie eine **Exposition zum Münzwesen**. Im Garten des Kastells ist ein mittelalterlicher Pferdegöppel ausgestellt, er stammt aus den Silbergruben von Jachýmov (St. Joachimsthal). Das Museum ist gleichzeitig Treffpunkt für geführte Touren in das historische Stollensystem. Sie bekommen hier Mantel, Helm und Lampe ausgehändigt und folgen dem Personal einige hundert Meter bis zum eigentlichen Stolleneingang.

♦ April bis Oktober täglich außer Mo 8:00 bis 12:00 und 13:00 bis 17:00

Über die Ruthradská ul. erreicht man die gotische **St.-Jakobs-Kirche** mit ihrem 80 m hohem Turm, zur Innenausstattung gehören u.a. Wandmalereien von Peter Brandl.

Im dahinterliegenden **Welscher Hof (Vlašský dvůr)** prägten Münzschläger ab dem 14. Jh. die begehrten "Prager Groschen". Hundert Jahre später wurde an die berühmte Münzstätte ein königlicher Palast mit Kapelle, Empfangssaal und Ratsherrenbank angefügt.

Die hiesige **Ratsherrentafel** ist weltbekannt:
"Wenn du als Mitglied der Gemeinde in deiner Amtspflicht durch diese Tür eintrittst, leg all deine Leidenschaften ab: Haß, Feindseligkeit, Gewalt, Freundschaft, Heuchelei, ordne deine eigenen Sorgen denen der Gemeinde unter..."

Der Gehalt dieser im Mittelalter geprägten Worte erscheint auch in unseren Tagen noch wichtig, denn Tafeln gleichen Inhalts existieren im New Yorker UNO-Gebäude, im Palais der Nationen in Genf und in der Prager Nationalversammlung.

Das **Steinerne Haus (Kamenný dům)** besitzt einen sehenswerten gotischen Erker und wurde im 15. Jh. vom bekannten Breslauer Baumeister Brikcius geschaffen, nach dessen Planung auch das dortige prächtige Rathaus entstand.

⌘ Heute hat im Steinernen Haus das **Stadt- und Kunstgewerbe-museum** seinen Sitz.

Ausflüge in die nähere Umgebung

Am nördlichen Stadtrand, in **Sedletz (Sedlec)**, wartet eine besondere Sehenswürdigkeit, allerdings nicht empfehlenswert für schwache Gemüter. Auffällig wirkt der Komplex des ehemaligen Zisterzienserklosters

Mariä Himmelfahrt, gegründet von bayrischen Mönchen zu Anfang des 18. Jh. In der fünfschiffigen Marienkirche gibt es u.a. Gemälde Peter Brandls zu sehen.

Mit dem Hinweisschild "Kostnice Sedlec" werden Sie zu einem ca. 400 m entfernten unauffälligen Kirchlein geführt, welches im Gewölbe ein Beinhaus mit Überresten von ca. 10.000 menschlichen Skeletten aufweist. Selbst Kronleuchter und Altarmonstranz wurden aus Knochen gefertigt.

Im 12. Jh. wurde der hiesige Friedhof mit heiliger Erde bestreut, seitdem verspürten viele böhmische Adlige den Wunsch, an Ort und Stelle bestattet zu werden. Ab 1870 nutzte man die Knochen für Kunstwerke der besonderen Art.

♦ täglich außer Mo 8:00 bis 17:00, außerhalb der Saison von 9:00 bis 16:00

5 km nordöstlich von Kuttenberg (Kutná Hora), in **Neuhof (Nové Dvory)**, steht ein bekanntes Empireschloß (1802-1822) mit einer großen Bibliothek und einem Landwirtschaftsmuseum, umgeben von ausgedehnten Parkanlagen.

♦ April bis Oktober täglich 8:00 bis 17:00

Weitere 5 km östlich, am Schloß in **Žehušice**, können Sie ein Wildgehege mit weißen Hirschen besuchen (☞ Reise-Infos von A bis Z, Jagd).

Kolín

- CZ-28000, ✆ aus D, A und CH: 0042321
- Čedok, Kmochova 406, ☎ 0321/25171
- Hotel American, Kovářská 101, ☎ 0321/25371
- Pension Pod Věží***, Parléřova 40, ☎ 0321/23877
- Pension U Jelinků***, Pražská 442, ☎ 0321/22990
- Pension IPO u Modrého bodu***, Benešova 169, ☎ 0321/20848
- Ubytovna Jiskra, V Borkách 1216, ☎ 0321/23628
- Ubytovna Zimní stadion, Brankovická 1289, ☎ 0321/20444

Die heutige Kreisstadt in der Elbniederung wurde 1257 als königliche Stadt gegründet. Im historischen Siedlungskern fällt die **St.-Bartholomäus-Kirche** (13. Jh.) besonders auf. Der berühmte deutsche Meister Peter Parler (u.a. St.-Veits-Dom in Prag) wirkte beim Aufbau an Teilen der Kirche mit. Sehenswert sind auch das **Rathaus** und eine Vielzahl von **Barockhäusern**.

Kolín war nach Prag einstmals die zweitgrößte jüdische Gemeinde Böhmens. Auf dem Jüdischen Friedhof (15. Jh.) sehen Sie noch viele historische Grabsteine.

1757 erlitt die preußische Armee unter Führung König Friedrich des Großen in einer Schlacht mit den österreichischen Armeen bei Kolín eine schwere Niederlage - daraufhin mußte der Preußenkönig seine Böhmen betreffenden Großmachtsträume aufgeben.

𝄞 Zum Gedenken an den Komponisten F. Kmoch (1848-1912) findet alljährlich Ende Juni ein mehrtägiges Blasmusikfestival statt.

Poděbrady (Podiebrad)

✉ CZ-29001, ✆ aus D, A und CH: 0042324
ℹ Čedok, Divadelní 66, ☎ 0324/2305
🛏 Hotel Libenský***, nám. T. G. Masaryka, ☎ 0324/2664, FAX 0324/2667
♦ Hotel Libuše***, Na Valech, ☎ 0324/2156, FAX 0324/2469
♦ Hotel Zámeček***, Husova 232, ☎ 0324/3881, FAX 0324/4512
♦ Hotel Hubert**, Riegrovo nám. 35, ☎ 0324/3827
⛺ Jezero, 1.4. bis 30.10., mit Bungalows, ☎ 0324/2833

Der junge Kurort liegt in der Elbniederung, nur 50 km nordöstlich von Prag an der E 12. Mit dem Zug ist man vom Prager Hauptbahnhof etwa eine Stunde unterwegs.

Im Jahre 1420 erblickte der spätere böhmische König Georg von Podiebrad (Jiří z Poděbrad) im hiesigen **Schloß** das Licht der Welt. Seine Bemühungen um eine europäische Friedensunion im Jahre 1464 ließen ihn Weltgeschichte schreiben. Ein Reiterstandbild vor dem Schloß erinnert an den König.

Die Entdeckung der heilkräftigen Wässerchen verdanken die Stadtväter dem glücklichen Zufall. Da Wassermangel herrschte, trieb man 1905 eine Tiefbohrung ins Gestein - hervor sprudelte **Heilwasser**!
Die im Schloßhof eingefaßte Mineralquelle "Poděbradka" mit ihrem hohen Kohlensäureanteil ist noch heute das Hauptheilmittel, obwohl in der Folgezeit noch weitere Quellen erschlossen wurden (☞ Reise-Infos von A bis Z, Heilbäder und -quellen).
Seit 1995 muß für das Mineralwasser ein Obolus entrichtet werden (Kč 1 für 3 l).

Mladá Boleslav (Jungbunzlau)

CZ-29300, aus D, A und CH: 0042326
Čedok, třída T. G. Masaryka 109/III, 0326/26903
Grandhotel Věnec***, Staroměstské nám. 89, 0326/21991, FAX 0326/29474
♦ Hotel Trumf***, Českobratrské nám. 122, 0326/28764, FAX 0326/28486
♦ Pension Telephone, B. Němcové 559, und FAX 0326/27736
im Ortsteil Kosmonosy, 1.5. bis 30.9., mit Bungalows, 0326/24202
Von den Prager Bahnhöfen Masarykovo nádraží und Vysočany verkehren mehrmals täglich Züge nach Mladá Boleslav (Fahrzeit ca. 1,5 Std.).

Die Kreisstadt befindet sich 50 km nordöstlich von Prag an der Iser (Jizera). Schon im 10. Jh. wurde die Stadt vom Přemysliden Boleslav III. (auch Rothaar genannt) gegründet. Ursprünglich eine Burg (10. Jh.), zeigt sich die jetzige Anlage nach mehreren Umbauten als Schloß.

Im 16. Jh. fanden hier die Böhmischen Brüder, eine evangelische Glaubensgemeinschaft, sichere Zuflucht vor ihren katholischen Häschern. Im 18. Jh. diente das Schloß als Kaserne.

Bürgerhäuser mit Arkadengängen, das Alte Rathaus (1559), die Marienkirche (15. Jh.) und das Renaissancebethaus der Böhmischen Brüder (heute Museum) sind weitere Sehenswürdigkeiten. Sehr schön ist das Jugendstiltheater im Stadtzentrum.

Weltbekannt ist Mladá Boleslav durch seine Pkw-Produktion unter dem Markennamen **Škoda**. Den Grundstein dafür legte 1895 das Unternehmen Laurin & Klement, das anfangs eine Produktions- und Reparaturwerkstatt für Fahrräder war. 1899 baute man hier das erste Motorrad Österreich-Ungarns. Ab 1905 kamen aus den Produktionshallen die ersten Autos mit Zweizylindermotor auf den Markt - schnell sprach sich die Zuverlässigkeit der Motoren herum und ganz Europa wurde beliefert.

1925 läutete die Zusammenlegung mit dem Škoda-Werk in Pilsen (Plzeň) das Zeitalter der Massenpoduktion ein. Im Jahre 1930 waren 3.750 Arbeiter und 500 Angestellte im Werk tätig, auch die Weltwirtschaftskrise und der Zweite Weltkrieg konnten die soliden Fundamente des Betriebes nicht erschüttern.

Anfang 1991 sorgte der VW-Konzern für Schlagzeilen. Mit Milliardeninvestitionen baute VW in Mladá Boleslav eine auch westlichen Maßstäben entsprechende Produktionslinie auf. Der Markenname Škoda blieb erhalten, das Unternehmen heißt jetzt Škoda automobilová a.s. Der neue Felicia ist der erste Schritt für Škoda zu einer neuen, breiten Modellpalette der Zukunft. Pro Tag rollen im Durchschnitt 750 Autos vom Band. Im Stammwerk Mladá Boleslav arbeiten 14.000 Beschäftigte, weitere

2.000 in den Werken Kvasiny und Vrchlabí. Mit einem Umsatz von 1,7 Mrd DM (1994) ist Škoda das bedeutendste tschechische Unternehmen.

⌘ Einen guten Überblick über die Produktionspalette des Autowerkes seit seiner Gründung bekommen Sie im gläsernen Ausstellungspavillon des **Škoda-Museums** im Stadtzentrum. Beeindruckend sind vor allem die großen schwarzen Limousinen aus den dreißiger Jahren.

Ausflug nach Münchengrätz (Mnichovo Hradiště)

16 km nordöstlich von Jungbunzlau (Mladá Boleslav) können Sie im hiesigen Barockschloß den Spuren **Casanovas** folgen. Im Schloß werden Teile der Bibliothek aufbewahrt, die der Frauenheld einst in Dux (Duchcov) verwaltete.

Am ersten Schloßbesitzer Budovec von Budov, einem Anhänger der Protestanten, vollstreckte man 1621 das Todesurteil. Neuer Herr auf dem Schloß wurde der spätere berühmte Heerführer des Dreißigjährigen Krieges, Albrecht von Wallenstein. Auf dem Areal des benachbarten Kapuzinerklosters sind die sterblichen Überreste des 1634 in Cheb (Eger) ermordeten Wallenstein in der barocken St.-Anna-Kapelle beigesetzt.

Im Museumsteil des Schlosses blieben historische Innenraumausstattungen erhalten, ein weißer Alabasterkamin im Musiksalon, asiatisches Porzellan, im Speisesaal bedeutende Sammlungen von Delfter Fayence, eine Waffenkammer und die schon erwähnte Bibliothek.

♦ April und Oktober Sa und So 9:00 bis 16:00, Mai bis September täglich außer Mo 8:00 bis 17:00, Vorbestellungen unter ☎ 0329/2198

Mělník

- CZ-27601, ✆ aus D, A und CH: 0042206
- Čedok, Nám. Karla IV. 200, ☎ 0206/622211
- Hotel Ludmila***, ☎ 0206/622423, FAX 0206/623390
- ♦ Hotel Sport***, Na cukrovaru 1086, ☎ 0206/21043
- ♦ Hotel U nádraží**, Nádražní 2005, ☎ 0206/62484
- ♦ Pension Bomi***, Mladaboleslavská 2265, ☎ und FAX 0206/622588
- Mělník, Klášterní ul. 720, ganzjährig, mit Bungalows, ☎ 0206/623856

Aus Mělník stammt die erste tschechische Heilige, die hl. Ludmilla.

Kaiser Karl IV. suchte die königliche Stadt, ca. 25 km nordwestlich von Prag gelegen, als Witwensitz der böhmischen Königinnen aus. Auch der Weinanbau geht auf Karl IV. zurück, er ließ hier während seiner

Residenzzeit Rebstöcke aus Burgund anbauen. Heute können Sie Mělníker Weine im Schloßrestaurant probieren, bekannt sind die Sorten "Ludmilla" (weiß und rot) sowie der rote Sekt "Mělnícký Granát". Den Panoramablick genießen Sie gratis. Die Weine werden auch als "Blut" des böhmischen Landes bezeichnet.

Das **Schloß**, das im 16./17. Jh. im Renaissancestil verändert wurde, besitzt einen großen Innenhof mit Arkaden. Kürzlich wurde es den letzten rechtmäßigen Besitzern (Familie Lobkowicz) zurückgegeben. Im Inneren des Gebäudes befindet sich eine beachtenswerte Lobkowitzer Gemäldegalerie mit Werken spanischer, holländischer, aber auch böhmischer Meister (u.a. Peter Brandl). Ein anderer Schloßflügel beherbergt das Kreismuseum mit einer Weinbauausstellung.

♦ April bis Oktober täglich außer Mo 9:00 bis 16:00

Nebenan thront die gotische **Peter-und-Pauls-Kirche** (14./15. Jh.). Vom Schloßberg, der hier steil abfällt und mit Weinreben bepflanzt ist, bietet sich eine prächtige Aussicht. Die Moldau und ein Schiffskanal münden in die Elbe. Sehenswert ist auch der renovierte Marktplatz, den Bürgerhäuser mit Laubengängen umgeben. Alljährlich Ende September ist Mělník die Kulisse für das Winzerfest, welches in bunter historischer Kostümtracht als Volksfest begangen wird.

Kokořín (Kokorschin)

im Kokořínský důl, 1.5. bis 31.10., mit Bungalows, ☎ 0206/693069

Knapp 40 km nördlich von Prag wartet in der Nachbarschaft von Mělník eine ungewöhnliche Landschaft auf den Besucher, die Region Kokořínsko (☞ Reise-Infos von A bis Z, Nationalparks und Landschaftsschutzgebiete).

Einen touristischen Mittelpunkt stellt die auf einem Felsen über dem malerischen Flußtal Kokořínský důl thronende **Burg Kokořín** dar. Die 1320 erstmals urkundlich erwähnte, ursprünglich gotische Burg wechselte oft ihre Eigentümer, um die sich zahlreiche Legenden ranken.

Schwere Zerstörungen verursachten die Hussitenkriege im 15. Jh., worauf die Burg verlassen wurde und langsam verfiel. Erste Ansätze eines Wiederaufbaus gab es im 16. Jh.

1894 erwarb Václav Špaček, ein zu Reichtum gelangter Emporkömmling, den Adelstitel und die Burg dazu. Aber erst sein Sohn nahm sich zwischen 1911 und 1918 ernsthaft der Rekonstruktionsarbeiten im Stil der gotischen Architektur an. Letzte Ausbesserungen wurden in den siebziger Jahren durchgeführt, so daß sich die Burg heute in einem tadellosen Zustand präsentiert. Kürzlich wurde die Burg an Nachkommen der Familie Špaček zurückgegeben.

⌘ Im Museumsteil finden Sie Möbel und Waffensammlungen, außerdem eine Exposition zum Andenken an das Wirken tschechischer romantischer Dichter und Künstler (u.a. Karel Hynek Mácha).

♦ April und Oktober Sa, So und an Feiertagen 9:00 bis 16:00, Mai bis September täglich außer Mo 8:00 bis 17:00, Vorbestellungen unter ☏ 0206/95064

Liběchov (Liboch)

Hotel Aveco, Pod kostelíčkem 120, ☏ 0206/697063
TJ Sokol, 15.5. bis 15.9., mit Bungalows, ☏ 0206/697040

Wenn Sie ab Mělník dem Flußlauf der Elbe 7 km nordwärts folgen, so gelangen Sie ins Städtchen Liboch (Liběchov). Das ursprüngliche Renaissanceschloß unterlag auch Barockeinflüssen. Interessant sind die Ausstellungsräume, in denen heute die Vielfalt asiatischer Kunst gezeigt wird (Zweigstelle des Prager Náprstek-Museums), es gibt 3.000 Exponate in 21 Räumen!

Říp (Georgsberg)

Etwa 15 km nordwestlich von Mělník und 5 km südlich von Raudnitz an der Elbe (Roudnice n. L.) erhebt sich eine markante Basaltkuppe aus der Ebene, der Georgsberg. Der Legende nach soll hier oben der mythologische Urvater des slawischen Stammes der Tschechen, Čech, im Jahre 644 beschlossen haben, das Land zu besiedeln. Kein Wunder also, daß der Berg zum **Nationalheiligtum** erklärt wurde. In schweren wie in guten Zeiten pilgerte das Volk auf den Hügel (456 m ü NN). Alljährlich am St.-Georgs-Tag (Ende April) findet eine Wallfahrt auf den Říp mit anschließendem Friedensgottesdienst statt. Auf dem kleinen Plateau erhebt sich die romanische St.-Georgs-Rotunde (1126). Im Sommer ist die Gaststätte in der Touristenhütte geöffnet.

Ein bequemer Aufstieg ist vom Dorf Rovné aus möglich, am nördlichen Fuß des Berges befindet sich ein Parkplatz.

Nelahozeves

Obora, 1.4. bis 31.10., mit Bungalows, ☎ 0205/24678

In dem Ort an der Moldau, knapp 20 km südwestlich von Mělník gelegen (von Prag auch per Bahn zu erreichen), wurde Antonín Dvořák (1841-1904) geboren, in Deutschland wurde er u.a. mit seiner Oper "Rusalka" und der 9. Sinfonie in e-Moll "Aus der neuen Welt" populär.

⌘ Im Geburtshaus des Komponisten ist ein kleines Museum eingerichtet (ein gelbes Eckhaus gegenüber der Kirche).

Ein weiterer Anziehungspunkt im Dorf ist das **Renaissanceschloß** (1553-1593), dessen Nordfassade von wundervollen Sgraffitos geschmückt wird. Kürzlich erfolgte eine vollständige Renovierung. Das Schloß ging wieder in den Besitz der Familie Lobkowicz über. Sie war es auch, die im Laufe der Zeit eine umfangreiche Gemäldesammlung erwarb, u.a. eine kostbare Porträtgalerie böhmischer Adelsfamilien. Einige Bilder der Sammlung sind so wertvoll, daß sie in der Prager Nationalgalerie aufbewahrt werden (u.a. Rubens' "Kleopatra"). Porzellan-, Möbel- und Waffenkollektion ergänzen das reichhaltige Museum.

♦ April bis Oktober täglich außer Mo 9:00 bis 17:00

Abstecher: 2 km nordöstlich von Nelahozeves befindet sich das ehemals barocke **Jagdschloß Weltrus (Veltrusy)**, das später im Rokokozeitgeschmack umgebaut wurde. In den stilgerechten Innenräumen bewahrt man heute u.a. eine Orientsammlung auf.

♦ April und Oktober Sa und So 9:00 bis 16:00, Mai bis September täglich außer Mo 8:00 bis 17:00, Vorbestellungen unter ☎ 0205/93175

Im über 100 ha großen Schloßpark (18. Jh.), der sich am rechten Moldauufer ausbreitet, können Sie zahlreiche romantische Schmuckbauten entdecken: einen Empiretempel, eine ägyptische Sphinx, eine mongolische Mühle, Schweizerhäuschen und Park-Pavillons.

Lidice

6 km östlich der Stadt Kladno gelegen, ist dieser Ort Schauplatz eines der düstersten Kapitel deutsch-tschechischer Geschichte. In England ausgebildete tschechische Fallschirmspringer verübten im Frühsommer

1942 ein Attentat auf den stellvertretenden Reichsprotektor Reinhard Heydrich. Nur durch einen Zufall geriet Lidice ins Blickfeld der Gestapo - ein Prager Fabrikant öffnete den Liebesbrief einer seiner Angestellten und spielte diesen den Deutschen zu. Bei den Verhören fiel auch der Name Lidice. Am 9.6. und 10.6.1942 begann die furchtbare Vergeltung durch SS-Einheiten. Alle 192 Männer wurden sofort erschossen, Frauen in KZ verschleppt, Kinder zur "Germanisierung" deportiert. Die Häuser sprengte man, um Lidice von der Landkarte zu tilgen.

Ein großer Rosengarten, gespendet aus allen Teilen der Welt, und ein großes einfaches Kreuz bilden die schlichte Gedenkstätte für die Opfer, alljährlich am 10.6. wird hier eine nationale Trauerfeier abgehalten.

Unweit des einstigen Dorfes entstand gleich nach dem Krieg Nova Lidice (Neu-Lidice).

Nordböhmen

Erzgebirge (Krušné hory), Elbsandsteingebirge (Labské pískovce), Lausitzer Gebirge (Lužicke hory) und Isergebirge (Jizerské hory) bilden eine natürliche Grenze zu den Nachbarländern Deutschland und Polen, und darüber hinaus bieten diese vier Gebirgszüge interessante Möglichkeiten zum Bergwandern und für den Wintersport.

Im Zentrum Nordböhmens findet man mit dem Böhmischen Mittelgebirge (České středohoří) ein weiteres Outdoor- und Erholungsterrain. Landschaftsbestimmend wirkt in diesem Teil Böhmens das Elbtal mit seinen oft malerischen Flußschleifen.

Die unmittelbare Nähe zu Deutschland brachte für das Grenzland fruchtbare, aber auch tragische Epochen. Seit dem 12. Jh. siedelten verstärkt Deutsche in der Region. Als Handwerker, Bauern, Bergleute, Kaufleute und Gelehrte waren sie am Aufblühen Nordböhmens beteiligt. Die später als Sudetenland bekannt gewordenen Gebiete, von denen ein großer Teil auch in Nordböhmen lag, erlebten in den Jahren 1938 bis 1946 ein finsteres Kapitel. Der Anschluß an Hitlerdeutschland hatte Repressalien für die tschechische Minderheit und die deutschen Sozialdemokraten zur Folge. Dafür "revanchierte" sich Präsident Beneš 1945/46 mit der Vertreibung eines Großteils der Sudetendeutschen.

Nordböhmen gilt als industrielles Herz der Tschechischen Republik. Braunkohle- und Schwerindustrie haben in der Landschaft tiefe Narben hinterlassen. Im Februar muß oft in weiten Teilen der Region Katastrophenalarm ausgelöst werden - die Luftschadstoffe verursachen den berüchtigten Smogeffekt. Trotzdem sollte sich niemand davon abschrecken lassen, Nordböhmen zu erkunden. Neben landschaftlichen Schönheiten gibt es auch viele Kulturdenkmäler zu entdecken.

Klášterec nad Ohří (Klösterle)

Hotel Slavie, Tyršova 134, ☏ 0398/935211
U jezu, 1.4. bis 31.10., ☏ 0398/935004

Das kleine Städtchen an den südlichen Ausläufern des Erzgebirges (Krušné hory) gilt als Wiege der böhmischen Porzellanherstellung, deren Beginn auf das Jahr 1794 zurückgeht. In einem Renaissanceschloß (16. Jh.), später im neugotischen Stil verändert, können Sie heute eine der reichhaltigsten Porzellansammlungen des Landes bewundern, u.a. mit Erzeugnissen aus Elbogen (Loket), Neu Rohlen (Nová Role), Selb/Bayern und Meißen/Sachsen.

♦ ⏲ April und Oktober Sa, So und an Feiertagen 9:00 bis 16:00, Mai bis September täglich außer Mo 8:00 bis 16:00, Vorbestellungen unter ☏ 0398/935436

Der Schloßpark, angelegt im englischen Stil, besitzt viele Plastiken von Meister J. Brokoff und weist einen prächtigen alten Baumbestand auf.

In der Stadt selbst lohnt sich ein Besuch der Friedhofskirche Mariä Heimsuchung (Mitte des 18. Jh.) mit der wundertätigen hölzernen Jungfrau Maria am Hauptaltar, die aus der Prager Thomaskirche stammt.

Verlassen Sie die Stadt in Richtung Chomutov (Komotau), so entdecken Sie am Stadtrand, gegenüber der heutigen Porzellanfabrik, einen größeren Ringofen - hier begann einst die Porzellanherstellung Böhmens, jetzt ist der Ofen ein technisches Denkmal.

Kadaň (Kaaden)

Hotel Zelený strom***, Jiráskova 1367, ☏ 0398/3031
Sportovní klub, ⏲ 1.5. bis 30.9., ☏ 0398/4285

Die Stadt im Erzgebirgsvorland an der Ufern der Eger (Ohře) erhielt in der Mitte des 13. Jh. den Status einer königlichen Stadt. Verheerende Brände, u.a. auch durch Beutezüge im Dreißigjährigen Krieg, veränderten das Stadtbild. Heute findet der Besucher mehrere Baustile auf engstem Raum, der historische Kern steht unter Denkmalschutz.

Weit und rechteckig erscheint der Marktplatz, den Bürgerhäuser mit Laubengängen begrenzen. Einige Bauten heben sich deutlich ab, so das barocke **Rathaus** (im 14. Jh. im gotischen Stil erbaut) mit einem eindrucksvollen Turm, von dem sich ein umfassender Rundblick bietet. Die Zinnen verleihen dem Komplex das Aussehen einer Festung.

Im Zentrum des Platzes steht eine Dreifaltigkeitssäule (1753), an der Südseite die ursprünglich gotische **Hl.-Kreuz-Kirche**, welche später barockisiert wurde, mit reichhaltigem Interieur.

⌘ Am Markt können Sie dem Kreismuseum einen Besuch abstatten.

Über die schmale Henkergasse (Katovská ul.) gelangt man zum Henkertor (Katovská brána), einem Teil der erhalten gebliebenen **Stadtbefestigungsanlagen**. Auch das Saazer Tor (Žatecká brána) und das Nikolsburger Tor (Mikulovická brána), beide aus dem 13. Jh., sind einen Besuch wert. Durch das letztgenannte Tor am Westrand des historischen

Stadtkerns gelangt man zum ehemaligen **Franziskanerkloster der Vierzehn Nothelfer** (1471), an einem Steilufer der Eger (Ohře) gelegen. Dort sind einige erhalten gebliebene Mönchszellen und das Marmorgrab des Stiftsgründers Johann Hassenstein von Lobkowicz sehenswert.

Ein Spaziergang auf den 402 m hohen Wachberg (Strážiště), vom Kloster aus auf blauer Markierung erreichbar, lohnt wegen der schönen Rundsicht.

Ausflüge in die nähere Umgebung

Zum Egerstausee (údolní nádrž Nechranice): 6 km östlich der Stadt Kaaden (Kadaň) wurde die Eger (Ohře) angestaut, damit genügend Brauchwasser für die zahlreiche Wärmekraftwerke der Umgebung zur Verfügung steht.

Zur Burgruine Hassenstein (Hasištejn): Die aus dem 14. Jh. stammenden Reste der Burganlage werden gegenwärtig restauriert. Einst war die Festung eine der größten Böhmens, zu Anfang des 17. Jh. wurde sie aber verlassen. Bekannt ist das Gebiet durch das Wirken des Humanisten Bohuslaw Lobkowicz von Hassenstein, der zum Ende des 15. Jh. in der Burg die Grundlage für eine wertvolle Büchersammlung legte.

Von Kaaden (Kadaň) erreichen Sie die Ruine über die Fernstraße Nr. 13 (Richtung Chomutov), wenn Sie den Abzweigungen Výsluni oder Místo in nördlicher Richtung folgen.

Chomutov (Komotau)

- CZ-43001, ☏ aus D, A und CH: 0042396
- Horský Hotel Partizán**, Na Vyhlídce 2000, ☏ 0396/2285, FAX 0396/3627
- ♦ Hotel AB Chomutov*, Žižkovo nám. 4796, ☏ 0396/5404, FAX 0396/5405
- ♦ Hotel Třetí mlýn, Bezručovo údolí 14, ☏ 0396/2366
- ♦ Chata Zákoutí, Čelákovského 10, ☏ 0396/2184
- Kamencové jezero, 1.5. bis 30.9., mit Bungalows, ☏ 0396/3770

Die Stadt und ihre Umgebung ist ein großes Industrierevier (Maschinenbau, Hüttenwerke, Braunkohlegruben).

Im Zentrum existiert ein ehemaliges Schloß des deutschen Ritterordens, der hier einen Bezirkssitz hatte. Das aus dem Anfang des 16. Jh. stammende Gebäude wurde später zum Renaissance-Rathaus umgebaut und beherbergt heute ein Regionalmuseum.

Nebenan befindet sich die gotische St.-Katharina-Kirche (13. Jh.), um den Markt reihen sich einige hübsche Patrizierhäuser.

Nordöstlich von Komotau (ca. 2 km) besitzt die Stadt mit dem knapp 20 ha großen Alaunsee (Kamencové jezero) ein schönes Badegewässer.

Most (Brüx)

CZ-43401, aus D, A und CH: 004235
Čedok, Budovatelů bl. 382 č. 3067, 035/22472
Hotel Murom***, Nám. mostecké stávky 3, 035/42250
Hotel Viktor*, Budovatelů 2831, 035/21665
Most, Topolová 812, 1.7. bis 31.8., 035/29727

Knapp 30 km nordöstlich von Komotau (Chomotov) gelegen, teilt Brüx (Most) das Image eines Industriestandortes mit der Nachbarstadt. Der Braunkohletagebau bestimmt die Szenerie, schon seit dem 17. Jh. wird hier die Erde aufgewühlt. Die gesamte Altstadt mußte inzwischen der Rohstoffgier des Menschen weichen.

Für weltweites Aufsehen sorgte die 1975 vorgenommene Standortverlagerung der äußerst wertvollen gotischen **Dekanatskirche** (16. Jh.), die sich auf einem Braunkohleflöz befand. Deshalb entschied man sich für eine komplizierte technische Lösung: Mittels 53 speziell entwickelter hydraulischer Wagen "wanderte" die Kirche 840 m weiter zum neuen Standort. Die Kirche trägt die Handschrift bedeutender Baumeister wie Jacob Heilmann von Schweinfurth und Georg Maulbronn. Die Bauarbeiten im 16. Jh. währten über 70 Jahre lang.

Wanderung zum Borschen (Bořeň)

Unterhalb des westlichen Gipfelareals befindet sich die Berghütte "Chata pod Bořeněm" (auch per Auto erreichbar) mit einfacher Übernachtungsmöglichkeit.

Von Most gelangen Sie - auch per Eisenbahn - in das ca. 10 km nordöstlich entfernte **Bilin (Bílina)**, über dessen Dächer sich der Borschen (539 m) erhebt. Auf grün markiertem Pfad ist der Gipfel zu erklimmen, er ist etwa 3 km entfernt. Für eine Rundwanderung benötigen Sie ungefähr drei Stunden.

Schon Caspar David Friedrich, Ludwig Adrian Richter und weitere Landschaftsmaler waren vom Borschen so begeistert, daß sie ihn auf Leinwand bannten.

Auch Geheimrat Goethe studierte die Geologie des Berges, welcher den Nordwestrand des Böhmischen Mittelgebirges (České středohoří) darstellt. Der Borschen blieb als imposantes Relikt einer vulkanischen

Quellkuppe erhalten, die Lava konnte wegen der anstehenden Asche nicht abfließen. Der Borschen ist der **mächtigste Phonolithberg Mitteleuropas**.

Die Felswände an der Nordseite, über 120 m hoch, gelten als beliebtes Bergsteigerrevier. Insgesamt weist die aktuelle Statistik 150 verschiedene Kletterrouten aus (☞ Reise-Infos von A bis Z, Nationalparks und Landschaftsschutzgebiete).

Osek (Osseg)

Herberge Narodní dům, Osek u Duchcova, ☎ 0417/937371
Osek, 1.5. bis 30.9., mit Bungalows, ☎ 0417/937321

In der reichlich 10 km nordöstlich von Brüx (Most) gelegenen Kleinstadt stellt das zum Ende des 12. Jh. im Ort gegründete **Zisterzienserkloster** die Hauptsehenswürdigkeit dar. Von diesem Kloster aus begann die Kolonisation Böhmens. Die historische Inneneinrichtung besitzt romanisch-frühgotische Züge. Besonders eindrucksvoll wirkt der Domkapitelsaal (13. Jh.) mit einem steinernen Schreibpult, Fresken aus dem 18. Jh. und kapitellgekrönten Säulen. Das Gesamtinterieur zählt zu Europas wertvollsten gotischen Architekturzeugnissen. Im Kloster befindet sich eine Gedenkstätte für die Opfer eines Bergwerkunglücks, welches im Jahre 1934 142 Bergleuten das Leben kostete.

Das Kloster ging kürzlich in den Besitz des Zisterzienserordens über.

♦ April und Oktober Sa, So und an Feiertagen 9:00 bis 16:00, Mai bis September täglich außer Mo 9:00 bis 18:00, Vorbestellungen unter ☎ 0417/937393

Nordwestlich des Städtchens können Sie die Ruinen der **Burg Osseg (Osek)** aus dem 13. Jh. besichtigen, wenn Sie vom Stadtzentrum aus dem blau-rot markierten Weg folgen.

Duchcov (Dux)

Hotel Městský, ☎ 0417/935526
♦ Gasthaus Český dům, Mostecká 5, ☎ 0417/935600

Die nordböhmische Kleinstadt verdankt ihre Berühmtheit dem begehrten **Royal-Dux-Porzellan** aus einer hiesigen Fabrik und nicht zuletzt auch

Casanova, der im barocken Schloß der Familie Waldstein (Wallenstein) die letzten 13 Jahre seines Lebens verbrachte und als Bibliothekar arbeitete.

Der Frauenheld bewohnte in einem Seitenflügel des Schlosses am Marktplatz drei Räume, an Ort und Stelle schrieb er auch seine heute noch berühmten Memoiren. Seine Spuren zeichnet das Casanova-Museum im Schloß nach. Historische Dokumente erinnern insbesondere an seinen nordböhmischen Aufenthalt. In einem Raum steht die Uhr still, sie zeigt die Todesstunde Casanovas an (22:40 am 4.6.1798). Die von Casanova betreute Schloßbibliothek wird heute in Mnichovo Hradiště (Münchengrätz) aufbewahrt.

In den anderen Repräsentationsräumen entdeckt man während einer Führung viele Exponate der Grafen Waldstein, u.a. ein riesiges Deckengemälde im ersten Stock des Eingangssaales. Hier stellt ein Mitglied der Familie Waldstein dem König Přemysl Ottokar II. seine Söhne vor. Die Dresdner Gemäldegalerie erwarb Mitte des 18. Jh. viele bedeutende Gemälde aus dem Schloß, u.a. von Rubens, Canaletto und van Dyck.

Im Schloß werden auch eine umfangreiche Möbelsammlung und eine fernöstliche Exposition gezeigt. Im Fürstengarten steht ein Pavillon mit Wandmalereien Wenzel Laurentius Reiners.

♦ April und Oktober Sa, So und an Feiertagen, Mai bis September täglich außer Mo 9:00 bis 18:00, Vorbestellungen unter ☏ 0417/935301

Walther von der Vogelweide, der große deutsche Lyriker des Mittelalters, hat in Dux um 1170 das Licht der Welt erblickt. Am Barbarasee (Barbora jezero) finden Sie ein hübsches Denkmal aus dem Jahre 1911. Als Zeichen eines neuen Zeitalters deutsch-tschechischer Beziehungen wurde es 1991 aus Mitteln des Kulturfonds beider Länder restauriert.

Teplice (Teplitz-Schönau)

- CZ-41501, ✆ aus D, A und CH: 0042417
- Čedok, Masarykova 48, ☏ 0417/24241
- Hotel Prince de Ligne***, Zámecké nám. 136, ☏ 0417/24755, FAX 0417/24749
- Hotel Panorama**, U Panoramy 2959, ☏ 0417/27059, FAX 0417/25989
- Hotel De Sax, Masarykova 35, ☏ 0417/43849
- Hotel Panorama U Panoramy, ☏ 0417/27052, FAX 25852
- Tanya, 1.6. bis 30.9., mit Bungalows, ☏ 0417/46023
- Ujezdeček 201, 1.5. bis 15.10., mit Bungalows, ☏ 0417/28171

Erst seit kurzem verkehrt von und nach Dresden eine Buslinie (☞ Reise-Infos von A bis Z, Anreise).

Die Stadt reiht sich ein in die Liste der berühmten böhmischen Heilbäder. Teplitz ist das älteste Kurzentrum des Landes. Zwischen Erzgebirge (Krušné hory) und Böhmischem Mittelgebirge (České středohoří) gelegen, sprudeln hier Thermalquellen höchster Wirkungskraft aus den Tiefen der Erde. Am bekanntesten sind der Urquell (Pravřídlo), mit einer Temperatur von 42,8 °C, und die Bergquelle (Horský pramen), eine radioaktive Quelle mit einer 41 °C warmen Schüttung.

Insbesondere werden hier Krankheiten des Bewegungsapparates behandelt (☞ Reise-Infos von A bis Z, Heilbäder und -quellen).

Geschichte

Die Thermalquellen sind nachweislich schon von den **Kelten** und **Römern** genutzt worden.

In der Neuzeit erlebte der Ort ab dem 16. Jh. eine erste Blüte. Aus dem Jahre 1680 stammt das älteste Gästeverzeichnis. Anfangs war Teplitz als Bad der sächsischen Kurfürsten und des Dresdner Hofes bekannt.

Zu Beginn des 19. Jh. expandierte der Kurbetrieb. **Berühmte Gäste** wie Zar Peter der Große, Chopin, Beethoven, Goethe, die Gebrüder Grimm, A. v. Humboldt, Wagner und Liszt - man könnte die Liste der prominenten Persönlichkeiten beliebig verlängern - gaben sich hier ein Stelldichein.

In den letzten Jahrzehnten veränderte der Braunkohlentagebau auch die nähere Umgebung der Kurstadt nachhaltig.

Sehenswürdigkeiten

An vielen Kurhäusern, teilweise im Empirestil, finden Sie Gedenktafeln, die an den Aufenthalt berühmter Leute in Teplitz erinnern.

Der historische Markt weist nur noch wenige Baudenkmäler auf, bekannt ist die barocke **Pestsäule** aus dem Jahre 1718 mit ihren lebendig erscheinenden Plastiken.

Auf den Grundmauern einer romanischen Klosterbasilika steht heute ein **Schloß**, das mehrere Baustile verkörpert. Am östlichen Rand des Terrains entdeckte man 1953 bei Ausgrabungen die Reste romanischer Bauten. Im Schloß finden Sie jetzt ein Regionalmuseum. Der Schloßhof ist alljährlich im Sommer Austragungsort von Beethoven-Musikfestspielen.

Das **Erzgebirgstheater**, 1924 gebaut, ist mit über 1.000 Plätzen eines der größten des Landes.

Im **Kurpark**, im englischen Stil angelegt, findet man neben zahlreichen Sandsteinstatuen die Grabstätte Johann Gottfried Seumes. Der aufrechte deutsche Demokrat, der u.a. durch sein Werk "Spaziergang nach Syrakus" bekannt wurde, starb hier in Teplitz am 13.5.1810.

Eine prächtige Aussicht, die schon zahlreiche deutsche Landschaftsmaler beeindruckte, können auch Sie genießen, wenn Sie die Mühen eines Aufstiegs zum **Schloßberg (Doubravská hora)**, 387 m hoch, nicht scheuen. Günstiger Ausgangspunkt hierfür ist der Stadtteil Schönau (Na Letné). Der Weg zum Gipfel in östlicher Richtung ist anfangs rot, dann grün gekennzeichnet und trifft schließlich auf eine gelb markierte Aufstiegsroute (grün führt nur unterhalb des Gipfels herum). Hier oben lädt ein Restaurant zum Besuch, eingerichtet in einer neuromantischen Burganlage. Erkennbar ist noch der Wall der Burg Daubersberg, die Mitte des 17. Jh. zerstört wurde. Die Tour dauert etwa 2 bis 3 Stunden.

Krupka (Graupen)

🛏 Hotel Komáří vížka, auf dem Mückentürmchen, ☎ 0417/94348

In der seit 1579 königlichen Bergstadt, die 5 km nördlich von Teplitz (Teplice) liegt, befand sich ab dem 14. Jh. der größte Zinngewinnungsbetrieb Europas.

⌘ Die lange Tradition des Erzbergbaus, welcher inzwischen völlig zum Erliegen gekommen ist, läßt sich gut im **Stadtmuseum** verfolgen.

Im Ortsteil Mariaschein (Bohosudov) gründeten Jesuiten im 17. Jh. ein Kloster. Noch heute beeindruckt die barocke Wallfahrtskirche, zu welcher einst selbst Pilger aus der Ober- und Niederlausitz strömten.

Ein Sessellift führt von Mariaschein (Bohosudov) auf das Mückentürmchen (Komáří hůrka), einem Berg (809 m), von dem die Aussicht bei günstiger Witterung bis Ústí n. L. (Aussig) reicht. Auch das Berghotel Komáři vížka lädt zum Verweilen ein.

Kostomlaty pod Milešovkou (Kostenblatt)

Das Dorf liegt reichlich 10 km südöstlich von Teplice. Die Burgruine Kostenblatt (Kostomlaty) gilt als eine der romantischsten in Nordböhmen. Im 13./14. Jh. angelegt, verfiel die Burg seit Mitte des 17. Jh.

Neben anderen Künstlern war auch Caspar David Friedrich von der Ruinenansicht so begeistert, daß er sie auf Leinwand verewigte.

Steigen Sie auf dem blau markierten Weg hinauf. Von der Burgruine führt Sie dieselbe Markierung ca. 5 km weiter östlich auf einen der populärsten Gipfel des Gebirges, auf den Milleschauer (Milešovka), 837 m hoch.

Třebnice (Trebnitz)

Der Ort befindet sich an der Fernverkehrsstraße Brüx (Most)-Leitmeritz (Litoměřice). Markant ragt die Burgruine Kostial (Koštálov) über dem Ort gen Himmel.

Třebnice und seine Umgebung sind das Zentrum der böhmischen Edelsteingewinnung.

⌘ Schon seit dem Ende des 19. Jh. ist in der einstigen Lutheranerkirche ein **Museum des Granatschmucks** zu besichtigen. Dort werden auch Schmuckstücke von Ulrike von Levetzow aufbewahrt, Goethes letzter großer Liebe.

Wegen seiner besonderen Färbung ist Granat aus Böhmen heute in der ganzen Welt begehrt.

Die **Burgruine Kostial (Koštálov)** auf dem gleichnamigen Berg ist auf einer grün ausgewiesenen Aufstiegsroute in einer knappen halben Stunde erreichbar und bietet eine herrliche Rundsicht.

Gute Verkehrsverbindungen bestehen über Lobositz (Lovosice) per Bus und Bahn nach Leitmeritz (Litoměřice).

Libochovice (Libochowitz)

Hotel Černý orel (am Schloß), ☎ 0419/92327

Die kleine Stadt an der Eger (Ohře), 15 km südwestlich von Litoměřice (Leitmeritz), ist der Geburtsort des bekannten böhmischen Arztes und Wissenschaftlers Jan Evangelista Purkyně (1787-1869). Er erblickte im hiesigen **Frühbarockschloß** (17. Jh.) das Licht der Welt, in dem heute eine Ausstellung an das Wirken Purkyněs erinnert.

Außerdem können Sie zeitgenössische Inneneinrichtungen besichtigen (sehenswert der Saturnsaal).

- April und Oktober Sa, So und an Feiertagen 9:00 bis 16:00, Mai bis September täglich außer Mo 8:00 bis 17:00, Vorbestellungen unter ☏ 0419/ 92650

Das Schloß ist von einer ausgedehnten Parkanlage umgeben, teils im französischen, teils im englischen Stil.

Libochowitz gilt als bedeutendes Hopfenanbaugebiet.

Wanderung zur Burgruine Hasenburg (Hazmburk)

Die gotische Burg wurde im 13. Jh. als Sitz der Familie Hase (Zajíc) auf einem 418 m hohen Basaltkegel gegründet. Erhalten blieben Schwarzer und Weißer Turm. Der Südhang des Berges fällt schroff ins Tal ab - das Ergebnis mehrerer Bergrutsche. Wegen seiner reichen Flora und der geologischen Besonderheit steht das Gipfelareal unter Naturschutz.

Der rot markierte Weg zwischen Libochowitz (Libochovice) und Trebnitz (Třebnice) führt nach 3 km Verlauf am Berggipfel vorbei, es existieren aber Pfade nach oben.

Ústí nad Labem (Aussig)

- CZ-40001, aus D, A und CH: 004247
- Čedok, Hrnčířská 10, ☏ 047/5220745
- Hotel Máj***, Hoření 15, ☏ 047/45251
- Hotel Bohemia***, Mírové nám., ☏ 047/28370
- Hotel Paláce, Malá hradební 57, ☏ 047/22914, FAX 047/25135
- Hotel Slavie Střekov, Železničářská 242, ☏ 047/31213
- Touristenherberge Zimní stadion, Masarykova 232, ☏ 047/64430 und 65250
- Chatova osada (Ferienhüttensiedlung am Freibad), Habrovice, 1.5. bis 30.9., ☏ 047/66652
- Vom Hauptbahnhof Aussig (Ústí n. L.) am linken Elbufer bestehen häufig Anschlußmöglichkeiten auf der Strecke Prag-Dresden, nach Leitmeritz (Litoměřice) und Teplitz (Teplice).
- ČSAD fährt ab dem Busbahnhof in viele Städte des Landes.
- Ústí n. L. besitzt eine Anlegestelle für Elbfahrgastschiffe.

Die Stadt stellt das industrielle Zentrum der nordböhmischen Region dar und ist gleichzeitig Verkehrsknotenpunkt auf dem Straßen-, Schienen und Wasserweg.

Aussig (Ústí n. L.) liegt zu beiden Seiten der Elbe (Labe). Die hiesige Mündung des Flusses Biela (Bílina) in die Elbe gab der Stadt auch den Namen (*ústí* = Einmündung).

Schon im Jahre 993 war Aussig als Zollstation auf der Elbe bekannt. Hussiteneinfälle und Zerstörungen im Dreißigjährigen Krieg führten zum totalen Niedergang. Neuen Aufschwung brachte der Abbau der heimischen Braunkohlevorkommen ab dem Ende des 18. Jh.

Im Zweiten Weltkrieg wurde bei amerikanisch-englischen Bombenangriffen insbesondere das historische Zentrum zerstört. Ende Juli 1945 kam es aus ungeklärten Gründen zu einer Explosion im Munitionslager Aussig/Schönpriesen (Krásné Březno). Die Schuld wurde Deutschen zur Last gelegt, und am 31.7.1945 wurden im Stadtgebiet und auf der Elbbrücke Racheakte an der deutschen Zivilbevölkerung verübt, etwa 100 Menschen fanden dabei den Tod. Am Jahrestag finden jetzt Gedenkveranstaltungen statt.

In der Nachkriegsperiode entstanden viele moderne Zweckbauten und neue Wohnsiedlungen. Chemische Industrie und Braunkohleindustrie verursachen heute bei entsprechender Wetterlage den berüchtigten nordböhmischen Smog.

Sehenswürdigkeiten

Die gotische **St.-Adalbert-Kirche** (13. Jh.), im 18. Jh. barockisiert, gilt als ältestes Gebäude der Stadt. An der Wende vom 15. zum 16. Jh. wurde die **Erzdekanatskirche Mariä Himmelfahrt** errichtet, 1426 von den Hussiten in Schutt und Asche gelegt, aber im 16. Jh. unter Leitung des Benedict Ried von Laun rekonstruiert.

Im Inneren beeindruckt die aus einem einzigen Sandsteinblock gemeißelte Kanzel (16. Jh.) und das reiche gotische Schnitzwerk am Hauptaltar.

Das äußere Erscheinungsbild des an der Ecke Bílinská ul./ Hradiště ul. befindlichen Sakralbaus wird vom 65 m hohen Turm bestimmt. Bei dem Luftangriff 1945 wurde auch diese Kirche von Bomben getroffen. Seither neigt sich der Turm mit einer Lotabweichung von 198 cm und ist damit nach dem Turm von Pisa der **zweitschiefste Turm Europas**! Der Einsturz wird durch einen Spezial-Betonkern verhindert.

⌘ Das **Bezirksmuseum** (Geologie, Botanik, Ethnographie) finden Sie am Lidicke náměstí.

♦ Mo bis Fr 8:00 bis 15:00

Im Stadtteil Schön-Priesen (Krásné Březno), Švermova ul., finden Sie den Zoo, berühmt ist die hier gezüchtete Herde der Hartmann-Zebras sowie ein Lehrpfad, flankiert mit Modellen von Urzeittieren.

♦ Mo bis Fr 11:00 bis 15:00, Sa und So 10:00 bis 17:00

☺ Wohltuende **Thermalbäder** gibt es im Stadtteil Klíše und südlich der Burgruine Schreckenstein, in Brná n.L.

Ausflüge in die nähere Umgebung

2 km südöstlich des eigentlichen Stadtkernzentrums thront am rechten Elbufer auf einem knapp 100 m hohen steilen Phonolithfelsen die legendäre **Burgruine Schreckenstein (Střekov)**. Etwas südlich der Elbbrücke beginnt eine rote Wegmarkierung, die zur Burgruine hinaufführt. Unterhalb des Touristenmagnets existiert ein Parkplatz.

Zu Beginn des 14. Jh. zwecks Überwachung des Flußtals gebaut, erlitt die Burg während des Dreißigjährigen Krieges starke Zerstörungen und wurde bald verlassen. 200 Jahre stand das Objekt leer, bis der aufkommende Tourismus im 19. Jh. das Gebiet für sich entdeckte. In den siebziger Jahren unseres Jahrhunderts vorbildlich restauriert, sind heute Burghof und -kapelle (jetzt als Aussichtsturm genutzt), Burgherrenwohnung, Rittersaal und Zitadelle wieder zu besichtigen.

Schon die Landschaftsmaler der Romantik waren von Schreckenstein begeistert. Bekanntestes Gemälde von vielen dürfte die "Überfahrt über die Elbe am Schreckenstein bei Aussig" (1837) von Ludwig Adrian Richter sein, heute im Besitz der Dresdner Gemäldegalerie Neue Meister im Albertinum. Richard Wagner fand am Schreckenstein 1842 erste Anregungen für seine Oper "Tannhäuser" (Gedenktafel am Torhaus).

Leider verlor die Szenerie am Schreckenstein ihre Romantik, seit in den dreißiger Jahren unterhalb der Burg eine Staustufe (Kraftwerk) mit Schleusen für die Schiffahrt fertiggestellt wurde.

Aber allein der Blick ins Elbtal lohnt einen Besuch. Kürzlich wurde das Burgareal der Familie Lobkowicz rückübereignet. Im Burgmuseum sehen Sie eine Ausstellung zur Historie des Schreckensteins sowie Andenken an den Aufenthalt und das Schaffen Richard Wagners.

♦ April, September und Oktober täglich außer Mo 9:00 bis 16:00, Mai bis August täglich außer Mo 9:00 bis 17:00, Vorbestellungen unter ☏ 047/ 31553

🛏 ✕ Teile der Burg werden als Restaurant und Hotel genutzt.

Vor den westlichen Toren Aussigs, auf dem **Plateau Na Běháni** unmittelbar bei Hrbovice, ereignete sich im Jahre 1426 eine der größten Schlachten der Hussitenbewegung. Trotz erheblicher Übermacht eines sächsischen Kreuzritterheeres gelang es den Hussiten unter Führung von Prokop Holý, die Feinde der Reformation in die Flucht zu schlagen (der

Name des Plateaus kommt von *běhat* = rennen). Auf dem einstigen Schlachtfeld sehen Sie ein Denkmal von Bildhauer K. Švadlena zur Erinnerung an dieses Ereignis.

In **Vaňov**, 4 km südlich von Aussig, befindet sich am linken Elbufer der Workosch (Vrkoč), ein fächerförmig angeordneter Basaltfelsen.

Zwischen **Großprießen (Velké Březno)** und **Saubernitz (Zubrnice)** verkehrt eine Museumsbahn. Der Großprießner Bahnhof liegt an der Bahnstrecke Aussig (Ústí nad Labem)-Tetschen (Děčín).

⌘ In **Saubernitz (Zubrnice)** befindet sich ein Freilichtmuseum (Skansen), das die Bauweise und Lebensart der hiesigen Region wundervoll dokumentiert.

♦ April bis Oktober täglich 8:00 bis 12:00 und 13:00 bis 17:00

Wanderung von Aussig (Ústí n. L.) zum Milleschauer (Milešovka) und weiter nach Kostenblatt (Kostomlaty)

ca. 20 km, 8 bis 9 Stunden

Während dieser Tagestour lernen Sie den vielfältigen Charakter des Böhmischen Mittelgebirges besonders gut kennen. Zu bewältigende Anstiege halten sich in Grenzen, die Schwierigkeit liegt eher in der Länge der Wegstrecke. Wählen Sie als Ausgangspunkt den Stadtteil Aussig-Türmitz (Ústí-Trmice), per Stadtbus zu erreichen, oder den Bahnhaltepunkt Koštov. Von hier bis nach Milbohov ist der Weg anfangs blau markiert. Danach folgt man der roten Kennzeichnung über die Dörfer Suchá, Habrovany und Žim.

Es geht nun immer bergan, teils durch Obstplantagen, später durch Waldungen, bis zum Fuß des Wachtberges (Stráž). Nach dem Abstieg folgt man ca. 300 m der Fernstraße Teplitz (Teplice)-Leitmeritz (Litoměřice) und kann dann auf die ruhige Straße nach Bilka wechseln (ein knapper Kilometer Straße). In Bilka liegt der Milleschauer direkt vor uns. Der Weg ist anfangs weiter rot markiert, es führt aber nur die später einmündende blaue Markierung hinauf zum Gipfel.

Der höchste Berg des Gebirgszuges (837 m) ist größtenteils von Eichenwald bedeckt. Auf der westlichen Seite des Gipfels liegen größere Geröllfelder. Die höchsten Gipfelpartien stehen unter Naturschutz, hier gedeiht eine seltene wärmeliebende Flora.

In einer Hinsicht hält die Touristenkarte nicht, was sie verspricht: für das Publikum sind alle Gebäude auf dem Gipfel passé, denn hier residiert die Akademie der Wissenschaften mit einer meteorologischen Station.

Bei guter Sicht reicht der Blick im Norden bis zur Lausche im Zittauer Gebirge, im Süden erkennt man die Hazmburk (Hasenburg), westlich die Burgruine Kostomlaty (Kostenblatt) und den Gipfel des Borschen.

Der im "Garten Böhmens" befindliche Gipfel hatte berühmte Gäste: Alexander von Humboldt vertrat die Ansicht, daß die Rundsicht hier die drittschönste sei, die er auf seinen vielen Reisen erlebt hatte. Caspar David Friedrich überlieferte uns das Gemälde "Böhmische Landschaft mit dem Milleschauer" (1808).

Zum Abstieg folgen wir der blauen Markierung, streifen das Dorf Černice und erklimmen im Anschluß die Ruine Kostenblatt, bevor wir im gleichnamigen Ort das Tagesziel erreichen. Von Kostenblatt (Kostomlaty pod Milešovkou) verkehrt ein Linienbus nach Teplice (Teplitz), von wo auch Aussig (Ústí n. L.) wieder mit öffentlichen Verkehrsmitteln erreichbar ist.

Litoměřice (Leitmeritz)

CZ-41201, ✆ aus D, A und CH: 0042416
Čedok, Dlouhá 194, ☎ 0416/2588
Hotel Krebs***, Pokratická 60, ☎ 0416/5388, FAX 0416/5258
Hotelový dům SCHZ, Vrchlického 10, ☎ 0416/5451
Střelecký ostrov (südlich vom Bahnhof am Elbufer), 1.5. bis 10.10, mit Bungalows, ☎ 0416/6694

Die touristisch äußerst interessante Stadt liegt im südlichen Bereich des Böhmischen Mittelgebirges am rechten Ufer der Elbe. Die Umgebung wird für Obstplantagen und als Weinanbaugebiet genutzt. Der historische Kern steht unter Denkmalschutz, der Markt trägt auch den Beinamen **"Bilderbuch der Baustile"**.

⌘ Das Rathaus (16. Jh.) beherbergt das **Stadtmuseum** mit einer Skulpturensammlung aus dem 16. Jh.

Die **Nordböhmische Galerie** finden Sie in der Michalski ul., u.a. mit den Abteilungen Böhmische Kunst des 12. bis 20. Jh. (hier sehen Sie viele Landschaftsgemälde des Böhmischen Mittelgebirges), Neue Tschechische Bildhauerkunst sowie Naive Malerei (die einzige Sammlung dieser Art in Tschechien).

Sehenswert sind auch das **Kelchhaus (Mrázovský dům)** mit einem ungewöhnlichen Dach in Kelchform aus dem 16. Jh. (es soll an das Hl.

Abendmahl erinnern), die barockisierte **Allerheiligenkirche** (13. und 18. Jh.) mit dem Gemälde "Jesus auf dem Ölberg" sowie die **Dekanatskirche** (18. Jh.).

Auf dem Domhügel (Dómský pahorek) baute man im 17. Jh. auf den Grundmauern einer romanischen Basilika die barocke St.-Stephans-Kathedrale (mit wertvollen Gemälden des Schülerkreises um Lucas Cranach). Dahinter befindet sich ein Bischofspalast (17. Jh.) mit einem Diözesanmuseum (ebenfalls mit einer kostbaren Gemäldesammlung).

☺ Alle zwei Jahre im September (ungerade Jahre) ist die Stadt Gastgeber der landwirtschaftlichen Ausstellung "Garten Böhmens" (Zahrada Čech).

Ausflüge in die nähere Umgebung

3 km südwestlich von Leitmeritz befindet sich der Aussichtsgipfel **Radobil (Radobýl)**. Dorthin gelangt man auf gelb markierter Route. Im 14. Jh. schenkte Kaiser Karl IV. der Stadt den Hügel für den Weinanbau. Da der Gipfel fast baumlos ist, bietet sich von hier eine umfassende Rundsicht. Am nördlichen Berghang mußten während der deutschen Okkupation KZ-Häftlinge in einem Stollen, bekannt als Fabrik "Richard", an Bestandteilen der Wunderwaffe V 2 arbeiten.

5 km westlich der Stadt befindet sich die reizvolle **Böhmische Pforte (Porta Bohemica)**, ein canyonartiger Abschnitt des Elbtals zwischen den Bergen Lobosch (Lovoš) und Dreikreuzberg (Kalvárie). Viele vergleichen die hiesige Szenerie mit der Loreley am Rhein. Aufstieg zum Dreikreuzberg (Kalvárie) vom Bahnhaltepunkt Libochovany (gelb) oder von der Straße gegenüber der Abzweigung nach Kamýk (grün).

Terezín (Theresienstadt)

Parkhotel, Máchova 162, ☏ 0416/92260

Autokemp Terezín, Sokolovna 322, 1.5. bis 30.9., mit Bungalows, ☏ 0416/92473

Die Festungsanlage in der heute unter Denkmalschutz stehenden Kleinstadt an der Eger (Ohře) wurde 1780 unter Kaiser Josef II. im spätbarocken Stil zum Schutz gegen drohende preußische Einfälle erbaut. Ihren Namen erhielt sie zu Ehren der Kaiserin Maria Theresia.

1941, nach der berüchtigten Wannsee-Konferenz, errichteten die deutschen Besatzer in der Festungsanlage ein "Durchgangs- und Sammellager", wohin ca. 140.000 Juden aus mehreren europäischen Ländern gebracht wurden. Um die Weltöffentlichkeit zu beruhigen und den geplanten Völkermord an den Juden ("Endlösung") zu verschleiern, entstand ab Sommer 1942 innerhalb der Großen Festung (Velká pevnost) eine Musterstadt mit scheinbarer jüdischer Selbstverwaltung, die Nazi-Propaganda filmte hier den Streifen "Der Führer baut den Juden eine Stadt".

Auf der einen Seite des Lagers fanden Sport-, Konzert- und Theaterveranstaltungen statt, während zu gleichen Zeit auf dem Bahnhofsgelände Züge abgefertigt wurden, die die Juden nach Auschwitz brachten.

Etwa 33.500 Menschen fanden im Ghetto durch Mißhandlungen, Krankheiten oder Untererernährung den Tod, auf dem heutigen Nationalfriedhof sind knapp 30.000 von ihnen beigesetzt. Dieser Friedhof befindet sich ganz in der Nähe der Kleinen Festung (Malé pevnosti) an der Fernverkehrsstraße Berlin-Prag (E 55). Die Kleine Festung war ab 1942 eine Zweigstelle der Prager Gestapo. Hier kamen tausende politische Häftlinge ums Leben.

Die ursprünglichen Festungsanlagen von Theresienstadt sind gut erhalten und für Besucher stellenweise zugänglich. In den Kasematten der Kleinen Festung, welche auch schon im 19. Jh. als Gefängnis diente, starb 1918 **Gavrilo Princip**, welcher das Attentat auf den österreichischen Thronfolger Ferdinand d'Este im Juni 1914 in Sarajevo leitete.

⌘ Heute ist in den Kasematten ein **Ghettomuseum** untergebracht.

Abstecher: 8 km weiter südlich können Sie in **Doksany** ein ehemals romanisches Kloster (12. Jh.) besichtigen. Nach einer barocken Umgestaltung an der Wende vom 17. zum 18. Jh. durch K. I. Dientzenhofer wurde es im 19. Jh. nochmals umgebaut und als Schloß genutzt. Erhalten blieb eine romanische Krypta.

♦ April bis Oktober täglich außer Mo 9:00 bis 16:00, Vorbestellungen unter ☏ 0411/97203

Ploskovice (Ploschkowitz)

5 km nordöstlich von Leitmeritz (Litoměřice) befindet sich Schloß Ploschkowitz (Ploskovice), auch mit der Bahn zu erreichen. Dorf und Festung gehörten im 15. Jh. Adam von Ploschkowitz.

1496 fand ein Aufstand unter der Führung Ritter Dalibors statt. Dieser nahm Ploschkowitz in Gewahrsam und zwang ihn, ihm seinen Besitz zu übereignen. Der Ritter Dalibor wurde später überwältigt und war viele Jahre im Prager Turm Daliborka gefangen. Dieses Bauwerk wird vielen Pragbesuchern ein Begriff sein.

Bedřich Smetana schuf zu diesem Ereignis die Oper "Dalibor".

Im Jahre 1720 wurde die Festung nach einem Entwurf von O. Broggio umgebaut. Das Schloß gehörte dann dem österreichischen Kaiserhaus und wurde 1847 Sommerresidenz des Ex-Kaisers Ferdinand I.

Im Schloßinneren befinden sich Gemälde von Josef Návratil.

♦ April und Oktober Sa und So 9:00 bis 16:00, September täglich außer Mo 9:00 bis 17:00, Mai bis August täglich außer Mo 8:00 bis 17:00, Vorbestellungen unter ☏ 0416/8692

Úštěk (Auscha)

CZ-41145, ✆ aus D, A und CH: 0042416
Hotel Racek*, Levínská ulice 2, ☏ 0416/96430
♦ Pension, Podskalská 17, ☏ 0416/96274
Chmelař, 15.5. bis 30.9., mit Bungalows

Die kleine Stadt (ca. 2.000 Einwohner) liegt auf einem Felsvorspung. Auscha steht unter Denkmalschutz, am Marktplatz sind Häuser im gotischen und Renaissancestil zu sehen.

Teile der Stadtmauer mit dem Pikardenturm (Pikhartská bašta), 1428 erbaut, sind erhalten geblieben. Ungewöhnlich sind die von italienischen Arbeitern im 19. Jh. ins Gestein gehauenen und auf Felsvorsprüngen errichteten Vogelhäuschen (Ptačí domky).

Erholungssuchenden ist der Teich Chmelař, 70 ha groß, zu empfehlen, dort befindet sich auch ein Campingplatz. Ausflüge ins Böhmische Mittelgebirge sowie in das Landschaftsschutzgebiet Kokořínsko bieten sich an (☞ Reise-Infos von A bis Z, Nationalparks und Landschaftsschutzgebiete).

Abstecher: 3 km östlich von Auscha (Úštěk) können Sie die **Burgruine Helfenburg (Hrádek)** mit einem Turm und einer bis zu 12 m hohen Mauer besuchen.

Im 5 km nordwestlich liegenden **Levín** sind erhaltene Volksbauten sowie eine Burgruine zu sehen.

Benešov nad Ploučnicí (Bensen am Polzenfluß)

🛏 Hotel und Restaurant Jelen, Náměstí 10, ☏ 0412/94590

Bensen ist mit der Bahn und noch günstiger mit dem Bus zu erreichen. Der Ort gilt heute als Zentrum der Textilindustrie und des Maschinenbaus.

Bensen, im Jahre 1230 entstanden, hat gleich zwei bemerkenswerte **Schlösser** aufzuweisen, beide wurden im Renaissancestil gebaut und verfügen über eine reiche Innenausstattung. Das Obere Schloß wurde 1522 bis 1524, das Untere Schloß im Jahre 1540 von der Meißener Familie Salhausen gebaut. 1578 entstand der sogenannte Wolf-Flügel.

⌘ Im Unteren Schloß befindet sich ein **Museum zur Kunst der Renaissance**.

♦ April und Oktober Sa, So und an Feiertagen 9:00 bis 16:00, Mai bis August täglich außer Mo von 9:00 bis 18:00, September täglich außer Mo 9:00 bis 17:00, Vorbestellungen unter ☏ 0412/94575

Děčín (Tetschen-Bodenbach)

- ✉ CZ-40500, ☏ aus D, A und CH: 0042412
- ℹ Čedok, Prokopa Holého 808/6, ☏ 0412/22678
- ♦ Tina (Turistická informační agentura), Sládkova 41, ☏ 0412/24700
- 🛏 Hotel Česká koruna***, Masarykovo nám. 60, ☏ 0412/22093 und 26624
- ♦ Hotel Jana**, Teplická 151, ☏ 0412/89571
- ♦ Hotel Desta club, Labská 691/23, ☏ 0412/26211
- ♦ Hotel Pošta, Masarykovo nám. 82, ☏ 0412/22831
- ♦ Hotel Faust, U plovárny 43, ☏ 0412/22250
- ♦ Hotel Labe, Labské nábřeží 306, ☏ 0412/27436
- ♦ Pension Hana, Tylova 6, ☏ 0412/27783
- ♦ Pension Nataša, Drážd'anská 18, ☏ 0412/2943544
- ♦ Pension Seňková, Březová 381/138, ☏ 0412/27842
- ⛺ U plovárny (am rechten Elbufer in unmittelbarer Nähe zum Schloß), 1.5. bis 30.9., mit Bungalows, ☏ 0412/22755
- 🚆 Tetschen (Děčín) ist Zollstation an der wichtigen Eisenbahnstrecke Dresden-Prag, die auch von allen Zügen der Verbindung Berlin-Budapest passiert wird. Aus Richtung Dresden kommenden Reisenden dient Tetschen (Děčín) auch als Ausgangspunkt für Bahnfahrten ins Lausitzer Gebirge (Lužické hory) über Böhmisch-Kamnitz (Česká Kamenice) nach Tannenberg (Jedlová) oder weiter ins Isergebirge (Jizerské hory) Richtung Reichenberg (Liberec).

☺ Die Eisenbahnfahrt zwischen Dresden und Děčín sowie die anschließende Strecke Richtung Prag ist ein Erlebnis für sich, da die Bahn dem sich schlängelnden Elbufer folgt und wundervolle Landschaftsausblicke zuläßt.

Häufige Busverbindungen bestehen u.a. mit der Hauptstadt Prag vom Busbahnhof Bodenbacher Straße (Podmokelská ulice), Vorplatz Hauptbahnhof.

Děčín besitzt eine Anlegestelle für Fahrgastschiffe.

Tetschen, die frühere Doppelstadt an beiden Ufern der Elbe (Labe), deren Vorort Bodenbach (Podmokly) längst eingemeindet wurde, ist bekannt als nordböhmisches Tor zum Elbsandsteingebirge (Labské pískovce). In der Stadt sind bedeutende Industriebetriebe angesiedelt, durch die Nähe zu Deutschland entwickelte sich Děčín zu einem wichtigen Verkehrsknotenpunkt (Straßen-, Wasser- und Schienenweg).

Schon vor dem 10. Jh. wurde der böhmische Stamm der Tetschner (Děčané) im Gebiet ansässig. Ab 1128 ist urkundlich nachgewiesen, daß sich hier am rechten Elbufer eine Fürstenburg befand, welche u.a. der Überwachung mittelalterlicher Handelswege diente. Diese einst romanische Burgstätte baute man zuerst gotisch, später (1667-1673) barock um. Zum Ende des 18. Jh. folgten weitere Umgestaltungen, die dem **Schloß** sein heutiges Aussehen verliehen.

Arg zugesetzt wurde dem Schloß in den Jahren 1968 bis 1991, als es als Garnison der sowjetischen Besatzer diente.

Jetzt ist das imposante Gebäude den Besuchern in Teilbereichen wieder zugänglich. Aufmerksamkeit verdienen der Pferdestall der Familie Thun, der Spiegel- und der Speisesaal, die Waffenkammer sowie eine Kapelle. Im Sommer ist der schöne Schloßgarten mit seinem terrassenförmig angelegten barocken Rosengarten ein weiterer Anziehungspunkt.

♦ April bis September täglich 9:00 bis 17:00

Im rechtsseitigen Stadtteil ist kurz vor der Einmündung in die Elbe die spätgotische **Brücke** über den Polzen (Ploučnice) mit ihren barocken Sandsteinplastiken der Landespatrone interessant.

⌘ Nur ein paar Schritte nördlich des Hauptbahnhofes können Sie das **Regionalmuseum** besuchen, das sich in einem ehemaligen Jagdschloß befindet (Teplická ul. 92). Von hier blicken Sie auch auf die 150 m steile felsige **Schäferwand (Pastýřská stěna)**, an ihrem Fuße verläuft die Transiteisenbahnstrecke Dresden-Prag, welche teilweise durch einen Tunnel führt.

Hoch oben thront eine romantische, schloßartig angelegte Gaststätte mit großartigem Panorama auf die Stadt und Teile der Elblandschaft. Entweder Sie benutzen den rot markierten Wanderweg oder einen Lift (*výtah*) im Inneren des Berges, der über den Elbkai (Labské nábřeží) zu erreichen ist.

Am Berg befindet sich ein Zoo.

♦ April bis September täglich 8:00 bis 18:00, Oktober bis März täglich 8:00 bis 16:00

Wanderung auf den Hohen Schneeberg (Děčínský Sznĕžník)

9,5 km

Nordwestlich von Tetschen (Děčín) ragt der Hohe Schneeberg, ein markanter Tafelberg, gen Himmel. Er stellt mit 726 m die höchste Erhebung des Elbsandsteingebirges dar. Die Wanderroute ist von Tetschen aus durchgängig rot markiert, etwa ein Drittel der Strecke besteht aus Anstiegen.

Das Plateau des Hohen Schneebergs besteht aus zwei Abschnitten, Dresdner Aussicht (Drážd'anská vyhlídka) und Pferdekopf (Koňská hlava).

In der Mitte des Plateaus können Sie vom 30 m hohen Aussichtsturm eine prächtige **Rundsicht** auf die böhmische und die im Norden angrenzende sächsische Bergwelt genießen, der Ausblick gilt als umfassendster der gesamten Böhmischen Schweiz.

Am südlichen Fuß des Berges liegt ein schwedischer Friedhof aus der Zeit des Dreißigjährigen Krieges. Der rote Hauptwanderweg führt vom Hohen Schneeberg weiter nach Tyssa (Tisá) mit seinen bekannten Felsformationen.

Wem nicht soviel Zeit zur Verfügung steht, der kann auch mit dem eigenen Auto oder per Bus von Tetschen (Děčín) in den Ort Schneeberg (Sněžnik) gelangen, der Aufstieg dauert von hier aus nur eine halbe Stunde.

Wanderung zu den Felsenstädten von Tyssa (Tisá)

Tisá, ganzjährig, ☎ 047/90247

Touristenhütte Ve Skalách, an der Straße Tyssa (Tisá)-Schneeberg (Sněžník), ☎ 047/90275

Außer dem Auto gibt es noch weitere Anreisemöglichkeiten. Von Tetschen (Děčín) verkehrt selten direkt ein Bus nach Tyssa (Tisá). Man kann aber mit Bus oder Bahn in das 3 km südlich entfernte Dorf Libouchec fahren und die restliche Strecke nach Tyssa laufen. Der rot markierte Hauptwanderweg von Tetschen nach Tyssa ist ca. 19 km lang.

Die skurrilen **Tyssaer Wände (Tiské stěny)** liegen nördlich der Gemeinde. Ein geologischer Lehrpfad führt Sie auf 6 km Rundweg sicher durch die versteinerte Märchenwelt. Die rot markierte Strecke führt über die Großen Wände (Velké stěny) zur Touristenhütte "Ve Skalách".

Hřensko (Herrnskretschen)

✉ CZ-40717, ✆ aus D, A und CH: 0042412
🛏 Hotel Jitřenka, Hřensko 123, ☎ 0412/98127 (ab DM 12)
♦ Hotel Labe, Hřensko 13, ☎ 0412/98188
♦ Hotel Beseda, Hřensko 16, ☎ 0412/98110
♦ Narodní dům, ☎ 0412/98185
♦ Hotel U lípy, Hřensko 35, ☎ 0412/98117

Die Straße zwischen Tetschen (Děčín) und dem 10 km nördlich gelegenen Grenzort Herrnskretschen (Hřensko) folgt dem rechten Elbufer und wird von eindrucksvollen **Felsformationen** flankiert. Diese sind bis zu 80 m hoch und werden auch als Kletterterrain genutzt. Die anspruchsvollsten Wände haben höchsten Schwierigkeitsgrad (7. Grad).

Die kleine Gemeinde Herrnskretschen (Hřensko) liegt in einem tief eingeschnittenen Elbe-Seitental, sie ist gleichzeitig der niedrigste Wohnort Böhmens (115 m ü NN). Während der Sommermonate verkehren auf der Elbe Fahrgastschiffe zwischen Děčín und Hřensko. Am Wochenende und zur Hauptsaison gleicht der Ort einem großen Markt, in Richtung Deutschland (Schmilka) und im Zentrum bieten hunderte fliegende Händler ihre Waren feil (insbesondere Zigaretten, Becherovka und Textilien).

Wanderung zur Edmundsklamm/Stillen Klamm (Tichá Soutěska)

1 km vom eigentlichen Dorf Herrnskretschen (Hřensko) hat die Kamnitz (Kamenice) diese canyonartige Felsklamm mit bis zu 150 m hohen und zum Teil überhängenden Sandsteinwänden geschaffen. Erst 1890 entstand der Wanderpfad durch dieses Gebiet. Teilweise mußte er in den Fels gehauen werden, auch der Bau dreier Tunnel war notwendig. Knapp

1.000 m Klamm lassen sich nur per Boot erkunden, von Mai bis Anfang Oktober ist dazu Gelegenheit.

Ein ähnliches Gebiet schließt sich westlich der benachbarten Stimmersdorfer Brücke (Mezní můstek) an, hier heißt es **Wilde Klamm (Divoká Soutěska)**, ein 450 m langer Abschnitt ist ebenfalls mit Booten zugänglich.

Wanderung von Herrnskretschen (Hřensko) zum Prebischtor (Pravčiká brána) und weiter nach Dittersbach (Jetřichovice)

20 km

In Mezní Louka:

Bungalowsiedlung Camp Mezní Louka, 1.4 bis 31.10., DM 24 im Dreibettbungalow, ☏ 0412/98184

In Jetřichovice:

Erholungsheim Bellevue, ☏ 0412/9722

Intercamp Vysoká Lípa, 1.4. bis 31.10., mit Bungalows, ☏ 0412/9749

Die durchweg rot markierte Strecke führt Sie durch die attraktivsten Gebiete der Dittersbacher Wände (Jetřichovické stěny). Der Weg ist ein Teilabschnitt des internationalen Fernwanderweges E 3 (Atlantik-Ardennen-Eisenach-Budapest-Dukla).

In Herrnskretschen (Hřensko) folgen wir anfangs dem Flußlauf der Kamnitz (Kamenice), schwenken dann aber auf die Straße links ab. Nach ca. 1,5 km Asphaltstraße führt der Weg in den Fichtenwald. Auf ständig ansteigendem Terrain wird nach 4 km, gerechnet vom Ausgangsort, das **Prebischtor (Pravčická brána)** erreicht. Das größte Sandsteintor Europas (21 m hoch, 25,5 m breit) wird nur noch von zwei ähnlichen Naturgebilden in den USA übertroffen. Im Laufe der Jahrmillionen entstand es durch die Erosion des Standsteins.

In der Nähe dieses Touristenmagneten existieren einige Rundwege, die reizvolle Blicke auf das Tor und die weitere Umgebung zulassen. Seit einiger Zeit wird am Prebischtor Eintrittsgeld kassiert (Kč 45/Pers.).

Die heutige Ausflugsgaststätte blieb im Stil des 19. Jh. beinah unverändert erhalten. 1882 erbaut, diente das Gebäude in der Anfangsphase als Bad und Berghotel.

Nach **Rainwiese (Mezní Louka)** verläuft der Weg nun stetig bergab. Das Hotel und Ausflugsrestaurant in Mezní Louka ist ständig von deutschen Touristen umlagert (☏ 0412/98189), doch das Personal erschien uns unfreundlich, und die Preise sind unangemessen hoch. Wer mit dem Auto anreist, sollte auf Hotels und Restaurants im ca. 2 km entfernten Stimmersdorf (Mezná) ausweichen.

Von der Haltestelle direkt am Hotel verkehren Busse über Herrnskretschen (Hřensko) nach Tetschen (Děčín), Stimmersdorf (Mezná) und Hohenleipe (Vysoká Lípa).

Nach 3 km ständig wechselnder Auf- und Abstiegen erreicht man das **Kleine Prebischtor (Malá Pravčiká brána)**. Man muß schon genau hinschauen, um es nicht zu übersehen.

Nach ein paar hundert Metern bergab wird der **Schauenstein (Šaunštejn)** erreicht. Hier sind die Reste einer in den Fels gehauenen Burg aus dem 14. Jh. zu entdecken. Man schützte mit Hilfe dieser Signalwarte die hiesige Böhmerstraße.

Die Kraxelei nach oben verlangt Schwindelfreiheit, denn teilweise sind nur Eisenklammern zur Sicherung vorhanden.

Nachdem wir ein Stück der schon erwähnten Böhmerstraße gefolgt sind, gelangen bald die wundervollen **Sandsteintürme** ins Blickfeld, die Dittersbach (Jetřichovice) von Norden und Osten her umrahmen. Auf einigen befinden sich historischen Wachtürmen nachempfundene Holzbauten, zu denen Sie aufsteigen können, wenn Sie noch Kondition haben.

Von Dittersbach (Jetřichovice), Haltestelle am Gasthaus (*hostinec*), verkehren Busse über Hřensko nach Děčín.

Kamenický Šenov (Steinschönau)

Touristenherberge Společenský dům, ☏ 0424/92275

An der Straße Tetschen (Děčín)-Haida (Nový Bor) befindet sich 6 km westlich von Haida der bekannte **Herrnhausfelsen (Panská skála)**. Die an überdimensionale Orgelpfeifen erinnernden fünf- und sechseckigen Basaltsäulen brachten der Felsformation auch den Beinamen "Steinerne Orgel" ein - die Säulen sind die größten ihrer Art in Europa und gelten als das schönste Beispiel für das Spaltungsvermögen des Basaltgesteins auf dem Kontinent.

Das geologisch interessante Gebiet steht schon seit 1895 unter Schutz, es ist vor Jahrmillionen durch die vulkanische Tätigkeit in der nordböhmischen Region entstanden.

In Steinschönau (Kamenický Šenov) begann man vor 270 Jahren mit der Produktion von prunkvollem Kristallglas, seitdem wurde die Stadt durch ihre Erzeugnisse weltbekannt. Kristallüster sind noch heute ein begehrter Exportartikel. Sie schmücken u.a. auch die städtische Kirche, ca. 100 m entfernt befindet sich ein Glasmuseum.

Die im Jahre 1870 gegründete Kunstgewerbeschule gilt heute als älteste Glasfachschule Europas.

Doksy (Hirschberg am See)

CZ-47201 Doksy, aus D, A und CH: 0042425

In Doksy:

Hotel Grand***, Máchova ul. 434, 0425/72207, FAX 0425/73405

♦ Hotel Kamýk v Doksech, und FAX 0425/72389 oder 02/754394

In Stare Splavy (Thammühl):

Hotel Borný, č.p. 211, und FAX 0425/73319

♦ Česká Spořitelna (Erholungsobjekt der Tschechischen Sparkasse); Bungalowsiedlung am nördlichen Seeufer. Kontaktadresse: Olšanská 1a, 13080 Praha 3, 02/274221

♦ Pension Rut, 0425/73213, in der Nachsaison 0322/3565

Klůček, 15.5. bis 15.9., mit Bungalows, 0425/72138

♦ Poselský rybník, 1.6. bis 30.8., mit Bungalows, 0425/73555

In Reichstadt (Zahrádky):

Hotel Pošta, 0425/96350

In Bürgstein (Sloup):

in Objekten der Glasmacherfachschule Nový Bor, SOU sklářské, Revoluční 500, 0424/2115 und 2163

Die Stadt liegt am Südufer des Máchovo jezero, eines ursprünglich im 14. Jh. im Auftrag von Kaiser Karl IV. angelegten 350 ha großen Fischteiches. Das Gewässer trug einst den Namen Hirschberger Großteich (Velký rybník). Die Tschechen tauften ihn zum Andenken an den bekannten Romantikdichter Karel Hynek Mácha um. Die heute 278 ha umfassende Wasserfläche ist von Kiefernwäldern umgeben. Die schönen Sandstrände locken in den Sommermonaten tausende Urlauber an die Ufer.

Im Sommer verkehren auch Ausflugsschiffe auf dem See.

Ausflüge in die nähere Umgebung

Neugarten (Zahrádky): Das Schloß Neugarten (Zahrádky) im gleichnamigen Ort liegt nur 10 km nordwestlich von Hirschberg am See (Doksy) und dem Máchasee (Máchovo jezero) entfernt.

Im **Neuen Schloß** (17. Jh.) im barocken Stil findet man eine Renaissancekapelle. Eine weitere Sehenswürdigkeit sind die **Kanäle**, die im

14. Jh. in die Felsen gehauen wurden und der Wasserstandsregulierung im Hirnsner Teich (Novozámecký rybník) dienen. Sie befinden sich östlich des Ortes.

In das südlich gelegene Eichenwaldgebiet **Fasanerie (Bažantnice)** führt eine mit bis zu 300jährigen Linden bestandene Allee (grüne Wegmarkierung). Im canyonartigen **Höllengrund (Peklo)**, 2 km nordwestlich von Neugarten (Zahrádky), rote Wegmarkierung, blühen im April tausende Frühlingsknotenblumen und Osterglocken.

Reichstadt (Zákupy): Der Ort liegt 7 km östlich von Böhmisch Leipa (Česká Lípa). Das Schloß Reichstadt (Zákupy) stammt aus dem 16. Jh., im 17. Jh. erhielt es sein barockes Aussehen. 1818 kam es in Besitz des einzigen Sohnes Napoleons I., dem gleichzeitig der Titel des Herzogs von Reichstadt zuerkannt wurde. Der neue Herrscher war aber nie hier.

Für den abgedankten österreichischen Kaiser Ferdinand V. gestaltete man das Schloß als Sommerresidenz teilweise im Neu-Rokoko um, aus dieser Zeit stammen die wertvollen Innenraumausstattungen im zweiten Stock des Gebäudes. Aufmerksamkeit erregen insbesondere die farbenprächtigen Malereien Josef Navrátils.

♦ April und Oktober Sa und So 9:00 bis 15:00, Mai bis September täglich außer Mo 9:00 bis 16:00, Vorbestellungen unter ☏ 0425/97278

Sloup (Bürgstein): 3 km südöstlich von Haida (Nový Bor) sehen Sie hier Überreste einer in einen 33 m mächtigen Sandsteinblock gehauenen Burganlage aus dem 14. Jh. an der ehemaligen Handelsroute Meißen-Zittau. Im 15. Jh. unternahm der Raubritter Pancíř von hier aus Raubzüge in die Lausitzer Städte. Ab 1680 wurde die Burg als Einsiedelei genutzt (hier wurde die Brille erfunden!) und Ende des 18. Jh. verlassen.

♦ wie Schloß Reichstadt (Zákupy), Vorbestellungen unter ☏ 0424/6338

Wanderung zur Burg Bösig (Bezděz)

5 km südöstlich von Hirschberg am See (Doksy) thront die schon von weitem sichtbare Burg Bösig auf einem 607 m hohen Gipfel, ein rot markierter Weg führt hinauf.

Die im 13. Jh. zur Herrschaftszeit Přemysl Ottokars II. errichtete königliche Burg wurde im Dreißigjährigen Krieg gebrandschatzt. Später diente sie als Kloster, welches aber zum Ende des 18. Jh. verlassen wurde.

Der imposante Turm ragt 40 m in die Höhe. Erhalten blieb außerdem der Burgpalast mit kostbarer frühgotischer Kapelle. Wegen Rekonstruktion sind gegenwärtig nur Teilbereiche zugänglich.

Während der achtziger Jahre war es für Touristen verboten, den Turm zu besteigen, weil man von hier aus die SS-20-Raketenstellungen der sowjetischen Armee einsehen konnte.

♦ April und Oktober täglich außer Mo 9:00 bis 16:00, Mai bis September täglich außer Mo 9:00 bis 17:00, Vorbestellungen unter ☎ 0425/73131

Liberec (Reichenberg)

CZ-46000, ✆ aus D, A und CH: 004248

Čedok, Soukenné nám. 157/8 (am Kaufhaus Ještěd), ☎ 048/21322

♦ Pol-Tour, Am Hauptbahnhof, ☎ 048/487680, FAX 048/487681

♦ Informace Cestovního Ruchu, nám. Dr. E. Beneše 15 (direkt am Altmarkt gegenüber dem Rathaus an der Ecke), ☎ 048/29854

Flüge von Mai bis Oktober täglich von 9:00 bis 17:00, Infos über ☎ 048/27788

Staročeská jizba (Altböhmische Stube) im Hotel Imperial, 1. máje 29, täglich außer So 10:00 bis 22:00, ☎ 048/421742

♦ Steak House, Soukenné nám. 156 (am Kaufhaus Ještěd), täglich 11:00 bis 22:00, ☎ 048/24027

♦ Pivnice Parlament (Ratskeller), nám. E. Beneše (Altstädter Platz) 1, täglich 11:00 bis 22:00, ☎ 048/23733

Kavárna Pošta, nám. E. Beneše 24, täglich 10:00 bis 22:00, ☎ 048/20852

♦ Kavárna Greece, 5. května 10, Mo bis Sa 10:00 bis 22:00, So 14:00 bis 21:00

Hotel Imperial***, 1. máje 29, ☎ 048/421742, FAX 048/421696

♦ Hotel Praha*** (tolles Jugendstilambiente), Železná ul. 2, ☎ 048/28953, FAX 048/26511

♦ Hotel Zámecká Konírna*** (Schloßpferdestall), Tanvaldská 49, ☎ 048/462937

♦ Grandhotel Zlatý lev, Gutenbergova 3, ☎ 048/20147, FAX 048/423407

♦ Hotel Česká Beseda, Na rybníčku 143 (am Busbahnhof), ☎ 048/23161 (ab DM 10)

♦ Olympia Centrum Šimonovice, Nr. 44 (5 km südlich von Liberec), ☎ und FAX 048/29288 (DM 25 mit Frühstück). Das Olympia Centrum organisiert u.a. Paragliding-Ausbildung, 14 Tage einschl. Unterkunft und Vollpension DM 830.

Pavlovice (am nordwestlichen Stadtrand), 1.5. bis 31.10., mit Bungalows, ☎ 048/36406

Schnellzüge verkehren in Richtung Pilsen (Plzeň), Prag, Brünn (Brno), Regionalzüge fahren nach Zittau/Sachsen, Tetschen (Děčín) und über Tannwald (Tanvald) nach Harrachsdorf (Harrachov) im Riesengebirge (Krkonoše).

Vom Busbahnhof (in der Nähe des Hotel Imperial) fahren Busse in alle größeren Städte des Landes.

In der Mitte des 14. Jh. entstand hier eine erste Siedlung an einer Landstraße von Böhmen in die Lausitz. Zu Beginn des Dreißigjährigen Krieges gelangte die Stadt in den Besitz des berühmten Herzogs Albrecht von Wallenstein, auf den auch die Gründung der Neustadt zurückgeht.

Gegen Ende des 19. Jh. setzte dank der hier ansässigen Industrie (Textil-, Glas- und Maschinenbaubetriebe) ein kräftiges Stadtwachstum ein, zahlreiche Prachtbauten entstanden. Bald war Reichenberg die größte deutsche Stadt innerhalb des sudetendeutschen Gebietes in Böhmen. Bis zum Ende des Zweiten Weltkrieges lebten hier 80.000 Menschen, wobei davon nur etwa 6.000 tschechischer Nationalität waren.

Heute ist die Situation annähernd umgekehrt. Unter den 110.000 Einwohnern schätzt man noch etwa 4.000 Deutsche.

In den letzten Jahren ist Liberec (auch dank einer direkten Straßen- und Bahnverbindung mit dem sächsischen Zittau) zu einem bevorzugten Ziel deutscher Besucher geworden, in der Mehrzahl Tagesausflügler und Einkaufstouristen.

Sehenswürdigkeiten

Auf dem Markt Nám. E. Beneše (ehemaliger Altstädter Platz) sehen Sie eine verkleinerte **Nachbildung des Wiener Rathauses**, 1888 bis 1893 im Pseudorenaissancestil errichtet. Rechts vom Haupteingang sehen Sie die 1990 eingeweihte Gedenktafel für die Menschen aus Liberec, die bei der blutigen Niederschlagung des "Prager Frühlings" 1968 ihr Leben ließen.

Auf dem Altstädter Platz wurde der Grundriß des alten Rathauses von 1603 mit Türstufe ins Pflaster eingelassen. Von hier aus werden im Sommer Kutschfahrten angeboten.

Nördlich des Rathauses befindet sich das **Theater F. X. Šalda** (1881-1883) mit interessanter Sandsteinfassadengestaltung.

☕ Das Café Post (Kavárna Pošta) erinnert noch sehr eindrucksvoll an die einstige k.u.k.-Atmosphäre, auch wenn äußerlich gegenwärtig der Putz abbröckelt (☏ 048/20852). Sie finden das Café nordwestlich vom Rathaus.

In der westlich vom Markt gelegenen Windgasse (Větrná ulička) blieben drei **Laubenhäuser** aus dem Jahre 1670 erhalten, sie sind die ältesten Architekturdenkmäler der Stadt. Nur ein Stück von hier entfernt befindet sich die **Hl.-Kreuz-Kirche** (18. Jh.).

Südöstlich des Marktplatzes ist ein **Schloß** der Grafen Redern, später in den Besitz der Grafen Clam-Gallas übergegangen, mit prächtigen Schnitzarbeiten in der Renaissance-Schloßkapelle (1604) zu besichtigen.

Heute beherbergen die Schloßmauern darüber hinaus eine einzigartige böhmische Glasausstellung. Neben sehr alten Erzeugnissen stellt die Firma Skloexport hier auch ihre neuesten Produkte aus.

⌘ Etwa 50 m südöstlich des Schlosses (U tiskárny 1) können Sie in einer ehemaligen Fabrikantenvilla die **Regionalgalerie** mit Werken holländischer, französischer und tschechischer Malerei besuchen.

♦ täglich außer Mo 10:00 bis 18:00, ☏ 048/21464

Mit der Straßenbahnlinie 2 (Richtung Volksgarten/Lidové sady) erreichen Sie schnell und bequem drei Objekte am östlichen Stadtrand. Wenn Sie den Zoo besuchen wollen, können Sie bis zur Endhaltestelle fahren.

Der **Zoologische Garten** gilt als älteste Anlage Böhmens (1906) und liegt in abwechslungsreichem Gelände. Zu den großen Attraktionen gehören das einzige in Europa lebende weißbauchige Kamtschatka-Adlerpaar, die weißen Tiger, Pinguine im Glasbassin sowie Giraffen und Nashörner.

♦ im Sommer täglich 8:00 bis 17:30, im Winter täglich 8:00 bis 16:30

In unmittelbarer Nachbarschaft lohnt der Besuch des **Botanischen Gartens** (Purkyňova ul. 3, ☏ 048/28187), der im Jahre 1869 eingeweiht wurde. In einer Sonderabteilung der insgesamt zwölf zusammenhängenden Gewächshäuser (1.600 m² Fläche) blühen über das Jahr verteilt 1.400 verschiedene Orchideenarten. Hier gedeiht auch der älteste in Europa gezüchtete Bonsai. Einzigartig sind die über 250 Jahre alten Kamelien.

In den Außenanlagen laden u.a. der Alpengarten mit nordböhmischer Flora sowie Rosenzüchtungen zum Bummel ein.

♦ im Sommer täglich 8:00 bis 18:00, im Winter täglich 8:00 bis 16:00

⌘ Nur ein paar hundert Meter gehen Sie vom Zoo aus auf der Masarykovo ulice in Richtung Stadtzentrum bis zum **Nordböhmischen Gewerbemuseum (Severočeské muzeum)**, Nr. 11. Das Gebäude wurde in den Jahren 1897/98 im neuromanischen Stil erbaut.

Im Inneren sehen Sie die größte böhmische Sammlung von Orientteppichen und die zweitgrößte von Tapisserien (Bildteppichen). Auch Glas-, Porzellan- und Textilerzeugnisse sind neben ethnographischen und naturwissenschaftlichen Exponaten zu finden.

♦ Di 12:00 bis 17:00, Mi bis So 9:00 bis 17:00, ☏ 048/237650

Ausflüge in die nähere Umgebung

In **Maffersdorf (Vratislavice n. N.)**, südöstlich des Stadtzentrums an der Straße nach Gablonz (Jablonec nad Nisou) gelegen, wurde am 3.9.1875 der geistige Vater des Volkswagens und des späteren Automobilkonzerns, **Ferdinand Porsche**, geboren. Sein Geburtshaus steht 80 m nordwestlich der Kirche an der Hauptstraße. In der benachbarten Autowerkstatt realisierte er seine ersten Erfindungen, die später zu VW und Porsche weiterentwickelt wurden.

Wanderung vom Jeschken (Ještěd) nach Grottau (Hrádek nad Nisou)

18 km

Im modernen Berghotel (Horský Hotel Ještěd) befindet sich auch ein Restaurant. Übernachtungsvorbestellung: ☏ 048/34021, FAX 048/34019 (Kat. B, Übernachtung ab Kč 1.400).

In Hrádek n. N.:

Hotel U jelena, Náměstí 19, ☏ 048/954332
♦ Hotel Hradecký dvůr, Liberecká 440
♦ Ferienhüttenkolonie Krystýna**, Legionářská 269, ☏ 048/945139

Diese Tagestour führt Sie auf durchgängig rot markiertem Pfad durch den Ostteil des Lausitzer Gebirges (Lužické hory). Auf dem Weg, welcher ständig bergauf und bergab führt, liegen insgesamt sieben Gipfel. Die Anstrengung des Aufstieges wird oft mit schönen Aussichtsmöglichkeiten belohnt, der Weg selbst ist wenig frequentiert, also ein echtes Naturerlebnis.

Mit der Straßenbahnlinie Nr. 2 fahren Sie bis zur Endhaltestelle Ober-Hanichen (Horní Hanychov). Zehn Minuten läuft man von hier bis zur Talstation der Kabinenseilbahn. Diese bringt Sie schnell und bequem auf den 1.012 m hohen Gipfel (verkehrt jede volle Stunde, bei großem Andrang auch häufiger, Mo 7:00 bis 15:00 Betriebsruhe).

Bei entsprechender Wetterlage bietet sich vom Jeschken eine herrliche Rundsicht.

Wenn Sie den Kalkberg (Vápenný), 790 m ü NN, auslassen, steht Ihnen die gelb markierte Route zur Verfügung. Sie verläuft auf gleichbleibender Höhe und mündet nach 1,5 km wieder in den Hauptweg.

Etwas unübersichtlich ist die Wegmarkierung nach dem Überschreiten der Fernstraße Böhmisch-Leipa (Česká Lípa)-Reichenberg (Liberec). Folgen Sie ca. 300 m der nördlich abzweigenden Landstraße nach

Grottau (Hrádek n. N.), bald werden Sie wieder auf Rot treffen. Nun beginnt ein kräftiger Anstieg, anfangs über eine Wiese, zur Vysoká (534 m).

Oben gibt es einige Sandsteinformationen. Ab und zu sieht man Bunker - sie wurden vor dem Zweiten Weltkrieg von der ČSR gebaut, um einen drohenden Angriff Hitlerdeutschlands abwehren zu können, es kam aber nie zur Feuertaufe.

Falls Sie im Spätsommer wandern, können Sie kurz vor Ende der Tour an Himbeersträuchern naschen. Am Paß (Horní Sedlo) endet die Wanderung. Von der hiesigen Bushaltestelle können Sie nach Grottau (Hrádek n. N.) fahren und mit dem Zug zurück nach Reichenberg (Liberec) gelangen.

Frýdlant (Friedland in Böhmen)

✉ CZ-46401, ✆ aus D, A und CH: 0042427
Touristenherberge, Nádražní 651, ☎ 0427/21471
Autocamp Hejnice, 1.5. bis 30.9., mit Bungalows, ☎ 0427/93356

Die Stadt am Nordwestrand des Isergebirges (Jizerské hory) erlangte insbesondere durch ihre **Burg** und das **Schloß** Berühmtheit, welche 1625 in den Besitz des legendären Heerführers Albrecht von Wallenstein übergingen, als er vom österreichischen Kaiser zum Herzog von Friedland erhoben wurde. Wallenstein war neun Jahre lang Besitzer, er war aber wegen der vielen Kriegszüge nur viermal anwesend.

Die Feste auf einem Basaltfelsen hat einen 60 m hohen Turm und mächtige Zinnen, sie ist die älteste erhalten gebliebene Burg auf dem Gebiet Nordböhmens. Am Fuße der Burg wurde im 16. Jh. ein Renaissanceschloß erbaut.

⌘ Das **Burgmuseum** gilt als ältestes in Mitteleuropa, seit über 190 Jahren ist es für die Öffentlichkeit zugänglich. Sie sehen umfangreiche Waffen- und Geweihsammlungen, Gemälde und Stilmöbel.

♦ April und Oktober täglich außer Mo 9:00 bis 15:00, Mai, Juni und September täglich außer Mo 9:00 bis 16:00, Juli und August täglich außer Mo 8:00 bis 12:00 und 13:00 bis 16:00, Vorbestellungen unter ☎ 0427/21382

Ein hübsches **Pseudorenaissance-Rathaus** (mit Stadtmuseum) steht am Markt, von Giebelhäusern des 16. und 17. Jh. umgeben.

♦ des Stadtmuseums täglich 8:00 bis 17:00

Beachtenswert ist auch das sogenannte "Trotzhaus". An der Mitte der südlichen Marktbegrenzung wurde es auf Anweisung der eigensinnigen Katharina von Redern in Abweichung von der eigentlichen Häuserflucht drei Meter weiter auf der Marktfläche errichtet.

Die **Dekanatskirche** (13.-16 Jh.) weist einige wertvolle Grabmäler auf.

50 m nordöstlich von der Hauptpost befindet sich im Besitz der Familie Simon eine **Weihnachtskrippe** (*betlém*) mit 150 beweglichen Figuren.

Ausflüge in die nähere Umgebung

In Hejnice:

Pension V+V, Hejnice 36, ☏ 0427/93348

♦ Hotel Vodopád, Ferdinandov 48, ☏ und FAX 0427/93516

Haindorf (Hejnice): 10 km südöstlich von Friedland (Busverbindung) steht in Haindorf (Hejnice) die berühmte barocke **Wallfahrtskirche** (1722-1729) mit der wundertätigen gotischen Holzmadonna Maria Formosa.

Bemerkenswert sind auch die Deckengemälde des böhmischen Meisters Groll. Für seine Arbeit erhielt Groll soviel Geld, daß er später am Säuferwahnsinn verstarb. Unter der Kirche befindet sich die Gruft der Grafen Clam-Gallas, die hier ehemals Grundbesitzer waren. Das einstige Franziskanerkloster aus dem 17. Jh. besitzt einen malerischen Kreuzgang.

Der südlich gelegene Felsen Schöne Marie (Krásná Maří), das Feldschlößchen in Ferdinandsthal (Ferdinandov) und die Einsiedlerhöhle mit Rosenstrauch unter dem Nasenfelsen (Nos) inspirierten Carl Maria von Weber zu seiner Oper "Der Freischütz" (1820). Das Haus in Bad Liebwerda, in dem Weber den "Freischütz" komponierte, ist leider abgebrannt.

Bad Liebwerda (Lázně Libverda): 1 km nordöstlich von Haindorf (Hejnice) befindet sich dieser ruhige Kurort. Die alkalischen Mineralquellen sowie Moorbäder werden zur Behandlung von Herz- und Nervenkrankheiten und Rheuma eingesetzt. Sehenswert sind die im Rokokostil erhaltenen Quellenpavillons.

Ein beliebtes Ausflugsziel ist das hölzerne **Riesenfaß (Obří Sud)** am nördlichen Ortsrand, erbaut im Jahre 1931.

Jizerka (Klein-Iser)

- CZ-46850, ✆ aus D, A und CH: 0042428
- Gustav Ginzel, Jizerka 8 (Quartiervermittlung, Verkauf von Reiseführern und Landkarten, Reiseführerdienste, Weltenbummler-Infos, Auskünfte zu Mountainbike-Verleih, Sauna und Reitstunden)
- Horská chata Pyramida, Nr. 21
- Chata pod Bukovcem
- Pension Stará celnice (Altes Zollhaus), hinter der Pyramide an der Kleinen Iser
- Pešákovna, Nr.26 (das letzte Gebäude auf der linken Straßenseite Richtung Wittighaus/Smědava)
- Sklárna (Alte Glashütte), ☎ 0428/399123, nach Tonbandende 522 wählen

Die höchstgelegene Siedlung im Isergebirge (Jizerské hory), 830 bis 1.018 m ü NN, wurde im 15. Jh. von böhmischen Vogelstellern und Köhlern gegründet. Später suchten hier Menschen aus ganz Europa, in der Mehrzahl Italiener, Gold und Edelsteine. Goldplättchen, blaue Saphire, Rubine und die schwarzen "Iserine", benannt nach ihrem Fundort in der Kleinen Iser (Jizerka), wurden gefunden. 1828 eröffnete die erste Glashütte, die bis 1911 produzierte.

Heute gibt es nur sieben ständige Einwohner in Jizerka, unter ihnen lebt der berühmte **Gustav Ginzel**, Weltenbummler und Fotograf, der im **Misthaus** sein Domizil hat. Das weltbekannte Haus ist Ende August 1995 vollständig abgebrannt, es wird gegenwärtig wiederaufgebaut.

Kommen Sie aus Richtung Wurzelsdorf (Kořenov)-Ober-Polaun (Horní Polubný) herauf, lassen Sie sich vom Sackgassenschild nicht irritieren. Beim Verbotsschild am Ortseingang Jizerka sollten Sie Ihr Auto bei schönem Wetter am Parkplatz stehenlassen. In den umliegenden Gasthäusern wird für Kč 20 eine Einfahrtgenehmigung (*povolení*) erteilt, ansonsten besteht auf der Straße Richtung ehemaliges Misthaus Fahrverbot, die Polizei kassiert bei Mißachtung Kč 500.

Vom Parkplatz laufen Sie ca. 1,5 km zum Misthaus. Gustav, ein Sudetendeutscher, lebt seit 1964 in Klein-Iser. Als das Haus in seinen Besitz überging, war es voller Kuhmist, daher der Name. Freunde des Besitzers nennen das Misthaus liebevoll "die schönste Rumpelkammer der Welt", Gustav zeigt hier Erinnerungsstücke von seinen Weltreisen.
Gustav ist momentan im notdürftig überdachten Stall zu finden, und alles funktioniert weiter wie bisher (auch Gäste können im eigenen

Schlafsack übernachten): Mit Hilfe von Spendengeldern (BfG Bank Cottbus, BLZ 16010111, Kontonr. 2404108300 "Misthauswiederaufbau") wird das populäre Haus 1996 wieder errichtet.

Anschrift: Gustav Ginzel, CZ-46850 Jizerka 8 (postlagernd). Für das Antwortschreiben bitte deutsche Briefmarken beilegen.

⌘ Im Ort existiert ein schönes **Heimatmuseum** (zu finden in der Alten Schule westlich vom Gasthaus Pyramide), die Betreuer sprechen perfekt deutsch, leider ist es fast immer geschlossen...

Am südöstlichen Ortsrand sehen Sie den dritthöchsten Basaltberg des Landes, den 1.005 m ü NN aufragenden **Buchberg (Bukovec)**. Während der Vulkantätigkeit im Tertiär entstanden, hat der Berg eine wertvolle Flora (Naturschutzgebiet) zu bieten und trägt auch den Beinamen "Garten des Isergebirges". Ein Naturlehrpfad mit 13 Stationen erschließt den Gipfel. Großflächige Bestände an Seidelbast blühen im April, im Mai und Juni folgen Trollblumen, Krokusse und Narzissen. Deutschsprachige Lehrpfadführer können Sie bei Gustav Ginzel kaufen.

Wanderung von Klein-Iser (Jizerka) vorbei am Wittighaus (Smědava) nach Christiansthal (Kristiánov) und zum Jagdschloß Neuwiese (Nová Louka), 13 km, und zurück über Josefsthal (Josefův Důl)

- Pension Jizera (ehemaliges Jagdschloß) ☎ und FAX 0428/955723
- Pension Jonáš, Antoníov 7, ☎ 0428/955738
- Pension Antonius, Antoníov 102, ☎ 0428/955784

Von Klein-Iser (Jizerka) führt eine kaum befahrene Asphaltstraße (nur für Forstfahrzeuge erlaubt) zum Wittighaus (Smědava), 4 km auf roter Markierung. Gleich wenige hundert Meter südwestlich des ehemaligen Misthauses breitet sich die Kleine Iserwiese (Malá Jizerská louka) aus, ein Naturlehrpfad von 1 km Länge erschließt das botanisch interessante Gebiet für Touristen.

Unvorstellbare Ausmaße hat das hiesige **Waldsterben** angenommen. Die ökologische Katastrophe, welche unserem Erdball droht, hat im Isergebirge schon reale Formen angenommen. Den Anblick riesiger Flächen abgestorbener Nadelbäume, zumeist Fichten, werden Sie nie vergessen. Hauptschuld tragen die Braunkohlekraftwerke am deutschen und polnischen Neißeufer sowie im Raum Weißwasser und Cottbus, die ihre Rauchgase bisher zum überwiegenden Teil ungereinigt in die Atmosphäre abgeben. Die Schadstoffe aus den bis zu 300 m hohen Schornsteinen schädigen hier im Isergebirge die Wälder, da der ganze Dreck am Gebirgswall aufgehalten wird.

Trotzdem hat diese Landschaft einen eigentümlichen Reiz, der zum Teil an skandinavische Hochflächen erinnert. Das rauhe Klima läßt beispielsweise die Karpatenbirke und den Zwergwacholder gedeihen.

Kleine Seen, Tümpel und Wasserläufe sowie Latschenkiefern sehen Sie auf Ihrem weiteren Weg zum Wittighaus (Smědava). Ab hier folgen Sie der blauen Markierung. Nach 2 km mündet eine Aufstiegsroute links (gelb) zum **Siechhübel (Jizera)** ein, mit 1.122 m zweithöchster Gipfel des Isergebirges. Auf dem Gipfel befindet sich eine Felsformation, die als Aussichtspunkt oft bestiegen wird.

Gegenüber (nördlich) erhebt sich der Wittigberg (Směda hora). Am 23.4.1992 ereignete sich an diesem Gipfel eine Tragödie: Zwei französische Flugzeuge (Piper und Cessna) prallten bei starkem Nebel an den Berg, vier Menschen fanden den Tod. Die Maschinen befanden sich auf einem Hilfsgüterflug in die ehemalige Sowjetunion. Die Flugzeugtrümmer wurden nicht weggeräumt (den genauen Weg dorthin erklärt Ihnen Gustav Ginzel).

Bald bekommen Sie Gelegenheit, auf der **Tschihanlwiese (Na čidhadle)** ein Isergebirgstorfmoor auf sicheren Holzstegen kennenzulernen. Auch ein Aussichtsturm ermöglicht Ihnen einen guten Überblick über das Gebiet (bei der Recherche 1995 war er gerade eingefallen, er soll aber erneuert werden). Das Moorgebiet bildet die Wasserscheide zwischen Ost- und Nordsee.

In Christiansthal (Kristiánov), dem früheren Standort einer Glashütte, befindet sich heute nur noch ein kleiner Friedhof mit zumeist deutschen Gräbern. Einzig die **Fuchsbaude (Liščí bouda)** steht bis heute.

⌘ In der Fuchsbaude ist ein kleines **Glasmuseum** eingerichtet, verwaltet von Frau Lederer, einer Deutschen.

♦ ❏ Juni bis September Sa und So 8:00 bis 16:00

Knapp 2 km sind noch bis Neuwiese (Nová louka) zu bewältigen, früher ebenfalls Standort einer Glashütte. Der Wohnteil wurde später in ein kleines Jagdschloß umfunktioniert. Es ist das einzige Schloß der Welt, welches in **Umgebindebauweise** errichtet wurde. Die Umgebindebauweise vereinigt die Vorteile des Fachwerk- und des Blockhausbaus. Zwischen dem Ersten und Zweiten Weltkrieg diente das Schloß als Regierungsbaude. Heute besitzt es einen gemütlichen Gastraum, auch Fremdenzimmer werden vermietet. Für den Rückweg können Sie die ab

Christiansthal (Kristiánov) gelb gekennzeichnete Route über Josefsthal (Josefův Důl) und Antonwald (Antoníov) nutzen.

3 km oberhalb von Antonwald (Antoníov) kommen Sie an einem Denkmal (Granitstein mit Inschrift) vorbei. Es steht zur Erinnerung an einen Staudammbruch (18.9.1916) an der Weißen Desse (Bílá Desná), bei dem 62 Menschen aus dem Dorf Dessendorf (Desná) ums Leben kamen. Vom ehemaligen Staudamm blieb nur ein Turm erhalten.

Jablonec nad Nisou (Gablonz)

CZ-46601, ✆ aus D, A und CH: 0042428

Čedok, Mírové nám. 19, ☎ 0428/24517

Hotel Merkur***, Anenské nám. 8, ☎ 0428/533

- Hotel Zlatý jelen, Palackého 61, ☎ 0428/549, FAX 0428/21022
- Hotel Corso*, Radniční nám 17, ☎ 0428/24323
- Hotel Na baště, Horní nám. 5, ☎ 0428/26367
- Hotel Sport, U stadionu 9, ☎ 0428/21409

Im nordöstlich benachbarten Dorf Jindřichov:

- Pension Sláma (am Bramberg mit Aussichtsturm), Infos/Buchung: Dr. F. Sláma, CZ-46601 Jablonec n. N., Sokolí 2, ☎ 0428/89969 (abends)
- Chata Javor, Jindřichov 23, ☎ 0428/26965

Im nördlich benachbarten Janov:

- Hotel Velký Semerink, ☎ 0428/95441, FAX 0428/95286

Im Gebiet des 7 km nordöstlich gelegenen Spitzbergs (Špičák) bei Tannwald (Tanvald):

- Chata Špičák (auf dem 808 m hohen Gipfel mit Aussichtsturm), ☎ 0428/ 65555
- Chata pod Špičákem, ☎ 0428/65529

Die über 50.000 Einwohner zählende Stadt wächst langsam mit der nordwestlich gelegenen Metropole Liberec (Reichenberg) zusammen. Eine Straßenbahnlinie von 8 km Länge verkehrt zwischen beiden Städten. Über das Stadtgebiet verteilt können Sie einige **Jugendstilhäuser** entdecken, die um die Jahrhundertwende entstanden. Doch am Großteil der Altbausubstanz bröckelt z.Z. noch der Putz herunter.

Als schönstes Beispiel des Jugendstils in der Stadt gilt die **altkatholische Kirche** (1900-1902). Man findet sie an der Hauptstraße von Gablonz in Richtung Harrachsdorf (Harrachov).

Seit 1830 werden in Gablonz Glasperlen hergestellt. Um die Mitte des 19. Jh. beherrschte die Stadt den Weltmarkt auf dem Gebiet von Bijouterieerzeugnissen, das ursprüngliche Dorf entwickelte sich dank der Schmuckindustrie zu einer ansehnlichen Stadt.

⌘ Einen Einblick in die Vielfalt der hiesigen Glas- und Schmuckerzeugung von den Anfangsjahren bis zur Gegenwartsproduktion bekommen Sie im Museum in der Jiráskova 4.

♦ täglich außer Mo 9:00 bis 16:00, ☏ 0428/22522

☺ Alle zwei Jahre im Oktober (ungerade Jahre) ist Gablonz (Jablonec n. N.) Schauplatz einer Bijouterie-Weltausstellung.

Wanderung nach Kleinskal (Malá Skála)

Hotel Pension Kavka, Nr. 159, ☏ 0428/77276
Ostrov, 1.5. bis 30.9., mit Bungalows, ☏ 0428/77220

Der kleine idyllische Ort Kleinskal (Malá Skála) liegt zwischen den Städten Eisenbrod (Železný Brod) und Turnau (Turnov) am Nordrand des Böhmischen Paradieses (Český ráj), am linken Ufer der Iser (Jizera). von Turnau (Turnov) aus fährt man am günstigsten mit dem Stadtbus bis Puletschnei (Pulečný) und beginnt die Wanderung auf der blau markierten Route. Der Weg führt geradewegs auf den **Gipfel Kopain (Kopanina)**, 657 m.

Auf dem Gipfel können Sie einen Aussichtsturm (1894 erbaut) erklimmen. Man sieht das Panorama des Jeschken-, Iser- und Riesengebirges.

Als nächstes Ziel lockt die **Burg Friedstein (Frýdštejn)**, im 14. Jh. auf einem schwer zugänglichen Sandsteinfelsen errichtet. Dominierend wirkt noch immer der 15 m hohe Hauptturm, aber auch Teile der Mauern und Reste der in den Fels getriebenen Räume blieben erhalten.

Der Verwalter des Schlosses wohnt im unterhalb gelegenen Dorf Friedstein (Frýdštejn). Bei mehreren Besuchern kommt er auch außerhalb der Saison gern mit zur Burg hinauf und öffnet die Türen.

♦ April und Oktober Sa, So und an Feiertagen 9:00 bis 16:00, Mai bis September täglich außer Mo 9:00 bis 18:00

Nun folgen wir der roten Markierung nach Südosten (auf blau kommen wir zur Schichtquelle Bartošova pez, die früher gleich nach ihrem Austritt eine Mühle betrieb).

Wir befinden uns jetzt auf dem **Goldenen Pfad (Zlatá stezka)**, der als Hauptwanderweg auf 100 km Länge zwischen Mnichovo Hradiště (Münchengrätz) und Jičín (Gitschin) alle Hauptsehenswürdigkeiten des

Das ehemalige Misthaus in Klein-Iser (Jizerka) ☞

Böhmischen Paradieses berührt (☞ Reise-Infos von A bis Z, Nationalparks und Landschaftsschutzgebiete).

Nur ein knapper Kilometer trennt die beiden Burgruinen Friedstein (Frýdštejn) und Woderad (Vranov) voneinander. Auch letztere, im 15. Jh. erbaut, thront auf einem Sandsteinfelsen oberhalb des Isertales. Im 19. Jh. kaufte der Fabrikant Römisch das Terrain, restaurierte einige Bereiche und ließ ein kleines Lustschloß in Form einer Kapelle mit Familienporträts erbauen. Er bereicherte die Szenerie mit dem Aufbau eines sogenannten Pantheons, d.h. es wurden in seinem Auftrag eine Vielzahl von Denkmälern zur Erinnerung an historische Begebenheiten und Persönlichkeiten aufgestellt, vorwiegend im romanischen Stil.

Leider wurde in den letzten Jahren alles stark vernachlässigt, zum Teil auch beschädigt.

♦ Mai bis September täglich außer Mo 9:00 bis 17:00

Unmittelbar unter dem Pantheon sehen Sie in einer Felsklamm die **Gletschermühle**, entstanden in der Urzeit, als die Iser hier einen gewaltigen Wasserfall bildete. Von der Aussichtsplattform kann man alles gut überblicken.

Kleinskal (Malá Skála) weist einige hübsche Bauten der Volksarchitektur auf, wie bspw. die Boučka-Hofstatt an der Iserbrücke, in Umgebindebauart, sowie ein kleines Empireschlößchen.

✕ Im Schlößchen befindet sich das beste Wirtshaus der Region.

Kleinskal ist Ausgangspunkt für einen Besuch der wild zerklüfteten **Dürren Felsen (Suché skály)**. Ursprünglich eine waagerechte Sandsteinplatte, wurde der Komplex bei der Hebung des Isergebirges von den Naturkräften aufgerichtet. Heute sind die Felsen ein Kletterparadies.

Unser Weg führt weiter auf roter Markierung in ein ausgedehntes Felslabyrinth. Oben verläuft ein gelb gekennzeichneter Rundweg durch das interessante Gebiet mit Höhlen und prächtigen Aussichtspunkten. Am bekanntesten sind die Kelchgrotten, in denen die Dorfbewohner oder religiös Verfolgte bei Bedrängnis eine sichere Zuflucht fanden.

⌘ Zwischen Kleinskal und Turnau (Turnov) liegt am Ufer der Iser die Gemeinde Dolánky mit einem schönen **Dorfmuseum**, dem Dlasek-Gut (Dláskův statek), bestehend aus einem Bauernhof und zwei Scheunen. Es ist im Juni und September Austragungsort von Volksfesten (Kirmes, Jahrmärkte).

♦ April bis Oktober So 9:00 bis 12:00 und 13:00 bis 16:00, ☎ 0436/22954

Turnov (Turnau)

- CZ-51101, ✆ aus D, A und CH: 0042436
- Čedok, nám. Českého ráje 26 (Am Markt), ☏ 0436/21412
- Korunní Princ, nám. Českého ráje, ☏ 0436/21022
- Hotel Slavie***, Hluboká 146, ☏ 0436/22246
- Hotel Sport, Koškova 1766, ☏ 0436/22822
- Hotel Pod Hlavatici, Mašov 95, ☏ 0436/21288
- Hotel Cleopatra, ul. 5. května 63, ☏ 0436/22417, FAX 0436/22417

Die Stadt an der Iser (Jizera) ist bekannt für ihre Schmuckerzeugung aus böhmischem Granat.

⌘ Heute kommen die Besucher insbesondere, um das **Museum des Böhmischen Paradieses (Muzeum Českého raje)** zu besichtigen, welches wertvolle Sammlungen auf dem Gebiet der Mineralogie, Geologie, Stadtgeschichte und der Entwicklung der Granatschmuckherstellung besitzt. Gleichfalls rühmt man sich des größten Gemäldes Mitteleuropas (85 m²): "Niedermachen der Sachsen unter Großskal" von Mikoláš Aleš. Das Museum befindet sich in der Skálova ul. 71.

- täglich außer Mo 9:00 bis 12:00 und 13:00 bis 16:00, ☏ 0436/22106

Am nördlichen Stadtrand befindet sich das **Schloß Groß Rohosetz (Hrubý Rohozec)**. Die einstige Burg wurde Anfang des 17. Jh. zum Renaissanceschloß umgebaut. Besitzer war u.a. A. v. Wallenstein. Sie sehen originale Einrichtungsgegenstände der letzten Eigentümer: Möbel-, Glas-, Porzellan- und Bildersammlungen sowie historische Waffen.

- April, September und Oktober täglich außer Mo 9:00 bis 16:00, Mai bis August täglich außer Mo 8:00 bis 17:00, Vorbestellungen unter ☏ 0436/21012

Ausflüge in die nähere Umgebung

In Trosky:

Hotel Trosky** (unterhalb der Burg), ☏ 0436/91290, FAX 0436/22407

Burgruine Trosky: Im Herzen des Böhmischen Paradieses liegt der Hauptanziehungspunkt der Region, die Burgruine Trosky. Ihre charakteristische Silhouette ist von überall her sichtbar, deshalb gilt sie auch als Wahrzeichen des Böhmischen Paradieses.

Von dem vor 50 Mio Jahren aktiven Vulkan blieben zwei **Vulkanschlottürme** erhalten, dies ist der **einzige Ort auf der Welt, wo zwei nebeneinander stehen!** Auf ihnen wurden in der zweiten Hälfte des

14. Jh. zwei Burgtürme errichtet. Auf der nördlichen Säule steht der Wachturm, auf der höheren östlichen der Hauptturm als Bestandteil des darunterliegenden ehemaligen Herrenpalastes. Im Dreißigjährigen Krieg ausgeplündert, verfiel die Burg langsam. Die beiden Türme heißen heute im Volksmund Jungfrau und Großmutter.

Schon Goethe und A. v. Humboldt zeigten sich sehr beeindruckt von Trosky - bis heute hat sie nichts von ihrem romantischen Flair eingebüßt.

♦ April und Oktober Sa, So und an Feiertagen 9:00 bis 12:00 und 12:30 bis 16:00, Mai bis August täglich außer Mo 8:00 bis 17:00, September 9:00 bis 16:00

Schloß Sichrow (Sychrov): 5 km nordwestlich von Turnov lohnt ein Besuch dieses Schlosses, das im 19. Jh. im Stil der romantischen Gotik umgebaut wurde. Besitzer war die Familie Rohan, Emigranten aus Frankreich. Das Schloß verfügt über eine kostbare Innenraumausstattung und die größte Kollektion der französischen Porträtkunst außerhalb Frankreichs. Der Komponist Antonín Dvořák lebte von 1841 bis 1904 auf dem Schloß, eine kleine Gedenkstätte erinnert an ihn.

♦ April, September und Oktober täglich außer Mo 9:00 bis 16:00, Mai bis August täglich außer Mo 9:00 bis 18:00, Vorbestellungen unter ☏ 048/ 91213

Tropfsteinhöhlen von Boskov: 5 km nördlich von Semil (Semily) laden die Dolomit-Tropfsteinhöhlen von Boskov zu einem Besuch ein. Das Höhlensystem wurde erst 1946 entdeckt und gehört mit dem größten unterirdischen See Böhmens und verschiedenfarbigen Tropfsteinen zu den bedeutenden Sehenswürdigkeiten der Region. Zugänglich sind knapp 500 m, die Führung (auch in deutscher Sprache) dauert 45 Minuten.

♦ Mai, Juni, September und Oktober Di bis Fr 8:00 bis 15:00, Sa und So 8:00 bis 16:00, Juli und August Di bis Fr 8:00 bis 16:00, Sa und So 8:00 bis 17:00

Wanderung in die Felsenstädte von Großskal (Hrubá Skála)

Hotel Štekl (am Parkplatz am Schloß Großskal), DM 15 bis 25, ☏ 0436/ 916284)

♦ Schloßhotel Großskal (Hrubá Skála), ☏ 0436/916281

In Sedmihorky:

im Ortsteil Karlovice, 15.4. bis 31.10., mit Bungalows, ☏ 0436/916134

Der schon erwähnte Goldene Pfad führt vom Turnauer Marktplatz in südöstliche Richtung (rote Markierung).

Nach 4 km erreichen Sie die auf einem Sandsteinfelsen stehende **Burgruine Waldstein (Valdštejn)**, Ende des 13. Jh. gegründet und von 1634 bis 1821 in Besitz der Grafen Waldstein. Besonders sehenswert ist eine Schloßbrücke, die mit prächtigen Barockplastiken geschmückt ist.

♦ April und Oktober So 9:00 bis 16:00, Mai bis September täglich außer Mo 9:00 bis 16:00, Vorbestellungen unter ☏ 0436/21384

Ab hier beginnt die eigentliche Felsenstadt, durch die Sie 4 km bis zum **Schloß Großskal (Hrubá Skála)** aus dem 19. Jh. wandern. Viele Jahre als Gewerkschaftserholungsheim genutzt, wurde es in der letzten Zeit zum Schloßhotel umfunktioniert. Im Innenhof stehen den Touristen ein Restaurant und ein Aussichtsturm zur Verfügung. Vom Parkplatz vor dem Schloß führt ein grün markierter Pfad ins Mäuseloch (Myši díra) und weiter zu den Drachenfelsen (Dračí skály). Unterhalb der Marienaussicht (Mariánská vyhlídka) wurde ein kleiner symbolischer Bergsteigerfriedhof angelegt. Hier ist eine Gedenktafel für die Opfer einer tschechischen Bergsteigerexpedition (Peru 1970) zu sehen.

Vom nahegelegenen Ort **Sedmihorky** fahren Busse und Züge wieder zurück nach Turnau (Turnov). Sie können aber auf roter Markierung weiter bis zur Burgruine Trosky wandern (von Hrubá Skála 5,5 km).

Von Hrubá Skála führt eine schöne, sehr kurvige Straße nach **Vyskeř**, ein Dorf unterhalb eines ehemaligen Vulkans. Sehenswert ist der Holzglockenturm neben der Kirche und das Bäckertor (Pekařova brána). Letzteres wurde durch einen Felsen gehauen. Sie finden das Tor, wenn Sie von der Kirche weiterfahren und die 4. Straße nach Südosten abbiegen.

Sobotka

- CZ-50743, ✆ aus D, A und CH: 0042433
- Hotel Pošta, nám. Míru 215 (Marktplatz), ☏ 0433/7119 (DZ DM 30)
- ♦ Pension Bar, Zahradní 18, ☏ 0433/7380
- ♦ Chata am Schwimmbad (nur im Sommer), ☏ 0433/7101

Das kleine Städtchen, an der Hauptstraße zwischen Mladá Boleslav (Jungbunzlau) und Jičín (Gitschin) gelegen, weist schöne Beispiele der Volksarchitektur auf und besitzt ein Renaissance-Rathaus (17. Jh.).

Am nordwestlichen Stadtrand, in einem parkartigen Waldstück etwas versteckt gelegen, sollten Sie das **Schloß Humprecht** (17. Jh.) besuchen, das ein ethnographisches Museum beherbergt.

Ca. 3 km nordwestlich befindet sich die gotische **Burg Kost** (14. Jh.) in einem erstaunlich guten Bauzustand. Von einer bestimmten Stelle der unterhalb verlaufenden Straße sieht man alle vier Ecken des dominierenden trapezförmigen Hauptturmes, Sie müssen suchen! In den drei Palästen auf dem Burgareal werden gotische Kunstwerke (u.a. Malerei, Plastik) aus dem Besitz der Prager Nationalgalerie gezeigt.

♦ April und Oktober Sa und So 9:00 bis 16:00, Mai bis September täglich außer Mo 8:00 bis 17:00, Vorbestellungen unter ☎ 0433/7144

Jičín (Gitschin)

CZ-50601, ✆ aus D, A und CH: 0042433
Čedok, Husova 64, ☎ 0433/21536, FAX 0433/21190
Vom Sportflughafen Jičín sind Rundflüge möglich. Gestartet wird ab 3 Personen (max. 8). Infos unter ☎ 0433/23022.
♦ Agentura Sportcentrum, Valdštejnovo nám. 2, ☎ und FAX 0433/21977
Hotel Astra, Žižkovo nám. 3, ☎ 0433/2250
♦ Hotel Start, Revoluční 1061, ☎ 0433/23363, FAX 0433/23512
♦ Parkhotel Skalní Město Prachov, Pařezská Lhota 34 (nur wenige hundert Meter vom Felsengebiet entfernt), DM 22 mit Frühstück, ☎ 0433/3513, FAX 0433/3588
Rumcajs, 1.5. bis 30.9., mit Bungalows, ☎ 0433/21078

Königin Jitka war die Gemahlin König Wenzels II. (1278-1305). Sie gründete Jičín (Gitschin) zum Anfang des 14. Jh.

Nach der Niederlage der böhmischen Städte bei der Schlacht am Weißen Berg (1620) geriet die Stadt unter Einfluß des kaiserlichen Heerführers Albrecht von Wallenstein, damals mächtigster Mann in Böhmen. Er erkor Gitschin zur Hauptstadt seines Herzogtums und gründete u.a. eine Universität und Münzstätte.

Doch von dem geplanten Ausbau der Stadt zur Residenz Wallensteins konnte nur ein kleiner Teil verwirklicht werden. Nach der Ermordung Wallensteins versank die Stadt schnell wieder in relative Bedeutungslosigkeit.

1866 tobte vor den Toren der Stadt eine der größten Schlachten des preußisch-österreichischen Krieges, 7.500 Rekruten fanden den Tod.

Sehenswürdigkeiten

Gitschin (Jičín) besitzt einen malerischen Marktplatz mit Renaissance- und Barockhäusern. Hier sehen Sie auch das **Schloß**, die ehemalige Residenz Wallensteins. 1813 trafen sich hier die gekrönten Häupter der

europäischen Staaten unter Vorsitz Österreichs, Rußlands und Preußens, um ihre Strategie gegen Napoleon mit der Heiligen Allianz zu besiegeln.

⌘ Im Schloß sind heute ein interessantes **Kreismuseum** und eine **Galerie** untergebracht.

♦ täglich außer Mo 9:00 bis 17:00

Als Teil der ehemaligen Stadtbefestigung blieb das **Walditzer Tor (Valdická brána)** erhalten, heute als Aussichtsturm (52 m hoch) genutzt. Gemälde von J. Kramolín besitzt die barocke **St.-Jakobs-Kirche** (17. Jh.).

Eine besondere Sehenswürdigkeit stellt die knapp 2 km lange vierreihige Lindenallee dar, die einst Wallensteins Soldaten anlegten. Die Allee (ul. Revoluční) führt in nordwestlicher Richtung zum ehemaligen Lustschloß Libosad (heute stark vernachlässigt).

Nordwestlich von Gitschin (Jičín) breiten sich auf knapp 200 ha Fläche die **Prachower Felsen (Prachovské Skály)** aus, eine ähnliche Felsenstadt wie bei Malá Skála (Kleinskal) und Turnov (Turnau). Markierte Wanderwege leiten Sie zu den schönsten Punkten des Gebietes, u.a. auch zu einem Freibad mit märchenhafter Felskulisse.

Ostböhmen

Mittelpunkt des touristischen Interesses in diesem Teil Böhmens stellt zweifellos das Riesengebirge (Krkonoše) dar, welches Nationalparkstatus besitzt. Der Ansturm auf die Bergwelt hält insbesondere bei ostdeutschen Besuchern an, nicht zuletzt wegen des noch sehr günstigen Preis-Leistungs-Verhältnisses. Deshalb werden Sie an den Hauptattraktionen im Juli und August, im Februar und an verschiedenen Feiertagen hier kaum Ruhe und Einsamkeit finden. Dann müssen Sie weiter ostwärts fahren, bspw. zu den Braunauer Wänden (Broumovské stěny) oder ins Adlergebirge (Orlické hory).

Größere Städte wie Königgrätz (Hradec Králové) und Náchod bieten kunsthistorisch Interessierten eine Menge.

📖 Für alle Aktivitäten im Riesengebirge empfehlen wir die deutschen Wanderkarten "Riesengebirge/West (WK CS 4)" und "Riesengebirge/Ost (WK CS 5)", Maßstab 1:25.000, freytag & berndt (je DM 9,80). Vor Ort gibt es die gleichen Karten tschechischer Produktion für ca. Kč 50 pro Exemplar.

Harrachov (Harrachsdorf)

- ✉ CZ-51246, ✆ aus D, A und CH: 0042432
- ℹ Info-Zentrum des Riesengebirges, Nr. 442 (unweit des Hotels Hubertus), 🕘 1.4. bis 31.10. Mo bis Fr 8:00 bis 12:00 und 13:00 bis 15:00, Sa und So 8:00 bis 10:00, 1.11. bis 31.3. Mo bis Fr 8:00 bis 12:00 und 13:00 bis 15:00
- ♦ HIC-Harrach Info Centrum, Nr. 112 (direkt gegenüber dem Hotel und Restaurant Karolína an der E 65), ☎ und FAX 0432/969628
- ♦ Reisebüro Harrachtour, vermittelt Unterkünfte, Tennis- und Skischule sowie Rundflüge. Ausflugsprogramme führen ins Riesengebirge, nach Polen in die Stadt Jelenia Góra (Hirschberg) sowie ins Böhmische Paradies. ☎ 0432/929448, FAX 0432/929240
- 🛏 Hotel Harrachovka, Nr. 139 (DM 30 mit Frühstück), auch Mountainbike-Verleih, ☎ 0432/929628, FAX 0432/929629
- ♦ Hotel RiWo Skicentrum (unterhalb der Skiflugschanze), ☎ 0432/929521, FAX 0432/929524
- ♦ Hotel Šedý vlk, Nr. 152, ☎ 0432/929366 (ab DM 20)
- ♦ Hotel Karolína (an der E 65 kurz vor Ortsausgang), ☎ 0432/929120 (ab DM 25)
- ♦ Penzion U Paseků, Nr. 29, ☎ 0432/929502
- ♦ Hotel*, Harrachov-Rýžoviště 485, ☎ 0432/929446, FAX 0432/929617
- ♦ Hotel Hubertus, Nr. 224, ☎ 0432/929621, FAX 0432/929287 (DZ ohne Dusche DM 40, mit Dusche DM 55)
- ♦ Hotel Fit & Fun***, ☎ 0432/929183, FAX 0432/929182

♦ Hotel Golden***, Harrachov Nr. 441, ☏ 0432/929383, FAX 0432/929639

Jiskra (am Ortsausgang an der E 65, linke Seite), ganzjährig, mit Bungalows, ☏ 0432/929563

Züge fahren nach Reichenberg (Liberec) über Tannwald (Tanvald) und Gablonz (Jablonec n. N.).

Autobusse verkehren nach Prag und Hirschberg (Jelenia Góra) in Polen. Fahrplaninfos gibt es im HIC Harrach Info Centrum.

Das auch im internationalen Maßstab bedeutende Berg- und Wintersportzentrum Harrachov im westlichen Teil des Riesengebirges (Krkonoše) breitet sich im langgestreckten Flußtal der Mummel (Mumlava) aus. Direkt am Ort verläuft die E 65, eine wichtige Verbindungsmagistrale zwischen dem böhmischen und dem schlesischen Teil der Sudeten (Grenzübergang Harrachov-Jakuszyce/Polen).

Das Zentrum ist Fußgängern vorbehalten, nur Busse, Einheimische und Hotelgäste dürfen im Ort fahren. Folgen Sie zuerst der E 65 Richtung Grenzübergangsstelle nach Polen, am Ortsrand führt Sie eine Umgehungsstraße zum großen Parkplatz.

Die bekannte **Glasproduktion** ist seit 1712 urkundlich belegt. Im westlichen Ortsteil Neuwelt (Nový Svět) ließ Graf Harrach zu dieser Zeit eine Glashütte erbauen. Später benannte man den gesamten Ort nach dem damaligen Besitzer der Herrschaft.

Heute ist Harrachov nicht nur eine bedeutende Sommerfrische, sondern auch ein modernes **Wintersportzentrum**. Die markante Skiflugschanze, die 1978/79 erbaut wurde, war 1983 und 1992 Austragungsort der 7. bzw. 12. Skiflugweltmeisterschaft. Das umliegende Skigelände bietet auf verschiedenen Pisten alle Schwierigkeitsgrade an. Vier Lifts stehen zur Verfügung.

Rund um Harrachov existieren in den Wintermonaten markierte Langlaufloipen, die längste mißt 27 km. Natürlich lassen sich auch individuelle Tourenkombinationen planen.

Die Glasmachertradition der Harrachschen Glashütte (1946 abgebrannt) setzt sich heute im Betrieb Crystalex auf demselben Standort fort. Die hiesigen Erzeugnisse werden unter dem Markennamen "Bohemia crystal" in alle Welt geliefert.

⌘ Klein, aber sehenswert: Das **Glasmuseum (Muzeum Skla)** im Ortsteil Nový Svět, direkt an der Straße gelegen. Es wurde 1972 eröffnet

Baude im Riesengebirge (Krkonoše) ☞

50

und zeigt gläserne Kostbarkeiten der heimischen Produktionsstätte, die ältesten Exponate stammen aus dem Jahre 1830.

♦ ❐ April bis Juni und Oktober bis 19. Dezember Mo bis Fr 9:00 bis 16:00, Sa 9:00 bis 13:00, Juli bis September und 20. Dezember bis März Di bis Sa 9:00 bis 16:00, So 9:00 bis 13:00, ☏ 0432/929347

In einer Glasverkaufsstelle gleich nebenan können Sie ein geschmackvolles Mitbringsel aus dem Riesengebirge erwerben.

Einzigartige Erzeugnisse der Harrachschen Glashütte schmücken die **Empirekirche** (19. Jh.), u.a. ein imposanter Kronleuchter.

Harrachov und Umgebung können Sie bei einer Fahrt mit dem Sessellift auf den **Teufelsberg (Čertova hora)**, 1.020 m, von oben erleben. Dabei wird sich auch die Skiflugschanze aus einer ungewöhnlichen Perspektive zeigen.

Den Eingriff des Menschen in das empfindliche Ökosystem um den Teufelsberg zeigen aber auch deutliche Schädigungen durch Erosion und Waldsterben. Trotz eindringlicher Warnung von Naturschützern in den siebziger Jahren wurde am Projekt festgehalten. Die Folgen sind heute deutlich sichtbar.

☺ Zwischen Reichenberg (Liberec) und Harrachsdorf (Harrachov) besteht eine reizvolle Bahnverbindung (in Tanvald umsteigen). Ein Teil der Strecke wurde Ende des 19. Jh. als Normalspurzahnradbahn erbaut, im benachbarten Grünthal (Kořenov) existieren auf dem Gelände des Bahnhofs noch einige Zahnradbahnlokomotiven (interessante Fotoschau im Bahnhofsgebäude).

Wanderung von Harrachov zur Elbquelle (pramen Labe) und zurück

➲ 22 km

Elbfallbaude (Labská bouda), ein riesiges Berghotel, errichtet Ende der siebziger Jahre als Ersatz für die abgebrannte Vorgängerbaude, ☏ 0438/93221 (DZ DM 15)

Die hier beschriebene Tagestour kann gleichzeitig Auftakt einer drei- bis viertägigen Durchquerung des Riesengebirges auf dem Hauptkamm sein.

Am großen Zentralparkplatz beginnt die Tour auf blau/roter Markierung zum 1 km entfernten **Mummelfall (Mumlavský vodopád)**, wo eine gleichnamige Baude zum Verweilen einlädt. Der Wasserfall ist nur 9 m

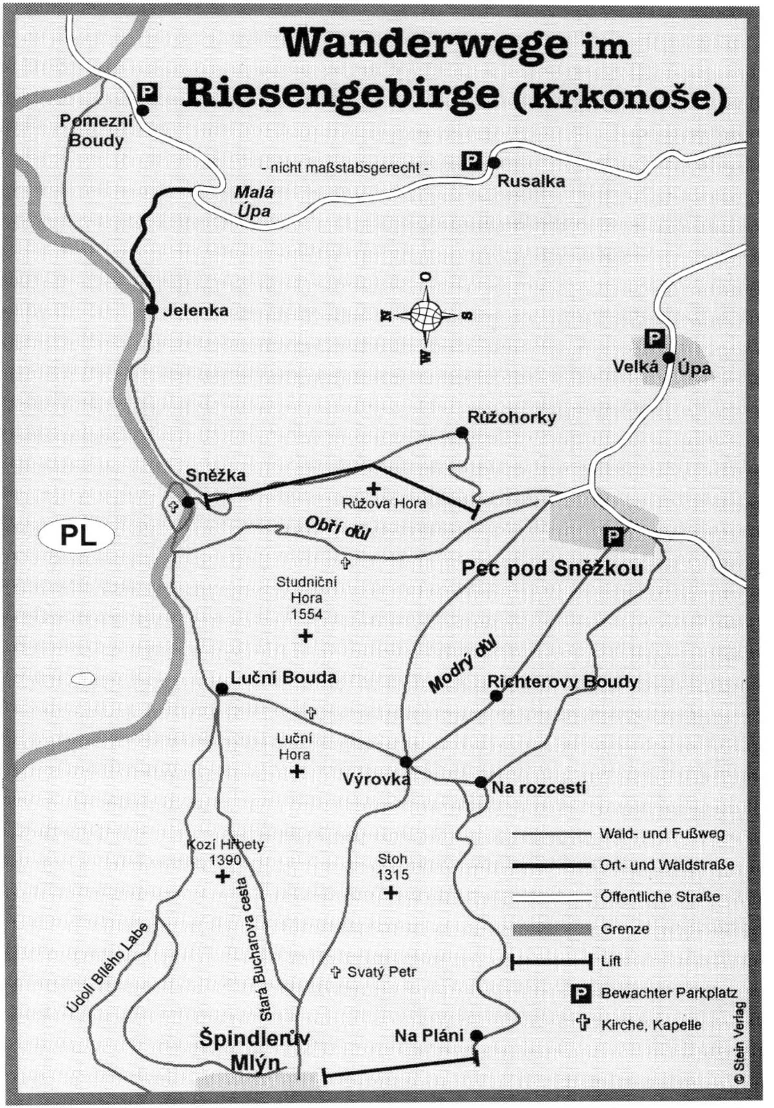
Wanderwege im Riesengebirge (Krkonoše)
Pomezní Boudy
- nicht maßstabsgerecht -
Rusalka
Malá Úpa
Jelenka
O
N
S
W
Velká Úpa
Růžohorky
Sněžka
Růžova Hora
Obří důl
PL
Pec pod Sněžkou
Studniční Hora 1554
Modrý důl
Luční Bouda
Richterovy Boudy
Luční Hora
Výrovka
Na rozcestí
Kozí Hřbety 1390
Stoh 1315
Údolí Bílého Labe
Stará Bucharova cesta
Svatý Petr
Špindlerův Mlýn
Na Pláni
Wald- und Fußweg
Ort- und Waldstraße
Öffentliche Straße
Grenze
Lift
Bewachter Parkplatz
Kirche, Kapelle
© Stein Verlag

hoch, gilt aber als wasserreichster auf der böhmischen Seite des Gebirges. Die ausgespülten Gletschermühlen (Strudellöcher) entstanden, als ein Gletscher das Tal ausfüllte, sie heißen jetzt Čertova oka (Teufelsaugen).

Anfangs führt der Weg (eine schmale Asphaltstraße) nur mäßig bergan, erst an der Abzweigung zur Wosseckerbaude (Vosecká bouda) - rot markiert - führt der schmale Pfad nach oben. Wir verbleiben auf Blau, die Wosseckerbaude besuchen wir auf der Rücktour. Hier an der Wegkreuzung befindet sich **Rübezahls Frühstücksstube (Krakonošova snídaně)**, das Flußtal der Kleinen Mummel.

An der Wegkreuzung "Bei den vier Herren" (U čtyř pánů) - vier Herrschaftsgrenzen stießen an Ort und Stelle einst zusammen - haben wir bereits 1.340 m Höhe erreicht und 9 km Weg bewältigt. 1 km auf gelber Route den Böhmischen Weg (Česká cesta) entlang, und die Elbquelle ist erreicht (wenn Sie auf blauer Markierung bleiben, werden Sie bald die Elbfallbaude sehen).

Die **Elbquelle (pramen Labe)** wurde 1684 von Bischof Thalenberg geweiht. Er ritt zu diesem Zweck mit einem Kamel in die damals noch voll bewaldete Gebirgsregion. Dekan Weber weihte die symbolisch in Granitbrunnenringe gefaßte Quelle 1884 erneut. Neben der Quelle sehen Sie mehr als zwei Dutzend Stadtwappen. Durch all diese Städte fließt die Elbe auf ihrem 1.154 km langen Lauf vom Riesengebirge bis zur Mündung in die Nordsee.

500 m nördlich der Quelle verläuft der böhmisch-schlesische Grenzkamm. Auf diesem durchweg rot markierten Panoramaweg können Sie den gesamten Hauptkamm bis zu den Grenzbauden (Pomezní Boudy) erkunden. 1,5 km östlich locken die **Schneegruben (Śnieżne kotły)** als erste große Attraktion.

Wir nehmen jetzt den rot gekennzeichneten Weg nach Westen in Richtung Wosseckerbaude (Vosecká bouda) über die Quargsteine (Tvarožník). In der nördlichen Nachbarschaft sehen Sie von hier oben den Reifträger (Szrenica) mit großer Baude, der schon auf polnischem Staatsgebiet liegt.

🛏 ✕ Die **Wosseckerbaude** lädt zum Rasten (◷ täglich 10:00 bis 17:00) und zum Übernachten ein (Kč 300), ☎ 0432/929610. Von hier bis nach Harrachsdorf liegen jetzt noch 8 km Weg vor Ihnen (auf roter Markierung).

Rokytnice nad Jizerou (Rochlitz an der Iser)

- CZ-51244, ✆ aus D, A und CH: 0042432
- Reisebüro Roktour, Nr.154, ☎ und FAX 0432/92871
- Hotel Narodní dům***, Dolní 280, ☎ 0432/92860, FAX 0432/92863
- Hotel Krakonoš**, ☎ 0432/92531, FAX 0432/92534
- Pension Roxana**, ☎ und FAX 0432/92582
- Hotel Starý Mlýn, Rokytná 17, ☎ und FAX 0432/92319
- Pension Komex, Rokytná 19, ☎ 0432/92404
- Pension Amálka, Dolní 302, ☎ 0432/92504

Der langgestreckte Ort liegt malerisch im Tal des Hüttenwassers (Hut'ský potok) mit parallellaufenden Siedlungsreihen auf den Talböschungen. Einst betrieb die Wasserkraft des Hüttenwassers Mühlen, Baumwollwebereien und Holzdrechslereien. Um 1930 lebten hier 5.500 deutsche Einwohner, und etwa 1.000 Handwebstühle ratterten unter den Hüttendächern.

Heute besitzt Rochlitz große Bedeutung als Sommerfrische und Wintersportplatz. Angenehme Bergwanderungen führen u.a. über den Teufelsberg (Čertova hora) nach Harrachov (Harrachsdorf), über die Hofbauden (Dvoračky) zur Elbquelle (pramen Labe) oder vom Ortsteil Nieder-Rochlitz (Dolní Rokytnice) am westlichen Flußufer der Iser (Jizera) entlang durch dunkle Fichtenwälder Richtung Wurzelsdorf (Kořenov).

Špindlerův Mlýn (Spindlermühle)

- CZ-45351, ✆ aus D, A und CH: 0042438
- Verkehrsamt (Turistiaké Informační Centrum), Nr. 173, ☎ 0438/93656, FAX 0438/93989
- Čedok, č.p. 19 b, Mo bis Fr 9:00 bis 16:00 ☎ 0438/93225, FAX 0438/93280
- Informationszentrum des Riesengebirgsnationalparks (KRNAP), Špindlerovka, Mo bis Fr 8:00 bis 12:00 und 13:00 bis 15:00, Sa und So 8:00 bis 10:00, ☎ 0438/93228
- Ingtours in Vrchlabí, Krkonošska ul. 14, ☎ 0438/23734, FAX 0438/23739
- **Paragliding:** Infos über ☎ 0438/93684, Vermietung über Velo-Ski-Service, täglich 9:00 bis 17:00, ☎ 0438/93464, **Gleitschirmfliegen:** ☎ 0438/93035
- Ski Klub Špindl, ☎ 0438/93233
- Mountainbike-Verleih in den Hotels Arnika, Harmony, Horal, Infos über ☎ 0438/93464
- Přední Labská 72, u.a. Ausritte ins Gebirge, ☎ 0438/93439
- Reitschule, ☎ 0438/93121

- Bergführer: ☏ 0438/93439
- Hotel Montana****, ☏ 0438/93551, FAX 0438/93556
- Hotel Harmony****, ☏ 0438/969111, FAX 0438/93767
- Hotel Horal***, ☏ 0438/93751, FAX 0438/93756
- Hotel Alpský***, ☏ 0438/93242, FAX 0438/93377
- Hotel Arnika***, Labská 111, ☏ 0438/93671, FAX 0438/93775
- Hotel OREA Zotavovna Horak***, Svatý Petr 280, ☏ 048/93751, FAX 0438/93756
- Hotel Start***, ☏ 0438/93305, FAX 0438/93956
- Hotel Sněžka**, Okružní 131, ☏ 0438/93229
- Hotel Alberon*, ☏ 0438/93471, FAX 0438/93477
- Hotel Venuše, Nr. 23, ☏ und FAX 0438/93595
- Hotel Central, ☏ 0438/93321, FAX 0438/93748
- Hotel Hubertus, ☏ 0438/93239, FAX 0438/93016
- Hotel Na Stráži, ☏ 0438/93214
- Erholungsheim Barvy Laky, Labská 83, ☏ 0438/93206
- Einige Bauden, die nur zu Fuß erreichbar sind (Gepäcktransport kann bestellt werden):
- Davidova bouda (Davidsbaude), ☏ 0438/93223
- Labská bouda (Elbfallbaude), ☏ 0438/93221
- Jelení boudy (Leierbauden), ☏ 0438/93268
- Bouda Na pláni (Planurbaude), ☏ 0438/93384
- Martinova bouda (Martinsbaude), ☏ 0438/93335
- Petrova bouda (Peterbaude), ☏ und Fax 0438/93266
- Autokempink Špindlerův Mlýn, 15.6. bis 15.9., ☏ 0438/93534
- ATC KRNAP, 1.6. bis 31.12., ☏ 0438/93228

Neben Harrachov (Harrachsdorf) ist Špindlerův Mlýn (Spindlermühle) das bekannteste Touristenzentrum des böhmischen Riesengebirges. Die Stadt ist in landschaftlich reizvoller Lage im oberen Elbtal unterhalb des Schüsselberges (Medvědín), des Ziegenrückens (Kozí hřbety) und des Planurs (Plán) eingebettet.

Holzfäller gründeten hier im 16. Jh. eine kleine Siedlung. Schon Mitte des 19. Jh. galt Spindlermühle als expandierende Sommerfrische.

Spindlermühle ist heute Luftkurort, beliebte Sommerfrische und ein **Wintersportparadies** mit sechs Abfahrtspisten (zwei sind vom Internationalen Skiverband FIS als Wettbewerbspisten anerkannt).

Die zentrale Lage des Ortes ermöglicht dem Wanderer vielfältige Touren zu fast allen wesentlichen Attraktionen des Riesengebirgshauptkammes.

Zwei Sessellifts erleichtern den Aufstieg in die Bergwelt. Vom Ortsteil St.-Peter (Svatý Petr) befördert ein Lift die Besucher vom 7.5. bis 23.10. auf den Planur (Přední Planina). In der Planurbaude (Bouda Na pláni) soll Graf von Stauffenberg die Bombe für das Hitler-Attentat in Empfang genommen haben.

Am rechten Elbufer befindet sich im Nordbereich des Ortes die Talstation der zweisitzigen Sesselliftanlage auf den Schüsselberg (Medvědín), von dort sind Wanderungen auf die Goldhöhe (Krkonoš) oder zur Elbquelle (Pramen Labe) möglich.

Wanderung von Spindlermühle (Špindlerův Mlýn) zur Spindlerbaude (Špindlerova bouda)

9 km

Spindlerbaude (Spindlerova bouda), Essen 9:00 bis 19:00, Trinken bis 21:00, ☏ 0438/93342 (DZ Kč 420)

Am Postamt (Ortszentrum) beginnt die gelb markierte Route Richtung Weißwassergrundbaude (Bouda U Bilého Labe). Der Weg dorthin verläuft in weitem Bogen um den Fuß des Ziegenrückens (Kozí hřbety). Anfangs sind schöne Blicke auf Spindlermühle möglich, später reicht die Aussicht über den gesamten Zentralteil des Gebirges, u.a. zum Elbgrund (Labský důl) und zum Hauptkamm.

Im Weißwassergrund (Důl Bilého Labe) sieht man die Gebirgsbauden aus der Vogelperspektive wie verstreut daliegen. Etwa 1 km vor der Weißwassergrundbaude verläuft der Weg abschüssig in einem Fichtenwald. In der hiesigen Baude können Sie in einem Imbißraum rasten.

Wir überqueren das Weißwasser (Bílé Labe), und der Weg steigt serpentinenartig an. Durch teils bewaldetes Terrain erreicht man einen Ferienheimkomplex unterhalb der Spindlerbaude. Noch ein letzter Anstieg, und der Grenzkamm sowie die Spindlerbaude, die im Jahre 1824 erbaut wurde, rücken ins Blickfeld.

Die zwischen Baude und Spindlermühle verlaufende Straße ist für den privaten Autoverkehr gesperrt, nur Übernachtungsgäste sind von diesem Verbot ausgenommen. Es verkehrt jedoch ganzjährig eine Pendelbuslinie. So gelangen Sie mühelos zurück ins Tal, der letzte Bus fährt um 18:15 vom Parkplatz Spindlerbaude ab.

Wanderung von Spindlermühle (Špindlerův Mlýn) zur Wiesenbaude (Luční bouda) und weiter zur Schneekoppe (Sněžka)

Wiesenbaude (Luční bouda), Unterkunft, Restaurant, Kiosk, ☏ 0439/962466, FAX 0439/962259)

♦ Polnische Baude (Polská bauda), Selbstbedienungsrestaurant (täglich 9:00 bis 17:00), Unterkunft (nur zwei Zweibett- und Vierbettzimmer)

Adersbacher Felsen (Adršpašško skalý) ☞

Vom Ortszentrum verläuft der Weg (rot markiert) östlich in Richtung Ortsteil St.-Peter (Sv. Petr), streift aber nur dessen Nordrand am Fuße des Ziegenrückens (Kozí hřbety). Der Pfad steigt stetig bergan, nach ca. 4 km mündet ein blau gekennzeichneter Weg ein - hier stand einstmals die Rennerbaude, nach einem Brand blieben nur noch ihre Grundmauern erhalten.

Knapp 2 km sind es noch bis zur Wiesenbaude (Luční bouda), weiter rote Markierung, zu gehen. Auf einer ausgedehnten Hochfläche, der Weißen Wiese (Bilá louka), 1.410 m ü NN, wurde schon 1623 die älteste Baude des Riesengebirgskammes erbaut. Noch heute zählt sie zu den größten Gebirgshotels Mitteleuropas. Am 2.10.1938 von den Tschechen wegen der bevorstehenden deutschen Besetzung des Sudetenlandes in Brand gesteckt, wurde sie auf Veranlassung Hermann Görings wieder aufgebaut und vergrößert - er selbst besaß hier ein eigenes Appartement.

Nur knapp 3 km Luftlinie in Richtung Osten grüßt die **Schneekoppe (Sněžka)** mit ihrer markanten kegelartigen Gipfelform. Wir erreichen sie, wenn wir uns weiter auf blau markiertem Weg bewegen. Links und rechts des Pfades sehen Sie ausgedehnte Hochmoorflächen mit Tümpeln und Latschenkiefern.

Kurz vor dem Aufstieg können Sie unterhalb des Koppengipfels (auf polnischem Staatsgebiet) noch einmal im Schlesierhaus (Śląski dom) rasten.

Zwei Aufstiegsmöglichkeiten stehen zur Verfügung, der kürzere, aber wesentlich anstrengendere "Zickzackweg" direkt auf der tschechisch-polnischen Grenzlinie, oder der bequeme "Jubiläumsweg" (Kopfsteinpflasterstraße), der anfangs auf schlesischem Gebiet und kurz vor dem Koppenplateau wieder auf böhmischen Terrain verläuft.

Vom Schlesierhaus aus müssen Sie mit 45 bis 60 Minuten Aufstiegszeit rechnen.

Die Schneekoppe, Sněžka (tschechisch) oder Śnieżka (polnisch), ist mit 1.602 m höchster Berg des Riesengebirges und der Sudeten überhaupt und bietet ein phantastisches Panorama. Zu den ersten Besteigern im Jahr 1456 gehörte ein Venezianer.

Die **St.-Laurentius-Kapelle** wurde 1655 im Auftrag des schlesischen Reichsgrafen von Schaffgotsch erbaut. Er wollte damit zeigen, daß der Berg ihm gehörte. Seitdem gilt die Schneekoppe als Wallfahrtsort.

Auf der Koppe verläuft die Grenze zwischen der Tschechischen Republik und Polen. Die 1850 erbaute und 1862 nach einem Brand erneuerte Preußische Baude wurde in den siebziger Jahren unseres Jahrhunderts abgetragen. 1976 eröffneten die neuen Besitzer die Polnische Baude (Polská bauda), ein modernes und eigenwilliges Gebäude, welches von weitem einem Ufo nicht unähnlich ist. Unter dem Dach befinden sich eine meteorologische Station und ein Selbstbedienungsrestaurant.

Die Böhmische Baude (Česká bouda) stammt aus dem Jahre 1868, ist aber schon seit einigen Jahren geschlossen. Die Tschechen wollen angesichts der gegenüberliegenden Konkurrenz modernisieren. Hier gibt es zur Zeit in der Bergstation des Sessellifts eine Imbißmöglichkeit.

Der Lift führt hinunter nach Pec pod Sněžkou (Petzer). Wer bis hierher genug gewandert ist, kann mit dem Lift ins Tal schweben und von dort über Janské Lázně (Johannisbad) und Vrchlabí (Hohenelbe) per Bus zurück nach Spindlermühle (Špindlerův Mlýn) gelangen.

Wer nach Spindlermühle laufen will, aber nicht die gleiche Strecke wie auf dem Hinweg nehmen möchte, sollte den rot markierten Weg auf dem Hauptkamm wählen und bis zur Spindlerbaude gehen (etwa 10 km). Von hier verkehrt ein Pendelbus ins Stadtzentrum von Spindlermühle (letzter Bus um 18:15).

Pec pod Sněžkou (Petzer)

✉ CZ-54221, ✆ aus D, A und CH: 0042439

ℹ Informationszentrum "Schöner Ausflug" (Veselý výlet) im Temný důl bei Horní Maršov, ⌚ im Sommer täglich 8:30 bis 19:30, im Winter täglich 8:30 bis 18:00, ☎ 0439/948298, FAX 0439/948221. Nebenan befindet sich eine Galerie, in der man u.a. auch Bücher über das Riesengebirge erwerben kann.

♦ Verwaltung des Nationalparks (KRNAP), ☎ 0439/962213

♦ Čedok, ☎ 0439/962409

♦ Reisebüro Turista (Pensionen- und Privatzimmervermittlung), ☎ und FAX 0439/962380

✕ Poustevník (am Parkplatz Zelený Potok), ausgeschenkt wird das Bier "Staropramen", zum Objekt gehört eine beheizte Schwimmhalle, ⌚ täglich 10:00 bis 22:00, ☎ 0439/962460

🛏 Hotel Horizont***, ☎ 0439/962121 und 962357, FAX 0439/962378

♦ Pension Orea Hradec, ☎ 0439/962237

♦ Hotel Hvězda, Nr. 193, ☎ 0439/962242

♦ Pension Štancl, Malá Pláň 265

♦ Hotel Energetik, Nr. 56, ☎ 0439/962468, FAX 0439/962168

♦ Hospoda Na Peci (Alter Petzer Kretscham), ☎ 0439/962210

♦ Chata Svornost, Nr. 35, ☎ 0439/96717

♦ Haus Kuhn, ☎ 0439/962149

Bergbauden (nicht mit Pkw erreichbar):

- Růžohorky (ehem. Leischnerbaude), auf 1.280 m ü NN in der Nähe der Liftstation am Růžová hora, ☎ 0439/962268 (ab DM 15 mit Frühstück)
- Pension Bílá Labut' (Der weiße Schwan), Nr. 15, ☎ und FAX 0439/962351
- Richterovy boudy (Richters Bauden), auf 1.203 m ü NN, ☎ 0439/962249 (ab DM 20)
- Horská bouda Na výslunní v Modrém dole (im Blaugrund), ☎ 0439/962226
- Náchodská bouda, ☎ 0439/96741
- Pension Na vyhlídce, ☎ 0439/962207
- Bouda pod Studničnou v Peci pod Sněžkou, Besitzer organisiert Gepäcktransport bzw. erwirkt Zufahrtsgenehmigung, ☎ 0439/962267 (DM 20 und 25 mit Halbpension)

Das heutige Zentrum der Gebirgstouristik im östlichen Teil des böhmischen Riesengebirges verdankt seine Entstehung dem regen **Erzbergbau** (ab 1534 urkundlich überliefert), vor allem im Gebiet des Riesengrundes (Obří důl). Hier blieben zahlreiche Relikte des Bergbaus erhalten, die zum Teil als technische Baudenkmäler geschützt sind. Auch der Ortsname (*pec* = Ofen) deutet auf die ehemalige Haupterwerbsquelle hin.

Die meisten Besucher kommen hierher, um von Pec aus den höchsten Berg der Tschechischen Republik zu erobern, die Schneekoppe (Sněžka). Die bequemste Möglichkeit besteht darin, sich einfach zur Sesselliftalstation im nördlichen Ortsbereich zu begeben. Hier schwebt man per Doppelsitzer 3,5 km zur Schneekoppe, auf dem Rosenberg (Růžová hora) befindet sich eine Umsteigestation. Schon seit 1949 befördert die Sesselliftanlage jährlich Zehntausende auf den 1.602 m hohen Gipfel. Montags ist der Sessellift nicht in Betrieb!

Wesentlich anstrengender, aber ein eindrucksvolles Naturerlebnis, ist der Aufstieg zu Fuß über den Riesengrund (Obří důl).

⌘ Sehenswert ist das **Ökologische Museum** der Nationalparkverwaltung am südlichen Rand des Riesengrundes (Obří důl).

- täglich außer Mo 8:00 bis 12:00 und 13:00 bis 15:00

Wanderung von Petzer (Pec pod Sněžkou) auf die Schneekoppe (Sněžka) durch den Riesengrund (Obří důl)

➲ 9 km, 4 Stunden

Der Weg durch den Riesengrund war für die Öffentlichkeit lange Zeit gesperrt - man nannte Naturschutzziele als Begründung. Jetzt ist das Areal frei zugänglich, nur im Winter ist der Weg wegen Lawinengefahr geschlossen.

Zweifellos gehört eine Besteigung der Schneekoppe über den Riesengrund zu den schönsten Erlebnissen eines Riesengebirgsaufenthaltes auf

 Blick zum Altvater (Praděd) und zur Berghütte Barborka ☞

der böhmischen Seite. Auf verhältnismäßig kleinem Terrain sehen Sie alle Highlights des Gebirges auf einmal, eine vielfältige Tier- und Pflanzenwelt, Bergalmen und die typischen Bauden, Wasserfälle, bizarre Felsengebilde, Schluchten und eindrucksvolle Gletscherkare. Die Tschechen nennen das Gebiet auch treffend den "Dom des Riesengebirges". Es wurde von einem gewaltigen Gletscher geschaffen, der einmal das gesamte Tal ausfüllte.

Zunächst verläuft der blau markierte Fahrweg kaum ansteigend durch Fichtenhochwald, immer parallel zum Flüßchen Aupa (Úpa) und vorbei an zahlreichen Erholungsheimen oder Bergbauden.

⌘ Am Eingang zum Riesengrund finden Sie das **Museum der Nationalparkverwaltung**.

Gleich hinter der Baude "Pod Sněžkou" sehen Sie eine kleine schlichte Kapelle, die sogenannte **Riesengrundkapelle**. Hier ereignete sich am 30.7.1897 infolge eines Wolkenbruchs eine Katastrophe. Eine gewaltige Schlammlawine verschüttete in einem deutsch besiedelten Ortsteil von Petzer ein Haus, wobei neun Menschen den Tod fanden.

An der Lokalität Kovárna stand früher eine Bergschmiede, von dort drangen Bergleute ins Innere der Schneekoppe vor. Heute gibt es hier einen Ruheplatz mit Bänken. Steil ragt die kegelförmige Schneekoppe gen Himmel, fast 600 m Höhenunterschied von der Talsohle gerechnet. Ein eindrucksvoller Anblick!

Serpentinenförmig beginnt nun der steile und recht anstrengende Aufstieg. Die Fichten im Gebiet sind teilweise Opfer des sauren Regens, große Flächen werden aber auch regelmäßig von Lawinen zerstört. Westlich von Ihnen macht der zerklüftete Berghang des Brunnenberges (Studniční hora) auf sich aufmerksam. In den Aupakessel (Úpská jáma) stürzen sich die drei Quellflüsse der Aupa (Úpa), der Aupa-, der Wörlich- und der Schneegraben. Die Hochmatten Teufelsgärtchen (Čertova zahrádka) und Rübezahls Lustgärtchen (Krakonošova zahrádka) gelten als wahre Fundgruben für Botaniker.

Wollen Sie den Erzbach (Rudný potok) überqueren, dann sehen Sie ein historisches Pumpwerk (Widder), das kürzlich restauriert wurde, aber heute ohne Funktion ist. Noch bis 1912 brachten Lastenträger das Wasser hinauf zur Schneekoppe. Das war nach Inbetriebnahme des Pumpwerkes nicht mehr erforderlich, da eine Pumpe mit Wasserantrieb genügend Wasser hinaufpressen konnte (400 m Höhenunterschied).

Ein Stück oberhalb des Pumpwerkes werden Sie am Wegesrand auf das Dix-Kreuz (Dixův kříž) treffen. Es steht dort zum Andenken an den im April 1900 durch eine Schneelawine verunglückten Wirt der ehemaligen Riesenbaude (Obří bouda), Stephan Dix.

Nun ist der Koppenplan erreicht, auf dessen Mitte die böhmisch-schlesische Grenze verläuft. Sie kommen an den Fundamentresten der Riesenbaude vorbei (verfallen durch mangelnde Instandhaltung). Dann können Sie im polnischen Schlesierhaus (Śląski dom) rasten und sich für den Aufstieg zur Schneekoppe stärken (weiterer Tourenverlauf wie Tagestour von Spindlermühle zur Schneekoppe).

Zurück nach Petzer gelangen Sie mit dem Sessellift bzw. zu Fuß unterhalb des Lifts (gelbe Markierung).

Jilemnice (Starkenbach)

Česká bouda (östlich vom Markt hinter der Schwimmmhalle), ☏ 0432/2939
♦ Privatzimmer: V. Hornig, Zahradní 966, CZ-51401 Jilemnice

Auf dem von Laubenhäusern umsäumten Marktplatz sehen Sie **barocke Statuengruppen**, "Jungfrau Marie mit der hl. Barbara und der hl. Maria Magdalena" sowie "Christus am Kreuz mit dem hl. Johann von Nepomuk und dem hl. Laurentius" (18. Jh.). Dahinter steht das Empire-Rathaus (1838). Im Inneren können Sie eine große Relieflandkarte des Riesengebirges bewundern.

⌘ Gegenüber der Kirche St. Laurentius (1729-1736) befindet sich in einer Parkanlage das einst gräfliche Schloß der Familie Harrach. Heute beherbergt es das **Riesengebirgsmuseum** (Krkonošské muzeum), als Hauptattraktion gilt eine mechanische Weihnachtskrippe mit über hundert beweglichen Figuren in einer idealisierten Riesengebirgslandschaft.

Eine Abteilung ist der Entwicklung des Wintersports im Gebirge gewidmet, Starkenbach selbst gilt als Ursprungsort des Skifahrens in Böhmen.

♦ täglich außer Mo 8:00 bis 12:00 und 13:00 bis 16:00, ☏ 0432/2166

Am südlichen Ortsausgang sollten Sie es nicht versäumen, im Neugierigen Gäßchen (Zvědavá ulička) entlangzubummeln. Hier blieb ein fast vollständiges Ensemble von **Schrotholzhäusern** aus dem 18. Jh. erhalten.

 Weitläufiger Markt in Teltsch (Telč) ☞

Vrchlabí (Hohenelbe)

CZ-54300, aus D, A und CH: 0042438
Ingtours, Krkonošská ul. 14, Mo bis Fr 9:00 bis 12:00 und 13:30 bis 18:00, Sa 9:00 bis 12:00, 0438/23734, FAX 0438/23739
♦ KRNAP (Nationalparkinfozentrum), nám. Míru, 0438/21011
♦ Čedok, Krkonošská 203, 0438/21131
Rundflüge vom Flugplatz Vrchlabí in einer Cessna 172 (DM 37 pro Person für ca. 20 Min..) sowie in einem Doppeldecker AN-2 (max. 11 Pers.), täglich 9:00 bis 18:00, Infos über 0438/22992, FAX 0438/22179
Verleih von Mountainbikes: 0438/93464
0438/23970
Hotel Labut', Krkonošská 188 (am Markt), 0438/22964, FAX 0438/22075
♦ Pension Krakonoš, Bucharova 194, 0438/22936
Herberge Ubytovna Lišči kopec, Pražská 1343, 0438/22473
♦ Herberge Herlíkovice (am Fuße des Berges Žalý), 0438/22403
♦ Friesovy boudy (Friesbauden), 0438/34135
Vejsplachy, 1.6. bis 15.9., 0438/22196
♦ Čistá (an der Straße nach Trutnov im Černy důl), 1.6. bis 30.9., 0438/92101

6 km östlich von Starkenbach (Jilemnice) gelangen Sie nach Hohenelbe (Vrchlabí), einer Stadt im Elbtal am Fuße des Vorderen Heidelberges (Přední Žalý) und des Jankenberges (Jankův kopec). Westlich des kleinen Marktplatzes mit barockem Rathaus (1732-1737) befindet sich der Schloßpark, angelegt im englischen Stil.

Neben einem Miniatur-Naturlehrpfad, Vogelvolieren und einem kleinen Zoo kann man ein Arboretum sowie einen hübschen botanischen Garten erkunden. Letzterer verschafft Ihnen einen Einblick in die vielfältige Riesengebirgsflora.

Das **Schloß** des früheren Besitzers Graf Morzin stammt aus dem Jahre 1535 und wurde 1894 umgebaut. Seit 1953 ist das Gebäude Sitz der Nationalparkverwaltung des Riesengebirges (Krkonošský narodní park, Abk. KRNAP).

Das Stadtzentrum zieren mehrere schön anzusehende Holzbauten aus dem 17./18. Jh. (u.a. Nr. 197/198 am Marktplatz).

⌘ Die Ausstellungsräume des **Riesengebirgsmuseums** gegenüber der St.-Laurentius-Kirche am nám. Míru sind in hübschen Arkadenholzhäusern untergebracht (u.a. Glaserzeugnisse, Spielwaren).

Nebenan finden Sie das Infozentrum der KRNAP, wo man Bücher, Karten und Info-Broschüren kaufen kann, täglich außer Mo 8:00 bis 16:00.

Wanderung zum Heidelberg (Přední Žalý)

- Martinova bouda, Benecko 50, ☎ 0432/93258
- Herberge Na Špici, Benecko 15, ☎ 0432/93259
- Möhwaldova bouda, Benecko-Žalý 7, ☎ und Fax 0438/21551

Der Hausberg von Hohenelbe bietet einen großartigen Panoramablick auf die böhmische Seite des Riesengebirges. Der Berg, auf dem sich ein 18 m hoher Aussichtsturm (1892 erbaut) befindet, ist 1.019 m hoch. Am günstigsten erreichen Sie den Gipfel von der Ortschaft Benetzko (Benecko), nordwestlich der Stadt gelegen, über einen 5 km langen Aufstieg. In Benetzko (Benecko) finden Sie viele hübsche Beispiele der Volksarchitektur (Blockhausbauten).

Janské Lázně (Johannisbad)

- CZ-54225, ✆ aus D, A und CH: 0042439
- Čedok, Černohorská 84, ☎ 0439/942174
- Horský hotel Na Černé hoře**, ☎ 0439/942551
- Sokolská bouda, č.p. 172, ☎ und FAX 0439/942455
  Beide Hotels befinden sich an der Bergstation des Černá hora.
- Hotel Vyhlídka***, ☎ 0439/94682, FAX 0439/94666
- Hotel Luční dům**, ☎ und FAX 0439/942583
- Ferienheim Siréna*, ☎ 0439/942115, FAX 0439/94631
- Hotel Lesní dům, Krkonošská 208, ☎ und FAX 0439/942137
- Pension Janka, Lázeňská 59, ☎ 0439/942243
- Erholungsheim STSČ ČR Zámeček, Nr. 80, ☎ 0439/5997

Das Kur- und Erholungszentrum liegt im Süden des Riesengebirges, 13 km nordwestlich von Trutnov (Trautenau), am Südhang des Schwarzen Berges (Černá hora). Zu Beginn unseres Jahrhunderts wurde der im Jahre 1677 als Kurstätte gegründete Ort auch als "böhmisches Gastein" bezeichnet.

Heute sind drei Dutzend radioaktive Thermal- und Mineralquellen bekannt (☞ Reise-Infos von A bis Z, Heilbäder und -quellen).

In Johannisbad (Janské Lázně) können Sie Bekanntschaft mit dem legendären Berggeist **Rübezahl** schließen, dessen Statue unweit der ursprünglich im Jugendstil erbauten Kurkolonnade (1893) zu finden ist.

Vom Westrand des Kurortes verkehrt eine Kabinenseilbahn (jeweils vier Personen pro Kabine), 2.303 m lang, auf den Schwarzen Berg und überwindet dabei einen Höhenunterschied von 566 m.

- täglich außer Di 8:00 bis 18:00

Vom Fernsehturm auf dem Gipfel beginnt ein Naturlehrpfad ins Schwarzenbergmoor (Černohorská rašelina) mit Aussichtsturm.

Wer die Ruhe sucht, sollte den Aufstieg zu Fuß durch das Stille Tal (Tichá dolina) wählen.

Auf der östlich gelegenen Lichten Höhe (Světlá hora) gedeihen sehenswerte Wälder, Jagdsteige führen durchs Revier.

Žacléř (Schatzlar)

Pension Bonaqa, Žacléř 86, ☎ 0439/95589
♦ Privatquartier: Frau Minaříková, Žacléř 61, ☎ 0439/95579

Žacléř (Schatzlar) liegt 12 km nordöstlich von Trutnov (Trautenau) am östlichen Rand der Rehornberge (Rýchory) und bildet eine gute Ausgangsbasis für Ausflüge in das gleichnamige Naturschutzgebiet. Nur hier blieb ein kleiner Bestand der einstigen Urwälder erhalten, in der Mehrzahl aus Buchen, uralten Fichten und Bergahorn bestehend. Botanikerherzen schlagen höher, wenn im Spätsommer große Flächen blaublühenden Enzians zu sehen sind. Zu den Raritäten zählt die gelbe Arnika, von den Deutschen im Volksmund Berg-Wohlverleih genannt, weil mit ihrer Hilfe zahlreiche Krankheiten geheilt werden konnten.

In den vergangenen Jahrhunderten war man hier intensiv mit Gold- und Silberbergbau beschäftigt.

Über den hiesigen Naturlehrpfad existiert ein deutschsprachiger Führer (erhältlich u.a. im Riesengebirgsmuseum Vrchlabí).

Trutnov (Trautenau)

CZ-54100, ✆ aus D, A und CH: 0042439
Čedok, Bulharská 56, ☎ 0439/830090
Hotel Horník***, Náchodská 358, ☎ 0439/6961, FAX 0439/6963
♦ Motel Dolce, Slezská 165 (6 km südöstlich von Trutnov), ☎ 0439/2763 und 6461, FAX 0439/6389
♦ Pension Ubepo, Elektrárenská 465, ☎ 0439/3825
Dolce (6 km südöstlich von Trutnov am Motel), 15.6. bis 30.9., mit Bungalows, ☎ 0439/2763

Die böhmische Metropole des Riesengebirgsvorlandes an den Ufern der Aupa (Úpa), 1260 erstmals urkundlich erwähnt, war vor allem von deutschen Kolonisten bewohnt, die von Přemysl Ottokar II. ins Land geholt wurden. 1340 bekam Trautenau Stadtrechte zuerkannt.

Zweimal, 1642 und 1647, wurde die Stadt von den Schweden gebrandschatzt.

Am 27./28.6.1866 tobte unweit der Stadt eine blutige Schlacht zwischen preußischen und österreichischen Korps, die zwei Tage später bei Rudersdorf und Altrognitz mit einem Sieg Preußens endete. Eine Gedenktafel, im Südbereich des Riesengebirgsplatzes (Krkonošské náměstí) in das Pflaster eingelassen, erinnert an die Schlacht.

Der Markt konnte seinen mittelalterlichen Charakter bewahren, nicht zuletzt wegen der Laubenhäuser. In der Mitte des Platzes sehen Sie einen Brunnen mit einer Rübezahlstatue (1892), daneben eine barocke Hl. Dreieinigkeitssäule (1609).

⌘ Im Schulgäßchen (Školní ul.), nordwestlich vom Markt, finden Sie das **Riesengebirgsvorlandsmuseum**.

Adršpach (Adersbach)

Alptrend centrum (Organisation von Klettertouren und MTB-Fahrten), CZ-54951 Dolní Adršpach, Na stráni 73, ☏ 0447/94378

Hotel Lesní zátíši (direkt am Eingang zur Felsenstadt), ☏ 0447/93819

Bučnice (an der Felsenstadt Teplice n. M.), 1.5. bis 30.9., mit Bungalows, ☏ 0447/93293

Ca. 27 km nordöstlich von Trutnov sind die hiesigen Felsenstädte auch bequem per Eisenbahn zu erreichen (Haltestelle Horní Adršpach).

Die Adersbacher und Wekelsdorfer Felsen (Adřspašsko-Teplické skály) bilden mit etwa 20 km² Ausdehnung die **größte Felsenstadt Böhmens**.

Vor Millionen Jahren war das Gebiet von einem flachen Meer überflutet, auf dessen Grund sich verschiedene Schichten Sand ablagerten. Später wurden die verfestigten Sedimente durch Bewegungen im Inneren der Erdkruste emporgehoben. Das entstandene niveaugleiche Sandsteinplateau hatte Risse, die sich allmählich zu engen Schluchten aufweiteten. Wasser, Wind, Sonne und Frost taten ein übriges, um die heute sichtbaren Felsformationen zu bilden. Der Ähnlichkeit des Terrains mit einer mittelalterlichen Siedlung verdankt das Gebiet den Beinamen Felsenstadt.

Während der Saison (Mai bis September) wird am Eingang Eintrittsgeld erhoben, und deutschsprachige Führer bieten ihre Dienste an.

♦ 7:00 bis 17:00, Vorbestellungen unter ☏ 0447/93814)

Sie erhalten mit der Eintrittskarte eine Übersichtsskizze, auf der alle bekannten Felsgebilde mit ihrer tschechischen Bezeichnung abgebildet sind, im deutschsprachigen Prospekt liegt eine Übersetzung der Felsnamen bei. Für eine Besichtigung sollte man sich mindestens zwei Stunden Zeit nehmen. Ein grün markierter Rundweg leitet den Besucher durch die Felsenstadt.

Etwa auf der Hälfte der Strecke gelangen Sie zum **Großen Marktplatz**. An einer östlichen Felswand erinnern eine Gedenktafel und eine Bronzebüste Goethes daran, daß das Allroundtalent hier im Jahre 1790 naturwissenschaftliche Forschungen betrieb. Nebenan führt ein schmaler Weg in den Felsendom zum 12 m hohen **Mettaufall (Metuje vodopád)**. Auf den Pfiff eines Führers öffnet oben jemand eine Stauanlage, und das Wasser plätschert hinab - schreiende Besucher sind garantiert.

Oberhalb vom Marktplatz führen Treppen zum **Adersbacher See (Adršpašske jezírko)**. Hier haben Sie die Möglichkeit, auf einem etwa 300 m langen Gewässer, umgeben von Sandsteinfelsen, Kahn zu fahren. Das ist wahrhaftig eine Attraktion, weil sich das Gewässer (die angestaute Mettau) in über 540 m Seehöhe befindet. Wer möchte, kann am gegenüberliegenden Ufer aussteigen und die benachbarten Felsen von Teplice (Wekelsdorf) erkunden.

Wer den weiteren Rundweg in Adersbach wählt, sieht noch die wohl schönsten Sandsteingruppen - das **Liebespaar (Milenci)** und den **Bürgermeister mit seiner Frau (Starosta a Starostavá)**.

Am Ende stellt das Mäuseloch (Myší díra), eine ca. 20 m lange und sehr enge Felsspalte, erhöhte Anforderungen an beleibte Mitbürger. Der Rundweg führt jetzt vorbei an Rübezahls Klavier (Krakonošovo piano) und zurück nach Adersbach.

Teplice nad Metují (Wekelsdorf)

- ✉ CZ-54957, ✆ aus D, A und CH: 0042447
- ℹ WMW Tour Informationsbüro (gegenüber vom Schloß), Nám. Al. Jiráska 279, ☎ 0447/93335
- ♦ in Deutschland: Wittwer Werbung, Meraner Str. 11, 85521 Ottobrunn, ☎ 089/6093184, FAX 089/6097508
- 🛏 Hotel Koruna, Nr. 14, ☎ 0447/93227
- ♦ Hotel Orlík, Skály 181, ☎ 0447/93366
- Touristenherberge TJ Slavoj, ☎ 0447/93231
- ⛺ ☞ Adršpach (Adersbach)

Die hiesige Felsenstadt entdeckte man erst 1824 nach einem großen Waldbrand. Die Felsen erreichen eine Höhe bis zu 70 m.

Zwischen Adersbach (Adršpach) und Wekelsdorf (Teplice n. M.) verkehrt ein Zug. Wollen Sie die Felsenstadt besuchen, steigen Sie am Haltepunkt Teplice n. M.-Skály aus. Während der Saison (Mai bis September) wird Eintrittsgeld kassiert. Führungen sind über ☏ 0447/93213 zu bestellen.

Ca. 500 m hinter dem offiziellen Eingang können Sie auf die **Burg Střmen** klettern, wie sie früher einmal aussah, sieht man auf einer großen Schautafel. Mit einer Kanone am "Echo" wurden früher gegen Entgelt eindrucksvolle Böllerschüsse abgegeben - ein vielfaches Echo war die Antwort.

Ohne zusätzliches Reiseticket können Sie weiter oberhalb **Groß- und Kleinsibirien** einen Besuch abstatten, besonders kühlen Felsschluchten, in die kein Sonnenstrahl dringt. Oft findet man hier bis in den Juni hinein Schnee. Einige hundert Meter weiter werden Sie schon in **Italien** sein, einem lokalklimatisch viel wärmeren Ort. Welches Reisebüro kann Ihnen das schon bieten?

Obwohl die Gipfel höchstens die 700-m-Marke erreichen, gilt das Gebiet als schneesicher. Wekelsdorf (Teplice n. M.) besitzt einen Abfahrtshang mit Skilift, der abends beleuchtet ist.

Wanderung von Wekelsdorf (Teplice n. M.) zu den Braunauer Wänden (Broumovské stěny) und zur Ausflugsstätte Stern (Hvězda)

➲ 10 km

Am Bahnhof Wekelsdorf (Teplice n. M.) beginnt die Tour gleich etwas ansteigend, vorbei an Kleingärten. Weiter geht es über Wiesen und Feldraine nach Bodisch (Bohdašín), einem kleinen Dorf, wo man ein Stück die Straße entlangläuft. Kurz hinter dem Ortsausgang auf der rechten Seite überquert man auf einer Brücke die Schienen, und der Weg verläuft wieder über Wiesen.

Später geht man am Waldrand entlang bis oberhalb des Dorfes Hutberg (Hony), wo der Pfad in einen breiten Fahrweg einmündet und durch das Dorf hindurchführt. Es bietet sich eine schöne Aussicht auf das Heuscheuergebirge.

Nachdem die Straße Braunau (Broumov)-Politz (Police n. M.) überquert ist, geht man unter einem dichten Blätter- bzw. Nadeldach weiter. Schon bald sind die ersten Felsen der Braunauer Wände zu entdecken.

Der letzte Teil des Weges führt noch einmal stetig bergan. Zur Belohnung haben Sie hinter der **Kapelle Maria Stern** (früher Wallfahrtsort) von einer Aussichtsterrasse einen Panoramablick auf die Stadt Braunau (Broumov) und das nördlich angrenzende Eulengebirge in Schlesien (Polen).

✗ Ganz in der Nähe können Sie in der Gaststätte Stern (Hvězda) gepflegt essen. Das aus Holz gefertigte Bauwerk (1854) war ursprünglich ein Pilgerheim für Wallfahrer zur Kapelle.

Vom Stern (Hvězda) aus können Sie nach Machau (Machov), 9 km auf roter Markierung, nach Politz (Police n. M.), 6 km auf roter Markierung oder nach Braunau (Broumov), 6 km auf roter Markierung, zurücklaufen.

In der Saison verkehren Busse zwischen Stern (Hvězda) und Politz (Police n. M.). Von Politz fahren Busse Richtung Wekelsdorf (Teplice n. M.). Sie können auch ein Taxi nehmen.

Broumov (Braunau)

Hotel Praha***, Mírové nám. 49, ☏ und FAX 0447/21394
♦ Hotel Městský, Náměstí 110, ☏ 0447/21853

Die Stadt liegt in einem Zipfel nahe der polnischen Grenze. Braunau besitzt zwei bedeutende Baudenkmäler. Um das Jahr 1320 entstand das ehemalige **Benediktinerkloster**, welches später barockisiert wurde.

⌘ Im angeschlossenen einstigen Klostergymnasium ist heute ein kleines **Regionalmuseum** des Braunauer Ländchens zu besichtigen.
♦ Mai bis September täglich außer Mo 8:00 bis 12:00 und 13:00 bis 17:00

Am südlichen Stadtrand finden Sie ein entzückendes Holzkirchlein, die **Braunauer Friedhofskirche**, die älteste ihrer Art auf dem Gebiet der Tschechischen Republik (1171 erbaut, 1449 erweitert).

Übrigens schrieb Braunau Weltgeschichte! Die Protestanten der Stadt besaßen eine kleine evangelische Kirche auf katholischem Grund, die der Abt des Klosters 1617 schließen und niederreißen ließ. Dieser Vorgang war eine der Hauptbeschwerden der böhmischen Stände in Prag. Diese Beschwerden gipfelten im Prager Fenstersturz (23.5.1618), welcher wiederum den Dreißigjährigen Krieg auslöste.

Náchod (Nachod)

CZ-54701, aus D, A und CH: 0042441
Čedok, Husovo nám. 852, 0441/23828
Hotel Beránek***, Nám. T. G. Masaryka 74, und FAX 0441/20000
♦ Hotel Zimní stadion**, Na strži 1795, und FAX 0441/23965
♦ Hotel Hron, Purkyňova ul. 436, 0441/20752
♦ Hotel Na Pomezí, Náchod-Babí, 0441/20078
Náchod-Běloves, 15.5. bis 15.9., mit Bungalows, 0441/23014
♦ Rozkoš (6 km südwestlich von Náchod in Česká Skalice), ganzjährig, mit Bungalows, 0441/52366

In der Kreisstadt an der Mettau (Metuje) leben ca. 22.000 Menschen, und sie befindet sich direkt an der Grenze zu Polen (Grenzübergang Náchod-Kudowa Słone) an der E 67.

Ein Anziehungspunkt ist das auf einem 415 m hohen Hügel oberhalb des Marktplatzes thronende **Schloß**. Es steht auf dem Gelände einer ursprünglich mittelalterlichen Burg, die hier im 13. Jh. erbaut wurde. Von 1566 bis 1614 wurde die Burg zum Renaissanceschloß umgebaut, 1634 ging es in den Besitz von Ottavio I. Piccolomini über. Seit 1842 wurde es dann vom deutschen Geschlecht Schaumburg-Lippe bewohnt.

Bekannte Räume im Schloß sind der Piccolomini-, der Spanische und der Kaisersaal.

⌘ Im **Schloßmuseum** können Sie seltene Gobelins bestaunen, die in der Mitte des 17. Jh. in Brüssel entstanden, außerdem sind Barock- und Empiremöbel ausgestellt. Eine Führung dauert ca. 50 Minuten.

♦ April und Oktober Sa, So und an Feiertagen 9:00 bis 16:00, Mai bis August täglich außer Mo 8:00 bis 17:00, September täglich außer Mo 9:00 bis 16:00, Vorbestellungen unter 0441/21201

Nach einem Rundgang bietet sich der Besuch des Schloßrestaurants an. Von der Schloßterrasse hat man einen weiten Ausblick, Sie können von hier aus auch das Terrain im Südwesten Náchods (Branka und Dobenín-Plateau) sehen, wo am 27.6.1866 eine grausame Schlacht stattfand, bei der über 6.000 Preußen und Österreicher den Tod fanden.

Beeindruckend ist der älteste Bau der Stadt, die **St.-Laurentius-Kirche** (1310) mit ihren holzschindelgedeckten Dächern. Die beiden Kirchtürme werden auch als Adam und Eva bezeichnet.

Im Alten Rathaus (1727), vom Italiener C. Lurago erbaut, befinden sich ein Zollamt und eine kleine Weinstube. Das Neue Rathaus (1902-1904) ist mit Sgraffitos von M. Aleš geschmückt.

Ausflüge in die nähere Umgebung

In dem 2 km südöstlich von Náchod gelegenen **Dobruschow (Dobrošov)** ist seit 1969 eine Artilleriefestung für die Öffentlichkeit zugänglich. Sie gehörte zum Befestigungssystem, welches 1937/38 an der ehemaligen Grenze zu Deutschland errichtet wurde.

Ein Aufstieg auf den Berg Dobruschow (Dobrošov), 624 m hoch, wird oft mit einer guten Aussicht zum Adlergebirge (Orlické hory) belohnt, auf dem Gipfel stehen Aussichtsturm und Baude.

Běloves ist ein kleiner Kurort im Osten der Stadt, hier werden Sauerstoffquellen und moderne Kurmittel angewandt.

Das **Großmuttertal (Babiččino údolí)** liegt 6 km westlich von Náchod und wurde nach dem bekannten Werk der tschechischen Schriftstellerin Božena Němcová (1820-1862) benannt. Aus ihrer Feder stammt auch eine Geschichte, die über hundert Jahre später verfilmt wurde: "Drei Haselnüsse für Aschenbrödel", inzwischen häufig in der Weihnachtszeit auf deutschen Bildschirmen zu sehen. In ihrer Heimat hat sich Božena Němcová insbesondere um die Bewahrung der tschechischen Sprache verdient gemacht.

Mittelpunkt des touristischen Interesses bilden ein wunderhübsches Bauernhaus (Staré bělidlo), ein Denkmal der Großmutter sowie das älteste Literaturmuseum Böhmens.

Im nahen Ort **Ratiborice** steht ein Empireschloß (1825/26), dessen Besitzerin Herzogin Zaháňska ebenfalls durch die oben genannte Autorin in die Literaturgeschichte einging.

♦ April und Oktober Sa, So und an Feiertagen 9:00 bis 16:00, Mai bis August täglich außer Mo 8:00 bis 17:00, September täglich außer Mo 9:00 bis 16:00, ☎ 0441/52123

Kuks (Kukus)

Die großartigen Baudenkmäler vergangener Zeiten verdanken wir Franz Anton Graf Sporck, Sohn eines westfälischen Generals. Am linken Elbufer standen einst das Schloß und ein luxuriöses Bad. Doch bei einem Hochwasser im Jahre 1740 versiegte die Heilquelle, das Schloß wurde beschädigt und verfiel in der Folgezeit (um die letzte Jahrhundertwende abgerissen).

Erhalten blieben dagegen ein **Barockhospital**, das Sporck für die bedürftigen Untertanen seiner Herrschaft errichten ließ, sowie die barocke

Kirche der Allerheiligsten Dreifaltigkeit. Architekt des Bauensembles war Giovanni Alliprandi.

Eine Hauptsehenswürdigkeit stellen die von **Matthias Bernhard Braun** geschaffenen Barockstatuen, in zwei Reihen an der Kirche aufgestellt, dar. Sie verkörpern sinnbildlich Tugenden und Laster der Menschheit. Es sind allesamt Kopien, die Originale befinden sich im Lapidarium der ehemaligen Klosterkapelle. Sie gelten als schönste Barockplastiken Böhmens überhaupt, denn niemand vermochte die Lebensgefühle jener Zeit so lebendig in Stein wiederzugeben wie Braun. An der Terrasse des Elbufers können Sie weitere Werke Brauns sehen, allegorische Statuen der acht Seligkeiten und der Religion.

Im Spital blieb eine barocke Apotheke erhalten, die Innenausstattung stammt aus der Zeit um die Mitte des 17. Jh.

♦ April und Oktober Sa und So 9:00 bis 16:00, Mai bis September täglich außer Mo 9:00 bis 18:00, Vorbestellungen unter ☏ 0437/4761

Unter der Kirche befindet sich die Krypta der Familie Sporck.

3 km westlich von Kuks, in **Nový Les nad Žírcem** (mit Bahnstation), hat Braun der Nachwelt weitere eindrucksvolle Werke seines Bildhauerschaffens hinterlassen. Von den einstmals 26 Reliefgestalten blieben allerdings nur fünf erhalten. Sie sind in Fels gehauen, der Standort ist als Bethlehem (Betlém) bekannt. Zehn Jahre wirkte Braun an diesen Arbeiten, von denen viele zum Ende des 18. Jh. zerstört wurden. Sie sind Relikte eines Felsentheaters.

Dvůr Králové (Königinhof)

In der Epoche der Přemyslidenherrschaft war Königinhof (Dvůr Králové) eine sogenannte Leibgedingenstadt, d.h. die Witwen der Könige erhielten von den Bürgern zweckbezogene Steuern für ihren Lebensunterhalt.

Einen Hauch von Afrika können Sie am westlichen Stadtrand von Dvůr Králové im **Zoo Safari**, 20 km nördlich von Hradec Králové, erleben. Hier lädt der zweitgrößte Safaripark Europas zum Besuch ein. "Klein-Afrika" umfaßt ein 75 ha großes Freigehege mit seltenen Antilopenarten und Zebraherden. Im Sommer stehen für Fahrten durch die Anlage zwei Busse zur Verfügung (deutsche Erklärungen inbegriffen).

Berühmt sind die Nashornzucht und die großen Herden afrikanischer Huftiere. Besonders letztere sind weltweit bekannt: 90% aller in Zoos auf der ganzen Welt gehaltenen Vertreter dieser Arten stammen aus

Königinhofer Nachwuchs! In ihrer einstigen Heimat sind viele dieser Tiere schon ausgerottet bzw. sehr selten.

Aber nicht nur afrikanische und europäische Fauna ist hier heimisch geworden, auch Tiere aus Amerika, Asien und Australien sind zu beobachten (ca. 850 Großsäuger, 600 Vögel und 400 Reptilien).

♦ täglich 8:00 bis 19:00, Fotosafari durch das Freigehege per Bus Mai bis Oktober täglich 9:00 bis 17:00

Jaroměř (Jermer)

Die einstige Doppelstadt liegt am Zusammenfluß von Elbe (Labe) und Mettau (Metuje), an der Fernstraße zwischen Dvůr Králové (Königinhof) und Hradec Králové (Königgrätz). Auch Jermer (Jaroměř) war in der Epoche der Přemyslidenherrschaft eine Leibgedingenstadt.

In der St.-Nikolaus-Kirche (15. Jh.), im Stil des Barock und Rokoko, befinden sich mumifizierte Leichen von Bürgern der Stadt aus dem 18. Jh. Um 1780 ließ Kaiser Josef II. im Stadtteil Josefstadt (Josefov) eine spätbarocke Festung erbauen. Teile der Kasematten sind zugänglich.

Nové Město nad Metují (Neustadt an der Mettau)

Hotel U Broučka (Zum Käferchen), Am Markt, ☏ 0441/72571 (je nach Ausstattung zwischen Kč 300 und 800)

Rozkoš, am Stausee bei Česká Skalice, ganzjährig, mit Bungalows, ☏ 0441/52366

Das reizende kleine Städtchen, nur 7 km südlich von Náchod gelegen, wurde Anfang des 16. Jh. auf einem hohen Felsvorsprung gegründet. Die Altstadt bildet ein wundervolles Bauensemble jener Zeit und steht komplett unter Denkmalschutz. Der Gebäudekomplex auf der westlichen Marktseite wirkt sehr einheitlich: Hier wurde im 16. Jh. eine Mauer mit Laubengängen erbaut und abschnittsweise an Bürger verkauft, die dahinter ihre Häuser errichten konnten. Auch bei Regen kann man sehr schön unter den weißgetünchten Laubengängen wandeln.

Am Rande des Marktes ragt ein markanter zylindrischer Turm des **Schlosses** empor. Das ursprünglich aus dem 16. Jh. stammende Gebäude (im 17. Jh. im Stil des Barock verändert) erwarb 1908 ein in Neustadt ansässiger Textilunternehmer. Der neue Besitzer ließ das halbverfallene Schloß im Jugendstil rekonstruieren und zum Familiensitz umgestalten, was mit hohen Kosten verbunden war. In Anerkennung der Rettung des Bauwerks gestatteten selbst die kommunistischen Machthaber dem Herrn von Dobenín ein Wohnrecht auf Lebenszeit.

Liebhaber des Jugendstils werden bei einer Schlobesichtigung ihre Freude haben. Vom Turm bietet sich ein schöner Blick auf die Stadt und ihre Umgebung. Sehenswert sind auch die Schloßterrasse und eine mit Holzschindeln überdachte Brücke über den einstigen Schloßgraben.

♦ April und Oktober Sa und So 9:00 bis 16:00, Mai bis September täglich außer Mo 8:00 bis 17:00, Vorbestellungen unter ☏ 0441/71137

Ausflüge in die nähere Umgebung

Der vor den westlichen Toren der Stadt gelegene **Stausee Rozkoš** ist ein beliebtes Naherholungsgebiet. In **Slavňov** und **Liberk** befinden sich sehenswerte katholische Holzkirchen.

Neustadt an der Mettau ist ein guter Ausgangspunkt für Touren ins Adlergebirge (Orlické hory).

Opočno

10 km südwestlich von Neustadt an der Mettau (Nové Město n. M.) können Sie das **Renaissanceschloß** mit großartigem zweistöckigen Arkadenvorbau besuchen. 1560 bis 1569 erbaut, ließen im 17. Jh. neue Besitzer einen Schloßflügel abtragen, um das Schloß mit der umgebenden Landschaft zu verbinden. Als wertvoll gelten umfangreiche Sammlungen von Jagdwaffen und -trophäen, eine bedeutende Bildergalerie (gegründet von Colloredo-Mansfeld) sowie eine Waffenkammer (16.-19. Jh.), u.a. orientalischen Ursprungs.

♦ April Sa, So und an Feiertagen 10:00 bis 17:00, Mai bis September täglich außer Mo 8:00 bis 18:00, Vorbestellungen unter ☏ 0362/96101

In der Umgebung des Schlosses befinden sich in einem ausgedehnten Park eine Schloßkirche (1716) und ein Lustschloß (1602).

Hradec Králové (Königgrätz)

- CZ-50003, ✆ aus D, A und CH: 004249
- Informační Centrum, V Kopedku 82, ☏ 049/22251, FAX 049/22692
- ♦ Čedok, Gočárova 63, ☏ 049/32321-4
- ♦ Wintrans Reisen, Havlíčkova 836, ☏ und FAX 049/26753

- Hotel Alessandria***, třída SNP 733, ☏ 049/41521, FAX 049/42874
- Hotel Černigov***, Riegrovo nám. 1494, ☏ 049/690111 und 5814111, FAX 049/32998
- Hotel Flora, Říčařova ul. 6, ☏ 049/616684
- Hotel U Zezuláků (mit kleiner Bierbrauerei), Na hrázce 229, ☏ 049/23194, FAX 049/24973
- Hotel Stadion, Komenského 1214 (südlich der Altstadt), ☏ 049/23911
- Uni-Herberge Garni*, Na kotli 1147, ☏ 049/27181, FAX 049/25644
- Pension Petr, Ječná 125, ☏ 049/41571
- Villa Cristina, Brněnská 315, ☏ 049/5235000
- Autokemp Stříbrný rybník (5 km südlich vom Zentrum an einem Teich mit Bademöglichkeit), 15.5. bis 15.9., mit Bungalows, ☏ 049/37790

In Třebechovice pod Orebem:

- Hotel Bor, ☏ 049/96461

Die heute größte Stadt Ostböhmens entstand um 1225 aus einer vormals slawischen Siedlung. Der Stadtname leitet sich aus der Tatsache ab, daß auch die Bürger von Hradec Králové (Königgrätz) zu Mitgiftabgaben an die böhmischen Königinnen verpflichtet waren (Leibgedingenstadt). Kaiser Karl IV. schenkte die Stadt seiner vierten Frau, Eliška von Pommern.

Im 15. Jh. galt die Stadt als wichtiger Stützpunkt der Hussiten. Jan Žižka, ihr legendärer Heerführer, fand in der Hl.-Geist-Kathedrale nach seinem Tod 1424 eine erste Ruhestätte.

Ab Mitte des 18. Jh. bauten die Habsburger die Stadt zu einer Barockfestung gegen die expandierenden Preußen um. Dennoch errangen die Preußen am 3.7.1866 in der **Schlacht bei Königgrätz** einen Sieg und damit die Vorherrschaft in den deutschen Ländern. Als Ergebnis der Schlacht wurde der Deutsche Bund aufgelöst, und der Norddeutsche Bund unter Ausschluß Österreichs formierte sich. 60.000 Soldaten fielen den Machtintrigen zum Opfer (eine Gedenkstätte in Chlum erinnert an das blutige Ereignis).

Den Mittelpunkt des städtischen Denkmalschutzgebietes bildet der Marktplatz (Žižkovo náměstí). An seiner Westseite thront schon seit beinah sieben Jahrhunderten die aus Ziegeln errichtete gotische **Hl.-Geist-Kathedrale** (1307-1463) mit ihren Doppeltürmen. Im Inneren sind das Gemälde P. Brandls, "St. Antonius" (1725), und ein gotischer Altar besonders eindrucksvoll.

Nebenan überragt die Haube des **Weißen Turmes (Bílá věž)** sogar die Dom-Doppeltürme. Der 68 m hohe Turm aus dem 16. Jh. besitzt eine zehn Tonnen schwere Glocke, die zweitgrößte Böhmens.

Das **Renaissance-Rathaus** (16. Jh.) schmücken ebenfalls zwei Türme. An der Südseite des Platzes verdienen die barocke Jesuitenkirche Mariä Himmelfahrt (17. Jh.) mit angeschlossenem Kolleg und ein ehemaliger Bischofspalast (18. Jh.) Ihre Aufmerksamkeit. In letzterem ist heute eine Gemäldegalerie zu besichtigen.

1717 ließen dankbare Bürger die knapp 20 m hohe Pestsäule in der Mitte des Platzes errichten, sie waren von einer verheerenden Pestepidemie verschont blieben.

Beispiele vorbildlicher Restauration können Sie südlich des Doms besichtigen: In Pastelltönen erstrahlen hier die **Kanonikerhäuser** (d.h. für Angehörige des Domstifts) in neuem Glanz. Negativbeispiele für unterlassene Denkmalpflege erleben Sie am östlich gelegenen Hus-Platz (Husovo náměstí) und dem sich nördlich anschließenden Areal.

Reste der ehemaligen **Befestigungsanlage** rund um den Altstadtkern kann man noch im Žižkovy sady, einer Parkanlage zum Bummeln und Ausruhen, erkennen.

⌘ Liebhaber des Jugendstils werden am Gebäude des **Ostböhmischen Museums**, 1909 bis 1912 unter Leitung von Architekt J. Kotěra errichtet, ihre Freude haben. Es befindet sich direkt am linken Elbufer (Eliščino nábřeží 465). Hier sind Exponate zur Geschichte sowie naturwissenschaftliche Abteilungen untergebracht (☏ 049/23416).

Ausflüge in die nähere Umgebung

Chlum: 7 km nordwestlich der Stadt existiert ein ganzer Komplex von Erinnerungen an die Schlacht bei Königgrätz (3.6.1866). An markierten Wanderrouten sind eine Gedenkstätte zur Schlacht von 1866 in Všestary (☏ 049/5951058), ein Beinhaus, ein Aussichtsturm, viele Kruzifixe und Denkmäler zu besichtigen.

Schloß Hrádek u Nechanic: 10 km westlich von Königgrätz (Hradec Králové) können Sie ein pseudogotisches Schloß besuchen, eine Miniatur nach dem Vorbild des englischen Schloß Windsor oder dem südböhmischen Hluboká n.V. (Frauenberg). Zwischen 1841 und 1854 entstand das Gebäudeensemble als Residenz des Grafen F. A. Harrach. Die prächtige Innenraumausstattung wird durch Schnitzarbeiten, eine Bibliothek und eine Gemäldegalerie (flämische und holländische Meister) wirkungsvoll ergänzt.

♦ ⌛ April und Oktober Sa, So und an Feiertagen 9:00 bis 16:00, Mai bis September täglich außer Mo 9:00 bis 18:00, Vorbestellungen unter ☏ 049/931244

Weihnachtskrippe von Třebechovice pod Orebem: In der nur 7 km östlich vor den Toren von Königgrätz (Hradec Králové) gelegenen Kleinstadt, die man per Bahn erreichen kann, wird ein besonders wertvolles Zeugnis des Volkskunstschaffens aus der Wende vom 18. zum 19. Jh. präsentiert: die weltbekannte Weihnachtskrippe (Třebechovický betlém), die auf der Weltausstellung in Montreal tausende Besucher faszinierte. Sie besitzt hunderte bewegliche Figuren und ist im Stadtmuseum untergebracht.

Chlumec nad Cidlinou

Hotel Astra, ☏ 0448/926389

Knapp 30 km westlich von Hradec Králové steht auf einem Hügel, umgeben von einem Park, das **Barockschloß Karlskrone (Karlova Koruna)**, 1721 bis 1723 unter Leitung G. Santinis erbaut. Den Namen erhielt es zum Andenken an den Besuch Kaiser Karls VI. (1723). Nach einem verheerenden Brand im Jahre 1943 wurde es wiederaufgebaut. Heute wird dem Besucher eine Ausstellung böhmischer Barockkunst gezeigt. Die einstigen Besitzer, Familie Kinský, erhielten das Schloß kürzlich zurück.

♦ April und Oktober Sa und So 9:00 bis 16:00, Mai bis August täglich außer Mo 8:00 bis 17:00, September täglich außer Mo 9:00 bis 16:00, Vorbestellungen unter ☏ 0448/926119

Pardubice (Pardubitz)

CZ-53000, ✆ aus D, A und CH: 004240
Čedok, Palackého 1947, ☏ 040/511521
Hotel Labe***, Masarykovo nám. 2633, ☏ 040/36711
♦ Hotel Garni Synthesia***, Bělehradská 458, ☏ 040/45086
♦ Hotel Sport**, Sukova třída 1735, ☏ 040/514221, FAX 040/511788
♦ Hotel Zlatá štika, Štrossova 127, ☏ und FAX 040/516282
♦ Ubytování (Domov mládeže Ohrazenice), Semtínská ul. 117, ☏ 040/41082
Cihelna, 1.5. bis 30.9., mit Bungalows, ☏ 040/56354

Obwohl die Stadt an der Elbe (Labe) als Chemiezentrum bekannt ist, besitzt sie auch einige beachtenswerte Baudenkmäler. So das **Schloß**, welches zum Anfang des 16. Jh. von italienischen Baumeistern aus einer ehemaligen Wasserburg umgebaut wurde. Besonders schön ist das Eingangsportal.

Straßenszene in der Altstadt von Krumau (Český Krumlov) ☞

Auf dem Markt, dem Pernsteinplatz (Pernštejnské nám.), dominieren Bürgerhäuser und Rathaus (mit Sgraffitos von M. Aleš) im Renaissancestil, die barocke Mariensäule stammt aus dem Jahre 1680. Wahrzeichen der Stadt ist das **Grüne Tor (Zelená brána)**. Von dort hat man eine umfassende Aussicht. Auch an der bedeutendsten Kirche, St. Bartholomäus (13. Jh.), hinterließen während des Umbaus im 16. Jh. italienische Baumeister ihre Handschrift.

Pferdekennern dürfte das jährlich im Oktober stattfindende Rennen **"Große Steeplechase von Pardubice"** ein Begriff sein, das zu den schwierigsten seiner Art in Europa zählt (knapp 7 km Länge mit 39 Hindernissen) und schon seit 1874 ausgetragen wird. In letzter Zeit mehren sich jedoch die Stimmen von Gegnern dieses Rennens. Ihre Argumente: Tierquälerei und unverantwortliche Gefährdung der Akteure. Im Oktober 1993 erreichte nur ein einziger Teilnehmer das Ziel.

5 km Wanderweg (grüne Markierung) führen von der Stadt zum nordöstlich gelegenen **Kunietitzer Berg (Kunětická hora)** mit einer ursprünglich von den Hussiten erbauten Burg (1421-1423), die später von den einflußreichen Herren von Pernstein erweitert wurde. In unserem Jahrhundert fanden zwei Restaurierungen statt, die letzte 1992/93.

Festivals in der Stadt:
- Blas- und Folkloremusik im April
- Folklorefestival im Juni
- Folklorefestival der Berufskünstler im September

Chrudím

- CZ-53701, ✆ aus D, A und CH: 0042455
- Hotel Central, Husova 246, ☎ 0455/3963
- Hotel Bohemia, Masarykovo nám. 900, ☎ 0455/3051
- Sporthotel, Tyršovo nám. 294, ☎ 0455/42067
- Pension Podhůra, ☎ 0455/8542

Schon im Jahr 1263 besaß die Stadt königliche Privilegien. Neben barocken Bürgerhäusern gilt die gotische Mariä-Himmelfahrts-Kirche (14. Jh.) als bedeutend.

1793 wurde in der Stadt Josef Ressel, Erfinder der Schiffsschraube, geboren. Das Patent wurde ihm 1827 zuerkannt.

⌘ Im Hydlářovský dům am Markt befindet sich ein **Marionettenmuseum**, die Stadt ist alljährlich Austragungsort von Marionettentheaterfestspielen.

Slatiňany (Slatinau)

🛏 TU Spartak, Stadion, ☎ 0455/83303

4 km südlich von Chrudím befindet sich inmitten eines im englischen Stil angelegten Parkes ein Schloß im neugotischen Stil. In seinem Inneren ist für Besucher vor allem das Pferdemuseum interessant.

♦ April und Oktober Sa und So 9:00 bis 16:00, Mai bis September täglich außer Mo 8:00 bis 17:00, Vorbestellungen unter ☎ 0455/83112

Abstecher: Im 5 km östlich gelegenen Nachbardorf **Kočí** finden Sie eine kleine, wunderhübsche gotische Kirche (14. Jh.) mit einem hölzernen, freistehenden Glockenturm und einer Holzbrücke.

Das der Familie Sternberg gehörende Schloß **Častolovice** im Renaissancestil (ursprünglich 17. Jh.) weist eine Porträtgalerie der böhmischen Könige sowie die Familiengalerie der Sternbergs auf.

Litomyšl (Leitomischl)

🛏 Hotel Dalibor***, Kamenského nám. 1053, ☎ 0464/2811, FAX 0464/3388

Primátor, 1.5. bis 30.9., mit Bungalows, ☎ 0464/3238

Zierde des Altstadtkomplexes, der vollständig unter Denkmalschutz steht, ist das **Renaissanceschloß** mit herrlichem Sgraffitoschmuck aus dem 16. Jh. Es diente dem Herrn von Pernštejn als Repräsentationssitz. Die Familie Thurn und Taxis waren die letzten Besitzer.

Im Inneren ist das Schloßtheater (Ende 18. Jh.) mit vielen originalen Bühnendekorationen bemerkenswert. Es dient auch für Ausstellungen des Museums böhmischer Musik.

In der Schloßbrauerei erblickte **Bedřich Smetana** am 2.3.1824 das Licht der Welt. Die Geburtswohnung wurde aus diesem Grund in ein kleines Museum umgewandelt.

♦ des Schlosses: April und Oktober Sa und So 9:00 bis 16:00, Mai bis August täglich außer Mo 8:00 bis 17:00, September täglich außer Mo 9:00 bis 16:00

𝄞 Im Schloßgarten finden Sie ein Freilichttheater. Hier finden alljährlich im Juli und September Smetana-Festivals statt.

Abstecher nach Vysočina: Ca. 30 km südwestlich von Leitomischl (Litomyšl), etwas abseits der Fernstraße, wurde hier vor 20 Jahren begonnen, wertvolle Volksarchitektur zu einem **Freilichtmuseumskomplex (Skansen)** zusammenzufassen und so der Nachwelt zu erhalten. Eine Besonderheit: Museumsdorf und die ursprünglich noch bewohnte Siedlung liegen eng beieinander, so daß der Besucher anfangs den Museumscharakter kaum bemerkt.

Südmähren

Dieser Landesteil hat viele Gesichter. Erinnert der südliche Bereich an der mährisch-österreichischen Grenze mit ausgedehnten Weinanbauflächen und zumeist heißen, trockenen Sommern schon stark an südeuropäische Gefilde, so weist die nordwestlich gelegene Böhmisch-Mährische Höhe (Českomoravská vrchovina) einen völlig entgegengesetzten Charakter auf. Große Teile werden landwirtschaftlich intensiv genutzt (Getreide, Zuckerrüben, Hopfen). Dennoch wirken auch diese Areale nicht "ausgeräumt". Die Touristen strömen vor allem nach Brünn (Brno), zum nördlich benachbarten Mährischen Karst (Moravský kras), welcher interessante zugängliche Höhlensysteme besitzt, in die Gegend um Austerlitz (Slavkov), berühmt geworden durch die Dreikaiserschlacht (1805), und zum Schloßkomplex Eisgrub (Lednice).

Überall in Südmähren trifft man auf Zeugnisse deutscher Vergangenheit. Die Přemysliden haben unter ihrer Herrschaft auch hier deutsche Gelehrte, Kaufleute und Handwerker angesiedelt.

Žd'ár nad Sázavou (Saar an der Sazau)

CZ-59101, ✆ aus D, A und CH: 0042616
Čedok, Nádražní 633, ☎ 0616/23648
Hotel Bílý lev**, nám. Republiky 64, ☎ 0616/22206
♦ Hotel U Labutě**, nám. Republiky 70, ☎ 0616/22949
♦ Hotel Fit, Horní 30, ☎ 0616/418, FAX 0616/23761
♦ Tálský mlýn, Žd'ár II, ☎ 0616/25501
♦ Hotelový dům, Horní 22, ☎ 0616/25086
Pilská nádrž, 1.5. bis 30.9., mit Bungalows, ☎ 0616/2421

Die am Südbereich des Saarer Berglandes (Žd'arské vrchy) gelegene Stadt verdankt ihre Entstehung der Gründung eines **Zisterzienserklosters** im Jahre 1252.

⌘ Heute beherbergt das ehemalige Kloster im Barockstil ein **Buch- und Schriftenmuseum** (alte Handschriften, erste Handdruckpressen sowie neue Bücher und Illustrationen).

Am Grünberg (Zelená hora) steht die berühmte **Johann-von-Nepomuk-Wallfahrtskirche**, ein Werk des Baumeisters G. Santini, 1719 bis 1722 erbaut. Nach der Überlieferung strahlten beim Ertränken des später heiliggesprochenen Beichtvaters der böhmischen Königin über der Moldau fünf Sterne (☞ Westböhmen, Nepomuk). Aus diesem Grund wurde der Zahl 5 beim Bau der Wallfahrtskirche magische Bedeutung zugemessen (Grundriß eines fünfzackigen Sterns, fünf Chorräume, 55 Fenster, fünf Tore).

Nördlich der Stadt bieten mehrere große Teiche (u.a. der Velké Dářka mit 206 ha) gute Wassersport- und Erholungsmöglichkeiten. Am Ostufer des Velké Dářka beginnt ein rot markierter Wanderweg zum ca. 9 km östlich gelegenen Neunfelsen (Devět skal), einem eindrucksvollen Gneisfelsen (836 m).

Nižkov

Knapp 10 km südwestlich von Saar (Žd'ár n. Sázavou) können Sie das Gruseln lernen. Im hiesigen **Beinhaus** schichteten Zisterziensermönche im 18. Jh. die sterblichen Überreste von schätzungseise 7.000 Pestopfern auf. An der Wand steht der Spruch: *"Co jste vy byli jsme i my - Was wir sind, werdet auch ihr sein"*.

Die Skelette fanden die Mönche in ausgebeuteten Stollen des Silber- und Erzabbaus, wohin die verängstigten Bewohner die Toten brachten, um eine Ansteckung zu vermeiden.

Nové Město na Moravě (Neustadt)

- Penzion Maršovská Rychta, ☏ 0616/915530
- Hotel Ski, Vlachovická 1000, ☏ 0616/915965
- Hotel Musil, Masarykova 215, ☏ 0616/915531

Neustadt ist ein Zentrum des Berg- und Wintersports, 8 km östlich von Saar (Žd'ár n. Sázavou) entfernt. Viele markierte Wanderwege bzw. Langlaufloipen erschließen das Saarer Bergland (Žd'árske vrchy) zu jeder Jahreszeit (☞ Reise-Infos von A bis Z, Nationalparks und Landschaftsschutzgebiete).

Pernštejn (Pernstein)

Die ausgedehnte **Burganlage** südlich der Straßenverbindung Žd'ár n. Sázavou-Boskovice gehört heute zu den stilreinsten und besterhaltenen ihrer Art im Land.

Der einflußreiche Graf von Pernstein ließ die ursprünglich im 13. Jh. erbaute Burg Ende des 15. Jh. sowie im 16. Jh. umbauen und erweitern. Die Arbeiten im 16. Jh. führte man im Renaissancestil aus, der bis heute unverfälscht erhalten blieb. Dank ihrer Wehrhaftigkeit konnte die Burg niemals von fremden Truppen eingenommen werden, selbst die siegverwöhnten Schweden belagerten Pernstein 1645 vergeblich.

Zu den bekanntesten Räumen gehört der Verschwörersaal, im Mittelalter diente er zur Beuteaufteilung. Nur durch ein Labyrinthsystem gelangt man hierher. Im Museumsteil sehen Sie Einrichtungsgegenstände, die an das Wirken der Familie Pernstein erinnern (Gemälde, Jagdtrophäen, Waffen, Möbel u.a.).

Allerdings lebte der letzte Burgherr, Vratislav der Prächtige von Pernštejn, so verschwenderisch, daß er den über Jahrhunderte angehäuften Reichtum seiner Vorfahren in wenigen Jahren aufgebraucht hatte. Für seine Beerdigung mußten die Erben Geld borgen, um eine standesgemäße Totenfeier zu ermöglichen.

♦ April und Oktober Sa, So und an Feiertagen 9:00 bis 16:00, Mai bis August täglich außer Mo 8:00 bis 17:00, September täglich außer Mo 9:00 bis 16:00, Vorbestellungen unter ☎ 0505/96101

Burg Pernstein gilt als beliebtes Ausflugsziel von Brno (Brünn), der südmährischen Metropole. Zwischen Brünn (Brno) und Nedvedice, einer Ortschaft nahe der Burg, besteht eine Bahnverbindung.

Jihlava (Iglau)

- CZ-58600, ✆ aus D, A und CH: 004266
- Čedok, Masarykovo nám. 26, ☎ 066/7310064
- Hotel Grand****, Husova 1, ☎ 066/23541, FAX 066/29538
- Hotel Jihlava***, Okružní 7, ☎ 066/31241
- Hotel Zlatá hvězda***, Masarykovo nám. 32, ☎ 066/29421
- Hotel Gustav Mahler, Křížová 4, ☎ 066/27371
- Pension Sport, Jiráskova 32, ☎ 066/26141, FAX 066/28717
- Touristenherberge TJ Spartak Jihlava, Jiráskova 69, ☎ 066/22612
- im Ort Pávov, ganzjährig, mit Bungalows, ☎ 066/7210295

Iglau (Jihlava), an der historischen Grenze zwischen Böhmen und Mähren gelegen, ist die größte Stadt im Zentrum der Böhmisch-Mährischen Höhe.

Im 13. Jh. begründeten reiche **Silbervorkommen** ein rasches Wachstum der Stadt, u.a. war Iglau Standort einer königlichen Münze. Der

Marktplatz gehörte in dieser Epoche zu den größten des Kontinents, nur von Krakau, Breslau und Köln übertroffen. Das von König Wenzel I. unterzeichnete Bergrecht war auch Vorbild für spätere sächsische und schlesische Gruben.

Als zum Ende des 14. Jh. die Silbervorkommen erschöpft waren, setzten flandrische Tuchmacher mit Qualitätsprodukten, die in ganz Europa gefragt waren, die Aufschwungperiode Iglaus fort.

Während des Dreißigjährigen Krieges und der Gegenreformation verließen viele Zugewanderte die Stadt wieder, und sie verlor an Bedeutung.

Sehenswürdigkeiten

Eindrucksvoll wirkt die Größe des **Marktes** (nám. Masarykovo), der in den sechziger Jahren vollständig restauriert wurde. Störend ist nur der moderne Kaufhausbau in der Mitte. Auf dem Platz befinden sich zwei Brunnen und eine Mariensäule.

Das **Rathaus** im Renaissancestil (16. Jh.) entstand aus der Zusammenfassung von drei gotischen Bürgerhäusern, den Barockturm fügte man 1786 hinzu.

In der Nachbarschaft lenkt die barocke **Jesuitenkirche** (1680-1689) die Blicke der Besucher auf sich. Im Inneren gefallen ein vergoldetes Renaissancetaufbecken (1599) und gotische Sandsteinplastiken.

⌘ Das einstige Zunfthaus der Tuchmacher (Nr. 57/58) ist heute Heimstatt des **Museums der Böhmisch-Mährischen Höhe (Muzeum Vysočiny)**. Daneben können Sie eine **Kunstgalerie** besuchen.

In der südwestlich zum Markt einmündenden Straße Kosmákova (Nr. 2) steht eines der ältesten gotischen Häuser des Landes, erbaut um 1350.

Schon mit der raschen Stadtentwicklung im 13. Jh. entstanden starke Befestigungsanlagen, die schließlich im Ausbau zur **Barockfestung** (18. Jh.) gipfelten. Die Reste sehen Sie am südlichen Rand der Altstadt.

Von den fünf ehemaligen Stadttoren blieb allein das **Muttergottes-Tor (Brána Matky Boží)** aus dem 14. bis 16. Jh. erhalten. Es ist heute das Wahrzeichen Iglaus.

Unter dem Markt dehnen sich mittelalterliche Gänge aus. Eigentlich als Lagerräume für Bier und Wein gedacht, dienten sie im Dreißigjährigen Krieg als sicheres Versteck, in Teilbereichen sind sie vom Rathaus aus zugänglich.

Im ehemaligen Wohnhaus des bekannten Komponisten **Gustav Mahler** (1860-1911) wurde kürzlich ein deutsch-tschechisches Begegnungszentrum eingerichtet, geplant ist u.a. auch eine ständige Ausstellung zum Leben und Schaffen Mahlers.

Telč (Teltsch)

- ✉ CZ-58856, ✆ aus D, A und CH: 004266
- Hotel Černý orel** (Zum schwarzen Adler), Nám. Zachariáše z Hradce 7 (Markt), ☏ 066/962221
- ♦ Pension Pod kaštany, Vermittlung über Tourservis, Štěpnická 409, ☏ 066/962431
- ♦ Privat Pension NIKA, Náměstí 45 (am Markt), ☏ 066/962104
- Touristenherberge Šenk pod Věží, Palackého 116, ☏ 066/962889
- Řásna u Telče, ganzjährig, mit Bungalows, ☏ 066/96449

Ein Muß für Architekturliebhaber! Nach zwei verheerenden Stadtbränden (1387 und 1530) wurden die überwiegend aus Holz bestehenden Häuser massiv im **Renaissancestil** wiederaufgebaut. Die Fassaden erhielten im Laufe der Jahrhunderte auch barocke und klassizistische Nuancen, aber ansonsten blieb alles unverändert. Natürlich steht der gesamte Altstadtkomplex unter Denkmalschutz (Bestandteil der Unesco-Liste). Er wurde am Markt vorbildlich restauriert, reizvoll flankiert von zwei Fischteichen (früher Teil der Stadtbefestigungsanlage).

Am Nordwestrand des Marktes sehen Sie das Renaissanceschloß der Herren von Hradec (14./16. Jh.). Im Inneren verdienen die Zimmerdecken, einzigartige Schnitzkunstwerke, Ihre Aufmerksamkeit. Ansonsten gibt es Sammlungen über die historische Entwicklung von Teltsch, Gemälde und Waffen zu sehen. Auch den Arkadengarten können Sie besuchen.

- ♦ April und Oktober Sa, So und an Feiertagen 9:00 bis 16:00, Mai bis September täglich außer Mo 9:00 bis 18:00, Vorbestellungen unter ☏ 066/962821

Direkt am Schloß steht die gotische St.-Jakobs-Pfarrkirche (14./16. Jh.) mit schöner Aussichtsmöglichkeit vom Turm. Im Jesuitenkolleg stellt das Städtische Museum aus. Kleines und Großes Tor (16. Jh.) blieben als Teile der Stadtbefestigungsanlage erhalten.

Ältestes Baudenkmal der Stadt ist der romanische Turm der Hl.-Geist-Kirche (12. Jh.).

Dačice (Datschitz)

🛏 Hotel Stadion, ☏ 0332/2847
♦ Hotel Dyje, ☏ 0332/2538

Datschitz liegt 12 km südlich von Teltsch (Telč) und besitzt ein bemerkenswertes **Empireschloß** (17.-19. Jh.).

Dem Herrn Dalberg (u.a. Großherzog von Frankfurt/M.) verdanken wir heute die wertvolle Inneneinrichtung (u.a. Empiremöbel) im Stil der Weimarer Klassik. Dalberg pflegte freundschaftliche Kontakte zu J. W. von Goethe.

♦ April und Oktober Sa, So und an Feiertagen 9:00 bis 16:00, Mai und September täglich außer Mo 9:00 bis 16:00, Juni bis August täglich außer Mo 9:00 bis 17:00, Vorbestellungen unter ☏ 0332/2392

Slavonice (Zlabings)

🛏 Hotel Alfa, ☏ 0332/93261
Herberge Sokol, ☏ 0332/93100

Nahe der österreichischen Grenze blieb der Nachwelt ein Schmuckstück mittelalterlicher Baukunst erhalten. Ihre Blüte verdankt die Stadt der unmittelbaren Lage an einem wichtigen Handelsweg zwischen Wien und Prag im 16. Jh.

Die Bürgerhäuser am Oberen und Unteren Markt, allesamt im Renaissancebaustil, weisen venezianische und lombardische Giebel auf und besitzen mitunter Figurensgraffitos.

Zwei Stadttore (Dačická und Jemnická brána) aus dem 16. Jh. sind zu sehen.

Vranov nad Dyjí (Frain an der Thaya)

Östlich des Anfang der dreißiger Jahre angelegten Frainer Thaya-Stausees (30 km lang, mit Bade- und Wassersportmöglichkeiten, im Sommer Schiffsverkehr) befindet sich Frain an der Thaya (Vranov nad Dyjí).

Auf einer steilen Felsenzunge erhebt sich das malerische barocke **Schloß Frain**, eine ehemalige Burg aus dem 12. Jh. Mitte des 17. Jh. leitete der bekannte Meister Fischer von Erlach die umfangreichen

Umbauarbeiten. Ahnensaal und Schloßkapelle besitzen wertvolle barocke Deckenmalereien. In den Ausstellungsräumen wird u.a. heimische Keramik präsentiert.

♦ April und Oktober Sa, So und an Feiertagen 9:00 bis 16:00, Mai bis August täglich außer Mo 8:00 bis 17:00, September täglich außer Mo 9:00 bis 16:00, Vorbestellungen unter ☏ 0624/97215

Am Nordwestufer des Frainer Thaya-Stausees thront die **Burg Vöttau (Bítov)**, im 19. Jh. romanisch-neugotisch umgebaut.

Jaroměřice nad Rokytnou (Jarmeritz)

Hotel Opera**, Komenského nám., ☏ 0618/97230

Mittelpunkt des touristischen Interesses stellt das prunkvolle Barockschloß Jarmeritz dar, 1700 bis 1737 von Lukas von Hildebrandt am Fluß Rokytná erbaut. Im 18. Jh. war das Schloß musikalisches Zentrum Mährens, u.a. fanden Erstaufführungen von Opern statt. Neben Ausstellungen zur Musiktradition können Sie im Schloß auch eine Gemäldesammlung besichtigen.

♦ wie Schloß Vranov (Frain), Vorbestellungen unter ☏ 0617/972237

Der ausgedehnte Schloßkomplex wurde harmonisch mit der St.-Margareten-Kirche verbunden. Vor dem Gelände erstrecken sich gepflegte Gartenanlagen mit Sandsteinfiguren aus der antiken Mythologie.

Třebíč (Trebitsch)

CZ-67401, ✆ aus D, A und CH: 0042618
Čedok, Karlovo nám. 33, ☏ 0618/21281
♦ Tipa Tour, Hasskova 9, ☏ und FAX 0618/22462
Hotel Slavia***, Karlovo nám. 133, ☏ 0618/5513 und 21409
♦ Hotel Atom**, Velkomeziříčská 45, ☏ 0618/26791
♦ Hotel Alfa, Znojemská 1235, ☏ 0618/5914
♦ Pension Sobotková***, Lípová 22, ☏ 0618/4305
Poušov, 1.5. bis 30.9., mit Bungalows, ☏ 0618/71641

Das hiesige **Renaissanceschloß** (16. Jh.) entstand auf den ausgebrannten Grundmauern eines Klosters, welches die Hussiten in Brand gesteckt hatten.

⌘ Heute ist das Schloß Sitz des **Westmährischen Museums** (Weihnachtskrippenausstellung, Mineraliensammlung, Geschichte der Ersten Republik, Pfeifensammlung).

♦ täglich außer Mo 8:00 bis 17:00, Vorbestellungen unter ☏ 0618/21518

Die einstige Klosterkirche **St.-Prokop-Basilika** (1240-1260) nahm durch den Brand keinen Schaden. In ihrem spätromanischen Baustil stellt sie mit Portal, Fenstern und Krypta einen der wertvollsten Sakralbauten jener Zeit dar, auch wenn Umbauarbeiten im 18. Jh. zu gewissen Stiländerungen führten.

Unterhalb des Schlosses stehen auf dem großen Markt mehrere Renaissancehäuser, darunter das Franziskushaus (16. Jh.) mit Sgraffitofassade. Der Turm nahe der St.-Martins-Kirche besitzt mit einem Zifferblatt von reichlich 7 m Durchmesser die **größte Uhr des Landes.**

Náměšt' nad Oslavou (Namiest an der Oslawa)

Hotel Fontána, Brněnská 594, ☏ 0509/3108
♦ Hotel Schlicksbier, ☏ 0509/3332

Die Stadt breitet sich an beiden Ufern der Oslawa aus. Ihre charakteristische Silhouette wird von dem **Renaissanceschloß** auf dem Gipfel eines Gneisfelsens geprägt, welches schon von weitem sichtbar ist. Aus der Gründungszeit der einstigen Burg im 13. Jh. blieb indes nur der zylindrische Bergfried erhalten.

Die Herren von Žerotin veranlaßten 1536 den grandiosen Umbau der Burg zu einem repräsentativen Schloß. Über dem Haupttor finden Sie das Familienwappen und die Jahreszahl 1578 (Beendigung des Umbaus). Darüber steht der Familienspruch: *"In Domino Confido - Ich vertraue auf Gott"*.

Karl der Ältere von Zerotin war ein anerkannter Schriftsteller jener Zeit und Mitglied der Gemeinschaft der Böhmischen Brüder, die bei Kralice ihre Druckerei betrieben.

Letzte Umbauten fanden 1752 unter dem neuen Besitzer F. W. von Hangwitz statt. Damals weilten die berühmten Komponisten Franz Joseph Haydn und Johann Strauß häufig im Schloß.

Nach 1945 nutzte der Präsident der ČSR, Eduard Beneš, das Gebäude als Sommerresidenz. Den Besuchern werden heute während einer Führung die barocke Bibliothek mit 10.000 Bänden (u.a. die berühmte

Kralicer Bibel und sieben Folianten von Aristoteles auf weißem Pergament), eine reichhaltige Sammlung von Tapisserien des 16. und 19. Jh., Stilmöbel und Gemälde gezeigt.

♦ April und Oktober Sa, So und an Feiertagen 9:00 bis 12:00 und 13:00 bis 16:00, Mai bis August täglich außer Mo 8:00 bis 12:00 und 13:00 bis 17:00, September täglich außer Mo 9:00 bis 12:00 und 13:00 bis 16:00, Vorbestellungen unter ☎ 0509/3319

Über die Oslawa führt eine Brücke aus dem 18. Jh. mit 20 Barockplastiken.

Znojmo (Znaim)

CZ-66900, ✆ aus D, A und CH: 0042624
Čedok, Horní nám. 15, ☎ 0624/224608
♦ CK Nova, Velká Františkánská 13, ☎ und FAX 0624/70383
Soukromé ubytování Pension***, Vinohrady 26, ☎ 0624/2580
♦ Hotel Dukla***, Holandská 5, ☎ 0624/76320
♦ Hotel U divadla, nám. Republiky 16, ☎ 0624/4516
♦ Hotel Kárník, Zelinářská 25, ☎ 0624/6826
♦ Herberge Domov mládeže, Alšova 16, ☎ 0624/9575

In aller Welt bekannt sind die **Znaimer Gurken**, deren Anbau schon auf das 16. Jh. zurückgeht, die Samen kamen 1571 aus Ungarn.

⌘ Im **Schloß** (17./18. Jh.) ist das **Südmährische Museum** mit Volkskunstarbeiten, Stilmöbelsammlung und Galerie eingerichtet.

Kostbare Wandmalereien mit der Darstellung von Přemyslidenfürsten (12. Jh.) können Sie auf dem einstigen Areal der Vorburg in einer romanischen **Rotunde** besichtigen.

Die Bürgerhäuser am Markt sind teilweise durch unterirdische Gänge verbunden, auch Touristen können in die **Znaimer Katakomben** hinabsteigen (Eingang gegenüber vom Rathausturm).

Neben einigen Kirchen bildet ein 69 m hoher **gotischer Turm** (15. Jh.) mit auffälliger Haube eine Dominante in der Altstadt, er ist der Rest des 1945 zerstörten Rathauses.

Ausflüge in die nähere Umgebung

Thaya-Flußtal (Údolí Dyje): Südwestlich vor den Toren Znaims schlängelt sich die Thaya (Dyje) reizvoll durch eine Auenlandschaft

(☞ Reise-Infos von A bis Z, Nationalparks und Landschaftsschutzgebiete). Mehrere markierte Wanderwege erschließen Ihnen dieses malerische Gebiet, welches seine Ursprünglichkeit nicht zuletzt der bis Ende 1989 streng bewachten Grenze zu Österreich verdankt.

Slup: Das winzige Dorf, 10 km südöstlich von Znaim (Znojmo) gelegen, besitzt ein prächtig restauriertes Kleinod - eine Wassermühle im Renaissancestil mit sechs großen Mühlrädern. Das Wasser der Thaya (Dyje) fließt über den Mühlgraben hierher.

⌘ Seit 1985 gibt es ein **Mühlenmuseum**. Unbedingt ansehen!

Mikulov (Nikolsburg)

- CZ-69201, ✆ aus D, A und CH: 0042625
- Hotel Lípa, Nádražní 34, ☎ und FAX 0625/2640
- ♦ Hotel Rohatý Krokodýl, Husova 8, ☎ 0625/2634
- ♦ Pension Hana, Na jámě 61, ☎ 0625/2843
- ♦ Privatunterkunft M. Strmisková, Hliniště 29, ☎ 0625/2980
- ♦ Národní dům, Náměstí 9, ☎ 0625/2576, FAX 0625/2332
- Merkur im Ort Pasohlávky (am Nordufer des Thaya-Stausees), 1.5. bis 30.9., mit Bungalows, ☎ 0626/93714
- ♦ in Hustopeče (nordöstlich von Pasohlávky), 1.5. bis 30.9., mit Bungalows, ☎ 0626/411124

Sie fühlen sich ins Mittelalter zurückversetzt, wenn Sie die bis heute kaum veränderte Silhouette von Nikolsburg (Mikulov) von weitem erblicken. Die malerischen Pollauer Berge (Pavlovské vrchy), die aus weißem Jurakalkstein bestehen, bilden einen reizvollen Rahmen um die Stadt (☞ Reise-Infos von A bis Z, Nationalparks und Landschaftsschutzgebiete).

Am südlichen Stadtrand liegt der Grenzübergang zu Österreich (E 461 Brünn-Wien).

Geschichte

Am sogenannten "Bernsteinweg" (von der Ostsee nach Südeuropa) entwickelte sich ab dem 10. Jh. die ursprüngliche Siedlung. Der spätere Stadtname stammt vom Feudalherren Mikula Mikulov.

Im Jahre 1249 übergab Přemysl Ottokar II. die Stadt an die steirische **Familie Liechtenstein** - als Dank für die Unterstützung seiner Politik. Seit dieser Zeit begann der Zustrom deutscher Kolonisten, welche die slawische Bevölkerung mehr und mehr verdrängten. Das wirtschaftliche Geschehen ab dem 14. Jh. bestimmten auch Juden mit, die sich hier verstärkt ansiedelten (im 18. Jh. wurde Nikolsburg zum Sitz des mährischen Oberrabiners erklärt).

Die Grenzlage der Stadt führte aber immer wieder zu Rückschlägen in ihrer Entwicklung, so zu Bränden während kriegerischer Auseinandersetzungen zwischen dem böhmischen König Georg von Podiebrad (Jiří z Poděbrad) und dem Ungarnkönig Matthias Corvinus.

1560 verkauften die Liechtensteiner Nikolsburg an ein ungarisches Adelsgeschlecht. Von Maximilian II. erhielten die Dietrichsteiner 1575 die Stadt schließlich als Lehen. Aus dieser Zeit stammen die großen Teiche in der Umgebung, aber auch die Grundzüge der baulichen Gestaltung, die man heute noch im Stadtbild vorfindet.

Im 16. Jh. kamen die als Ketzer verfolgten "Wiedertäufer" nach Nikolsburg und wurden unter den Schutz der Herrschaft gestellt. Sie dankten es mit dem Aufbau einer gewinnträchtigen **Weinwirtschaft**, die bis heute viele Gebiete Südmährens prägt.

Nach dem Sieg der Gegenreformation sollte die Stadt zum katholischen Zentrum der Region ausgebaut werden. U.a. holte man die **Piaristen** (ein katholischer Lehrorden) nach Nikolsburg (Mikulov), das sich zum Zentrum der manieristisch italienisch-spanischen Kultur und zum Mittelpunkt des politischen Lebens im Lande entwickelte.

1645 drangen die Schweden in die Stadt ein, steckten sie in Brand und plünderten die kostbare Bibliothek, deren Schätze die Söldner in zwölf Fässern abtransportierten.

Im 18. Jh. verursachten drei Brände starke Zerstörungen, so daß uns heute wiederaufgebaute Baudenkmäler im spätgotischen Erscheinungsbild erwarten.

Im hiesigen Schloß fanden gesamteuropäisch bedeutende Ereignisse statt. 1805 weilte Napoleon nach der Schlacht bei Slavkov (Austerlitz) hier, am 26.7.1866 unterzeichnete man in Nikolsburg den Waffenstillstand im Krieg zwischen Österreich und Preußen, aus welchem Österreich als Verlierer hervorging.

Die **Eisenbahnstrecke Wien-Brünn (Brno)** wurde 1836 bis 1838 gebaut. Der geplante Anschluß wurde jedoch nicht verwirklicht, dadurch verlor Nikolsburg (Mikulov) seine wirtschaftliche Bedeutung.

Von Oktober 1938 bis Mai 1945 war die Region Bestandteil des Gaus Niederdonau. Bei den Kämpfen im Jahr 1945 erlitt das Schloß schwere Zerstörungen, die heute jedoch weitgehend behoben sind.

Sehenswürdigkeiten

Beeindruckend wirkt das ausgedehnte **Schloß**, im 16. Jh. im Renaissance- und im 18. Jh. im Barockstil umgebaut. Von der ursprünglichen Burg (13. Jh.) blieb ein Turm mit Wehrkante erhalten. Ahnen- und Eintrittssaal mit Fresken von Prenner und Werle sind hervorzuheben.

⌘ In der Schloßkellerei befindet sich das **Weinbaumuseum**. Hier können Sie das Riesenfaß mit 1.010 hl Fassungsvermögen bestaunen. 1643 von Meister Konrad Specht hergestellt, diente es zunächst als Zehnten-Faß für die Abgaben der Weinbauern.

♦ ❏ April bis Oktober täglich außer Mo 8:00 bis 16:00, Vorbestellungen unter ☏ 0625/2255

Auf dem Markt sehen Sie eine barocke **Dreifaltigkeitssäule**, die spätgotische St.-Wenzels-Kirche und eine Vielzahl von Renaissance- und Barockhäusern. Am westlichen Stadtrand blieben unterhalb des Schlosses Reste des einstigen **jüdischen Ghettos** erhalten, u.a. mit Synagoge und Friedhof.

Den Rest eines alten Festungsturmes als früherer Bestandteil der Wehranlage rund um die Stadt bildet das **Ziegenkastell (Kozí hrádek)** nördlich vom Schloß.

Der **Heilige Berg (Sv. kopeček)** stellt eine weitere Besonderheit dar. Dort oben thronen die frühbarocke Kirche des Hl. Sebastian und eine Kapelle. Am Hügel trifft man auf zahlreiche Kreuzwegstationen. Vom Plateau bietet sich ein weiter Blick hinein nach Österreich.

Nikolsburg (Mikulov) eignet sich als Ausgangspunkt für Wanderungen in die Pollauer Berge (Pavlovské vrchy).

Der große **Thaya-Stausee (Novomlýnska nádrž)**, nördlich von Nikolsburg und den Pollauer Bergen gelegen, gilt als umstrittenes Projekt. Hier, am Zusammenfluß von Thaya, Iglau und Schwarzawa, nahm Anfang 1970 eine unheilvolle Entwicklung ihren Lauf: Trotz zahlreicher Proteste von Wissenschaftlern und Naturschützern wurde eine ca. 3.000 ha große wertvolle artenreiche Auenlandschaft überflutet. Der letzte Abschnitt, das untere Becken, wurde noch kurz vor der Wende im November 1989 gefüllt.

Um die Schäden zu minimieren, ist man nun bestrebt, die Wasserstände in den Becken schrittweise abzusenken und so eine Renaturierung zu ermöglichen.

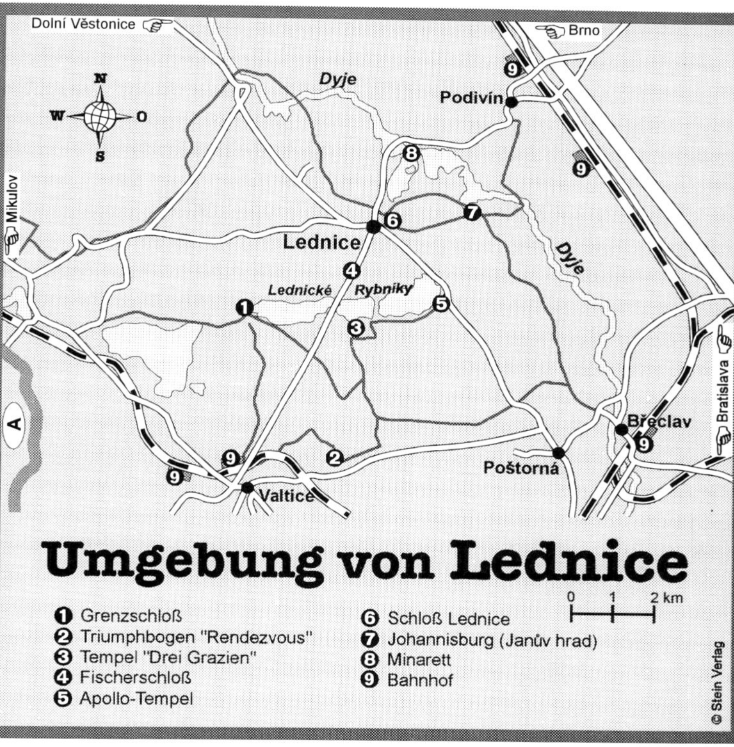

Umgebung von Lednice

0 1 2 km

❶ Grenzschloß
❷ Triumphbogen "Rendezvous"
❸ Tempel "Drei Grazien"
❹ Fischerschloß
❺ Apollo-Tempel
❻ Schloß Lednice
❼ Johannisburg (Janův hrad)
❽ Minarett
❾ Bahnhof

Lednice (Eisgrub)

Zámecký hotel, ☏ 0627/98220
Autocamping Apollo, 1.5. bis 30.9., mit Bungalows, ☏ 0627/98414

Nur 10 km östlich von Nikolsburg (Mikulov), am südlichen Rand einer lieblichen Wald- und Teichlandschaft, liegt eine der frequentiertesten Schloßanlagen Tschechiens, das **Schloß Eisgrub (Lednice)**.

Ursprünglich als gotische Burg (13. Jh.) errichtet, wurde die Anlage im 16. Jh. zum Renaissanceschloß umgestaltet. Die Liechtensteiner entschlossen sich im 17. Jh. zum prunkvollen Umbau im Barockstil unter Leitung der Architekten J. B. Fischer von Erlach und D. Martinelli. Im 19. Jh. erhielt der Gebäudekomplex sein heutiges romantisch-neugotisches Aussehen im Stil der englischen Tudor-Gotik.

Die reichen Innenausstattungen werden von wertvollen Schnitzwerken (u.a. an den Decken) gekrönt, außerdem gibt es Möbel-, Porzellan-, Jagdtrophäen- und Waffensammlungen. Von einem Zimmer aus können Sie direkt in ein 1845 angelegtes Gewächshaus mit tropischen Pflanzen blicken, welches für damalige Verhältnisse riesige Ausmaße aufweist.

♦ April und Oktober Sa und So 9:00 bis 16:00, Mai bis August täglich außer Mo 8:00 bis 17:00, September täglich außer Mo 9:00 bis 16:00, Vorbestellungen unter ☏ 0627/98306

Um das Schloß herum breitet sich ein gepflegter französischer Garten aus. Der sich anschließende Park im englischen Stil geht nahtlos in die freie Landschaft über.

In der näheren Umgebung ließen die Liechtensteiner im Zeitgeist der Romantik eine ganze Reihe malerischer Bauwerke errichten, die sich sehr harmonisch in die naturnahe Landschaft einfügen, so das 63 m hohe Türkische Minarett (1793) am Nordrand des englischen Parks und die Johannisburg (Janův hrad). Letztere ist vom Schloß auf grün markiertem Weg zu erreichen (ca. 2 km). Sie wurde 1807 als romantische Ruine erbaut und diente als Sommerschlößchen. Im großzügigen Rittersaal sehen Sie zahlreiche Jagdtrophäen der Liechtensteiner Herrschaft.

♦ Mai bis September täglich außer Mo 8:00 bis 17:00, Oktober Sa, So und an Feiertagen 9:00 bis 16:00

Der Tempel Zu den drei Grazien (U tří Grácií) befindet sich am Südufer, der Apollotempel (Apollonův chram) am Ostufer und das Grenzschloß (Hranicní zámek) am Westufer des nur einen Kilometer südlich von Eisgrub (Lednice) gelegenen Eisgruber Teiches (Lednické rybniky).

Abstecher: In **Felsberg (Valtice)**, 6 km südwestlich von Lednice, lockt ein riesiges **Barockschloß** der Liechtensteiner, erbaut unter Leitung der Architekten J. F. Fischer von Erlach, J. Ospel u.a.

- Mai bis September täglich außer Mo 8:00 bis 17:00, April und Oktober Sa und So 9:00 bis 16:00, ☏ 0627/94423

In der benachbarten Frühbarockkirche befindet sich ein Altarbild, welches Peter P. Rubens zugeordnet wird.

Östlich des Ortes steht der Triumphbogen "Rendezvous" in der freien Landschaft.

Alljährlich wird Ende August auf Schloß Felsberg (Valtice) ein Sommerfest abgehalten, das die alte Tradition von rauschenden Festen auf Adelssitzen neu beleben möchte.

Das Gebiet um Eisgrub (Lednice)-Felsberg (Valtice) wurde dank seiner Naturreichtümer 1987 in das weltweite Unesco-Biosphärennetz aufgenommen, es ist Bestandteil des Schutzgebietes Pollauer Berge (Pálava).

Brno (Brünn)

- CZ-60200, ✆ aus D, A und CH: 00425
- Kultur- und Informationszentrum der Stadt Brno (gibt Monatsschrift "KAM" für Infos und Kultur in Brno heraus), Radnická 10, ☏ 05/43321280
- Informationsdienst Taxatour (auf dem Hauptbahnhof), ☏ 05/25890
- Čedok, Nádražní 10/12, ☏ 05/42321267
- Travel 2002, Kroftova 102, ☏ 05/749797
- Travel Škára, Hlavní 74, ☏ 05/763274, FAX 05/763277
- Tipatour, Lidnická 25/27, ☏ und FAX 05/756244
- Spezialist für Messe-Touristik: Messen und Ausstellungen Brno AG, PF 491, Výstaviště 1, ☏ 05/41151111, FAX 05/41153070
- Zoologischer Garten im Stadtteil Bystrc, Mnisí hora
- Botanischer Garten an der Masaryk Universität, Kotlářská 2i
- In der Stadt gibt es viele Theater- und Konzertsäle, auch kleine Galerien. Erkundigen Sie sich in einem Informationsbüro.
- Am nordwestlichen Stadtrand bildet die Svratka (Schwarza) den großen Stausee Brněnská přehrada mit vielen Möglichkeiten zur Erholung (Baden, Bootsverkehr, Segeln, Surfen etc.).
- ✕ Modrá hvězda, Silingrovo nám. 7, täglich 12:00 bis 15:00 und 18:00 bis 22:00
- Na piavě, Nálepkova 2 (u.a. Wildspezialitäten)
- M klub restaurant, Petrská 1
- U zlatého meče (Zum goldenen Schwert), Mečová 3

Bierstuben:

- U Formana, Česká 29, Mo bis Fr 10:00 bis 22:00
- Černohorská pivnice, Kapucínské nám. 1, Mo bis Fr 8:00 bis 22:00, Sa 9:00 bis 14:00. Die billigste Bierstube mit dem besten Bier (Schwarzenberger).
- Pivnice Špalíček, Zelný trh 12, Mo bis Fr 10:00 bis 22:00, Sa 8:00 bis 14:00
- Pivnice Pegas (auch Pension), Jakubská 4, täglich 9:00 bis 24:00, mit eigener Bierherstellung und Schauvorführungen
- Stopkova, Česká 5. Wunderschönes Gebäude, stilvolle Atmosphäre, Pilsener Bier und dunkles Bier aus Taus.

Weinstuben:

- U Lucerny, Veveří 20, Mo bis Fr 11:00 bis 23:00
- U královny Elišky, Mendlovo nám. 1, Di bis Sa 19:00 bis 13:00, tolle historische Atmosphäre und traditionelle Musik
- Vinárna Pod branon, Měnínska 7, Mo bis Fr 11:00 bis 24:00, Sa 18:00 bis 24:00
- Biskupská vinárna, Biskupska 6, täglich außer Mo 12:00 bis 16:00 und 18:00 bis 2:00
- Pod radničním kolem (Unter dem Rathausrad), Mecová 5

Konditorei Cukrárna U čtyř mamlasů, Nám. Svobody 10, Mo bis Fr 9:00 bis 18:00, Sa und So 9:00 bis 12:00

Privatunterkunftsvermittlung, Králova 9, ☎ 05/785483

- Hotel International Brno****, Husova 16, ☎ 05/42122111, FAX 05/42210843
- Grandhotel****, Benešova 18/20, ☎ 05/43321287, FAX 05/42210345
- Hotel Slavia****, Solniční 15/17, ☎ 05/42215080, FAX 05/42211769
- Hotel Voroněž****, Křížkovského 47, ☎ 05/43141111, FAX 05/43141371
- Hotel Brno***, Horní 19, ☎ 05/43214046, FAX 05/43215308
- Hotel Avion**, Česká 20, ☎ 05/42215016, FAX 05/42214055
- Hotel Kozák*, Horova 30, ☎ 05/41210330, FAX 05/41210331
- Hotel U sv. Jakuba**, Jakubské nám. 6, ☎ 05/42210795, FAX 05/42210797
- Hotel Astoria**, Novobranská 3, ☎ 05/42215953, FAX 05/42211428
- Pension BVV a.s.**, Hlinsky 28a, ☎ 05/43213426, FAX 05/41152655
- Pension Apollo, Valchařská 77, ☎ 05/576009
- Ubytovací služby Stavařov, Lomená 38 (Stadtteil Komárov)

Wohnheimverwaltung, Kolejní 2 (Unterkunft von Juli bis September)

Am Stausee von Brno-Bystrc:

Dům rekreace Santon, Přístvaní 38, ☎ 05/791536

- Hotel Jelenice, ☎ 055/791613, FAX 05/792948
- Chata Kozí Horka, ☎ 05/791330

Bobrava (am Stausee Brněnská přehrada, erreichbar von Brno mit Straßenbahn 18 bis Rakovec, von dort mit Buslinie 103), ganzjährig, mit Bungalows, ☎ 05/43210129

Brünn (Brno) hat traditionell gute Bahnverbindungen mit Wien. Auch nach Prag, Preßburg (Bratislava), Olmütz (Olomouc) und Reichenberg (Liberec) über Königgrätz (Hradec Králové) bestehen Schnellzugverbindungen. Vom Hauptbahnhof führt ein Fußgängerweg (teilweise auf speziellen Fußgängerbrücken) zum Busbahnhof.

Der Zentrale Busbahnhof (Ústřední autobusové nádraží) liegt etwa 10 Min. Fußweg vom Stadtzentrum entfernt im Südosten der Stadt, an der Straßenkreuzung Zvonařka ulice/Plotní ulice. Mit Bussen des Fernverkehrs gelangen Sie in die meisten Städte und Dörfer der näheren und weiteren Umgebung Brünns.

Autofahrer nutzen häufig die Autobahn, die Prag mit Preßburg (Bratislava) über Brünn (Brno) verbindet.

Brünn, das "Paris Mährens", ist mit annähernd 400.000 Einwohnern zweitgrößte Stadt der Tschechischen Republik. Ihre internationale Bekanntheit verdankt die Stadt nicht zuletzt der alljährlich im September stattfindenden Brünner Maschinenbaumesse und einer Frühjahrsmesse. Neben der Bedeutung als Industrie-, Verwaltungs- und Wohnungsstandort gehört Brünn auch zu den großen Universitätsstädten des Landes.

Auf den Besucher wartet eine pulsierende Metropole mit einer Vielzahl von Baudenkmälern und kulturellen Angeboten.

Geschichte

Um 1050 wurde eine hiesige Burg zum Sitz der Přemysliden-Landesfürsten auserkoren, die zur Sicherung einer Furt an der Schwarza (Svratka) diente. Die hieraus entstandene Siedlung hieß Brnije (*brnije* = Erde oder Schlamm). Im 13. Jh. kamen verstärkt Kolonisten hierher, Deutsche, Flandern, Juden. Sie bildeten eigene kleine Siedlungen mit mehreren Kirchen um das **Burgareal Spielberg (Špilberk)**.

1243 erteilte König Wenzel I. der Siedlung Stadtrechte, die Kaiser Karl IV. hundert Jahre später noch um zahlreiche Privilegien ergänzte. So verfügte der Kaiser z.B., daß alle ausländischen Kaufleute bei ihrem Zug durch Mähren Station in Brünn einlegen mußten. Im Jahre 1400 lebten schon ca. 10.000 Menschen in den 1.000 Häusern der Stadt. Brünn wurde zum Austragungsort berühmter **Jahrmärkte**.

Während der hussitischen Unruhen im Land blieben die Bürger auf Seiten der katholischen Obrigkeit. Die zu immer mehr Reichtum gelangende Stadt leistete sich kirchliche und weltliche Prunkbauten und wurde zum Mittelpunkt spätgotischer Kunst.

1643 bis 1645 belagerten die Schweden Brünn vergeblich, die Stadt galt als uneinnehmbare Festung. 1742 ereilte ein preußisches Heer das gleiche Schicksal.

1744 wurden die hiesigen Jahrmärkte als Märkte erster Kategorie Österreich-Ungarns anerkannt. Am 2.12.1805 tobte in der nahegelegenen Ortschaft Slavkov (Austerlitz) eine in die Weltgeschichte eingegangene Schlacht: Die **Dreikaiserschlacht** endete mit dem Sieg Napoleons über Rußland und Österreich.

Nach dem endgültigen Niederreißen aller Festungsanlagen 1860 entstanden in freigewordenen Arealen wichtige Gebäude des öffentlichen Lebens nach Wiener Muster. Zwei weitere große Bau- und Modernisierungswellen schwappten um 1900 und in den zwanziger und dreißiger Jahren über die Stadt, insbesondere im Stil des eklektischen Historismus und der Sezession.

Nach dem Ersten Weltkrieg (1918) wurde Brünn zur Hauptstadt des Landes Mähren-Schlesien erklärt. 1928 weihte man das **Messegelände** mit einer Ausstellung zeitgenössischer Kultur der ČSR ein - viele Bauten jener Zeit prägen noch heute das nun international bekannte Terrain.

Die Zeit der Okkupation (1939) leitete eine Phase des Niedergangs ein. 1949 verlor Brünn durch eine neue Verwaltungseinteilung seine Hauptstadtfunktion. Während der kommunistischen Epoche (1948-1989) wuchs die Stadt weiter, die Altbausubstanz litt zum großen Teil an der Vernachlässigung, wie es für viele Metropolen des Landes üblich war.

Seit Ende 1989 schickt sich Brünn (Brno) an, wieder zu den wichtigsten mitteleuropäischen Metropolen aufzuschließen, so als Zentrum von Kultur, Wissenschaft und Hochschulwesen, aber auch als Messeplatz.

Brünn besitzt mehrere bedeutende Tuchfabriken, die der Stadt früher auch den Beinamen "Österreichisches Manchester" einbrachten.

Sehenswürdigkeiten

Bei der Ankunft mit der Bahn in Brünn entdecken Sie gleich das erste interessante Gebäude der Stadt, den **Hauptbahnhof**. Die Bahnhofshalle im Jugendstil (1902-1905) verbindet die ursprünglich zwei Einzelgebäude miteinander. 1839 fuhr hier auf der ältesten Bahnstrecke des Landes der erste Eisenbahnzug auf tschechischem Gebiet, aus Richtung Wien kommend, ein.

Am gegenüberliegenden **Kapuzinerplatz (Kapucínske náměstí)**, dem ehemaligen Kohlenmarkt (Sie gelangen durch die Masarykova ul. hierher), dominieren die Hl.-Kreuz-Kirche und das Kapuzinerkloster (Kapuzinermönche ließen sich ab 1604 in Brünn nieder). Beide Gebäude stammen aus der Mitte des 17. Jh. In der Hl.-Kreuz-Kirche gilt eine gotische Madonnenplastik (15. Jh.) als besonders wertvoll.

An der Gebäudefront des Klosters sehen Sie eine Terrasse mit Figuren, die den Weg zu einer bekannten Stadtattraktion weisen: der **Gruft**, in der die Ordensbrüder und ihre Gönner bestattet wurden. Durch ein

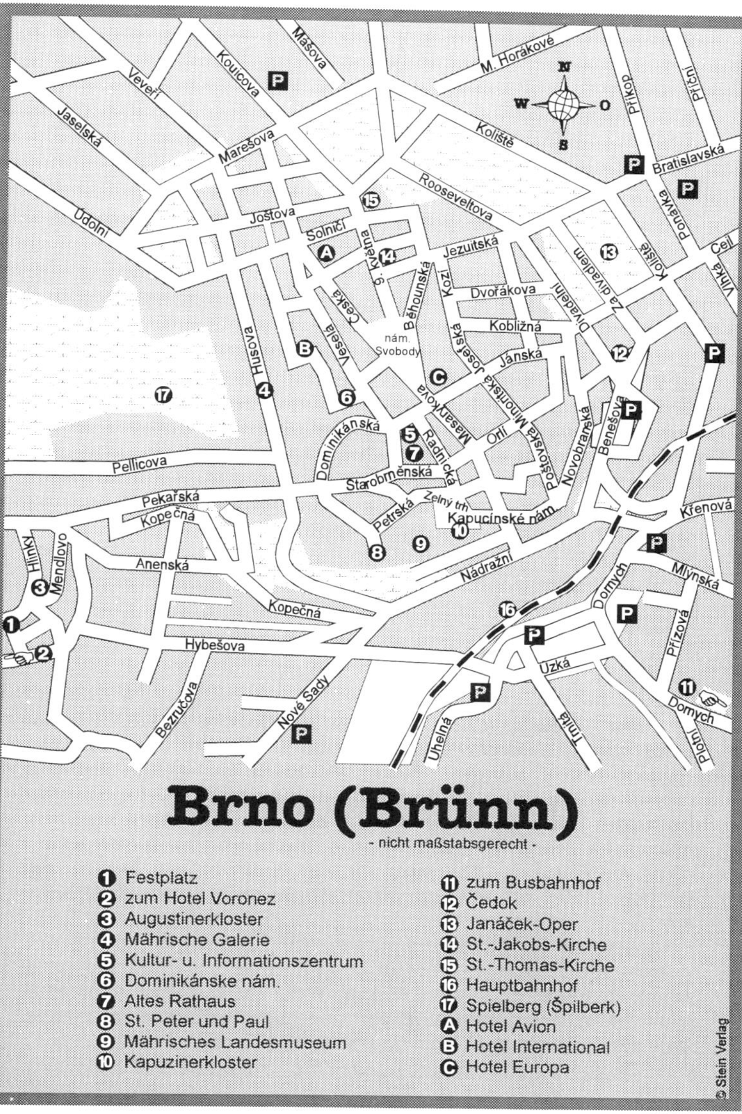

Brno (Brünn)

- nicht maßstabsgerecht -

1. Festplatz
2. zum Hotel Voronez
3. Augustinerkloster
4. Mährische Galerie
5. Kultur- u. Informationszentrum
6. Dominikánske nám.
7. Altes Rathaus
8. St. Peter und Paul
9. Mährisches Landesmuseum
10. Kapuzinerkloster
11. zum Busbahnhof
12. Čedok
13. Janáček-Oper
14. St.-Jakobs-Kirche
15. St.-Thomas-Kirche
16. Hauptbahnhof
17. Spielberg (Špilberk)

- A Hotel Avion
- B Hotel International
- C Hotel Europa

ausgeklügeltes Belüftungssystem und die günstigen geologischen Verhältnisse unter den Sakralgebäuden wurden die Leichname mumifiziert. Unter dem Hauptaltar der Kirche liegt der älteste Teil der Gruft, dort ruhen 24 Angehörige des Ordens. In den 1739 erweiterten Gängen liegen die sterblichen Überreste von ca. 150 Bürgern, allesamt Förderer und Geldgeber des Ordens.

♦ Di bis Sa 9:00 bis 16:00, So 11:00 bis 16:00

In der Nachbarschaft befindet sich der **Krautmarkt (Zelný trh)**, ein schon im Mittelalter beliebter Verkaufsplatz für Gemüse, Obst und Blumen. Bis heute hat sich seine Funktion erhalten.

Eindrucksvoll wirkt der barocke **Parnas-Brunnen** nach Entwürfen von J. B. Fischer von Erlach, 1691 bis 1695 von Tobias Kracker realisiert. Eine künstliche Felsengrotte zeigt Szenen der griechischen Mythologie, z.B. wie Herkules den dreiköpfigen Hund Cerberos fesselt, welcher den Zugang zum Totenreich bewacht. Auch an die Göttin Amphitrite wurde gedacht - viele Einheimische meinen sogar, es würde Glück bringen, wenn man sie küßt. Früher wurden aus dem Brunnenbecken zu Weihnachten die Festtagskarpfen verkauft.

Das **Theater Redoute (Reduta)**, Nr.4, heute im klassizistischen Baustil, entstand ursprünglich schon 1670. Obwohl mehrere verheerende Brände zu baulichen Veränderungen führten, gehört es zu den ältesten Theatergebäuden Europas. 1767 dirigierte der elfjährige **Mozart** hier ein Konzert. In den historischen Kellerräumen ist heute eine Weinstube eingerichtet.

⌘ Der Gebäudekomplex (Nr. 8) auf der Südseite des Krautmarktes gehört dem **Mährischen Landesmuseum (Moravské muzeum)**. Der Komplex besteht aus dem Dietrichstein-Palast (1614-1620) und dem Bischofshof (um 1600). Im Dietrichstein-Palast sehen Sie Exponate zur urzeitlichen Fauna und Flora und zur Mineralogie. Im zweiten Stockwerk präsentieren sich archäologische Ausstellungen, u.a. mit der berühmten Venus von Westonitz (Věstonice), die man in den Pollauer Bergen fand (☞ Reise-Infos von A bis Z, Nationalparks und Landschaftsschutzgebiete).

Im Inneren des Bischofspalastes werden Sammlungen zur Tierwelt Mährens sowie Münzen und Medaillen aufbewahrt. Im Münzsaal gefallen manieristisch bemalte Holzdecken. Wenn Sie das Museumspersonal darum bitten, zeigt man Ihnen auch die gotische Kapelle im zweiten Stock des Turmes mit schönem Gewölbe und Malereien.

♦ täglich außer Mo von 9:00 bis 18:00 (beide Gebäude), ☎ 05/42212432

Im Hof des Bischofpalastes steht der Merkurbrunnen (1693-1699), vier Götter verkörpern die Elemente Luft (Merkur), Feuer (Vulkan), Wasser (Neptun) und Erde (Ceres).

Vom Krautmarkt führt die malerische Petersberggasse (Petrská ul.) zum Teil über Treppen hinauf zum **Peter-und-Pauls-Dom** auf dem Petersberg (Petrov). Der Dom weist eine interessante Geschichte auf. Um 1500 errichtete man den Sakralbau auf den Relikten einer altslawischen Burg und romanischen Kirche. Während schwedischer Belagerungen der Stadt 1643 und 1645 wurde er stark beschädigt und 1651 bis 1656 nur sporadisch von P. Weinberger instandgesetzt. Eine grundlegende barocke Rekonstruktion fand 1743 nach Plänen M. Grimms statt. Um die letzte Jahrhundertwende wurde der Dom zweimal regotisiert. Beim letzten Umbau erhielt er die beiden Spitztürme.

Im Inneren fällt der Blick auf den 11 m hohen Hauptaltar, 1891 vom Wiener Josef Leimar aus Zirbelkiefer geschnitzt. Eine kostbare Madonna mit Kind finden Sie im Unterchorraum (14. Jh.).

Die **Mittagsglocken läuten um 11:00**, eine Stunde vorgezogen. Diese Tradition schuldet man der letzten schwedischen Belagerung. Am Himmelfahrtstag 1645 entschloß sich General Torstenson zum Abbruch der Belagerung, wenn Brünn nicht bis Mittag die Waffen strecke. Das Schicksal der Stadt stand auf Messers Schneide, denn die Befestigungsanlagen wiesen schon starke Risse auf. Plötzlich läuteten die Glocken, ein unbekannter junger Mann kündigte die Mittagszeit vorzeitig an. Ein Hirte hatte den Befehl Torstensons aufgeschnappt und die Nachricht sofort in die Stadt gebracht. Die Schweden zogend daraufhin unverrichteter Dinge ab.

Im südlich angrenzenden **Denispark (Denisovy sady)** befinden sich ein Marmorobelisk aus dem Jahre 1818 zum Andenken an das Ende der Napoleonkriege und erhalten gebliebene Reste von Bastionen.

Das **Alte Rathaus (Stará radnice)** findet man in der nördlich zum Krautmarkt einmündenden Rathausgasse (Radnická ulica) Nr. 8. Es ist das wichtigste weltliche Bauwerk der Stadt. Im 13. Jh. begonnen, dauerte seine Vollendung viele Jahrhunderte. Im Erdgeschoß des Turmes schuf Meister Anton Pilgram im Jahre 1510 ein bewunderungswürdiges Portal. Für die ungerechte Entlohnung revanchierte sich der Meister mit einem absichtlich schief gearbeiteten Türmchen im Portalfigurenschmuck. Im Hausflur hängen zwei Symbole der Stadt: Der Drache von Brünn und das Brünner Rad.

Der **Drache** ist eigentlich ein Krokodil. Es sorgte in der Brünner Gegend für Panik und Schrecken. Schließlich stiftete der Stadtrat einen Preis für die Tötung des Ungeheuers. Ein findiger Ritter griff auf eine List zurück: Er füllte ungelöschten Kalk in einen toten Tierköder, das Krokodil fraß den Köder, und nach dem Trinken zerriß sein Körper.

Wahrscheinlicher klingt die andere Fassung der Geschichte, nach der Kaiser Matthias Corvinus von Ungarn der Stadt Brünn 1608 das exotische Schnappmaul schenkte, um sich die Gunst der mährischen Stände zu sichern.

Das **Brünner Rad** ist Ergebnis einer ungewöhnlichen Wette. Der Zimmermann Georg Birk aus Eisgrub hatte behauptet, daß er innerhalb eines Tages aus einem gefällten Baum ein Rad fertigen und es auch noch in das etwa 50 km entfernte Brünn rollen könne. Er gewann die Wette, doch die Behauptung der Leute, er stehe mit dem Teufel im Bunde, machte ihn bald bitterarm, da ihm niemand mehr eine Arbeit gab.

Von der Rathausturmplattform bietet sich eine schöne Aussicht.

♦ April bis September täglich außer Mo 9:00 bis 17:00

⌘ Renovierte Räume im Hofflügel dienen als Galerie.

♦ täglich außer Mo 10:00 bis 18:00

In der Rathausgasse (Radnická 6), neben dem Rathaus, finden Sie eine ständige Schau von exotischen Fischen in Aquarien.

Über die Herrengasse (Panská ul.) und die Masarykstraße (Masarykova ul.) gelangen wir zum größten Brünner Platz, dem **Freiheitsplatz (Náměstí Svobody)**, auch als Unterer Markt bekannt. Zur Jahrhundertwende riß man viele historische Bauten wieder ab und ersetzte sie durch funktionale Zweckbauten.

Der Schwartz-Palast (nám. Svobody 17) ist ein Renaissancegebäude mit Figurenreliefs und Sgraffitoschmuck (erst 1937/38 hinzugefügt).

Die große Pestsäule stammt aus dem Jahre 1680. Östlich davon mündet die Krapfengasse (Koblizná ul.) ein. Das ehemalige Damenstift (Nr. 1) wurde im 17. Jh. zur Betreuung und Ausbildung von Waisenmädchen besserer Abstammung erbaut.

⌘ Seit 1961 hat im ehemaligen Damenstift das **Ethnographische Museum** seinen Sitz. Neben Trachten, Keramik und kunstvoll verzierten Ostereiern werden Ihnen auch Volksarchitekturbeispiele aus Mähren und Schlesien gezeigt.

♦ täglich außer Mo 9:00 bis 18:00

Nördlich vom Freiheitsplatz kann man über die Rasínova ul. zur **Jakobskirche** gehen. Ursprünglich eine Kapelle für deutsche Einwanderer, stammt der jetzige Bau aus dem 16. Jh. Mit 93 m Höhe besitzt die Kirche den höchsten Kirchturm von Brünn. Im Inneren sind u.a. Barockaltäre aus Kunstmarmor sowie prächtige Chorbänke aus Eichenholz sehenswert.

Hinter dem Hauptaltar verdient das Grabmal von Raduit de Souches besondere Aufmerksamkeit. Als französischer Hugenotte und Oberbefehlshaber bei der Verteidigung gegen eine schwedische Belagerung im Jahre 1645 erwarb er sich Ruhm und Anerkennung, indem er mit seiner Truppe einer zwanzigfachen Überlegenheit erfolgreich Paroli bieten konnte.

An der Südseite der Kirche streckt das Männlein Nehanba sein nacktes Hinterteil aus dem Fenster in Richtung Rathaus - die Rache des Steinmetzes für die schlechte Entlohnung.

Etwas weiter nördlich gelangen Sie über die Rasínova ul. zur **Thomaskirche**, gegründet von einem Bruder Kaiser Karls IV. Das heutige Erscheinungsbild stammt aus dem 17. Jh. Der Kirche ist das ehemalige Augustinerkloster angeschlossen, heute als Statthalterpalast bekannt.

⌘ Die **Mährische Galerie (Moravská galerie)**, hervorgegangen aus dem Kunstgewerbemuseum, befindet sich in der Husova ul. 14, unweit des Neuen Rathauses. Die Exposition umfaßt über 100.000 Gegenstände (Stilmöbel, Keramik, Glas, Schmuck, Grafik, Fotografie, Malerei, Bildhauerei, orientale Kunst etc.), so daß vieles aus Platzgründen in wechselnden Sonderausstellungen präsentiert wird.

♦ täglich außer Mo 9:30 bis 18:00, ☏ 05/42321250

⌘ **Weitere Museen in Brno:**

♦ Museum der Straßenbahn, Stadtteil Líšeň, Holzova 4

♦ Technisches Museum, Orlí 2

♦ Pavillon Anthropos (Park in Pisárky, am Messegelände): Gezeigt wird die Entwicklung des Menschen von der Urzeit bis zur Gegenwart. April bis November täglich außer Mo 8:30 bis 17:00

♦ Mendelianum (im ehemaligen Augustinerkloster), Mendlovo nám. 1: Eine Ausstellung, die dem Wirken und Schaffen des "Vaters der Genetik", Johann Gregor Mendel (1822-1884), gewidmet ist. Erst nach seinem Tod wurden die Forschungsergebnisse gebührend beachtet. Sehenswertes Denkmal Mendels vom Wiener Bildhauer T. Charlemont. Mo bis Fr 9:00 bis 16:00

♦ Zámek Líšeň (Schloß): Pohankova: zeigt u.a. Volkskultur der Region. täglich außer Mo 9:00 bis 16:00

- ♦ Měnínská brána (Mönitzer Tor), Měnínská 7: Sonderausstellungen im einzig erhalten gebliebenen Stadttor. täglich außer Mo 9:00 bis 17:30
- ♦ Muzeum veterinární medicíny (Veterinärmedizinisches Museum), Králove Pole, Palackého 1/3
- ♦ Dům umění města Brno (Haus der Künste), Malinovského nám. 2: gehört zu den großen Ausstellungshäusern des Landes mit wechselnden Expositionen. täglich außer Mo 10:00 bis 18:00

Neben dem Peter-und-Pauls-Dom stellt die **Burg Spielberg (Hrad Špilberk)** eine eindrucksvolle Dominante im Stadtbild dar. Sie wurde im 13. Jh. als gotische Festung erbaut, später folgten barocke Umgestaltungen. Die Anlage wird gegenwärtig rekonstruiert und ist nur in Teilbereichen zugänglich.

Ab 1560 war die Stadt Besitzer der Burg, verlor die Eigentumsrechte jedoch im Jahre 1621 wegen Teilnahme an antihabsburgischen Aufständen. Seitdem gilt die Festung als Staatseigentum. 1809 ließ Napoleon Teile der Befestigungsanlage zerstören, die Burg verlor an Bedeutung. Neue traurige Bekanntheit erlangte Spielberg als Kerker der Völker. Hier schmachteten viele Freiheitskämpfer während der österreichisch-ungarischen Monarchie, vor allem Ungarn, Polen und Italiener. Viele Gedenktafeln erinnern an diese Zeit.

1853 als Gefängnis aufgelöst, diente das Areal nun als Kaserne. Während der deutschen Besatzung nutzten die Okkupanten die Burg erneut als Gefängnis und veränderten sie gemäß ihres germanischen Weltbildes. Die seit 1988 laufende Rekonstruktion der Anlage soll die ursprüngliche Bedeutung als Přemyslidensitz betonen.

⌘ Auf der Burg besitzt das **Stadtmuseum** einige Ausstellungsräume.

☎ 05/42321255

Die Burghänge werden von einer Parkanlage umsäumt, an der Ostseite der Bastei entdecken Sie das Denkmal Raduit de Souches, der die Stadt gegen die Schweden verteidigte. Einen Besuch wert sind die Kasematten im Burggraben. Schlendern Sie ruhig auch die Pellicova ulice entlang, sie besitzt schöne Beispiele der Sezessionsarchitektur.

Vor den westlichen Toren der Stadt (zwischen den Orten Ostrovačice und Žebětín) werden auf dem international bekannten **Masaryk-Ring** alljährlich im August Grand-Prix-Motorradrennen veranstaltet. Das **Messegelände** finden Sie im südwestlich gelegenen Stadtteil Schreibwald (Pisárky).

Veranstaltungen: Internationale Folklorefestivals finden zu Ostern und im September statt.

☺ Dank der Autobahn hat die frühere, zumeist parallel verlaufende Fernverkehrsstraße, speziell auf der Verbindung Brünn (Brno)-Iglau (Jihlava), ihre Bedeutung größtenteils verloren und bietet Radlern eine ruhige Fahrstrecke.

Slavkov u Brna (Austerlitz)

- Hotel Soult, Nádražní 909, ☏ und FAX 05/941198
- Pension Olga, Zborovská 45, ☏ und FAX 05/949344
- Pension Radost, Smetanova 542

Vor den Toren Brünns, nur wenige Kilometer südöstlich der Stadt, spielte sich am 2.12.1805 die später als **Dreikaiserschlacht** bekannt gewordene Offensive Napoleons gegen die Truppenverbände des russischen Zaren Alexander I. und des österreichischen Kaisers Franz I. ab.

Das verbündete österreichisch-russische Heer wartete mit 84.000 Soldaten auf, Napoleon verfügte über 74.000 Mann. Das Völkergemetzel kostete 40.000 Menschenleben.

Beim Dorf Prace (9 km südwestlich von Slavkov), einem entscheidenden Areal der Kämpfe, steht heute auf der Friedenshöhe (Mohyla míru) das zum 100. Jahrestag der Wiederkehr der Schlacht errichtete **Friedensdenkmal** im Jugendstil (Architekt: Josef Fanta). Es erinnert an altslawische Grabstätten, das Innere weist ein Flüstergewölbe mit interessanter Akustik auf.

Zur Erinnerung an die Schlacht finden alljährlich zum Jahrestag bzw. an darauffolgenden Wochenenden Gedenkveranstaltungen in historischen Kostümen statt. Es gibt ein kleines Museum zu besichtigen.

Im **Kaunitzschen Barockschloß** wurden die Waffenstillstandsverhandlungen geführt, die Napoleon zu seinen Gunsten entschied. Das Gebäude ist ein Werk des Barockarchitekten D. Martinelli (18. Jh.).

⌘ Neben einer **Gemäldegalerie** befindet sich im Schloß auch das **napoleonische Museum**.

- April und Oktober Sa und So 9:00 bis 16:00, Mai bis September täglich außer Mo 8:00 bis 17:00, Vorbestellungen unter ☏ 05/941635

Ein Park im französischen Stil umgibt das Schloß, von dem auch Napoleon schon begeistert war.

Über die Straße Nr. 47 (Richtung Brünn) erreichen Sie den Kaiserhügel (Žuráň), von wo aus Napoleon seine Truppen kommandierte. Hier oben sehen Sie einen Plan der Schlacht auf einem Quaderstein (1935 aufgestellt).

🕮 Für Unternehmungen im Gebiet Brünn eignen sich die Karten "Okolí Brna vychod" und "Okolí Brna", Nr. 87, Maßstab 1:50.000, Edice Klubu českých turistů.

Blansko

✉ CZ-67819, ✆ aus D, A und CH: 0042506
i Čedok, Smetanova 3, ☎ 0506/2320
🛏 Hotel Macocha***, Svitavská 35 (am Bahnhof/Busbahnhof Blansko), auch Fahrradverleih, ☎ 0506/3203, FAX 0506/4347
♦ Hotel Dukla**, Dukelská ul., ☎ 0506/5001
♦ Hotelovy dům ČKD, Husova 1, ☎ 0506/4987, FAX 0506/2485

In Jedovnice:

🛏 Erholungsheim ČKD Blansko, ☎ 0506/93216, FAX 0506/3211
♦ Hotel Terasa, ☎ 0506/93636, FAX 0506/93920
♦ Hüttenkolonie Tyrš, ☎ 0506/93858
♦ Pension Franc, ☎ 0506/93853
⛺ Olšovec, 🗓 15.4. bis 10.9., mit Bungalows, ☎ 0506/932134

Etwa 15 km nördlich von Brünn (Brno) gelegen und günstig mit dem Zug zu erreichen (Richtung Česká Třebová), ist Blansko ein geeigneter Ausgangsort für Touren in den **Mährischen Karst** (☞ Reise-Infos von A bis Z, Nationalparks und Landschaftsschutzgebiete). In der Stadt selbst ist das **Schloß** interessant, in dem sich eine Exposition zum Mährischen Karst (Moravský kras) und zur Entwicklung der hiesigen Hüttenindustrie befindet.

Von Brünn verkehren Züge Richtung Blansko. In der Stadt gibt es zwei Bahnhöfe. Wollen Sie das Schloß besichtigen, dann steigen Sie in Blansko město aus. Für den Besuch der Höhlen fahren Sie bis zur Station Blansko. Von Mai bis September fahren vom nahegelegenen Busbahnhof Busse direkt zu den einzelnen Höhlen (z.B. um 8:00). Ansonsten kann man mit dem Bus vom Bahnsteig 7 auch Richtung Vysočany-Bousin fahren. Sie müssen dann an der Straßenkreuzung nach dem Dorf Vilémovice aussteigen (der Fahrer weist Sie bestimmt darauf hin) und 2 km auf einer ruhigen Straße bis zur Macocha-Schlucht laufen (rote Markierung).

Die **Macocha-Schlucht** ist 138,7 m tief, aber von der Aussichtsplattform an der gleichnamigen Chata (☏ 0506/3155) sieht sie gar nicht so gewaltig aus, weil man nicht bis ganz hinunter schauen kann. Schon aus diesem Grund lohnt ein Besuch der weltbekannten **Punkva-Tropfsteinhöhlen (Punkevní jeskyně)**, deren Eingang von hier in etwas mehr als einer Stunde anfangs auf roter, später auf grüner Markierung erreicht wird. Gegenwärtig (Sommer 1995) wird ein Lift gebaut, der die Punkva-Höhlen und die Aussichtsplattform an der Macocha-Schlucht verbinden wird.

Während der Führung (Dauer ca. eine Stunde) werden Sie herrlichen Tropfsteinschmuck, u.a. den Baldachin, versteinerte Wasserfälle sowie die Tropfsteine Romeo und Julia sehen. Letztere erhielten ihren Namen, weil die Tropfsteinbildung hier beendet ist und sie nie zueinander finden können.

Ein weiterer Höhepunkt ist die Besichtigung der Macocha-Schlucht auf deren Sohle - nur hier spürt man ihre Gewaltigkeit und kann die Schönheit vollständig erfassen. Ein abschließendes Erlebnis stellt die etwa 500 m lange unterirdische Bootsfahrt auf dem Flüßchen Punkva dar. Dem Besucher werden weitere Attraktionen der Unterwelt wie z.B. der "Märchendom" erschlossen. Die Fahrt auf dem Wasser endet wieder im Freien, neben dem Haupteingang.

♦ April bis September Mo bis Fr 7:00 bis 15:20, Sa und So 7:30 bis 15:20, Oktober bis März täglich 7:00 bis 14:30, ☏ 0506/2064

☹ Während der Vor- und Nachsaison fahren keine öffentlichen Verkehrsmittel von der Punkva-Höhle nach Blansko. Entweder Sie laufen die ca. 8 km auf der ruhigen, schmalen Straße oder Sie fragen einfach bei einem (einer) Autofahrer(in) oder bei einer Reisebusgesellschaft an, ob man Sie mitnimmt. Manchmal fährt ein Bus ab dem Hotel Skalní Mlýn (☏ 0506/6042).

In der Umgebung gibt es drei weitere interessante Höhlen, allesamt ganzjährig für Touristen zugänglich: **Sloupsko-šošůvské jeskyně** südlich von Sloup, **Balcar-Höhle (Jeskyně Balcarka)** südlich von Ostrov u Macochy und die **Katherinenhöhle (Kateřinská jeskyně)**. Die Katharinenhöhle liegt nur knapp 3 km südwestlich von der Punkva-Höhle entfernt und man kann zu Fuß dorthin gelangen.

i Zentrales Informationsbüro für die Höhlen: ☏ 0506/3575

♦ der Höhlen: April bis September täglich 7:00 bis 16:30, Oktober bis März täglich 7:30 bis 15:00

🕮 Für Unternehmungen und Entdeckungen in diesem Gebiet eignet sich die Wanderkarte "Okolí Brna Moravský kras", Nr. 86, Maßstab 1:50.000, Edice Klubu českých turistů

Rájec-Jestřebí

Der Ort besitzt ein bedeutendes frühklassizistisches Schloß im Stil der Bauten des französischen Sonnenkönigs Ludwig XIV. Letzter Besitzer vor dem Ende des Zweiten Weltkrieges waren die Salms, die sich in der hiesigen Gegend um die Entwicklung der Hüttenindustrie verdient gemacht haben. Während der Okkupation durch die Nazis kollaborierten die Salms nicht mit den Deutschen, sondern verließen Mähren.

⌘ Sie sehen im Schloß eine Ausstellung zum Mährischen Karst, wertvolle Gemälde aus dem 19. Jh. und eine Glassammlung.

♦ April und Oktober Sa, So und an Feiertagen 9:00 bis 16:00, Mai bis September täglich außer Mo 8:00 bis 17:00, Vorbestellungen unter ☏ 0506/97013

Bučovice (Butschowitz)

Motel Arkáda**, nám. Svobody 32, ☏ 0507/912470, FAX 0507/912472

30 km östlich von Brno können sie hier eines der kostbarsten Beispiele der italienischen Renaissancearchitektur in Europa entdecken: **Schloß Butschowitz (Bučovice)**.

Der vierflügelige Repräsentationsbau besitzt drei Etagen und prächtige Arkaden sowie eine reiche Innenausstattung (u.a. Malereien, Stuck). Meister Ferrabosco arbeitete 1567 bis 1582 am Schloßbau.

♦ April und Oktober Sa, So und an Feiertagen 9:00 bis 16:00, Mai bis September täglich außer Mo 8:00 bis 17:00, Vorbestellungen unter ☏ 0507/912135

Buchlov (Buchlau)

Auf dem Bergkamm Chřiby steht die älteste Burg Mährens, sie stammt aus der ersten Hälfte des 13. Jh. Obwohl Umbauarbeiten (15., 17. und 18. Jh.) ihren ursprünglichen Stil veränderten, blieb sie gut erhalten.

Die "Linde der Unschuld" im Burghof, angeblich tausendjährig, erinnert an den Schauplatz des Blutgerichtes, welches hier seit dem 14. Jh. häufig tagte und zahlreiche Todesurteile vollstreckte

Die Schweden belagerten die Burg im Dreißigjährigen Krieg vergeblich.

Zu den bekannten Besitzern der Festung zählte Leopold Berchthold (1759-1803), ein Arzt, der hier jeden Bedürftigen gratis versorgte und deshalb hoch geschätzt wurde.

⌘ Im Museumsteil sind Gegenstände, die an das Wirken L. Berchtholds erinnern, und wertvolle Kunstgegenstände (Glas, Porzellan, Waffen) zu besichtigen, angesammelt vom 14. bis 19. Jh.

♦ April, September und Oktober täglich außer Mo 9:00 bis 16:00, Mai und Juni täglich außer Mo 8:00 bis 17:00, Juli und August täglich 8:00 bis 17:00, Vorbestellungen unter ☏ 0632/95161

Buchlovice (Buchlowitz)

Smrad'avka, 1.6. bis 30.9., mit Bungalows, ☏ 0632/95295

4 km südöstlich von Buchlau erbauten frühere Besitzer der Burg ein Schlößchen für die italienische Gattin des Johann Dietrich von Peterwald (Ende des 17. Jh.), weil diese nicht mehr in der für sie unattraktiven Feste leben wollte. Ein berühmter Italiener, Domenico Martinelli, war auch der Baumeister für dieses Ersatzdomizil.

Die Anlage belegt eindrucksvoll den glanzvollen Aufstieg einiger mährischer Adelsfamilien. Ein gepflegter französischer Garten umgibt das Bauwerk.

♦ wie Burg Buchlau (Buchlov), Vorbestellungen unter ☏ 0632/95110

Velehrad

Autokempink Velehrad, 1.4. bis 31.10., mit Bungalows, ☏ 0632/71183

Unweit von Buchlowitz (Buchlovice) gelegen, gehört auch der Klosterkomplex von Velehrad zu den bedeutendsten Bauten Mährens. Das Gebiet zwischen Velehrad, Uherské Hradiště (Ungarisch-Hradisch) und Staré Město (Altstadt) war im 9. und 10. Jh. Bestandteil des Großmährischen Reiches.

Cyrill und Method, die beiden Slawenapostel, wirkten in Velehrad. Um 1200 gründeten Zisterziensermönche das Kloster, welches auch eine Klosterkirche beinhaltet, eine dreischiffige Basilika mit prächtigen Fresken und Gemälden. Im 18. Jh. wurden beide Gebäude barock umgebaut.

1990 zelebrierte Papst Johannes Paul II. hier eine Messe. Alljährlich am 5.7. (Staatsfeiertag zum Gedenken an die Slawenapostel) ist Velehrad das Ziel vieler Wallfahrer.

Kroměříž (Kremsier)

Hotel Oskol***, ☏ 0634/24240, FAX 0634/24246

Kremsier ist 25 km südlich von Přerov (Prerau), Nordmähren, zu finden. Sieben Jahrhunderte lang wurde die Stadt als Sommerresidenz der Bischöfe von Olmütz ausgebaut. Der gesamte historische Stadtkern mit Bürgerhäusern, Renaissance-Rathaus und mehreren Kirchen (z. B. die gotische St.-Moritz-Kirche und die barocke Marienkirche) ist denkmalgeschützt.

Im Mittelpunkt des touristischen Interesses steht das monumentale **Barockschloß** (17. Jh.), das nach einem Brand anstelle eines frühgotischen Bischofskastells errichtet wurde. Im Kongreßsaal tagte 1848/49 das österreichische Parlament, daraufhin erhielt die Monarchie eine neue Verfassung.

⌘ Die Schloßgalerie wartet mit Schätzen europäischer Malerei auf (16./17. Jh.). Es sind Werke von Lucas Cranach d. Ä., Anthonis van Dyck, Tizian, Paolo Veronese u.v.a. ausgestellt. Nach der Prager Nationalgalerie ist die hiesige Sammlung die zweitgrößte dieser Zeitepoche im Land.

Musikfreunde aus aller Welt besuchen das umfangreiche Musikarchiv mit Manuskripten (u.a. Mozart und Haydn) des 16. bis 19. Jh. Wundervolles Rokoko-Interieur blieb im Lehenssaal erhalten.

♦ April bis Oktober täglich außer Mo 9:00 bis 17:00, Vorbestellungen unter ☏ 0634/21360

Östlich vom Schloß breitet sich der **Schloßgarten (Podzámecká zahrada)** im englischen Stil mit Empirepavillons und der Pompeji-Kolonnade (1795) aus.

Der **Blumengarten (Květná zahrada)** am westlichen Stadtrand, im 17. Jh. im Stil von Versailles angelegt, erfreut viele Besucher. Die Anlage besitzt eine über 200 m lange Kolonnade, geschmückt mit Büsten und Plastiken, einen Irrgarten sowie weitere hübsche Gebäude im Zeitgeist des ausgehenden 17. Jh.

Uherské Hradiště (Ungarisch Hradisch)

✉ CZ-68611, ✆ aus D, A und CH: 0042632
ℹ Čedok, Masarykovo nám. 35, ☎ 0632/3342
🛏 Hotel Fojta, Masarykovo nám. 155, ☎ 0632/3440

Die Stadt war zur Gründungszeit um die Mitte des 13. Jh. vom böhmischen König Přemysl Ottokar II. als Grenzfeste gegen drohende ungarische Einfälle gedacht. Reste der gotischen Stadtbefestigung blieben bis heute erhalten.

Aber wie archäologische Funde beweisen, reicht die Geschichte von Ungarisch Hradisch (Uherské Hradiště) noch weiter zurück. Insbesondere die Altstadt (Staré Město) muß ein wichtiges Zentrum im Großmährischen Reich gewesen sein. Ausgrabungsfunde, Zeugnisse des reichen Brauchtums in der als Mährische Slowakei bezeichneten Region und eine Bildergalerie finden Sie im einstigen Zeughaus (1721).

Daneben sind das spätgotische Rathaus mit Freskenschmuck, die Franziskaner- und die ursprüngliche Jesuitenkirche einen Bummel durch die Altstadt wert. Die Apotheke "Zur goldenen Krone" besitzt wertvolle Malereien im Stil des Barock (1754).

Strážnice (Straßnitz)

🛏 Flaghotel***, Předměstí 3, ☎ 0631/942206, FAX 0631/942335
🚐⛺ Autokempink Družstro Strážnice, 🚪 1.4. bis 31.10., mit Bungalows, ☎ 0631/942134

30 km südwestlich von Ungarisch Hradisch (Uherské Hradiště), nahe der mährisch-slowakischen Grenze, liegt Straßnitz. Der Ort ist für sein **internationales Folklorefestival** bekannt, welches hier alljährlich im Juni im Schloßpark abgehalten wird (Info ☎ 0631/942587). 1995 fand es zum 50. Mal statt.

Im Schloß wird bunte Volkskeramik ausgestellt.

⌘ Unterhalb der Schloßmauern können Sie das **Freilichtmuseum der Mährischen Slowakei** bewundern, das u.a. einen Komplex von Weinkellern aufweist.

Abstecher: In der nur 4 km entfernten Gemeinde **Petrov** sollten Sie unbedingt die "Schnecken" (Plže) ansehen, malerische Weinkeller aus dem 18./19. Jh., weiß getüncht mit blau gestrichenen Fundamenten.

Hluk und **Vlčnov** sind zwei kleine Dörfer südwestlich von Uherský Brod, in denen jedes Jahr Ende Mai (1996 am 25. und 26.5.) die folkloristisch interessanten Königsritte absolviert werden. Termine/Programm unter ☏ 0633/75130.

Zlín

✉ CZ- 76001, ✆ aus D, A und CH: 004267
ℹ Čedok, Kvítkova 80, ☏ 067/26868
🛏 Hotel Sole, Třída T. Bati 3692, ☏ 067/7211246
♦ Hotel Ondráš, Kvítková 4323, ☏ 067/7210178
♦ Hotel Moskva, nám. Práce 2512, ☏ 067/7211464

Zlín ist die Heimat der tschechischen Schuhproduktion, von hier aus trat sie ihren Siegeszug in die Welt an. Tomáš Bat'a begann 1894 mit der Produktion von Filzpantoffeln. Der große Aufstieg setzte sich mit der Belieferung der österreichischen Armee 1914 und weiteren Militärgroßaufträgen sowie der Einführung der Massenproduktion nach amerikanischem Muster fort. Nach dem Ersten Weltkrieg lieferte Bat'a schon in die ganze Welt.

Aber nicht nur der Profit stimmte. Bat'a kümmerte sich auch um das Wohl seiner Arbeiter und Angestellten, z.B. mit Gewinnbeteiligung und Selbstverwaltung der Werkhallen.

Zum Aushängeschild wurde auch die moderne ziegelrote Architektur der Produktionshallen, der öffentlichen und privaten Gebäude, angelegt als **ideale Industriestadt** - Zlín gilt als einzige auf der Erde, die jemals verwirklicht wurde. Bat'a-Arbeiter wohnten in der Mehrzahl in für damalige Zeiten komfortablen Einfamilienhäusern und Wohnblöcken.

Bei der Auswahl zur Neueinstellung bevorzugte die Betriebsleitung Jugendliche aus armen Familien aus Zlín und Umgebung - dies stärkte das Ansehen und die lokalpolitische Macht des Fabrikherren.

Tomáš Bat'a war bis zu seinem Tod (1932) einer der mächtigsten Unternehmer der ČSR geworden. Überall auf der Welt entstanden Bat'a-Ableger, so Bata-Ville in Frankreich, Batagar in Indien, Bata-Town in England und Batawa in Kanada. In jeder großen tschechoslowakischen Stadt der Vorkriegsepoche besaß Bat'a mindestens ein eigenes Schuhgeschäft.

Bat'a belieferte auch die Wehrmacht. Jan Antonín Bat'a wurde nach dem Zweiten Weltkrieg der Zusammenarbeit mit den deutschen Besatzern bezichtigt, die Schuhwerke in Zlín wurden deshalb schon 1945 verstaatlicht.

Um das hohe Ansehen, das die Bat'a-Familie in der Bevölkerung genoß, zu tilgen, wurde die Stadt 1949 in Gottwaldov (nach dem ersten KP-Chef Gottwald) umgetauft, die Schuhwerke tragen seitdem den Namen Svit.

Ende 1989 bekam die Stadt Zlín ihren alten Namen zurück.

Heute sitzt die "Bata shoe organization" im kanadischen Batawa, unweit von Montreal. In 90 Ländern gehören dem Imperium 110 Fabriken und 6.000 Schuhgeschäfte. 80.000 Angestellte produzieren jährlich weltweit etwa 350 Millionen Paar Bata-Schuhe.

In Tschechien existieren wieder zahlreiche Bat'a-Schuhgeschäfte. Der Stammbetrieb in Zlín wurde, im Gegensatz zu allen anderen nach 1948 verstaatlichten Betrieben, bisher nicht an seine früheren Besitzer zurückgegeben. Bata's Erben teilen in dieser Beziehung das Schicksal der enteigneten Sudetendeutschen.

Die Weltfirma hat in Tschechien kürzlich die bekannte Marke Botas gekauft.

⌘ Im Erdgeschoß des Hochhauses der Firma Svit (gegenüber vom Hotel Moskva) befindet sich heute das einzigartige **Schuhmuseum (Obuvnické muzeum)** mit Erzeugnissen aus aller Welt ab dem 14. Jh., auch Schuhe berühmter Persönlichkeiten werden hier aufbewahrt und präsentiert!

♦ Mo bis Fr 8:00 bis 15:00

✱ Ganz in der Nähe, gegenüber vom zentralen Busbahnhof, steht inmitten einer kleinen Parkanlage das Zlíner Schloß mit einem südmährischen Museumsteil.

♦ täglich außer Mo 10:00 bis 12:00 und 13:00 bis 17:00, ☎ 067/30719

Die bekannten Wohnsiedlungen für ehemalige Bat'a-Betriebsangehörige, in den dreißiger Jahren aus roten Klinkersteinen erbaut, befinden sich im östlichen Stadtbereich, zu beiden Seiten der Hauptstraße Richtung Wisowitz (Vizovice).

Luhačovice (Luhatschowitz)

CZ-76326, aus D, A und CH: 004267
Luha-Info, Masarykova 950, und FAX 067/933980
Čedok, Masarykova 137, 067/932731
Hotel Alexandria, Masarykova 567, 067/932750, FAX 067/933735
Hotel Vltava, Dr. Vesselého 169, und FAX 067/932130
Pension Rosa, ul. Solné, 067/933609
Hotel Adamantino, im Ortsteil Luhačovice-přehrada (an der Talsperre), 067/932618, FAX 067/932617
Hotel Vega***, im Ortsteil Pozlovice, 067/932398, FAX 067/933306
Lázeňská restaurace, Lázeňké nám. 436 (direkt am Bäderplatz im Kurortzentrum gelegen, zwar etwas verräuchert, dafür wird aber Pilsner Urquell vom Faß zu günstigen Preisen gezapft)
Autocamping; an der Talsperre, 067/933318
Busse verkehren mehrmals täglich nach Zlín, Brünn (Brno), Olmütz (Olomouc), Mährisch-Ostrau (Ostrava), Trenčín in der Slowakei und vom Halteplatz an der Post Mo und Fr (6:30) nach Wien.
Es gibt eine Zugverbindung nach Prag.

In Bojkovice:
Hotel Rolný (Schloßhotel), 0633/922555, FAX 0633/921525

Der bedeutendste mährische Kurort liegt in einem malerischen Tal, begrenzt von den Höhenzügen des Wisowitzer Berglandes (Vizovické vrchy) und der Weißen Karpaten (Bílé Karpaty).

Die Existenz der heilkräftigen Quellen ist nachweislich seit 1669 bekannt, die Entwicklung zum Kurort begann allerdings erst im 19. Jh. Die Quellen gehören heute zu den stärksten alkalischen Sauerbrunnen Europas. In den Kurort kommen jetzt auch viele österreichische und deutsche Patienten.

Gegenwärtig werden 12 Quellen für Heilbehandlungen genutzt (☞ Reise-Infos von A bis Z, Heilbäder und -quellen). Die bekanntesten sind Vincentka, Aloiska, Ottovka und eine Schwefelquelle, allesamt im Kurortzentrum zu finden.

Alle Quellen zusammen schütten pro Minute 210 l Mineralwasser aus, das insgesamt 1,25 kg Mineralstoffe enthält!

Die zentralen Kuranlagen auf dem Bäderplatz sind schmucklose Zweckbauten aus dem Jahre 1949. Aber überall im Ort existieren wunderschöne historische **Kurhäuser** im Fachwerkstil, so z.B. das Gesellschaftshaus und ein Jugendstilkurhaus (Haus Smetana) am Bäderplatz (Lázeňské nám.).

⌘ Am westlichen Waldhang hat in der Villa Lipová das **Kurortmuseum** seinen Sitz.

♦ April bis Oktober Di, Do und So 9:00 bis 12:00 und 13:00 bis 17:00

Folgen Sie vom Kurzentrum immer dem Lauf der Horní Olšava flußaufwärts, gelangen Sie nach ca. 2 km an die **Talsperre (Přehradní nádrž)**. Der sehenswerte Bau aus Natursteinen wurde 1930 vollendet und schützt seitdem das Tal vor Hochwasser.

Der Spaziergang um das Gewässer nimmt ca. 1 Stunde in Anspruch. Das Ufer wird von Anglern bevölkert (direkt an der Talsperrenmauer sind riesige Karpfen zu beobachten!), und im Sommer ist der Stausee ein Badeparadies.

Abstecher: Wenn Sie mit dem Linienbus von Luhatschowitz (Luhačovice) nach **Bojkovice** fahren, können Sie gleich am Bahnhof aussteigen. Von hier aus erreicht man in fünf Minuten den Gipfel des Schloßberges. Das Schloß Nový Světlov wurde ab 1512 errichtet und kürzlich renoviert. Es dient jetzt als Schloßhotel. Auch ein kleines Museum wird demnächst nach einer Renovierung (Sommer 1995) wiedereröffnet.

Wanderung zu den Relikten der Lichtburg (Starý Světlov)

➲ 8 km, 3 Stunden

Vom Ortsteil Pozlovice (Kirche) läuft man auf blauer Markierung anfangs immer bergan, durch Waldungen und über Almen (Panoramablick bis zu den Weißen Karpaten).

Von der einst zum Schutz der Herrschaft im 13. Jh. erbauten Lichtburg künden heute nur noch klägliche Mauerreste inmitten von Buchenhochwald.

Vom ehemaligen Burgareal laufen wir auf grüner Markierung weiter zum Wallfahrtskirchlein Maleniska (1 km entfernt). Ab hier folgt man dem Kreuzweg (gelb) und gelangt später über die kleine Ortschaft Řetechov wieder nach Pozlovice.

Wanderung durch das Wisowitzer Bergland (Vizovické vrchy) zum Barockschloß Wisowitz

15 km, 5 Stunden

Von der Kirche im Ortsteil Pozlovice läuft man auf roter Markierung, anfangs auf einer schmalen Asphaltstraße bergan, bis zum Hotel Vega (Einkehrmöglichkeit). Ab hier führt der Fahrweg in dichten Laubwald, später lichtet er sich zunehmend, und wir steigen ins Tal nach Horní Lhota ab (4 km). Dann geht es wieder bergauf (schöne Aussichtsmöglichkeiten auf das Wisowitzer Bergland und die Weißen Karpaten), und später wandern wir in prächtigen Mischwäldern. Zum Schluß müssen wir noch den Johannesberg (Janova hora) hinaufsteigen, ehe es auf Asphalt bis zum Ziel bergab geht.

⌘ Wisowitz (Vizovice) besitzt ein großes Barockschloß, 1750 bis 1766 nach Plänen von M. Grimm errichtet. Ausgestellt werden Möbel- und Porzellansammlungen sowie eine Bildergalerie mit Werken italienischer, französischer und niederländischer Maler, Vorbestellungen unter ☏ 067/952762.

Aus der kleinen Stadt stammt auch der weltberühmte **Pflaumenschnaps Sliwowitz (Slivovice)** der Marke Jelínek.

Nordmähren

Nordmähren haftet der nicht gerade werbewirksame Ruf des verschmutzten Industriereviers an. Schuld daran ist das weitläufige Terrain um Ostrava (Ostrau), welches schon in der Mitte des vorigen Jahrhunderts aufgrund der reichen Steinkohlevorkommen zu einem wichtigen Industrierevier Österreich-Ungarns avancierte. Die stürmische Entwicklung ist etwa mit der des Ruhrgebietes zu vergleichen. Auch die Kommunisten weiteten den Industriemoloch immer weiter aus, ohne auf die Belange des Umweltschutzes Rücksicht zu nehmen.

Dennoch, das nördliche Mähren besitzt paradiesische Landschaften, so das Altvatergebirge (Jeseníky) als südöstlichster Teil der Sudetenbergkette und die Mährisch-Schlesischen Beskiden (Moravskoslezské Beskydy), letztere schon Teil des langgezogenen Karpatenbogens.

Städte wie Olmütz (Olomouc) gelten als Perle der Architektur - Olmütz trägt den Beinamen "mährisches Salzburg".

Jahrhundertelang wurde das Gebiet Nordmährens auch von Deutschen geprägt. Schon der Deutsche Ritterorden besaß hier mit der Burg Busau (Hrad Bousov) eine der ersten Komtureien auf slawischer Erde. In vielen Städten stellte die deutsche Bevölkerung bis zum Ende des Zweiten Weltkrieges über 90% der Einwohnerschaft.

Nordmähren war ständiger Zankapfel der Mächtigen. Der nördlichste Teil, grob umrissen die Gebiete um Troppau-Jägerndorf (Opava-Krnov) und Teschen (Těšín), gehört zu Schlesien. Im 18. Jh. tobten um den endgültigen Besitz Schlesiens drei Kriege zwischen Friedrich II. von Preußen und Maria Theresia von Österreich. Der Preußenkönig triumphierte, und den Habsburgern verblieben nur die genannten Gebiete Schlesiens, später als Österreich-Schlesien oder Mährisch-Schlesien bekannt geworden.

Přerov (Prerau)

✉ CZ-75002, ✆ aus D, A und CH: 0042641
ℹ Čedok, Čechova 26, ☎ 0641/4242
🛏 Hotel Grand***, Husova 12, ☎ 0641/3562, FAX 0641/3564
♦ Hotel Optik**, Dvořákova 21, ☎ 0641/52661
♦ Hotel Zimní stadión**, Petřivalského 2, ☎ 0641/3623
♦ Hotel Strojař***, Velká Dlážka 2, ☎ 0641/3526
♦ Domov mládeže, Osmek 47, ☎ 0641/2779, FAX 0641/2075
♦ Ubytovna TJ PS Přerov, Předmostí, Hranická 157, ☎ 0641/68452
⛺ AMK kemp Hranice, Pod Hůrkou 12, mit Bungalows, (🕒 15.5. bis 15.9.), ☎ 0642/201633

Die Stadt an der Mährischen Pforte liegt auf einem der fruchtbarsten Gebiete des Landes, der Hanna (Haná), wo Getreide, Gerste, Hopfen und Zuckerrüben angebaut werden. Kein Wunder also, daß dieses Areal seit Jahrtausenden besiedelt ist. Nördlich der Stadt fand man bei archäologischen Ausgrabungen altsteinzeitliche Werkzeuge und Mammutknochen sowie Skelette des Homo předmostiensis, der das Gebiet vor ca. 30.000 Jahren bewohnte.

Leider haben die etwa drei Dutzend Stadtbrände sowie zahlreiche Kriegszüge nicht viel von der alten Bausubstanz übriggelassen. Dennoch lohnt ein Blick in das **Renaissanceschloß**: Neben ethnographischen Ausstellungsstücken imponieren die 25.000 Käfer und Schmetterlinge aus der ganzen Welt.

In der **St.-Georgs-Kirche** (13. Jh.) gibt es eine Rittergruft.

Abstecher: Die **Burg Helfenstein (Hrad Helfštýn)** lohnt einen Ausflug, sie ist ca. 10 km nordwestlich von Prerau (Přerov), auf halber Strecke nach Mährisch-Weißkirchen (Hranice), zu finden. Ab dem 13. Jh. wurde von hier aus der Bernsteinweg bewacht, der durch die Mährische Pforte führte, eine Senke zwischen Sudeten und Karpaten. Seit dem 18. Jh. ist das Gebäude eine Ruine, trotzdem blieben die Befestigungsanlagen gut erhalten.

Die größte Burgruine Mährens wartet im Erdgeschoß des ehemaligen Burgpalastes mit einer Ausstellung zum Schmiedehandwerk auf.

♦ März und November Sa, So und an Feiertagen 9:00 bis 16:00, April und Oktober täglich außer Mo 9:00 bis 16:00, September täglich außer Mo 9:00 bis 17:00, Mai bis August täglich außer Mo 9:00 bis 18:00

Olomouc (Olmütz)

- CZ-77000, ✆ aus D, A und CH: 004268
- Čedok, Horní nám. 2, ☎ 068/5228831
- ♦ Gaudeamus, Horní nám. 26, ☎ 068/22339, FAX 068/22474
- ♦ Stadtinformation, Horní nám. 1, ☎ 068/5513385
- ♦ Tourist-Zentrum, Rooseveltova 56, ☎ 068/5431029
- Hotel Zlatý lev****, třída 1. máje 18, ☎ und FAX 068/22281
- ♦ Gemo, Pavelčákova 22, ☎ 068/5222065
- ♦ Lafayette, Alšova 8, ☎ 068/5225089
- ♦ Hotel Sigma***, Jeremenskova 36, ☎ 068/26941, FAX 068/28962
- ♦ Hotel Národní dům***, května ul. 21, ☎ 068/5224806
- ♦ Hotel Flora***, Krapkova 34, ☎ 068/412021, FAX 068/412221
- ♦ Hotelový dům, Velkomoravská 8, ☎ 068/413121
- ♦ Hotel Plavecký stadion, Legionářská 11, ☎ 068/413181

Ubytovna TJ Milo, Rooseveltova 34, ☏ 068/5223076
Mit Prag bestehen sehr gute Schnellzugverbindungen (Fahrzeit etwa 3,5 Std.).

Jahrhundertelang als Bischofsstadt entwickelt, ist die Stadt politisches und kulturelles Zentrum Mährens. Neben Prag gilt Olmütz (Olomouc) als bedeutendste Denkmalstadt des Landes.

Geschichte

Urkundlich wurde Olmütz erstmals 1055 erwähnt, seit 1063 war es Sitz eines Bistums.

1306 wurde der letzte Přemyslidenkönig **Wenzel III.** in der hiesigen Burg umgebracht. Zu dieser Zeit ließen sich verstärkt deutsche Kolonisten in der Gegend um Olmütz (Olomouc) nieder. Sie wurden vom mächtigen Bischof Bruno von Schaumburg (1246-1286) ins Land gerufen. Das deutsche Bürgertum gewann zunehmend an Einfluß, was z.B. an der Einführung des Stadtrechtes nach dem Magdeburger Vorbild zu erkennen ist.

Von 1187 bis 1642 war Olmütz die **Hauptstadt Mährens**. 1449 proklamierte man in Olmütz den ungarischen König Matthias Corvinus zum böhmischen König.

Während des Dreißigjährigen Krieges besetzten die Schweden die Stadt (1642-1650) und brachten ihr schwere Verwüstungen bei.

Auf Befehl der Kaiserin Maria Theresia schuf man im 18. Jh. viele imposante barocke Gebäude. Gleichzeitig wurde Olmütz zur **Festungsstadt** ausgebaut, Preußenkönig Friedrich II. belagerte sie 1758 vergeblich.

Während der Revolution 1848 floh der Wiener Kaiserhof hierher, und Kaiser Ferdinand gab am 2.12.1848 die Regierungsgeschäfte in die Hände des neuen Kaisers Franz Josef I.

1866 begann der Abriß der Festungsanlagen, da sich diese zunehmend als Hemmnis der Stadtentwicklung erwiesen.

Noch um die Jahrhundertwende betrug der deutsche Bevölkerungsanteil ca. 80%.

Im Mai 1995 wurde in Olmütz der Gegenreformator **Jan Sarkander** durch Papst Johannes Paul II. heiliggesprochen. Neben Kyrillos und Methodios ist Jan Sarkander (1576-1620) nunmehr der dritte mährische Heilige.

Sehenswürdigkeiten

Das gotische **Rathaus** (*radnice*) auf dem Oberring (Horní náměstí), 1378 bis 1607 in Teilabschnitten erbaut, war ursprünglich ein Kaufhaus, erst im 19. Jh. erwarb es die Stadt. Ein 70 m hoher Turm krönt das Gebäude. Im Inneren befinden sich die Hieronymus-Kapelle (16. Jh.) und der gotische Rittersaal.

Außen imponiert die große **astronomische Uhr**, deren zeitlicher Ursprung nicht genau bekannt ist, aber auf Ende des 15. Jh. geschätzt wird. Von den Deutschen einen Tag vor Kriegsende zerstört, stammt ihr heutiges Aussehen aus dem Jahre 1955. Die gelbe Farbe symbolisiert den Reichtum der fruchtbaren Hanna-Ebene (Haná). Zwölf kleine Figuren sollen die 12 Monate, zwei große Plastiken die handwerkliche und die intellektuelle Arbeit darstellen.

Nur um 12 Uhr mittags klingt aus dem Uhrwerk eine mährische Volksweise, sie endet mit dem Erscheinen eines flügelschlagenden Hahns. Zu anderen vollen Stunden ist das Schauspiel kürzer.

Auf dem Oberring befindet sich die größte barocke Statuengruppe des Landes, die **Heilige Dreifaltigkeit** (34 m hoch). 1726 begann ein Olmützer Steinmetz mit den Arbeiten, doch er starb vor deren Vollendung. Zur Einweihungsfeier der 1754 endlich fertiggestellten Statuengruppe war auch Kaiserin Maria Theresia anwesend.

Der Oberring besitzt außerdem zwei Brunnen aus dem 17. Jh.: Herkulesb- und Cäsarbrunnen.

Auf der Südseite säumt das Gebäude des **Oldřich-Stibor-Theaters** (1829/30) den Platz. Südöstlich hinter dem Rathaus liegt der Niederring (Dolní náměstí). Er besitzt mit dem **Hauenschildhaus (Haunschildův palác)**, 16. Jh., erkennbar an seinem üppig verzierten Renaissanceportal (Nr. 39), und den **Fleischbänken (Masné kramy)** weitere wertvolle Gebäude. Zwei Brunnen, Neptun- und Jupiterbrunnen, sowie eine Mariensäule aus dem 18. Jh. sind zu sehen.

Nördlich vom Rathaus ragen die Türme der gotischen **St.-Moritz-Kirche**, 15./16. Jh., empor. Nach einem Brand im Inneren barock geprägt, imponiert insbesondere eine der weltgrößten Barockorgeln, geschaffen 1740 bis 1745. Sie ist das Werk des Breslauer Orgelbauers Michael Engler. Das Instrument besitzt 10.400 Pfeifen, zwei Organisten können gleichzeitig darauf spielen.

𝄞 Alljährlich Ende August/Anfang September werden in der St.-Moritz-Kirche Konzerte veranstaltet.

Die barocke **St.-Michaels-Kirche** (1674-1700), nordöstlich vom Oberring, ist leicht an den drei grün gefärbten Kuppeln erkennbar. Sie steht auf dem höchsten Punkt der Altstadt und dominiert im Stadtbild.

Wenn Sie weiter östlich in die Parkanlage des Bezručovy sady gehen, begrenzt von der March (Morava), sehen Sie Reste der alten Stadtbefestigungsanlagen.

⌘ Auf dem Platz der Republik (nám. Republiky) ist im ehemaligen Klarissinnenkloster das **Städtische Museum (Vlastivědný ústav)** beheimatet. Es zeigt wertvolle ethnographische und archäologische Sammlungen, aber auch ein Herbarium.

Den Platz schmückt der Tritonen-Brunnen aus dem Jahre 1708. Den südwestlichen Teil des Areals beherrscht die barocke **Maria-Schnee-Kirche** (1712-1719) mit ausgezeichneter Akustik im Inneren.

𝄞 In der Sommersaison finden samstags oft Orgelkonzerte in der Kirche statt.

In der Wurmgasse (Wurmova ul. 9) lockt das **Erzbischöfliche Palais (Arcibiskupský palác)**, 1664 bis 1674, zu einem Besuch. Viele halten dieses Gebäude für das schönste in der Stadt. Heute beherbergt das Palais eine Galerie alter europäischer Kunst.

Am Wenzelsplatz (Vaclavské nám.), auf einem Hügel hoch über der March (Morava), sehen Sie den **St.-Wenzels-Dom**. Ursprünglich der Standort einer romanischen Basilika (1131), wurde das sakrale Bauwerk im Renaissance- und Barockstil und im letzten Jahrhundert (1883-1890) schließlich im neugotischen Stil umgebaut. Der höchste der drei Türme ist 100 m hoch. Die Fenstereinfassungen sind original und stammen noch aus der Přemyslidenzeit.

Die drei Plastiken über dem Haupteingang stellen die Heiligen Wenzel, Kyrillos und Methodios dar, welche das Christentum auf dem Gebiet Böhmens und Mährens verbreiteten. Der runde Turm hinter der Kapelle, neben dem Dom, war Bestandteil der Stadtbefestigung. Der kleine **Mozart** kurierte hier seine Pockenerkrankung aus. Eine Gedenktafel gegenüber dem Dom erinnert noch heute daran.

Neben dem Dom befindet sich der **Přemyslidenpalast**. Im Jahre 1141 als Residenz der Olmützer Bischöfe errichtet, gilt er in unserer Zeit als eines der bedeutendsten erhalten gebliebenen romanischen Bauwerke

Mitteleuropas. In einem restaurierten zugänglichen Teilbereich sehen Sie Wandmalereien und archäologische Funde.

♦ täglich außer Mo 9:00 bis 17:00, ☏ 068/22741

Einen knappen Kilometer vom Altstadtzentrum entfernt befindet sich das barocke **Prämonstratenserstift Hradisch (Hradisko)**, 1078 gegründet und 1679 bis 1739 umgebaut. Heute dient es als Krankenhaus.

☺ Olomouc (Olmütz) ist alle zwei Jahre im August (gerade Jahre) Austragungsort der Blumenausstellung Flora Olomouc. Sie findet im Smetanapark (Smetanovy sady) statt.

Šternberk (Sternberg)

Šternberský dvůr, ☏ 0643/2394

Dolní Žleb, 15.5. bis 15.9., mit Bungalows, ☏ 0643/2300

Das reichlich 10 km nördlich von Olmütz (Olomouc) gelegene Städtchen ist auch mit der Bahn gut erreichbar. Auf dem linken Flußufer der Sitka steht die im 13. Jh. gegründete **Burg**. Nachdem Jan Hus 1415 auf dem Scheiterhaufen in Konstanz verbrannt wurde, versammelten sich hier die mährischen Stände, um gegen den Verrat Kaiser Siegmunds aufzubegehren. 1886 wurde das Areal im romantischen Stil umgebaut.

♦ April und Oktober Sa, So und an Feiertagen 9:00 bis 16:00, Mai bis September täglich außer Mo 8:00 bis 17:00. Vorbestellungen unter ☏ 0643/2714

⌘ In einem Gebäude der Vorburg können Sie ein **Uhrenmuseum** mit ca. 300 verschiedenen Zeitmessern besichtigen. Sternberg gilt als Wiege der mährischen Uhrenproduktion. In der hiesigen Fabrik werden heute vor allem Wecker produziert.

Bouzov (Busau)

Die Burg, etwa 25 km nordwestlich von Olmütz (Olomouc) gelegen, stammt in ihren Grundfesten aus dem 14. Jh., aber während des Dreißigjährigen Krieges erlitt die Anlage schwere Zerstörungen.

1696 erwarb der Deutsche Ritterorden die Burg einschließlich weiterer Gebiete Nordmährens. Um die letzte Jahrhundertwende ließ der

Großmeister des Ordens, Erzherzog Eugen von Habsburg, den Komplex im Stil der romantischen Neugotik umgestalten, um die Burg als statusgemäßes Zeremonienschloß zu nutzen. Als Architekt für den großzügigen Umbau gewann der Orden den Münchener G. Hauberrisser, der auch das Neue Rathaus in München entwarf.

1939 wurde die Burg durch die Nazis enteignet, und Adolf Hitler schenkte das Domizil seinem Gefolgsmann Heinrich Himmler. Doch diesem war die Burg wohl nicht ganz geheuer, nur wenige Tage weilte der neue Besitzer in Busau.

In den Sammlungen dominieren Gemälde holländischer Herkunft (17.-19. Jh.) sowie Kopien deutscher gotischer Kunst, die auf die Sammleraktivität des Ritterordens hinweisen. In der Burgkapelle blieben viele Grabsteine von Ordensmeistern erhalten.

♦ April und Oktober Sa, So und an Feiertagen 9:00 bis 15:00, Mai bis September täglich außer Mo 9:00 bis 16:00, Vorbestellungen unter ☏ 0644/ 5446201

Svitavy (Zwittau)

CZ-56811, ✆ aus D, A und CH: 0042461
Čedok, nám. Míru 22, ☏ 0461/21743
Hotel Slavia**, nám. Míru 70, ☏ 0461/22817
♦ Hotel Na Gruntě, kpt. Jaroše 53, ☏ 0461/21694

Die Stadt auf der Böhmisch-Mährischen Höhe, etwa 70 km nordwestlich von Olmütz (Olomouc) an der E 442 Richtung Leitomischl (Litomyšl) gelegen, wurde erst kürzlich durch die Weltpremiere des Steven-Spielberg-Films "**Schindlers Liste**" bekannt. In Zwittau (Svitavy) wurde am 28.4.1908 **Oskar Schindler** geboren.

Der Unternehmer hatte in seiner Fabrik in Zwittau 1.200 Juden vor der Deportation ins deutsche KZ bewahrt, dabei setzte er sein Leben aufs Spiel. Trotz seines Heldenmutes wurde auch er nach dem Zweiten Weltkrieg aus seiner mährischen Heimat vertrieben. Bis 1958 lebte er in Argentinien, dann kam er zurück nach Deutschland.

Erst 21 Jahre nach Kriegsende (1966) wurde seine Tat mit dem Bundesverdienstkreuz geehrt, trotzdem blieb er in der deutschen Öffentlichkeit völlig unbekannt, in keinem Geschichtsbuch steht sein Name. Am 9.10.1974 verstarb Schindler in Hildesheim. Sein Grab befindet sich auf dem Zionsberg in Jerusalem.

Dem verdienstvollen Deutschen wurde in seiner Heimatstadt eine zweisprachige Gedenktafel gewidmet:
"Oskar Schindler - Dem unvergessenen Lebensretter 1.200 verfolgter Juden."

Šumperk (Mährisch Schönberg)

- CZ-78701, ✆ aus D, A und CH: 0042649
- Čedok, tř. České armády 3, ☎ 0649/4071
- Hotel Štodt***, Langerova 9, ☎ 0649/6110
- ♦ Hotel Grand, 17. listopadu 1, ☎ 0649/2141 und 2320
- ♦ Pension Moravan, Americká 3, ☎ 0649/3591
- ♦ Pension Chata Ski, Ostržná 100, ☎ 0649/92319

Die Stadt im südlichen Vorland des Altvatergebirges (Hrubý Jeseník) war bis zum Ende des Zweiten Weltkrieges vorwiegend von Deutschen bewohnt. Berühmtheit erlangte die hiesige Leinen-, Damast-, Baumwoll- und Seidenwarenproduktion. Den Markt säumen barocke Bürgerhäuser, ein interessantes Rathaus und eine Pestsäule sind zu sehen, etwas abseits befindet sich ein kleines Renaissanceschloß (16. Jh.).

Velké Losiny (Bad Groß Ullersdorf)

9 km nordöstlich von Mährisch Schönberg (Šumperk) finden Sie hier ein wundervolles **Renaissanceschloß** mit mehretagigen offenen Arkaden und Sgraffitoschmuck (1580-1589). Im 17. Jh. wurde das Schloß barock erweitert.

Während der Führung gehen Sie durch den großen Rittersaal, sehen Stilmöbel, flämische und nordfranzösische Gobelins (16./17. Jh.), einen Kachelofen von 1589 und eine Gemäldegalerie im barocken Ostflügel. Doch so märchenhaft die Schloßszenerie heute wirkt, sie war im 17. Jh. Schauplatz grauenhafter Hexenprozesse und viele unschuldige Frauen fanden den Tod. Das Schloß ist der Handlungsort von Grillparzers "Ahnenfrau".

- ♦ April und Oktober Sa und So 9:00 bis 16:00, Mai bis September täglich außer Mo 8:00 bis 17:00, Vorbestellungen unter ☎ 0649/949380

Warme und kalte Schwefelquellen ermöglichen einen bescheidenen Kurbetrieb im Ort.

Schon seit dem 16. Jh. ist die **Papiermühle** unweit des Schlosses in Betrieb. Heute stellt sie ein "lebendes Museum" dar, denn man kann bei der Produktion zusehen.

Das handgeschöpfte Papier wird zu 40% exportiert, und auch der tschechische Staat bedient sich gern dieses exklusiven Gutes: wichtige Verträge werden auch heute noch auf Ullersdorfer Papier unterzeichnet.

In der angeschlossenen Verkaufsstelle wird eine große Auswahl handgeschöpften Papiers angeboten, Ullersdorfer Papier ist ein begehrtes Sammelobjekt.

Králíky (Grulich)

- Hotel Prometheus, Dolní Morava 79, ☏ 0446/93730, FAX 0446/93729
- Hotel Zlatá Labut', Velké nám. 358, ☏ und FAX 0446/931325
- Hotel Městský dvůr, 5. května, ☏ 0446/931282

Nahe des tschechisch-polnischen Grenzüberganges Lichtenau (Lichkov)-Mittelwalde (Międzylesie) lohnt ein Abstecher zum Muttergottesberg mit einem ehemaligen Mönchskloster, 1696 vom Königgrätzer Bischof Becker und dem Grafen Altha gestiftet. Nach einer zerstörenden Feuersbrunst wurde es 1846 erneuert. Das hiesige Gnadenbild zieht viele Wallfahrer an.

Ein von Linden gesäumter Weg beginnt an einem kürzlich renovierten Sandsteintor östlich von Grulich und führt geradewegs auf den Muttergottesberg hinauf.

Bei entsprechender Witterung können Sie ein herrliches umfassendes Landschaftspanorama genießen, so auf den Spieglitzer Schneeberg (Králický Sněžník), weite Teile Schlesiens und das nahe Altvatergebirge (Jeseníky).

Branná (Goldenstein)

Branná (Goldenstein) ist eine kleine ehemalige Festungsstadt auf einer Anhöhe. Gegründet wurde sie zu Zeiten des Goldbergbaus. Auf einem Felsen liegt die Burgruine Goldenstein, am Fuße des Burgberges befindet sich das Neue Schloß, das 1597 erbaut wurde. Markantestes Bauwerk ist heute jedoch die katholische Kirche mit ihrem schlanken Turm.

Javorník (Jauernig)

Die Stadt am Fuße des Reichensteiner Gebirges (Rychlebské hory), direkt an der Grenze zu Polen, wartet mit Schloß Johannesburg (Jánský vrch) auf. Es befindet sich auf einem 339 m hohen Felsen. Im 13. Jh. errichtet und im Besitz des Schweidnitzer Herzogs, diente es seit dem 15. Jh. als Sommerresidenz der Breslauer Bischöfe.

Im Inneren finden Sie eine zeitgemäße Ausstattung im Stil des 18./19. Jh. vor. 1769 bis 1795 lebte der Komponist Ditters von Dittersdorf auf dem Schloß und komponierte hier viele seiner komischen Opern. Auch der schlesische Dichter Freiherr von Eichendorff weilte des öfteren auf Schloß Johannesburg.

◆ April und Oktober Sa, So und an Feiertagen 9:00 bis 16:00, Mai bis September täglich außer Mo 8:00 bis 17:00, Vorbestellungen unter ☎ 0649/56405

Ramzová (Ramsau)

Pension Samt (an der Sesselliftstation), ☎ 0649/92312, FAX 0649/92337

◆ Hotel Orea (auf dem Rotenbergsattel), ☎ 0649/94521

Ramsau (Ramzová) besitzt die **kleinste Schnellzughaltestelle** der Tschechischen Republik (Strecke Prag-Freiwaldau/Jeseník).

Kammtour im Hohen Gesenke (Hrubý Jeseník)

40 km

Ramsau (Ramzová) ist ein günstiger Ausgangspunkt für eine zweitägige **Kammtour** im höchsten Teil des Altvatergebirges, dem Hohen Gesenke (Hrubý Jeseník), ☞ Reise-Infos von A bis Z, Nationalparks und Landschaftsschutzgebiete.

Direkt am Sessellift bietet die Pension Samt Quartiere an, so daß man von hier aus gleich früh in die Berge gelangt. Bequem ist natürlich das kraftsparende Schweben auf dem Sessellift.

◆ täglich 8:30 bis 16:00

Wer es gleich von Beginn an sportlich mag, folgt dem roten Serpentinenweg (8 km lang, 600 m Höhenunterschied) hinauf zum **Hochschar (Šerák)**, 1.353 m hoch. Hier oben steht das Georgschutzhaus (Chata Jiřího).

Wir verbleiben jetzt ständig auf dem rot markierten Hauptweg.

🏛 Gleich der nächste Gipfel, der **Glaseberg** oder **Köpernik (Keprník)**, bietet einen wunderbaren Panoramablick in alle vier Himmelsrichtungen.

Der eigenartige Fichtenwuchs wird Ihnen vielleicht auffallen, es sind ca. 200jährige Bäume. Das rauhe Klima läßt nur eine Wuchshöhe bis maximal 4 m zu. Dafür werden die Stämme im Umfang recht stark, der ganze Baum besitzt die Form eines ausgeprägten Spitzkegels. Die hiesigen Waldungen sind letzte Urwaldreste, derartige Fichten waren einst in den gesamten Hochlagen der Sudeten bestimmend.

Das **Haidebrünnl (Vřesová Studánka)** war einst ein Wallfahrtsziel und ist 1946 durch Blitzschlag abgebrannt. Heute sucht man auch das gleichnamige Gasthaus vergeblich. Obwohl letzteres in vielen Wanderkarten vermerkt ist, sind nur noch die Fundamentreste sind zu finden. Allein eine kleine holzschindelgedeckte Kapelle blieb ca. 50 m unterhalb des Hauptweges erhalten. Dem hier hervorquellenden Wasser wird wundersame Wirkung zugeschrieben.

Möglichkeiten zum Rasten bieten sich auf dem **Rotenbergsattel (Červenohorské sedlo)**. Das Hotel Orea und mehrere Betriebsferienheime stehen hier zur Verfügung (im Winter ein beliebtes Terrain für Abfahrtsläufer). Über den Sattel windet sich die serpentinenreiche Straße, die Mährisch-Schönberg (Šumperk) mit Freiwaldau (Jeseník) verbindet. Im Notfall können Sie die Tour abbrechen und mit einem Linienbus in eine der beiden Städte gelangen.

Das Wegprofil bleibt weiter abwechslungsreich. Etwa 6 km sind vom Rotenbergsattel bis zur **Altvaterschweizerei (Švýcárna)** zu absolvieren. Nun wird es Zeit, an das Nachtquartier zu denken.

🏠 Die Baude (☎ 0646/90132) stammt aus dem Jahre 1887 und wurde auf Geheiß Fürst Liechtensteins anstelle einer Sennerei errichtet.

🛏 Unterhalb des Altvaters (Praděd) stehen zwei Hotels zur Verfügung: Sporthotel Kurzovní, ☎ 0646/90111, und Hotel Barborka, ☎ 0646/90127.

♦ Schäferin (Ovčárna pod Pradědem), große Berghütte mit guter Küche und Übernachtungsmöglichkeit, etwa 500 m unterhalb des Sporthotels Kurzovní, ☎ 0646/90116

🏛 Bei guten Sichtverhältnissen sollten Sie unbedingt einen Aufstieg zum Gipfelplateau des **Altvaters (Praděd)** unternehmen. Eine grandiose Sicht bietet sich dann von dem höchsten Berg des Altvatergebirges (1.492 m). Auch ein Lift bringt die Besucher schnell hinauf zur Aussichtsplattform.

Vom Sporthotel Kurzovní verläuft der Weg angenehm noch ein Stück auf gleicher Höhenlage. Etwa 500 m unterhalb steht die Berghütte Schäferin (Ovčárna pod Pradědem). Von Karlova Studánka bis zur Schäferin besteht Busverkehr.

Erst in Richtung Hohe Heide (Vysoká hole), 1.464 m, führt der Pfad steil bergan.

Der bald darauf östlich der Hochebene abfallende **Große Kessel (Velká kotlina)** ist ein Naturschutzgebiet der Superlative und wohl einmalig in Europa. Etwa 350 verschiedene, zumeist sehr seltene Pflanzen haben hier auf engstem Raum ein Refugium gefunden.

Am Hirschbrunnen (Jelení studánka) führt der rote Weg (im Winter gesperrt) zur Alfredhütte (Alfrédka). Wir wechseln nun auf den grün markierten Pfad, der weiterhin dem Kamm folgt.
Erst an den Verlorenen Steinen (Ztracené skály) endet der Weg, der viele schöne Panoramablicke bietet, und es geht nun 5 km zum Teil steil bergab.

✕ Am Gasthaus Berggeist (Motorest Na Skřítku) können Sie gut und preiswert speisen und auf den Bus nach Mährisch-Schönberg (Šumperk) warten, wo man umsteigt und wieder zum Ausgangspunkt Ramsau (Ramzová) gelangen kann.

❄ Auch als Skiwanderung ist die beschriebene Tour sehr reizvoll.

🕮 Wanderkarte: "Hrubý Jeseníky/Altvatergebirge" (deutsche Ausgabe), Nr. 55, Maßstab 1:50.000, Edition des Vereins tschechischer Touristen in Zusammenarbeit mit dem Mährisch-Schlesischen Sudetengebirgsverein (SSGV).
für Unternehmungen im Winter: "Jeseníky/Altvatergebirge" (tschechisch/deutsch), Maßstab 1:50.000, ISBN 80-901364-6-x.
1994 erschien der deutschsprachige Kletter- und Wanderführer "Jeseníky/Altvatergebirge - Die schönsten 50 Tal- und Höhenwanderungen" von Ján Babnič. Der Führer ist vor Ort überall erhältlich (ca. Kč 160).

ℹ Weitere detaillierte Informationen zum Altvatergebirge und seiner näheren Umgebung erhalten Sie auf Anfrage beim Mährisch-Schlesischen Sudetengebirgsverein e.V., PF 1335, D-73221 Kirchheim unter Teck, ☎ und FAX 07021/56991.

Jeseník (Freiwaldau)

- CZ-79000, ✆ aus D, A und CH: 0042645
- Čedok, Masarykovo Nám. 159, ☎ 0645/2067
- Hotel M, Dukelská 1240, ☎ 0645/2149, FAX 0645/3262
- Hotel Morava Závěšický, Puškinova 288, ☎ 0645/2833
- Hotel Na mýtince, ☎ 0645/2137, FAX 0645/2309
- Hotel Stařič, Lipovská 93, ☎ 0645/2670
- Pension Na kovárně, Jeseník-Bukovice, Slunná 186, ☎ 0645/3083
- Pension U Čechů, Jeseník-Bukovice, Na středisku 369
- Pension Na stráni, ☎ 0645/2604
- Kurhotel Prießnitz-Sanatorium (Priessnitzovy léčebné lázně), ☎ 0645/2851, FAX 068/29907
- Busse verkehren u.a. nach Ramsau (Ramzová), zum Rotenbergsattel (Červenohorské sedlo) und nach Karlsdorf (Karlov pod Pradědem).
- Es gibt eine Schnellzugverbindung mit Prag.

In Lipová lázně:

- Sport Club Kahajová, ☎ 0645/2801
- Hotel Selská světnička, č.p. 420, ☎ 0645/3581
- Touristenherberge Bobrovnik, ☎ 0645/3724
- 15.6. bis 30.9., mit Bungalows, ☎ 0645/2745

Eisenerz- und Goldförderung führten im 16. und 17. Jh. zum wirtschaftlichen Aufschwung der Stadt, die beidseitig von den Höhenzügen des Altvatergebirges begrenzt wird. Das burgartige fürstbischöfliche **Wasserschloß** (13. Jh.), von einem Burggraben umgeben, beherbergt heute das Stadtmuseum. Im Schloß wirkte der Komponist Ditters von Dittersbach.

In der benachbarten katholischen Pfarrkirche können Sie Tiroler Glasmalerei begutachten.

Die evangelische Kirche war ein Geschenk der Prinzessin Marianne von Preußen (1882) an die Stadt.

Seinen früheren Weltruhm verdankt Freiwaldau dem Naturarzt **Vinzenz Prießnitz** (1799-1851), der ab 1826 auf dem nahen Gräfenberg immense Erfolge bei der Behandlung von Erkrankungen des Nervensystems mit der von ihm entwickelten Kaltwassertherapie erzielte. Dem Gründer des Kurbetriebes sind viele Denkmäler in der Stadt und ihrer Umgebung gewidmet.

Ein Zeitgenosse von Vinzenz Prießnitz, Johann Schroth, eröffnete im westlichen Vorort Bad Lindenwiese (heute Lipová lázně) ebenfalls den Kurbetrieb. Hier behandelt man Erkrankungen der Verdauung und des Stoffwechsels sowie Hautleiden.

Im Sommer ist Freiwaldau (Jeseník) ein idealer Ausgangspunkt für Wanderungen ins Altvatergebirge, im Winter für Wintersportaktivitäten.

Wanderung nach Reihwiesen (Rejvíz)

Chata U Jezírka, ☏ 0645/4201, FAX 0645/4366
♦ Chata Rejvíz (Besitzer Herr Josef Dostál), Nr. 43, ☏ 0645/3633

Ein abwechslungsreicher Wanderweg führt nach Reihwiesen (Rejvíz), 8 km östlich gelegen. Das höchstgelegene Dorf des ehemaligen Gebietes Österreich-Schlesien befindet sich auf einer Hochfläche (757 m). Am Ortseingang befindet sich ein sehr schöner historischer Hotelkomplex im Blockhausstil. Direkt am Hotel beginnt der Naturlehrpfad in das Torfmoor, eine halbe Stunde Fußweg vom Dorf entfernt. Mehrere Seen sind zugänglich, der größte ist der Sühnteich (Velké mechové jezírko). Zahlreichen Sagen verdankt das Moorgebiet den Beinamen "Schlesisches Vineta".

☺ Bei Verständigungsschwierigkeiten und der Quartiersuche sind Ihnen die netten Besitzer des Lebensmittelladens (Konsum) sicher behilflich. Man spricht deutsch.

Bruntál (Freudenthal)

CZ-79211, ✆ aus D, A und CH: 0042646
Čedok, Nám. Míru 7, ☏ 0646/2847
♦ AtiS (vermittelt Unterkünfte in über 60 Hotels, Pensionen und Berghütten der Region sowie Kuraufenthalte und Spezialprogramme), ☏ und FAX 0646/3261, Anschrift: AtiS Bruntál s.r.o., P.O. Box E 15, CZ-79211 Bruntál
Hotel Slezan**, Revoluční 20, ☏ 0646/3947, FAX 0646/3440
♦ Domov mládeže, Kavalcova 1, ☏ 0646/2505

Zur altehrwürdigen Bergstadt im Vorland des Altvatergebirges (Jeseníky) gehört ein ursprünglich gotisches, jetzt barockes **Schloß**. Zwischen 1621 und 1938 war es wie Schloß Busau (Bouzov) im Besitz des Deutschen Ritterordens. Ausgestellt werden u.a. Gemälde und kunstgewerbliche Erzeugnisse.

♦ April bis August täglich außer Mo 9:00 bis 17:00, September bis Dezember täglich außer Mo 9:00 bis 16:00, Vorbestellungen unter ☏ 0646/2148

Abstecher: 14 km nordwestlich liegt **Karlsbrunn (Karlova Studánka)**, der höchstgelegene Kurort der Sudeten, der bis 1938 zur Herrschaft Freudenthal des Deutschen Ritterordens gehörte. Der Hoch- und Deutschmeister Erzherzog Maximilian ließ im Jahre 1780 das säuerlich schmeckende Quellwasser untersuchen, und schon 1781 war das erste Kurhaus im Bau. Zum Andenken an den Deutschmeister Erzherzog Karl bekam der entstehende Kurort später seinen Namen. Heute sehen Sie hier viele erhaltene Kurhäuser aus dem 19. Jh. Behandelt werden in Karlsbrunn (Karlova Studánka) Atemwegserkrankungen.

Ein Wanderweg (blau) mit zahlreichen Wasserfällen führt entlang der Weißen Oppa (Bílá Opava) an den Fuß des **Altvaters (Praděd)**. Der Aufstieg zum Altvatergipfel (rot markiert) folgt weiter der Straße, von Karlsbrunn sind etwa drei Stunden Gehzeit einzuplanen.

Opava (Troppau)

- CZ-74675, ✆ aus D, A und CH: 0042653
- Čedok, Horní nám. 3, ☎ 0653/211202 oder 216928
- Hotel Kamyšin***, Obránců míru 17, ☎ 0653/216915
- Hotel Koruna***, nám. Republiky 17, ☎ 0653/216915, FAX 0653/217063
- Parkhotel**, Městské sady, ☎ 0653/213745
- Motel Osada, Kylešovská osada 261, ☎ 0653/213765

Die Stadt an der Oppa (Opava), dicht an der Grenze zu Polen gelegen, ist das kulturelle, aber auch industrielle Zentrum Mährisch-Schlesiens. Seit 1742 der Großteil Schlesiens an den Preußenkönig Friedrich II. verlorenging, hatte Troppau bis 1928 den Status einer Hauptstadt (bis 1918 Österreich-Schlesien, dann Land Mährisch-Schlesien).

Auf dem Troppauer Kongreß 1820 versuchte Metternich, andere europäische Staaten für eine Beteiligung an den Aktionen zur Beendigung der Revolutionskämpfe in Italien zu gewinnen.

1945 tobten im Stadtzentrum schwere Kämpfe, ein Großteil des historischen Zentrums fiel während der vierwöchigen Belagerungszeit in Schutt und Asche.

Auf dem Oberring (Horní náměstí) ragt der **Uhrmacherturm (Hláska)** über 70 m in die Höhe, er stammt aus dem Jahre 1618.

Die gotische **Marienkirche** ist aus roten Ziegeln erbaut (1360-1370).

⌘ In einem der schönsten Adelspaläste der Stadt (1814) hat seit Ende des 19. Jh. das **Schlesische Museum (Slezské muzeum)** sein Domizil. Zu sehen gibt es ethnographische, naturkundliche und archäologische Exponate der Region.

Die **St.-Hedwig-Kirche** (1933-38) am gleichnamigen Platz wird momentan zu einem deutsch-tschechischen Begegnungszentrum entwickelt.

Abstecher: 10 km südlich von Troppau (Opava), in **Grätz (Hradec nad Moravicí)**, befindet sich ein Schloß der Troppauer Přemysliden, welches im 18. und 19. Jh. ein bedeutendes Kulturzentrum Mitteleuropas darstellte.

Viele berühmte Gäste weilten hier, so z.B. Ludwig van Beethoven (1806 und 1811), Franz Liszt (1846 und 1848) sowie Niccolò Paganini (1828). Im Schloß entstanden Beethovens Vierte Sinfonie und das Violinenkonzert. Gegenwärtig sind umfangreiche Restaurierungsarbeiten im Gange.

Ostrava (Ostrau)

- ✉ CZ-70000, ✆ aus D, A und CH: 004269
- ℹ Čedok, Nádražní 9, ☎ 069/233845 und 231563
- ♦ Kovotour, Nádražní 22, ☎ 069/232342, FAX 069/232406
- 🛏 Sou Železniční, Ostrava-Hrabůvka, Moravská 2/964, ☎ 069/354609
- ♦ Hotel Imperial****, Tyršova 6, ☎ 069/236681, FAX 069/6112065
- ♦ Hotel Vista***, Ostrava-Zábřeh, ul. kpt. Vajdy 2, ☎ 069/371545, FAX 069/371844
- ♦ Jugendstilhotel Polský dům***, Poděbradova ulice, ☎ 069/232001, FAX 069/235062
- ♦ Hotel Jindřich**, Nádražní 66, ☎ 069/232979

Die explosionsartige Entwicklung des Ortes begann, als 1763 die ausgedehnten **Steinkohlefelder** entdeckt wurden. 1830 wurden die ersten Hochöfen in Betrieb genommen.

Die "Witkowitzer Eisenwerke" waren auf der ganzen Welt anerkannt und stellten zugleich die größte Eisenhütte der Habsburger Monarchie dar.

Heute ist Ostrau (Ostrava) mit 330.000 Einwohnern die drittgrößte Stadt Tschechiens.

⌘ Im Alten Rathaus aus dem 16. Jh. (1859 umgebaut) hat heute das **Stadtmuseum** seine Räumlichkeiten (u.a. eine sehenswerte ethnographische Abteilung).

Der 85 m hohe Turm des Neuen Rathauses (1924-1930) bietet eine schöne Aussichtsmöglichkeit.

Im Stadtviertel Hrabová steht die kleine **St.-Katharinen-Kirche** (16. Jh.) aus Holz.

Frýdek-Místek (Friedeck-Mistek)

CZ-73801, ✆ aus D, A und CH: 0042658
Čedok, Malé nám. 98, ☎ 0658/31472
Hotel/ubytovna Dolu Paskov*, Pionýrů 1757, ☎ 0658/32491

Die Industriestadt liegt am nordwestlichen Fuß der Mährisch-Schlesischen Beskiden (Moravskoslezské Beskydy).

⌘ Im Barockschloß befindet sich das **walachische ethnographische Museum**.

In der Tiefen Straße (Hluboká ulice) blieben historische Kaufmannshäuser erhalten. Auf dem Markt stehen hübsche Arkadenbürgerhäuser im Renaissance- und Barockstil.

Abstecher: In der 13 km südwestlich entfernten Stadt Freiberg (Příbor) erblickte **Sigmund Freud** 1856 das Licht der Welt. In der Barockkirche des ehemaligen Piaristenkollegs ist dem Begründer der Psychoanalyse eine Gedenkstätte gewidmet.

Hukvaldy

Von der Verbindungsstraße Friedeck-Mistek (Frýdek-Místek)-Freiberg (Příbor) führt eine Abzweigung zu Mährens größter Burganlage. Im 13. Jh. gegründet, diente sie anfangs zur Abwehr polnischer und ungarischer Einfälle, später residierten hier oben die Olmützer Bischöfe. Nach zwei Bränden wurde die Burg 1820 endgültig verlassen. Erhalten blieb die Barockkapelle des hl. Andreas.

♦ April und Oktober Sa, So und an Feiertagen 9:00 bis 16:00, Mai bis September täglich außer Mo 9:00 bis 18:00, Vorbestellungen unter ☎ 0658/97323

Štramberk (Stramberg)

Ein südöstlich von Nový Jičín (Neutitschein) gelegenes Städtchen, in dessen Vorstadt viele Blockhäuser in mährisch-walachischer Bauweise erhalten blieben. Zum Teil mehrgeschossig, stehen sie buchstäblich auf hohem Sockel. Das Wahrzeichen der Stadt bildet das Stramberger Rohr

(Štramberska trúba), der am besten erhaltene Teil einer gotischen Burg aus dem 14. Jh. Er bietet schon seit 1904 einen umfassenden Ausblick auf die Beskiden.

♦ April bis Oktober täglich außer Mo 9:00 bis 16:00, ☎ 0656/42445

Nový Jičín (Neutitschein)

CZ-74111, ✆ aus D, A und CH: 0042656
Čedok, Nám. gen. Hlad'o 22, ☎ 0656/22232 und 22231
Hotel Praha, Lidická 46, ☎ 0656/20911
♦ Hotel krytý bazén**, ☎ 0656/22679

Der quadratische Marktplatz wird von Arkadenbürgerhäusern geschmückt, die nach einem Stadtbrand wieder aufgebaut wurden. Schönstes Gebäude hier: Die Alte Post (Stará pošta) im Renaissancestil (1563). Auf der Platzmitte steht eine schlichte Pestsäule. Der gesamte Platz steht unter Denkmalschutz.

⌘ Im Schloß (16. Jh.) kann man ein wohl einzigartiges **Hutmuseum** begutachten. Die Stadt ist Zentrum der tschechischen Hutproduktion.

Rožnov pod Radhoštěm (Rosenau am Radegast)

CZ-75661, ✆ aus D, A und CH: 0042651
Čedok, Sokolská 56, ☎ 0651/55097
Hotel Novák, Čechova 142, ☎ 0651/55687
♦ Hotel Ráztoka*** (am Sessellift zum Berg Pustevny), ☎ 06565/5869
Rožnov, 1.5. bis 30.9., mit Bungalows, ☎ 0651/55442
♦ Spor, 15.6. bis 15.9., mit Bungalows, ☎ 0651/54496

In Čeladná (südwestl. von Frýdlant n. Ostravicí):
Pension Zámeček Čeladná, ☎ 0658/72437 (Bestellung auch über Firma Conntect, Nám. Svobody 3, Frýdek-Místek, ☎ 0658/32435). Von einem Leser sehr gelobt!

In Frenštát p. Radhoštěm
Hotel Vlčina***, ☎ 06565/5351

⌘ Auf drei Seiten von den Beskiden eingeschlossen, nennt das Städtchen das wohl schönste **Freilichtmuseum** Tschechiens, "Valašské muzeum v přírodě", einen Skansen nach schwedischem Muster, sein eigen. Schon 1925 öffnete das walachische Freilichtmuseum seine Pforten, heute sind mehr als 90 größere Objekte zu besichtigen.

Die Walachen, eine Volksgruppe aus der Walachei (heute Rumänien), verteidigten Mähren u.a. gegen Türken- und Tatareneinfälle, aber auch gegen preußische Ansprüche. Im Dreißigjährigen Krieg zettelten sie zahlreiche Rebellionen an und stellten sich schließlich auf die Seite der Schweden.

Das gesamte Austellungsgelände ist in **drei Teilbereiche** gegliedert:
✱ **Das hölzerne Städtchen (Dřevěné Městečko)** mit einer Dorfkirche (Nr. 3), dem hölzernen Rosenauer Rathaus aus dem Jahre 1770 (Nr. 6), dem Gasthaus "Zum letzten Groschen" (Nr. 9) und bewunderungswürdigen historischen Bienenstöcken.
✱ **Das Mühlental (Mlýnská dolina)** mit einer Mühle (Nr. 3), einem Sägewerk (Nr. 4), einer Ölpresse (Nr. 5) und einem Hammerwerk (Nr. 6).
✱ **Das walachische Dorf (Valašská dědina)** mit einem Amphitheater (Nr. 2), einer Schmiede (Nr. 15) und einer Windmühle (Nr. 16).

In der Sommersaison finden zahlreiche Programme statt, die dem Museumsgelände Leben einhauchen, so die Rosenauer Festtage, Auftritte von Tanz- und Gesangsgruppen, Schmiedevorführungen und der Walachische Jahrmarkt. Im Juli ist das Areal Austragungsort eines Folklorefestivals.

♦ Januar bis April und September bis Dezember täglich 9:00 bis 17:30, Mai täglich 9:00 bis 18:00, Juni bis August täglich 8:00 bis 18:00

Wanderung auf den Radegast (Radhošt')

➲ 7 km

Rosenau (Rožnov p. Radhoštěm) eignet sich auch als Ausgangspunkt für Wanderungen in die nahen Beskiden. So führt bspw. ein rot markierter Weg von hier geradewegs auf den sagenumwobenen Berg Radegast (Radhošt'), 1.129 m hoch. Radegast ist der slawische Gott der Ernte und Fruchtbarkeit. Eine Statue, die ihn darstellt, sehen Sie südöstlich vom Gipfel, am Wanderweg Richtung Pustevny.

Auf dem Gipfel des Radegast finden Sie ein beeindruckendes Zeugnis meisterhafter Volksarchitektur: die Holzkapelle der Heiligen Kyrillos und Methodios aus dem Jahre 1898. Beide Glaubensapostel hatten im Jahre 863, aus Byzantinien kommend, das Christentum in Mähren verbreitet. Daneben steht ein Fernsehsender. Etwas unterhalb lädt die Bergbaude Radegast (Radhošt') zur Rast ein.

Folgen Sie dem Kammweg ostwärts (rot-blau markiert), einem Teilabschnitt des Fernwanderweges E3 (Atlantik-Eisenach-Dukla), dann gelangen Sie zum Berg Pustevny. Zwei wunderhübsche Bergbauden, "Libušín" und "Maměnka", sind das Werk des slowakischen Architekten Jurkovič. Die Gebäude (Ende 19. Jh.) sind Beispiele für eine gelungene Komposition von Landschaft und touristischen Bauten.

Von hier oben bringt Sie ein Sessellift hinunter ins Tal nach Ráztoka (Busanschluß nach Frenštát p. Radhoštěm).

☞ Reise-Infos von A bis Z, Nationalparks und Landschaftsschutzgebiete

🕮 Für eigene Unternehmungen sind die Karten "Beskydy", Maßstab 1:100.000, Soubor turistických map, und die Ausgaben des Klubu českých turistů (Maßstab 1:50.000) gut geeignet.

Literatur

Bücher

Reisevorbereitung/Reiseführer

Touren in Böhmen (ReiseHandbuch), G. Nagel, Conrad Stein Verlag, Kiel 1992
Böhmen - Entdeckungsreise in Bildern, M. Welder, Rautenberg Verlag, Leer/Ostfriesland 1992
Böhmen und Mähren - 1000 Jahre Geschichte, F. Prinz, Siedler Verlag, Berlin 1993
Böhmen - Ein fotografischer Streifzug, G. Feuereißen, Gondrom Verlag, Bindlach 1993
Böhmische Schweiz (Bildband), Sirlo/Stein/Nevrlý/Preußler, Adam Kraft Verlag, Würzburg 1992
Prag (ReiseHandbuch), E. Aslan, Conrad Stein Verlag, Kronshagen 1992
Prag und die Landschaften der Tschechoslowakei, Sternbuch-Fotoreportage, Gruner + Jahr, Hamburg 1991
Prag (Sehen & erleben), Wang/Stingl, Südwest Verlag, München 1993
Impressionen aus Prag, Lorenz/Pirker, Pinguin Verlag, Innsbruck 1992
Prag - Eine Bildreise, Arens, Ellert & Richter Verlag, Hamburg 1993
Prag, Böhmen, Mähren, Slowakei, Merian, Hamburg, November 1992
Durchs Prebischtor zur Schneekoppe (20 Touren, Kartenskizzen und viele Farbfotos), Kerstin und André Micklitza, Lusatia Verlag, Bautzen 1995

Urlaubsaktivitäten

Skiwandern - Basiswissen für Draußen (Bd. 6), John Moynier, Conrad Stein Verlag, Kronshagen 1993
Wildniswandern - Basiswissen für Draußen (Bd. 7), Reinhard Kummer, Conrad Stein Verlag, Kronshagen 1993
Bergwandern - Basiswissen für Draußen (Bd. 9), Tim Castagne, Conrad Stein Verlag, Kronshagen 1994
Wandern mit Kind - Basiswissen für Draußen (Bd. 15), Kerstin Micklitza, Conrad Stein Verlag, Kronshagen 1994
Kanuwandern - Basiswissen für Draußen (Bd. 11), Rainer Mareik, Conrad Stein Verlag, Kronshagen 1996
Solo im Kanu - Basiswissen für Draußen (Bd. 10), Cliff Jacobson, Conrad Stein Verlag, Kronshagen 1992
Angeln - Basiswissen für Draußen (Bd. 21), Harald Barth, Conrad Stein Verlag, Kronshagen 1995

Zeitschriftenartikel

Altvatergeschichten, Outdoor 1/1995
Gustav Ginzel und sein Misthaus im Isergebirge, Outdoor 5/1993
Grenzgänger, Outdoor 4/1993
Auf dem Goldenen Pfad, Bergsteiger 3/95
Keine Angst vor Rübezahl, Bergsteiger 6/1994
Wintermärchen Šumava, tours 1/95
Südböhmen-Im Zeichen der Rose, tours 3/93
Smetanas Böhmen-in Dur und Moll, Globo 4/1995

Karten

Tschechoslowakei (dreisprachig), Teile: Nordböhmen/Ostböhmen, Egerland/Nordböhmen, Südliches Egerland/Böhmerwald, Ostböhmen/Nordmähren, 1:200.000, Höfer Verlag, Dietzenbach
Tschechische Republik, ADAC-Karte, 1:300.000
In der Tschechischen Republik bekommen Sie in den Buchhandlungen zwei Kartensysteme, die das Land im Maßstab 1:100.000 (Soubor turistických map - Kartografie Praha) bzw. 1:50.000 (Edice ceských turistů - VKÚ) abdecken.

Index

TRAVEL
OVERLAND
Billigflüge weltweit!
Wer vergleicht, fliegt sicher mit uns!
Preisvergleich lohnt sich!
TRAVEL OVERLAND
Barerstr.73 · 80799 München
Tel. 0 89 / 27 27 60
TRAVELFAX 089 / 272 55 09

Die Gewinner unserer Umfrage 1995.

1. Preis (Tagesrucksack): C. Bessert aus 28757 Bremen

2. Preis (Fernglas): M Schmitz aus 68623 Lampertheim

3. bis 5. Preis (je ein Kompaß): H. Miesauer aus 86156 Augsburg, M. Onischke aus 32584 Löhne, K.-H. Enzer aus 90224 Nürnberg

6. bis 20. Preis (je ein Buch nach Wahl aus unserem Verlag): A. Krinner aus 81661 Lenggries, R. Gartzke aus 32423 Minden, M. Dippel aus 61440 Oberursel, B. Bellgardt aus 64846 Klein Zimmern, D. Wolf aus 79104 Freiburg, H. Putzhammer aus 83404 Ainring, H. Raschke aus 27383 Scheeßel, S. Andrée aus 24145 Kiel, J. Walter aus 22399 Hamburg, Th. Hannemann aus 38723 Seesen, H. Baldus aus 41460 Neuss, Th. Kästner aus 09599 Freiberg, M. Griese aus 73734 Esslingen, W. Gaudeck aus 14197 Berlin

Herzlichen Glückwunsch !

Lieber Leser, liebe Leserin,

wir vom Conrad Stein Verlag möchten Sie näher kennenlernen, damit wir unsere Bücher noch weiter verbessern und uns auf Ihre Bedürfnisse und Wünsche einstellen können. Bitte helfen Sie uns dabei und beantworten Sie die folgenden Fragen.

❶ *Wie alt sind Sie?* ☐ unter 20 ☐ zwischen 21 und 29 ☐ zwischen 30 und 39 ☐ über 40

❷ *Reisen Sie meist* ☐ allein ☐ zu zweit ☐ mit der Familie ☐ als Gruppe?

❸ *Mit welchen unserer ReiseHandbücher sind Sie gereist? (Titel, Aufl., Jahr steht auf Seite 2 des Buches)*

1 .... 2 .... 3 ....

❹ *Waren Sie zufrieden mit dem Buch/den Büchern?* ☐ ja ☐ so lala ☐ nein

❺ *Wie fanden Sie*

	sehr gut	gut	ausreichend	nicht gut
Aufbau und Übersichtlichkeit	☐	☐	☐	☐
Aktualität Adressen, Preise, ☏ FAX	☐	☐	☐	☐
Kapitel Land & Leute	☐	☐	☐	☐
Kapitel Reise-Infos von A bis Z	☐	☐	☐	☐
Kapitel Sehenswertes	☐	☐	☐	☐
Kapitel Routenbeschreibungen	☐	☐	☐	☐
Lexikon/Glossar	☐	☐	☐	☐
Inhaltsverzeichnis und Index	☐	☐	☐	☐
Abbildungen	☐	☐	☐	☐
Karten/Pläne	☐	☐	☐	☐
Schriftgröße	☐	☐	☐	☐
Piktogramme/Symbole	☐	☐	☐	☐
Kalender/Maßstabsleiste	☐	☐	☐	☐
Anzeigen	☐	☐	☐	☐
Buchformat und -gewicht	☐	☐	☐	☐
Verarbeitung, Bindung	☐	☐	☐	☐
Preis-Leistungs-Verhältnis	☐	☐	☐	☐

b.w.

✂ ....

❻ *Wie reisen Sie im Land selbst?* (Mehrfachnennung möglich)

☐ Eigenes Auto ☐ Leihwagen ☐ Wohnmobil ☐ Bahn ☐ Bus ☐ Fahrrad
☐ Flugzeug ☐ Trampen ☐ Motorrad ☐ Kanu ☐ Wandern

❼ *Wie übernachten Sie hauptsächlich?* (Mehrfachnennung möglich)

☐ Hotel/Motel ☐ Campingplatz ☐ Jugendherberge/Backpacker
☐ Bed & Breakfast / Pension ☐ Wildcampen ☐ Apartment

❽ *Würden Sie wieder eines unserer Bücher kaufen?* ☐ ja ☐ nein

❾ *Kennen Sie unsere OutdoorHandbücher?* ☐ ja ☐ nein
Wie gefallen Sie Ihnen? ☐ sehr gut ☐ gut ☐ nicht so gut

❿ *Welches Thema vermissen Sie bei den OutdoorHandbüchern?* ....
Welches Land/Gebiet/Insel vermissen Sie bei den ReiseHandbüchern? ....
Wenn Sie zusätzlich Kritik oder Lob loswerden wollen, legen Sie bitte ein extra Blatt bei. Danke.

☺ Als Dankeschön für's Mitmachen verlosen wir zum Ende jeden Jahres (unter Ausschluß des Rechtsweges) unter allen Einsendern 20 wertvolle Preise.

1. Preis: ein Tagesrucksack **2. Preis**: ein Fernglas 8x40 **3. bis 5. Preis**: je ein Kompaß
6. bis 20. Preis: je eines unserer ReiseHandbücher nach Ihrer Wahl.
(Wenn Sie eines unserer Bücher gewinnen, welches wünschen Sie sich? ....)

Wichtig! Nur ausreichend frankierte Einsendungen nehmen an der Verlosung teil. Bitte vergessen Sie Ihren Absender nicht.

Name: ....

Straße: .... PLZ/Ort: ....

☞ Kreuzen Sie bitte an, ob wir Ihnen unseren Verlagsprospekt zusenden sollen ☐ ja ☐ nein

Von denselben Autoren bei uns erschienen

REISE HANDBÜCHER

Schlesien - nicht nur ein Land für "Heimwehtouristen", sondern für alle, die an historischen Städten und Wanderungen in abwechslungsreichen Landschaften mit Hochmooren, Wäldern und ebenso herrlichen wie beeindruckenden Bergmassiven ihre Freude haben. Besonders der jüngeren Generation wird mit diesem ReiseHandbuch dieses nahegelegene und immer noch unbekannte Land nähergebracht.

Der Schwerpunkt der Touren liegt auf dem in Polen liegenden größten Teil Schlesiens, aber auch die schlesischen Gebiete in Deutschland und Nordböhmen (Tschechische Republik) werden mit zahlreichen Vorschlägen für Tagesausflüge berücksichtigt.

DM 24,80

ISBN 3-89392-096-X

Conrad Stein Verlag
Eichkoppelweg 51 • 24119 Kronshagen
☎ 0431/544090 • Fax 548774

... in allen Buchhandlungen

... überall im Buchhandel

La Palma / Reifenberger	DM 24,80
Lanzarote / Reifenberger	DM 26,80
Libanon / Röhl & Rosebrock	DM 24,80
Libyen / Steinke	DM 34,80
Lofoten und Vesterålen / Knoche	DM 24,80
Madeira & Azoren / Jessel & von Bremen	DM 34,80
Malawi / Hülsböhmer	DM 24,80
Manitoba & Saskatchewan / Stein (edition schwarzweiß)	DM *4,80
Mauritius / Ellis	DM 26,80
Mexiko, Belize & Guatemala / Fründt & Muxfeldt	DM 29,80
Namibia & Botswana / G. & H. Lamping	DM 29,80
Nepal 2 - TrekkingHandbuch / Bezruchka	DM 24,80
Neuseeland-Handbuch / Stein	DM 36,80
Nordamerika per Motorrad / Reitberger	DM *4,80
Ontario mit Montréal und Québec / Stein	DM 29,80
Osterinsel / Hellmich	DM 22,00
Phuket & Ko Samui / Bolik & Jantawat-Bolik	DM 24,80
Polen / K. & A. Micklitza	DM 26,80
Prag / Aslan	DM 19,80
Québec / Hansjosten (edition schwarzweiß)	DM *4,80
Reisen mit dem Hund / Treß	DM 22,00
Rocky Mountains Nationalparks / Patton	DM 39,80
Rumänien / Müller	DM 24,80
Schottland / Ferner (Frühjahr '96)	DM 29,80
Schweiz / Kürschner	DM 36,80
Senegal / Mang (edition schwarzweiß)	DM 14,80
Shetland & Orkney / Krüger-Hoge (edition schwarzweiß)	DM *4,80
Sibirien / Zöllner	DM 36,80
Slowakei / K. & A. Micklitza	DM 26,80
Spitzbergen-Handbuch / Umbreit	DM 36,80
Sri Lanka / Müller-Wöbcke	DM 26,80
Sudan / Benjak & Enders (edition schwarzweiß)	DM 16,80
Südschweden mit Öland / Sachtleben	DM 26,80
Südsee-Trauminsel / Neale	DM 19,80
Syrien / Schönmann (Sommer '96)	DM 29,80
Tahiti & Cook Inseln / Sach	DM 26,80
Tansania & Sansibar / Dippelreither & Walcher	DM 36,80
Tausend Tips für Trotter, Tramper, Traveller	DM 22,00
Teneriffa / Reifenberger	DM 29,80
Thailand / Bolik & Jantawat-Bolik	DM 29,80
Touren in Böhmen / Nagel (edition schwarzweiß)	DM 19,80
Touren in Masuren / Stein	DM 24,80

Informationen aus erster Hand

1996

	JANUAR	FEBRUAR	MÄRZ	APRIL
M	1 8 15 22 29	5 12 19 26	4 11 18 25	1 8 15 22 29
D	2 9 16 23 30	6 13 20 27	5 12 19 26	2 9 16 23 30
M	3 10 17 24 31	7 14 21 28	6 13 20 27	3 10 17 24
D	4 11 18 25	1 8 15 22 29	7 14 21 28	4 11 18 25
F	5 12 19 26	2 9 16 23	1 8 15 22 29	5 12 19 26
S	6 13 20 27	3 10 17 24	2 9 16 23 30	6 13 20 27
S	7 14 21 28	4 11 18 25	3 10 17 24 31	7 14 21 28

	MAI	JUNI	JULI	AUGUST
M	6 13 20 27	3 10 17 24	1 8 15 22 29	5 12 19 26
D	7 14 21 28	4 11 18 25	2 9 16 23 30	6 13 20 27
M	1 8 15 22 29	5 12 19 26	3 10 17 24 31	7 14 21 28
D	2 9 16 23 30	6 13 20 27	4 11 18 25	1 8 15 22 29
F	3 10 17 24 31	7 14 21 28	5 12 19 26	2 9 16 23 30
S	4 11 18 25	1 8 15 22 29	6 13 20 27	3 10 17 24 31
S	5 12 19 26	2 9 16 23 30	7 14 21 28	4 11 18 25

	SEPTEMBER	OKTOBER	NOVEMBER	DEZEMBER
M	2 9 16 23 30	7 14 21 28	4 11 18 25	2 9 16 23 30
D	3 10 17 24	1 8 15 22 29	5 12 19 26	3 10 17 24 31
M	4 11 18 25	2 9 16 23 30	6 13 20 27	4 11 18 25
D	5 12 19 26	3 10 17 24 31	7 14 21 28	5 12 19 26
F	6 13 20 27	4 11 18 25	1 8 15 22 29	6 13 20 27
S	7 14 21 28	5 12 19 26	2 9 16 23 30	7 14 21 28
S	1 8 15 22 29	6 13 20 27	3 10 17 24	1 8 15 22 29

1997

	JANUAR	FEBRUAR	MÄRZ	APRIL
M	6 13 20 27	3 10 17 24	3 10 17 24 31	7 14 21 28
D	7 14 21 28	4 11 18 25	4 11 18 25	1 8 15 22 29
M	1 8 15 22 29	5 12 19 26	5 12 19 26	2 9 16 23 30
D	2 9 16 23 30	6 13 20 27	6 13 20 27	3 10 17 24
F	3 10 17 24 31	7 14 21 28	7 14 21 28	4 11 18 25
S	4 11 18 25	1 8 15 22	1 8 15 22 29	5 12 19 26
S	5 12 19 26	2 9 16 23	2 9 16 23 30	6 13 20 27

	MAI	JUNI	JULI	AUGUST
M	5 12 19 26	2 9 16 23 30	7 14 21 28	4 11 18 25
D	6 13 20 27	3 10 17 24	1 8 15 22 29	5 12 19 26
M	7 14 21 28	4 11 18 25	2 9 16 23 30	6 13 20 27
D	1 8 15 22 29	5 12 19 26	3 10 17 24 31	7 14 21 28
F	2 9 16 23 30	6 13 20 27	4 11 18 25	1 8 15 22 29
S	3 10 17 24 31	7 14 21 28	5 12 19 26	2 9 16 23 30
S	4 11 18 25	1 8 15 22 29	6 13 20 27	3 10 17 24 31

	SEPTEMBER	OKTOBER	NOVEMBER	DEZEMBER
M	1 8 15 22 29	6 13 20 27	3 10 17 24	1 8 15 22 29
D	2 9 16 23 30	7 14 21 28	4 11 18 25	2 9 16 23 30
M	3 10 17 24	1 8 15 22 29	5 12 19 26	3 10 17 24 31
D	4 11 18 25	2 9 16 23 30	6 13 20 27	4 11 18 25
F	5 12 19 26	3 10 17 24 31	7 14 21 28	5 12 19 26
S	6 13 20 27	4 11 18 25	1 8 15 22 29	6 13 20 27
S	7 14 21 28	5 12 19 26	2 9 16 23 30	7 14 21 28

Feiertage und Feste in Tschechien ☞ Seite 34.